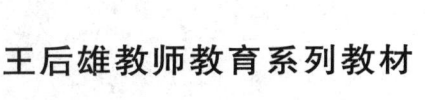

王后雄教师教育系列教材

中学化学实验教学研究

主　编　王后雄
副主编　李　佳　姚如富　胡志刚　吴鑫德
编　委　（按姓氏笔画排序）
　　　　万　莉　王世存　文丰玉　邓　阳
　　　　李　娟　刘玉荣　孙建明　时少坤
　　　　杨一思　沈久明　张世勇　张文华
　　　　张小菊　陈迪妹　苑乃香　姜建文
　　　　袁振东　高　成　童金强　曾　艳
　　　　魏艳玲　满苏尔·那斯尔

图书在版编目(CIP)数据

中学化学实验教学研究/王后雄主编. —北京：北京大学出版社，2013.8
（王后雄教师教育系列教材）
ISBN 978-7-301-22978-1

Ⅰ.①中… Ⅱ.①王… Ⅲ.①化学实验—教学研究—中学—师资培训—教材 Ⅳ.①G633.82

中国版本图书馆 CIP 数据核字(2013)第 182739 号

书　　　名	中学化学实验教学研究 ZHONGXUE HUAXUE SHIYAN JIAOXUE YANJIU	
著作责任者	王后雄　主　编	
责任编辑	于　娜	
标准书号	ISBN 978-7-301-22978-1	
出版发行	北京大学出版社	
地　　　址	北京市海淀区成府路 205 号　100871	
网　　　址	http://www.pup.cn　　新浪微博：@北京大学出版社	
微信公众号	通识书苑（微信号：sartspku） 科学元典（微信号：kexueyuandian）	
邮　　　箱	编辑部 jyzx@pup.cn　　总编室 zpup@pup.cn	
电　　　话	邮购部 010-62752015　　发行部 010-62750672　　编辑部 010-62767857	
印　刷　者	三河市北燕印装有限公司	
经　销　者	新华书店	
	787 毫米×1092 毫米　16 开本　15.5 印张　400 千字 2013 年 8 月第 1 版　2025 年 1 月第 5 次印刷	
定　　　价	49.00 元	

未经许可，不得以任何方式复制或抄袭本书之部分或全部内容。
版权所有，侵权必究
举报电话：010-62752024　电子邮箱：fd@pup.cn
图书如有印装质量问题，请与出版部联系，电话：010-62756370

内 容 简 介

本书从高等师范院校和基础教育化学课程改革的需要出发,着眼于培养高素质中学化学教师,完成高等师范院校中学化学实验教学研究课程培养目标,是一本以增强师范生实验教学能力和实验研究能力为目的的教材。全书内容包括中学化学教材实验体系、中学化学实验教学研究、中学化学实验设计与创新、中学化学实验研究方法、中学化学实验评价与研究、中学化学基础实验研究、中学化学新型实验技术、中学化学实验室建设与管理等内容。

本书可作为高等师范院校中学化学实验教学研究课程教材,也可以作为研究生相关课程的教学参考书、中学化学教师继续教育的进修教材和教学参考书。

前　言

　　培养学生创新精神和实践能力，尤其是科学探究能力，是当代高等师范院校和基础教育化学课程改革的重要目标之一。目前我国正处在师范教育转型和教师教育内涵提升的时期，如何提高基础教育师资的培养质量，是一项带有战略意义的工作，将关系到我国的人才培养和社会发展。本书就是从基础教育化学课程改革的需要出发，为培养高素质的化学教师，完成高等师范院校中学化学实验教学研究课程培养目标而编写的一本教材。

　　中学化学实验教学研究是为高等师范院校化学教育专业学生开设的一门必修课程。该课程主要通过研究中学化学实验和化学实验教学的原理、过程、内容和方法，使学生掌握化学实验研究和化学实验教学研究的基础知识和基本技能，培养从事中学化学实验教学工作和进行化学实验教学研究的初步能力，挖掘和发挥化学实验的教育功能，为学生将来从事中学化学教学工作、实施化学素质教育奠定良好的基础。

　　化学是一门以实验为基础的自然科学，化学实验不但是化学科学的基础，而且也是中学化学教学的基础。化学学科的根基是实验，化学学科发展的动力源是实验。实验教学是化学教学中经常进行的一种教学活动，也是体现化学学科特点的一种教学形式。实验对于化学教育目标的实现具有重要的价值和功能。中学化学实验教学可使学生在知识的建立与巩固（认知）、实验技能的掌握（技能）、逻辑思维的培养（思维）、科学方法的建立（科学方法）、优良情感的塑造（情意）等领域发挥其独特的教育功能，化学实验教学对于全面落实培养科学素养目标、提高化学教学质量，具有其他教学内容和形式所不能替代的作用。学好中学化学实验教学研究课程，对于中学化学教师专业化发展具有重要的奠基作用。

　　本书共分八章，其设计的基本思路与框架如下图所示：

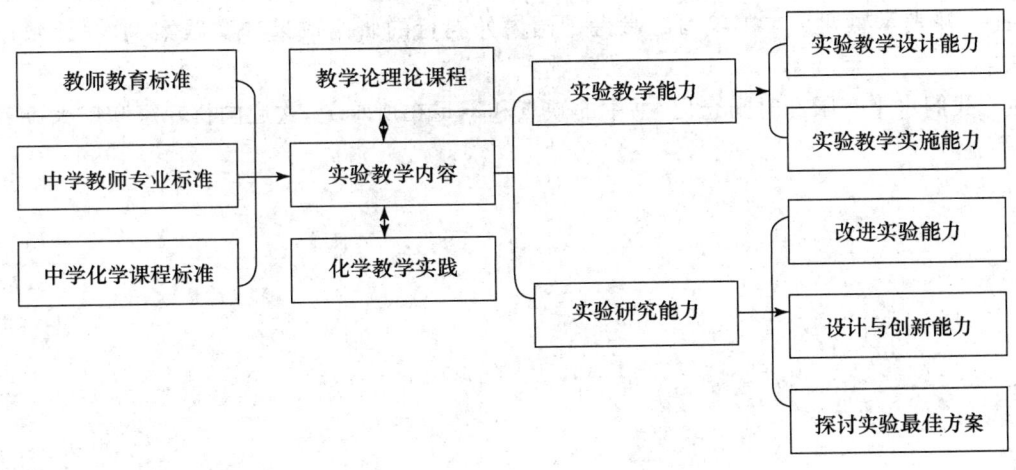

全书以案例嵌入式为编排结构,以彰显实验教学能力和实验研究能力为主线,并力图体现如下特色。

(1)系统性。在内容体系上,秉承化学教学论理论与实践的系统要求,全面介绍中学化学实验与实验教学的原理、过程、内容和方法,力求结构完整;从呈现方式上,注重方法指导与案例诠释,突出"学材"定位,用新理论、新视角阐释中学化学实验与实验教学改革的典型案例,方便阅读与使用。

(2)时代性。跟踪最新化学课程标准和化学新教材,内容选取贴近中学化学实验教学实际,对教材中新增的实验进行了深入的探讨,增加了中学化学新型实验技术的应用,引入了化学实验发展前沿领域的一些课题,将基础教育课程改革、教师的专业发展融入教材之中,增强了课程内容的时代感。

(3)实用性。从《课程标准》《考试大纲》和《竞赛大纲》出发,阐述了中考化学实验操作考查性质、内容与要求,总结了新课程高考化学实验试题的特点及规律,探讨了国际化学奥林匹克竞赛实验试题的选材及趋势,凸显针对性和适用性,对化学实验教学研究都具有很强的实用价值。

(4)实践性。教材中精选了一百多个新课程化学实验教学的典型案例,加强了实验教学设计与组织的指导,注重实验的探究性,强化实验改进与创新指导,利用"案例""案例研讨"等栏目进行互动式教学,注重教学理论与教学实践的融合,突出运用所学理论解决教学实际问题,加强师范生综合素质和从教能力培养。

本书的主编单位是华中师范大学,参编单位及作者有福建师范大学(胡志刚)、合肥师范学院(姚如富)、湖南师范大学(吴鑫德)、湖北大学(李娟)、河南师范大学(袁振东、刘玉荣)、江西师范大学(姜建文)、四川师范大学(万莉)、西华师范大学(文丰玉、高成)、山西师范大学(苑乃香)、西北师范大学(魏艳玲)、贵州师范大学(时少坤)、长江大学(童金强)、温州大学(陈迪妹)、湖北师范学院(张小菊)、信阳师范学院(沈久明)、赣南师范学院(张世勇)、黄冈师范学院(杨一思)、新疆师范大学(满苏尔·那斯尔)。参加本书编写的还有华中师范大学李佳、张文华、曾艳、王世存、孙建明、邓阳等老师。全书由王后雄、李佳负责体例设计并进行审稿和定稿工作。

本书的出版得到北京大学出版社、华中师范大学的大力支持,北京大学出版社于娜编辑为本书出版付出了辛勤的劳动,我校化学教育研究所部分研究生为书稿的校对做了大量的工作,在此一并表示感谢。本书编写时参考了国内外同行的研究成果和实践案例,在此致以诚挚的谢意!

由于我们水平有限和时间仓促,书中的缺点和不足在所难免,欢迎同行专家和广大读者批评指正。

王后雄
2013 年 7 月

目 录

前言 ·· (1)

第一章 中学化学教材实验体系 ·· (1)
§1.1 中学化学实验教学目标 ··· (1)
§1.2 义务教育化学实验内容体系 ··· (6)
§1.3 普通高中化学实验内容体系 ·· (11)
§1.4 中学化学实验发展趋势 ·· (19)

第二章 中学化学实验教学研究 ·· (31)
§2.1 中学化学实验的教育功能 ··· (31)
§2.2 中学化学教学实验的内容 ··· (37)
§2.3 中学化学实验教学的要求 ··· (40)
§2.4 中学化学实验教学的模式 ··· (45)

第三章 中学化学实验设计与创新 ··· (51)
§3.1 中学化学实验设计的要求 ··· (51)
§3.2 中学化学实验改进与创新 ··· (56)
§3.3 中学化学实验设计与创新 ··· (75)

第四章 中学化学实验研究方法 ·· (89)
§4.1 中学化学实验研究的过程 ··· (89)
§4.2 正交试验法研究最佳反应条件 ·· (91)
§4.3 中学教材中实验最佳方案研究 ·· (98)

第五章 中学化学实验评价与研究 ··· (106)
§5.1 中学化学实验教学评价 ·· (106)
§5.2 初中化学实验操作考查研究 ·· (115)
§5.3 高考化学实验试题选材及特点 ··· (121)
§5.4 高中化学竞赛实验试题研究 ·· (126)

第六章　中学化学基础实验研究 ……………………………………………… (136)
§6.1　中学教材基础化学实验研究 ……………………………………… (136)
§6.2　揭示工业生产原理的实验研究 …………………………………… (144)
§6.3　联系生产生活实际的实验研究 …………………………………… (159)
§6.4　中学微型化学实验的设计研究 …………………………………… (167)
§6.5　中学化学探究性实验设计研究 …………………………………… (174)
§6.6　中学化学定量与测定实验研究 …………………………………… (187)

第七章　中学化学新型实验技术 …………………………………………… (195)
§7.1　数字化探究实验室的建设 ………………………………………… (195)
§7.2　掌上化学实验室设计研究 ………………………………………… (201)
§7.3　远程化学实验室设计研究 ………………………………………… (207)

第八章　中学化学实验室建设与管理 ……………………………………… (214)
§8.1　中学化学实验室建设 ……………………………………………… (214)
§8.2　中学化学实验室管理 ……………………………………………… (219)

附录 …………………………………………………………………………… (231)

参考文献 ……………………………………………………………………… (240)

第一章　中学化学教材实验体系

化学是一门以实验为基础的学科,历史上任何一次化学课程改革都不会忽视化学实验,实验作为中学化学课程改革的重要组成部分,是基础教育课程改革的重点。而作为中学化学课程载体的化学教材更是将化学实验作为教材组编的重中之重。

§1.1　中学化学实验教学目标

核心术语

◆观察能力　◆实验操作技能　◆实验能力　◆实验教学目标

化学新课程从"知识与技能""过程与方法"和"情感态度与价值观"三个维度构建了课程目标体系,倡导以科学探究为主的多样化学习方式,强调学生的亲身经历和体验。化学学科的特点和化学实验教学的特征,决定了新课程目标和新课程理念的有效落实均离不开化学实验及其教学。著名化学家戴安邦先生指出:"化学实验以其丰富的内涵在通过化学教学培养学生素质中发挥着独特的功能和作用","化学实验教学是全面实施化学教育的一种有效形式,是化学学科素质教育的有效组成部分"。在实现教学目标的过程中,围绕化学实验而组织的教学活动是不可缺少的条件。教师的演示实验及学生实验等是实现目标的主要手段。根据化学实验教学目标的特征,培养学生的化学实验技能是化学实验教学目标的主要内容。学生的化学实验技能不仅包括化学实验操作技能,还包括实验观察能力。

一、中学化学实验观察能力培养

(一)中学化学实验观察能力的培养目标

观察能力是指进行有意识的、有计划的、持久的知觉活动的能力。实验观察能力是指能够观察化学实验现象(通过必要的变革和可控制的现象),排除各种偶然的、次要因素的干扰,把握住研究对象的本质的能力。在化学教学中,学生的实验观察能力显然主要与化学实验相联系,学生的外在行为表现为"眼动"。

观察能力是化学课程标准规定的学生应当具备的四种能力之一,因而是化学教育目标的基本内容之一。通过化学实验教学培养学生的观察能力,既是结合化学学科的教学特点培养学生观察能力的主要而有效的途径,又是培养学生的化学实验操作技能和进行化学学习的基本条件。

（二）中学化学实验观察能力培养的基本内容

培养学生的实验观察能力，要包括对下列观察能力的基本品质的培养。[①]

1. 观察的目的性

明确观察的对象、条件和要求，即做好观察前的准备。掌握观察的计划、步骤，如明确实验所要解决的问题，是探索性实验还是验证性实验；知道先看什么，后看什么；等等。但是，如果仅仅是明确的观察，只能是一般的感知活动而不是真正的观察。

2. 观察的条理性

观察时能够遵循合理的顺序和系统步骤。例如，按照时间的先后顺序或按照位置的前后顺序、远近顺序等进行观察，观察活动应有条理，而不是杂乱无章。

3. 观察的理解性

在观察过程中，如果能够积极开动脑筋，使头脑中的认知结构积极影响观察，理解观察对象，那么将会使观察更为深刻、全面。

4. 观察的敏锐性

一方面能够对所观察到的现象迅速地做出反应而不迟钝；另一方面又善于发现那些容易被忽视的现象，或被其他较强刺激掩盖的较弱的但又很重要的实验现象。

5. 观察的持久性

在整个观察过程中，能够自始至终保持高度的、同等的注意力，而不是在实验开始时由于新奇的刺激而高度注意，随后又慢慢地失去耐心，不认真观察。

（三）中学化学实验观察能力培养目标的制定

上述实验观察能力的五种品质，是实验观察能力培养的基本内容。各种品质之间不存在水平高低，而是有一定的相对独立性。但学生在形成这些品质的过程中，也会表现出一定的水平差异。因此，应参考认知领域的目标分类，来制定实验观察能力基本品质的学习水平分类体系。不过，目前这方面的研究刚刚开始，我们还不能对每种品质的不同水平进行详尽的描述，但我们至少可以对其做出粗略的划分。例如，可将观察的目的性划分为三种学习水平，分别称为1级、2级和3级（表1-1）。

表1-1 "观察的目的性"三种学习水平的含义

学习水平	学习水平的含义
1级	知道观察的目的，但比较抽象而不具体，不明确观察的重点与步骤
2级	基本明确观察的目的，知道观察的重点是什么，但还没有观察的具体方案
3级	明确观察的目的，观察之前有较详细的观察计划，拟定的观察步骤正确、合理

观察能力的其他品质也可以做类似的界定。随着化学实验观察能力测评实践的发展，我们逐步掌握大量的学生在有关方面差异表现的资料，就可以对各种品质的学习水平做出更加清晰、合理的界定与说明。

在具体制定学生的实验观察能力培养目标时，首先根据实验活动的具体内容确定要培养的观察能力的基本品质的内容；然后，依据教学计划的总体安排和学生的具体情况，确定能够达到

[①] 周青.化学教育测量与评价[M].北京：科学出版社，2006：273-274.

的适当学习水平。表 1-2 所列为观察能力培养目标示例。

表 1-2　观察能力培养目标——氧气的实验室制法

实验活动内容	观察能力培养内容	学习水平
氧气的实验室制法	观察的条理性	2 级

二、中学化学实验操作技能培养

化学实验操作技能通常被理解为学生在实验中的动手能力,它是化学实验的基本技能。这种认识,在我国中学化学教学史上维持了较长的时期,并产生了较深远的影响。

(一) 中学化学实验操作技能的学习水平分类

动作技能领域是教育目标分类学理论的三大领域之一。相对于认知领域和情感领域而言,动作技能领域未能引起人们的足够重视。布卢姆(B. S. Bloom)和克拉斯沃尔(D. R. Krathwohl)等于 1956 年、1965 年分别提出了认知领域及情感领域教育目标分类学理论之后,并未能继续进行动作技能领域的目标分类。这一工作后来是由美国的哈罗(A. J. Harrow)和辛普森(E. J. Simpson)各自完成的。

根据化学课程标准和我国中学化学教学的实际,可将化学实验操作技能的学习水平分为四个层次,具体如表 1-3 所示。

表 1-3　化学实验操作技能的学习水平分类

分类层次	分类层次的含义
模仿	能够重复教师的实验操作,或在教师的指导下完成实验操作
初步学会	能够独立完成实验操作,但还不够熟练,表现在操作的规范化和完成操作所需要的时间上都有明显的可改进之处
熟练	能够独立地按照正确的实验操作方法和步骤,迅速完成操作,并表现出一定的操作技能
设计	能够将已经掌握的实验原理知识和操作技能"迁移"到新的问题情境中,根据实验的目的和要求独立设计实验的步骤和方法,并正确地完成实验,得到合理的实验结果

(二) 中学化学实验操作技能培养目标的制定[①]

1. 中学化学实验操作技能的内容

实验操作技能的内容大体上可以分为两个部分:一是实验仪器的使用技能,如"酒精灯的使用""量筒的使用"等;二是实验操作技能,如"固体药品的使用""加热"等。每个部分都含有许多与具体的教学过程相联系的具体的实验项目。

2. 中学化学实验操作技能学习水平的确定

制定实验操作技能培养目标,就是确定上述各个具体的实验项目的学习水平。在确定实验项目的学习水平时,一般需要考虑以下因素:① 课程标准的具体要求;② 学生未来升学或就业的需要;③ 在后续课程中出现的频率;④ 实验教学的具体条件。

3. 中学化学实验操作技能培养目标的序列

与认知领域目标系统一样,实验技能领域目标也有一个目标出现的前后顺序问题。从理论

---

① 周青.化学教育测量与评价[M].北京:科学出版社,2006:276-277.

上说,实验技能的发展顺序应该是与认知、情感领域的发展顺序有所区别的,实验技能培养目标要有自身独立的体系和结构。国内中学化学统编教材一直没有将实验技能培养独立出来,而是服从于化学知识结构的需要,结果造成对初中学生的实验技能培养水平的要求反而比对高中学生的要求高这样一种不合理的情况。化学实验技能的发展序列与化学认知水平的发展序列的矛盾,仍然是目前化学课程编制需要研究解决的重要问题之一。目前,只能按照课程中化学知识教学的序列和要求来安排实验技能培养目标的序列。

表 1-4 和表 1-5 给出了化学实验技能培养目标的示例。

表 1-4　化学实验技能培养目标——实验仪器的使用示例

	模仿	学会	熟练	设计
量筒			√	
胶头滴管		√		
坩埚钳	√			
……	……	……	……	……

表 1-5　化学实验技能培养目标——实验操作技能示例

	模仿	学会	熟练	设计
固体加热			√	
检查气密性		√		
振荡		√		
……	……	……	……	……

三、中学化学实验能力培养目标

上述化学实验教学目标的定位在教学中会产生一些偏误。例如,有的教师会把化学实验能力简单地等同于实验的操作技能,认为强化实验能力的教学就是训练实验技能。其实能力是一种个性心理特征,它有更广、更深的含义,而技能仅属于活动方式的范畴,两者是不同的概念,不能混为一谈。再如,有人把化学实验能力归结为完成实验操作活动的能力,这也是不全面的。科学的、广义的化学实验能力内涵的构成,除了化学基础知识和化学实验操作技能这一类要素之外,还应包括实验方法论初步知识和实验方法论技能等另一类要素。在这两类要素中,前者是解决化学实验问题的物质基础,而后者则提供了更为重要的解决化学问题的途径和方法。这两类要素是解决化学实验问题活动中密切联系的两个方面,两者统一于解决化学实验问题的活动中。

化学实验能力应该包括选择和明确课题的能力;查阅有关文献资料的能力;构思、选用实验方法和设计实验方案的能力;观察实验,收集有关事实、资料和数据的能力;分析、研究和处理事实、资料、数据,形成概念,作出判断、推理和发现规律的能力;表述实验及其结果,最终解决问题的能力;等等。教师只有把化学实验能力理解为是由多种成分组成的一种综合性能力,才能在化学教学中科学而合理地安排好实验教学活动,帮助学生形成和发展化学实验的综合能力。[①]

化学实验能力的培养应贯穿于化学教学的整个过程中,化学知识教学和实验教学应该相互

---

① 高剑南,王祖浩.化学教育展望[M].上海:华东师范大学出版社,2001:134.

促进、相互统一。根据中学化学实验教学的目标和要求,可以进一步制定培养化学实验能力的具体教学目标。化学实验能力的理想教学目标应该包括下列几个方面。

（1）有较强的"实验意识",重视并善于通过化学实验来解决问题。能通过对问题的分析,从中提取恰当的化学实验课题;能运用科学的语言准确、完整、清晰和具体地阐明课题。

（2）能灵活地综合运用化学知识技能,选择科学、有效和巧妙的实验方法,周密地设计可行和合理的化学实验方案。

（3）能恰当地选择、使用化学仪器和试剂,正确地、独立地、有条不紊地进行化学实验操作和化学实验观察,客观地、完整地和规范地记录实验过程、条件、现象和结果。

（4）能对获得的化学实验事实、数据、资料进行适当的加工,形成科学的化学概念、判断和推理,发现规律、解决问题。

（5）能准确、清晰、全面地表述和概括实验的内容、过程和结果,简明、扼要和规范地撰写实验报告。①

案例研讨 1-1

"燃烧的条件"实验教学目标②

实验 1：用镊子分别夹取蘸有乙醇、水的小棉球,放在酒精灯火焰上片刻,观察实验现象。

实验 2：分别点燃 2 支小蜡烛,将其中的一支蜡烛用透明的玻璃杯罩住,尽可能使玻璃杯口与桌面间不留有空隙,观察实验现象。

实验 3：用镊子分别夹取一根小木条和一小块煤,在酒精灯上点燃,比较点燃的难易程度。

这三个实验的教学目标见表 1-6。

表 1-6 "燃烧的条件"实验教学目标

目标类型	具体目标
实验知识与技能	知道发生燃烧的物质要具有可燃性 知道燃烧离不开氧气 知道达到燃烧的最低温度时,才能燃烧
实验过程与方法	在教师指导下能够完成上述 3 个实验 认识上述 3 个实验所用的"实验条件的控制"方法 思考各组实验中产生不同实验现象的原因
实验态度、情感与价值观	体会运用"实验条件的控制"方法进行实验探究的过程 说出完成上述实验、得出结论后的感受

化学实验教学目标是化学实验教学的出发点和最终归宿。化学实验教学目标的设计,首先要明确化学实验教学目标的内容构成;其次要明确化学实验教学目标的水平;最后要做好化学实验教学目标的表述。

---

① 吴俊明.中学化学实验研究导论[M].南京：江苏教育出版社,1998：247.
② 马建峰.化学实验教学论[M].北京：科学出版社,2006：11.

§1.2 义务教育化学实验内容体系

核心术语

◆义务教育　◆实验内容　◆实验探究活动　◆内容体系

一、义务教育化学课程标准实验内容

在《全日制义务教育化学课程标准》中，化学实验以分散的形式分布在"科学探究""身边的化学物质""物质构成的奥秘""物质的化学变化"和"化学与社会发展"等五个主题中。主要实验内容如表1-7所示。

表1-7　全日制义务教育化学实验内容

主题	实验内容
科学探究	药品的取用、简单仪器的使用和连接、加热等基本的实验操作练习
	根据实验目的，选择实验药品和仪器
	配制一定溶质质量分数的溶液
	用酸碱指示剂、pH试纸检验溶液的酸碱性
	检验和区分一些常见的物质
	使用过滤和蒸发的方法对混合物进行分离
	运用简单的装置和方法制取某些气体
身边的化学物质	实验探究空气中氧气的体积分数
	实验：氧气和二氧化碳的制取和性质
	实验探究：呼出的气体中二氧化碳的相对含量与空气中二氧化碳相对含量的差异
	根据实验现象推断水的组成
	试验活性炭和明矾的净水作用
	了解吸附、沉淀、过滤和蒸馏等净化水的常用方法
	配制一定溶质质量分数的溶液
	实验：氯化钠、硝酸铵、氢氧化钠三种物质在水中溶解时的放热（或吸热）现象
	观察生产、生活中的乳化现象
	配制某种植物无土栽培所需的无机盐营养液
	实验：金属的物理性质和某些化学性质
	用实验方法将氧化铁中的铁还原出来
	设计实验探究铁制品锈蚀的条件
	试验某些植物花朵汁液在酸性和碱性溶液中的颜色变化
	使用pH试纸测定唾液、食醋、果汁、肥皂水、雨水和土壤溶液等的酸碱性
	自制汽水
	常用铵态氮肥的检验
	实验探究酸、碱的主要性质

续表

主题	实验内容
物质构成的奥秘	实验：水的电解
	加热碘固体，观察发生的现象
	实验：粗盐中难溶性杂质的去除
	实验：比较空气和水压缩时的体积变化情况
	观察并解释浓氨水和浓盐酸接近时的"空中生烟"现象
物质的化学变化	观察一组化学变化，讨论并归纳化学变化的一些特征
	设计实验证明加热碱式碳酸铜有新物质生成
	观察二氧化锰、硫酸铜溶液对双氧水分解反应的影响
	观察铜锌原电池实验
	实验：镁条燃烧、高锰酸钾加热分解
	设计实验证明：氢氧化钠与盐酸能发生化学反应
	实验探究：酸溶液、盐溶液与金属发生置换反应及其规律
	小组协作完成当地土壤酸碱性测定的实验，提出土壤改良的建议或适宜的种植方案
	实验探究化学反应中的质量关系
化学与社会发展	观察某些燃料完全燃烧和不完全燃烧的现象
	燃烧条件的实验探究
	实验：氢气的燃烧
	观察少量的汽油、柴油、润滑油样品的燃烧现象
	用简单的实验方法区分棉纤维、羊毛纤维和合成纤维（如腈纶）
	设计实验，探究农药、化肥对农作物或水生生物的影响

二、义务教育化学教材实验探究特点

2011年版义务教育化学课程标准在"课程性质"中特别新增了对化学实验的阐述，明确指出："化学是一门以实验为基础的学科，在教学中创设以实验为主的科学探究活动，有助于激发学生对科学的兴趣，引导学生在观察、实验和交流讨论中学习化学知识，提高学生的科学探究能力。"也就是说，2011年版课程标准不仅重视化学实验对于激发学生化学学习兴趣的作用，而且更加强调化学实验对于转变学生化学学习方式和提高学生科学探究能力的功能。

（一）提高了"实验探究活动"的质量

以北京科学、广东教育版的初中化学教科书为例，探究性实验被设置在"探究活动"这个栏目中，上册有11个，下册有22个，且每一章各有一个典型探究案例。表1-8列出了这10个典型实验探究。[①]

---

① 陈微,钱扬义,邓峰.解读北京科学、广东教育版义务教育课程标准化学教科书中的化学实验探究[J].化学教育,2007(9)：15-17.

表 1-8 北京科学、广东教育版化学教科书中的 10 个典型实验探究

章	探究实验名称	探究类型	活动目的
一	金属铜受热发生变化的实验探究	策略探究	介绍科学探究,使学生对科学探究过程有一个基本的认识
二	吸入和呼出气体成分的实验探究	设计探究	让学生知道氧气、二氧化碳的主要性质和用途
三	实验室制氧气的探究	方法探究	让学生初步学习在实验室制取氧气的方法
四	水由什么元素组成的实验探究	理论探究	让学生认识水的组成
五	实验室制取二氧化碳的探究	方法探究	让学生初步学习在实验室制取二氧化碳的方法
六	金属化学性质的实验探究	性质探究	是"金属与金属矿物"中的重点内容
七	硫酸铜晶体溶解快慢的实验探究	性质探究	加深学生对溶解现象的认识
八	酸、碱化学性质的实验探究	性质探究	让学生知道常见酸碱的主要性质
九	甲烷元素组成的实验探究	理论探究	让学生了解使用天然气对环境的影响,懂得选择对环境污染较小的燃料
十	吸烟危害健康的实验探究	实践探究	以其与生活联系紧密的优点引起学生的兴趣,使学生知道某些物质有损人体健康

科学探究作为课程目标和重要的学习内容已成共识,以此将知识与学生能力发展联系在一起。新版教材精选探究内容,从学科发展、学生认知和教师教学等因素综合考虑,注意遵循学科的逻辑规律、学生学习的可接受性,以及教师教学的适应性,加强科学性、趣味性和教学性。这些探究内容从多种形式和不同水平层次,加强对学生实验与探究活动中的方法指导,包括科学研究方法、学习方法及实验方法指导,增强探究性和思考性。

(二) 突出了科学探究过程和科学方法的训练

该版本教科书中的探究活动一般是按照"设置具体情境或观察实验—提出关键问题—假设与预测—实验与事实—解释与结论—表达与交流—拓展与迁移"方式处理,其中有些探究性实验包含了以上所有步骤,有些仅涉及其中几个,但无论是完整步骤还是不完整步骤,都一改往常传统教材中将知识结论直接呈现出来的这种被动接受式的学习,转为以学生为主体,教师为引导,让学生思考,自主建构知识,交流讨论,找出知识之间的内在联系,从而形成概括性结论。为此,编写者设计了一些填空或未完成的表格,要求学生自己记录、归纳、整理,并与其他同学交流讨论,培养其分析总结、回顾反思、自我评价的习惯和能力。

由于培养学生的探究能力需要遵循"内容由易到难、指导由多到少"的原则,因此,在第一章"大家都来学化学"中编写者首先提供一个完整步骤的原创探究性实验——"金属铜受热发生变化的实验探究",在书中我们看到这个实验的空白处较少,假设与实验设计都已经给出,只需要学生观察并填写实验现象即可。正是因为编写者考虑到师生们刚接触探究活动,先给出一个完整的探究范例,既让教师们熟悉完整的科学探究步骤该怎样实施,又让学生们认识和了解科学探究的过程和方法。

(三) 解决了教学课时不足和探究费时的矛盾

由于现有的教学课时不足,不可能每一个探究活动都经历探究的 8 个步骤,同时也是为了有的放矢地培养学生科学探究某方面的能力,因此教科书针对具体的实验内容在探究过程的某些环节上有所取舍和侧重。表 1-9 为 10 个典型实验探究所侧重培养的能力。

表 1-9 10个典型实验探究所侧重培养的能力

章	探究实验名称	侧重培养的能力
一	金属铜受热发生变化的实验探究	观察与交流能力
二	吸入和呼出气体成分的实验探究	猜想与假设能力、实验设计能力
三	实验室制氧气的探究	分析比较和推断能力、讨论与交流能力
四	水由什么元素组成的实验探究	搜集证据能力、拓展与迁移能力
五	实验室制取二氧化碳的探究	分析比较能力、讨论与交流能力
六	金属化学性质的实验探究	实验设计能力、归纳与概括能力
七	硫酸铜晶体溶解快慢的实验探究	猜想与假设能力、讨论与交流能力
八	酸、碱化学性质的实验探究	归纳与概括能力、拓展与迁移能力
九	甲烷元素组成的实验探究	猜想与假设能力、实验设计能力
十	吸烟危害健康的实验探究	搜集证据能力

如"吸入和呼出气体成分的实验探究",由于涉及的内容比较贴近学生生活,相关的化学知识和实验技能难度并不大,所以可以放手让学生自行提出假设和进行实验设计,此处编写者设置的提示信息很少,因而学生思维上受到的拘束较少,能够最大限度地发挥他们的想象力去设计实验方案。

又如"实验室制氧气的探究",实验相对来说比较复杂,且学生刚接触化学不久,如果让学生自行设计实验来制备氧气,难度之大可想而知。为此教科书将这个活动的探究能力训练重点放在讨论与交流环节上,即在实验结束后,组织学生讨论制备氧气的实验原理以及为何要控制变量,重点培养学生讨论与交流能力和分析比较、推断能力。

在"酸、碱化学性质的实验探究"中不涉及提出问题、猜想与假设、制订计划等环节,因为在该活动中,编写者的目的是要让教师带领学生回顾学过的内容,在这些化学知识的基础上进行拓展与迁移,举一反三,培养学生的形象思维和归纳演绎的能力,其实是在不断拔高对学生的要求。

(四)提供了化学实验小组合作学习的平台

教科书很重视培养学生在实验过后的讨论与交流环节,意在通过合作学习培养学生反思与评价、表达与交流这两种能力。如"实验室制氧气的探究"要求学生在实验结束后讨论"说明过氧化氢分解放出氧气需要什么条件"。学生通过表达自己的观点和倾听他人的意见达成对问题的理解和解决,最终回答所提出的探究问题"怎样用过氧化氢分解的方法制备氧气?",体验实验探究活动的乐趣和掌握新知识的喜悦。

在"实验室制取二氧化碳的探究"中要求学生讨论:能否用教科书给出的仪器去代替反应装置?如果改用还需添加什么仪器?为什么要用向上排空气法收集气体?若用排水法或向下排空气法结果又怎样?学生在彼此交流时,能发现实验探究中存在的问题,获得新的发现和改进建议,学生的比较能力、评价能力能得到很大的锻炼。

教科书只是提出思考的问题,并没有在后面附上答案或太多的提示,因此,教师要尽可能鼓励学生们开动脑筋去思考以及交流看法,而不能指望从教材中找答案。

(五)保证了化学实验探究的可操作性

可操作性是指探究活动不需要太复杂的条件,学生在学校的实验室就能够完成;探究活动安全、可靠,学生经过一定的努力能得到一定的收获。在这10个主要的探究实验中,金属铜加热实验、吸入和呼出气体成分的实验探究、物质溶解性实验、吸烟危害健康的实验探究对仪器和操作的要求都不高,氧气、二氧化碳的制备,水的电解实验,金属、酸、碱、盐的性质实验,甲烷燃烧等实验是传统教科书中就呈现过的实验,所以一般中学都能够配备这样的实验条件。

在教科书中还特别设置了"操作指引"提醒学生做实验时需要注意的事项,帮助学生形成正确的实验操作习惯和安全意识。如在"金属铜受热发生变化的实验探究"中有"酒精灯的正确使用";在"实验室制氧气的探究"中有"从试剂瓶内量取一定量液体药品、往试管里装入固体粉末";在"金属化学性质的实验探究"中有"液体的正确倾倒方法";等等。

(六)创设了生动、有趣的探究情境

初中生反叛情绪比较强烈,如果直接要求他们就某一个题目进行探究,一般情况下,大部分学生不会产生强烈的探究欲望。因此要以生动的文字或简单有趣的实验精心设计出能促使学生进行探究活动的学习情境,注意情境的趣味性,然后再自然地引出问题。表1-10为北京科学、广东教育版化学教科书中情境设置示例。

表1-10 北京科学、广东教育版化学教科书中情境设置示例

探究题目	情境设置	编写意图
吸入和呼出气体成分的实验探究	我们一生中不断吸入空气和呼出气体,吸入和呼出的气体成分含量有没有差别呢?	学生可能会想:是啊,我每天都在呼吸,我现在居然就快可以用化学的方法来鉴定我吸入和呼出的气体,多神奇!
实验室制取二氧化碳的探究	碳燃烧可以得到二氧化碳,但是这种方法所制得的二氧化碳既不纯净又难收集,所以,实验室常用稀盐酸跟大理石或石灰石(主要成分是碳酸钙)在常温下反应来制取二氧化碳。	学生们会觉得探究酸和碳酸钙反应生成二氧化碳这个反应是有意义的。
金属化学性质的实验探究	为什么金、银首饰总是光彩夺目,而铁器却容易锈迹斑斑呢?原来,这跟它们的化学性质的差异有关。对此,请你通过实验去做个探究。	教科书采用一种对话的口吻,使学生产生亲切感,并最后鼓励学生去解开这个谜。
吸烟危害健康的实验探究	吸烟会吸许多有毒和有害的物质。信不信?以下是一个选做实验,这个实验有助于我们认识吸烟的危害性。	吸烟有害,大家都知道,但如何通过实验来认识它的危害性呢,知识应用于生活的典型案例,能激发起学生很大的探究兴趣。

(七)设置了化学拓展性课题余味无穷

美国高中化学教材《化学:与变化着的世界相联系》设置了许多开放性习题和扩展性课题,不再把实验结果作为探究的最后一步,而是将其继续用于新的争论和解释。这一点在我们所讨论的教科书当中已有所体现。如,在"金属铜化学性质的探究"结束时编写者又提出"如果在完成实验1-8后,趁热打开试管的胶塞,你估计试管内铜片的红色部分会有什么变化?说明理由";在"探究组成水的元素"结束时有拓展与迁移"请你设计另一种探究水的组成的方案"。这些都让学生觉得对知识的探究学习是没有终点的,鼓励他们深入地去研究问题和提出新的问题。

(八)实现探究性实验与验证性实验的融合

根据实验在学生认识化学科学知识中的作用来划分,可以将实验分为探究性实验和验证性实验。探究性实验是学生在实验和观察的基础上,通过科学抽象来获得结论的一种实验,其功能主要是通过"问题—科学事实—科学抽象—结论—应用"这样一个过程来体现的。

验证性实验是对化学假说或所获得的化学理论进行检验的一种实验,其功能主要是通过"问

题—化学假说或理论—实验验证—结论—应用"这样一个过程来体现的。

从理论上讲,验证性实验和探究性实验在化学教学认识中都有各自的作用,只不过是在认识的不同阶段发挥作用罢了,不存在谁代替谁的问题。诸如"告诉学生详细的实验步骤""告诉学生结论""教师依据学生接近结论的程度给予评价"等问题,并不是验证性实验自身存在的问题,而是在验证性实验的设计和实施中人为造成的问题。[①] 要解决这一问题,首先要正确认识验证性实验的不可替代的作用;其次要系统规划,统筹考虑,将验证性实验作为实验探究活动的重要表现形式之一,与实验探究活动其他功能的发挥紧密结合起来;最后要改变验证性实验"照方抓药"式的设计,倡导结合所学知识对"验证性实验"进行探究,实现探究性实验与验证性实验的融合。

§1.3 普通高中化学实验内容体系

核心术语

◆普通高中　◆实验内容　◆实验内容体系　◆实验结构体系

一、普通高中化学课程标准实验内容

普通高中化学课程由若干课程模块组成,分为必修和选修两部分。其中,必修包括 2 个课程模块,选修包括 6 个课程模块,是必修课程的拓展和延伸。化学课程标准中,化学实验的设置除了以分散的形式分布在化学 1、化学 2、化学与生活、化学与技术、物质结构与性质、化学反应原理、有机化学基础等课程模块中之外,还专门设置了"实验化学"课程模块,以此来强化化学学科以实验为基础的特征,凸显化学实验在化学新课程内容中的重要性。主要实验内容如表 1-11 所示。

表 1-11　普通高中化学课程标准中的化学实验[②]

课程模块	实验内容
化学 1	收集浓度不同的水样,测定其 pH,并用图表或数据等表示实验结果
	粗盐的提纯
	实验探究:配制一定浓度的溶液,比较不同浓度溶液的某些性质差异
	设计实验探究市售食盐中是否含有碘元素
	溶液中 Ag^+、CO_3^{2-}、Cl^-、SO_4^{2-} 等离子的检验
	氢氧化铁胶体的制备
	铝盐、铁盐的净水作用
	氯气的漂白性
	通过实验探究了解氧化还原反应的本质
	通过实验探究了解氯、氮、硫、硅等非金属及其重要化合物的主要性质

[①] 郑长龙.化学实验及其教学改革——化学实验改革的新特点[J].中学化学教学参考,2001(11):1.
[②] 中华人民共和国教育部.普通高中化学课程标准(实验)[M].北京:人民教育出版社,2003:10-30.

续表

课程模块	实验内容
化学 2	几种金属盐的焰色反应
	实验探究：碱金属、卤族元素性质的递变规律
	结合实验事实认识元素周期表
	中和反应和中和热的测定
	用生活中的材料制作简易电池
	实验探究：温度、催化剂对过氧化氢分解反应速率的影响
	设计实验：证明某些化学反应的可逆性
	通过实验认识化学反应的速率和化学反应的限度
	实验探究：乙烯、乙醇、乙酸的化学性质
	对比实验：尿液中葡萄糖的检测
	淀粉的分解和产物的检验
化学与生活	实验探究：鲜果中维生素 C 的还原性
	食品中的膨化剂
	实验探究：抑酸剂化学成分的检验
	易拉罐的主要成分
	一氧化碳的毒性
化学与技术	用碳酸氢铵和氯化钠制取碳酸钠，对产品进行检验
	电路板的化学刻蚀
	用淀粉自制吸水材料，并进行模拟保水试验
	测定土壤的酸碱性，讨论改良酸性土壤和碱性土壤的一般方法
物质结构与性质	熔融盐的导电性
	明矾或铬钾矾晶体的生长条件
	"相似相溶"规则的实际应用
化学反应原理	实验探究：电能与化学能的相互转化
	实验探究：浓度、温度对硫代硫酸钠溶液与稀硫酸反应速率的影响
	向用硫酸酸化的草酸溶液中加入酸性高锰酸钾溶液，测定溶液褪色所需时间，讨论溶液褪色先慢后快的可能原因
	实验探究：不同催化剂对淀粉分解速率的影响
	实验探究：温度对加酶洗衣粉的洗涤效果的影响
	温度、浓度对溴离子与铜离子配位平衡的影响
	用 pH 计测定中和反应过程中溶液 pH 的变化，绘制滴定曲线
	测定不同盐溶液的 pH，说明这些盐溶液呈酸性、中性或碱性的原因
	实验探究：促进或抑制氯化铁的水解
	沉淀的转化

续表

课程模块	实验内容
有机化学基础	观察实验：李比希法分析碳氢元素含量的仪器装置与原理
	甘油中碳、氢元素的检验
	氯丁烷中氯元素的检验
	实验探究：比较甲烷、乙烯、乙炔、苯的化学性质
	观察实验：苯的溴代或硝化反应，甲苯与酸性高锰酸钾溶液的作用
	乙醇的酯化
	醛基的检验；乙酸乙酯的水解
	苯酚的化学性质及其检验
	自制肥皂与肥皂的洗涤作用
	实验探究：蔗糖、纤维素的水解产物
	酶的催化作用
	蛋白质的性质
	区别聚乙烯、聚氯乙烯、聚苯乙烯
	聚苯乙烯的热降解，酚醛树脂的合成
实验化学	食用色素的提取和层析实验
	用化学方法（或红外光谱法）检验卤代烷中的卤素
	用中和滴定法（或气相色谱法）测定食醋中醋酸的含量
	酸碱反应滴定曲线的绘制
	天平、酸度计等仪器的使用方法
	实验探究：制备硫酸亚铁的条件
	用氧化还原测定法或电化学分析测定污水中的化学耗氧量
	比色法测定动物血液或抗贫血药物（或补血剂）中铁的含量
	实验探究：硫酸铜溶液与镁、铝、锌等活泼金属反应的产物
	设计实验：金属（或塑料）的电镀
	设计实验：硫酸亚铁铵的制备及纯度测定

二、普通高中化学教材实验结构体系[①]

以鲁科版高中化学教材为例，在选择和组织各个模块教材的内容时，确立了三条基本的内容线索：化学学科的基本知识线索（以下简称"知识"线索）；科学探究和化学学科的思想观念、研究方法和学习策略（以下简称"方法"线索）；反映化学与社会、环境、个人生活实际以及其他科学和技术的广泛联系、相互作用和影响的，具有STS教育价值的内容主题和学习素材（以下简称"STS内容"线索）。各个模块虽然层次不同、功能各异，但都是根据三条内容线索精心选择具体内容、精心组织编排的。教材中的实验体系同样遵循三条内容线索，进行整体规划，注意模块内部实验活动的联系，注重模块之间实验内容的衔接；根据不同模块的功能定位进行细致的微观设计，既保证对学生进行最基本的知识、技能和方法的训练，同时也满足了学生个性充分发展的需要。

[①] 魏锐，等．"新世纪"版高中化学教材实验体系简析[J]．化学教育，2007(10)：31-35．

（一）根据不同模块的功能定位，拉开层次，各有侧重

不同模块的功能定位不同，其实验活动的水平也具有相应差异。从必修到选修，实验活动承载的知识、技能和方法层层递进，各选修模块之间又各有侧重；必修保证基础性，选修提供发展的空间，不管学生选择哪一个模块，在实验能力方面都能够得到相应的发展，选择不同的模块可以取得不同的发展。

（1）《化学1》和《化学2》是必修，三条内容线索均为两本教材的主线。实验内容的选择也全面考虑三条线索的要求，支持最核心的化学知识、最重要的化学方法和通用的科学方法，加强实验的情境性，增大探究性，并弱化复杂操作。

下文列出了必修教材中探究性的实验活动，这些实验探究的编排除了考虑教材结构体系以及实验本身由易到难的发展顺序之外，还对每个活动的具体呈现做了通盘考虑。

《化学1》：金属钠与氧气反应的实验；配制一定体积的溶液并表示其组成；单质、氧化物、酸、碱和盐之间的相互关系；铁及其化合物的氧化性和还原性；碳酸钠和碳酸氢钠的化学性质；模拟溶洞的"形成"；不同价态硫元素的转化；氯、溴和碘单质的氧化性强弱比较。

《化学2》：第3周期元素原子得失电子能力的比较；感受化学反应中的能量变化；认识化学反应的快慢；氧气的制取；原电池的工作原理；乙醇的化学性质；乙酸的酸性；乙酸乙酯的水解。

探究活动从小开放度和强指导性向逐渐增大的开放性过渡，从简单因素的探究发展为比较性、多因素以及运用多种手段进行的探究，渗透的科学方法和科学思想也不断丰富。

（2）《化学与生活》《化学与技术》是典型STS设计取向的教材，以"STS内容"线索为明线，以"知识"线索和"方法"线索为暗线。其实验活动突出真实情境下的实验探究和问题解决，以促进学生对实际问题的认识和理解。

（3）《化学反应原理》《有机化学基础》和《物质结构与性质》是三个学术性模块，以"知识"线索为明线，实验内容的编制侧重于揭示化学反应的规律。

（4）《实验化学》突出"方法"线索，使学生通过实验学习化学知识，通过实验研究化学问题。使学生在物质分离、物质性质研究、物质检测、物质制备等实验领域的方法和技能都得到训练和提高，是全套教材实验的最高水平。

全套教材的实验体系如图1-1所示。

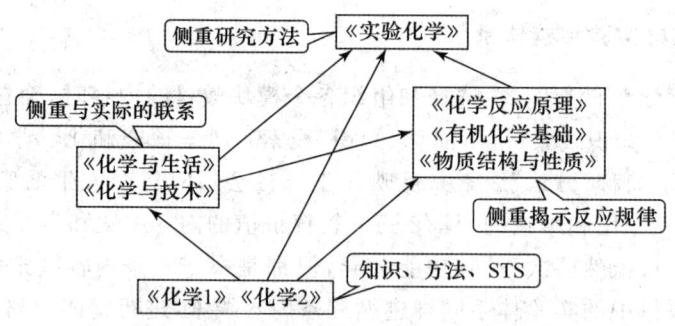

图1-1 "新世纪"版化学教材的实验体系

（二）对实验案例进行细腻的微观设计，处理好模块之间的衔接

教材对实验进行了细腻的微观设计，注重实验知识、技能、方法的衔接，这种衔接表现在以下两个方面。

1. 同一内容从必修到选修的延续

有些实验所承载的教学内容是从必修到选修贯穿始终的,必修与选修需要在不同水平上进行处理,不同的选修模块之间也会存在差异。例如"离子反应"是贯穿整个中学化学的一个核心概念,需要大量的实验事实和实验活动支持学生的学习。表1-12举例说明了不同模块教材是如何处理这一问题的。

表1-12 支持"离子反应"的实验内容举例

教材	实验内容举例	分析说明
《化学1》	活动探究:单质、氧化物、酸、碱、盐之间的相互关系 活动探究:碳酸钠和碳酸氢钠的化学性质 观察思考:氢氧化铝与酸、碱溶液的反应	认识一些常见的反应类型,并学会用物质分类的观点进行物质性质的研究
《化学与生活》	活动探究:如何软化硬水 活动探究:胃舒平的主要成分是氢氧化铝还是碳酸氢钠	通过解决实际问题学习化学反应

《化学反应原理》	第3章 物质在水溶液中的行为
	  第1节 水溶液
	  第2节 弱电解质的电离、盐类的水解
	  第3节 沉淀溶解平衡
	  第4节 离子反应
		以一章的篇幅讨论电离平衡、水解平衡、沉淀溶解平衡,并在此基础上编制"离子反应"一节,使学生从离子(微粒观)、竞争(平衡观)的角度来认识化学反应,循序渐进,揭示化学反应的实质,具有很强的系统性

《实验化学》	主题2 物质性质及反应规律的研究
	  课题1 研究物质性质的基本方法
	  课题2 认识发生在盐溶液中的化学反应
	  综合实验活动:反应条件对化学平衡的影响
		将化学反应纳入"研究物质性质及反应规律"这一更上位的框架中去讨论,突出实验研究的过程与方法

可以看出,必修和选修的实验设置具有明显的层次性,不同的选修模块也相差很大。必修教材《化学与生活》中的实验采用了选取个别反应、分散编排的形式,侧重于让学生熟悉常见的反应,形成基本的化学方法和科学探究的通用方法。在《化学反应原理》和《实验化学》中则按照化学学科的逻辑系统将同类实验集中编排,以便于揭示反应的原理、展示化学研究的方法,帮助学生形成概念网络和方法体系。

2. 在选修中新增的实验内容

有些内容在必修教材中没有涉及,但属于学生高中毕业应达到的要求,在多个选修模块中都会有所体现。例如滴定分析是化学分析的一种重要方法,教材中根据选修模块的特点做了不同的呈现(见表1-13)。

表1-13 滴定分析在选修模块教材中的呈现

教材	实验内容举例	分析说明
《化学与生活》	活动探究:不同水果中维生素C含量的比较	其原理为氧化还原滴定,但从实验操作来讲,所采用的数液滴滴数的方法是一种半定量的滴定分析,以降低操作要求
《化学反应原理》	活动探究:中和滴定法测定强酸、强碱溶液的浓度 食醋中总酸量的测定	以离子反应的应用为背景,进行实验方案设计。溶液为强酸、强碱,使用滴定管
《实验化学》	阿司匹林药片有效成分的检测(返滴定法) 酿制米酒(返滴定法测定米酒中的总酯量)	实验活动以真实的问题为情境,将定性检验和定量测定结合在一起,滴定的对象不仅涉及弱酸,还引入返滴定法,活动的开放性更大

再如,水解的概念必修模块并不要求,《化学与生活》用"动手空间:明矾净水"等个别实例来介绍,点到即止;而在《化学反应原理》和《实验化学》中都做了系统、详细的实验设计。

因为学生在必修的基础上还要有较大的发展空间,所以这一类问题的处理就尤为重要,既要使同一实验要素在不同模块中体现,又要区别对待,若学生选择多个模块也不会感到重复而是得到新的发展。

(三) 以过程方法和实验活动为中心,搭建《实验化学》的体系结构

《实验化学》模块教材首次探索性地采用以过程方法和实验活动为中心的课程设计取向,向学生展示化学是一门以实验为基础的具有丰富内涵和独特魅力的自然科学,激发学生的学习兴趣,体会实验对于认识和解决问题、进行科学探究和化学研究的重要意义,发展学生的创新精神和实验能力。教材中的一级主题("物质的分离""物质性质的研究""物质的检验""物质的制备")紧紧抓住化学实验在化学科学中的核心功能和基本属性,同时反映了从化学角度对实验活动和实验方法的基本分类。在此基础上,教材精选了20个类型、难度、属性不同的实验活动,并编制"主题拓展"来介绍现代实验技术,设置"主题概括整合"对整个主题进行归纳总结,构成《实验化学》的主体。《实验化学》的结构体系如图1-2所示。

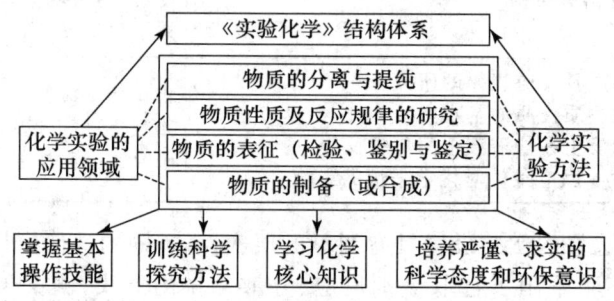

图1-2 《实验化学》的结构体系

(四) 吸纳中学化学实验研究优秀成果,体现了时代性和先进性

实验内容联系生产和生活实际,引入定量化学实验,发展微型实验和绿色化学实验,增强实验的设计性、探究性和趣味性以及利用传感器实验进行概念原理教学是近年来中学化学实验研究和改革的主要方向,化学教材在更新实验内容和实验技术方面也做出了巨大的努力,增强了教材的时代性。

1. 根据承载的教学功能精选实验项目

对于经典的实验案例,有许多优秀的改进方案,教材注意把这些成果引进来,并且着力对原有的实验进行改进,以充分发挥实验的功能。例如向氢氧化钡中滴加硫酸并用电流表检测,以说明反应的实质是离子反应;锌与硫酸铜溶液反应,利用原电池实验来展示电子的转移,说明氧化还原反应的实质;再如将铁粉与硫粉的混合物摆成"FeS"形状,使其发生反应,以增强实验的趣味性;等等。

根据课标的要求,随着学科知识的扩展和延伸,教材还增加了相关的实验,例如用镁在二氧化碳中燃烧的实验说明镁的还原性,再如碘化铅固体的沉淀溶解平衡实验直观地展示了难溶物在水中仍有少量溶解。

2. 联系实验问题和学生经验设计实验情境

利用"STS 内容"密切联系学生的经验不仅是《化学与生活》《化学与技术》的突出特色,同时也是全套教材的三条内容线索之一。例如食盐中碘元素的检测、不同水果中维生素 C 含量的比较、自制内酯豆腐、模拟溶洞的"形成"、从海带中提取碘、酿制米酒等等。

3. 重视科学方法训练和实验探究能力培养

科学过程和方法的培养是实验活动承载的一个重要功能,也是鲁科版教材的一条主要线索,《化学1》开篇就以钠的性质实验为例,介绍观察、实验、分类、比较等研究物质性质的基本方法。紧接着又以氯气性质实验为例,展示研究物质性质的基本程序:观察物质的外观性质→预测物质的性质→实验探究(若发现特殊现象,提出新问题进行进一步探究)→解释及结论。后面的实验活动不仅继续体现了这一设计思想,还在不断地丰富学生对科学探究方法的认识。

另外,《实验化学》中的过程方法线索更加突出,教材选用了跟实际联系密切,综合性、研究性更强的实验活动,实验的开放性也显著增强,信息检索与分析、实验方案设计、实验方案评价、实验事实、实验结论以及交流总结等环节更加明显,强调实验设计能力的提高,注重科学方法的培养。

4. 应用现代实验技术改进实验手段

为了体现现代化学研究的特点,教材中以不同的形式展现了质谱、红外、紫外、原子光谱、色谱、电位滴定、扫描隧道显微镜等现代实验手段。《实验化学》中还增加了运用纸色谱法分离、目视比色法测定、返滴定法测定等重要实验方法的实验活动。利用传感器进行定量研究也是本套教材的一个特色,考虑到传感器在普通中学并不普及,《实验化学》在附录中选入利用色度计传感器测定食物中铁元素的含量和利用 pH 传感器测定食醋中的总酸量两个定量实验,并在必修模块及《化学反应原理》模块中补充介绍了多项利用传感器支持定量测定和概念原理教学的实验。

5. 体现绿色化学思想,优化实验方案

实验过程的绿色化不仅是教材编制者在选定实验时要做的考虑,同时也应该作为一种重要的科学思想传递给学生。例如在从茶叶中提取咖啡因和氨氧化法制硝酸两个活动中,教材利用了较大篇幅引导学生对实验方案进行讨论和评价,不仅培养学生设计方案的能力,还有一个重要的目的就是帮助学生形成从绿色化学视角考虑问题的习惯。

6. 兼顾实验的趣味性,激发学习兴趣

除了趣味实验之外,真实的实验情境,精心设计的实验过程,富于张力的实验探究活动,都会调动学生的兴趣,提高学生学习的效果。

(五)发挥实验活动的多元功能,向整合要效益

学生可以通过实验学化学,落实化学基础知识和基本实验技能;可以通过实验学习科学方法,培养科学探究的能力;可以通过实验认识生产和生活中的问题,提高对实验问题的理解力,增强实践能力,促进情感发展。鲁科版教材力求挖掘每个实验活动的多重育人功能,以提高教学效益。例如前文所述将钠和氯气的性质实验跟研究物质性质的方法和程序整合起来,就可以达到双重目的。

再如,《化学1》以"活动·探究:配制一定体积的溶液并表示其组成"这一个实验活动,整合了溶液浓度不同的表示形式、物质的量浓度、一定物质的量浓度溶液的配制、容量瓶的使用等多重功能。《化学2》在"活动·探究：第三周期元素原子得失电子能力的比较"中整合了实验研究和文献研究等研究方法、原子得失电子能力强弱的判断方法以及第三周期元素性质等功能。这些设计，有效地缓解了教学内容多、课时紧张的矛盾。

（六）教材全新的实验呈现形式，实现便教利学

教材的编写不仅要体现学生的思维过程，更要符合教师的教学流程，这样不仅便于教师进行教学设计，也有利于学生阅读、自学和复习。

1. 精致的过程设计，生动展示科学探究过程

教材将实验与正文穿插编排，未设置学生单元实验，倡导边讲边实验、随堂展开学生实验、随堂进行实验探究活动的教学方式；还淡化了演示实验和学生实验的区别，以增大教师使用教材的自主性。教材中实验活动的编写以"情境→问题→假设→实验→结果→讨论"为主线展开，体现探究活动的基本过程，以鼓励教师组织探究式教学。例如《化学1》"研究氯气的性质"就是从以下几个环节展开的：① 通过实验观察认识氯气的气味、溶解性等物理性质；② 根据氯气属于非金属这一类属关系，预测氯气的性质；③ 设想通过哪些实验可以验证预测；④ 实施氯气与铁丝、氢气以及水等物质发生的反应，并推断生成物。

在上述环节中，"预测与假设"的环节是相当重要的，学生是否有明确的问题以及对问题的预期和假设是探究性活动与验证性活动的一个重要区别。预测与假设的方法是多样性的，可通过物质的类别、结构、化合价等不同的途径进行，本套教材中的探究活动的"预测与假设"环节做了精致的设计，在方法上给学生以引导，举例见表1-14。

表1-14 教材中的"预测与假设"示例

探究活动	预测和假设
研究氯气的性质（化学1）	"氯气是一种非金属单质，你认为它可能具有哪些化学性质？"（根据类属预测）
碳酸钠和碳酸氢钠的化学性质（化学1）	"你已经知道了碳酸钙的化学性质"……"碳酸钠可能与哪些物质发生反应？"（根据相似化合物预测）
第三周期元素原子得失电子能力的比较（化学2）	"第三周期元素原子的核外电子排布是如何递变的？"……尝试预测"第三周期元素原子失电子能力或得电子能力的相对强弱。"（根据结构预测）
锌及其化合物的性质的研究（实验化学）	"你已经学过铝、钠、铜、铁及其化合物的性质，想一想这些性质对于你预测金属锌及其化合物的性质有什么启示。" "根据锌及其化合物的组成判断它们属于哪类物质，据此预测它们可能具有哪些性质。" "判断含有锌元素的各种物质中锌元素的化合价，思考这些物质有无氧化性或还原性。"（根据同类物质、类属、化合价预测）

2. 实验内容教学化，直接支持课堂教学

本套教材的实验活动改变了传统教材直接列述实验步骤的呈现方式，将"预测与假设""实验设计""实验记录""思考讨论"等环节转化为纸介质的书面材料，全面展示实验过程，并以方法性、资料性和工具性的栏目为支持，便于教师将教材设计转化为教学过程，也增大了教材对学生思维的启发性和对学生活动的支持力度。例如前文所述的"预测与假设"环节就是以正文或"方法导引"等方法性栏目呈现给教师和学生的。除了引导学生进行预测和假设外，方法性栏目还对实验方案的设计、实施以及归纳总结等环节提供方法上的引导，示例见表1-15。

表1-15 教材中的"方法性栏目"示例

探究活动	方法性栏目
配制一定体积的溶液并表示其组成(化学1)	"配制一定体积的溶液,要用到一种特殊的仪器——容量瓶,并应遵循以下原则……"(提供实验指导)
铁及其化合物的氧化性和还原性(化学1)	"如果预测某物质具有氧化性,就应该寻找具有还原性的另一物质,通过实验证实两者能否发生氧化还原反应来检验你的预测……"(提示分析问题的思路)
第三周期元素原子得失电子能力的比较(化学2)	"元素原子失电子能力的强弱可以采用下列方法间接地判断……"(提示解决问题的方法)
认识化学反应的快慢(化学2)	"一个实验的结果会受到多种因素的影响。为了使实验结论更加具有说服力,你可以采取对照实验的方法。……"(科学思想在探究活动中渗透)

综上所述,本套高中化学教材的实验体系是一个系统设计,每个模块教材中实验内容均围绕"知识""方法"和"STS内容"三条线索设置,不同模块又各有侧重。实验的选择与编制吸收近年来实验研究的优秀成果,并融入教材编写组的精心改进,使教材中的实验富于时代特色。从单一实验的微观设计来看,更加突出了实验探究的过程性,以培养学生的综合能力;实验活动的呈现方式更加贴近教学实际,便教利学。

§1.4 中学化学实验发展趋势

核心术语

◆综合化 ◆多元化 ◆多样化 ◆现代化 ◆绿色化 ◆微型化 ◆简约化

21世纪我国的中学化学学科教育既要适应社会发展对科学技术的需要,又要适应中学生个性发展需要。化学课程要面向全体学生,努力满足学生的求知欲望,丰富他们的精神生活。所以化学学科教育必须突破自身体系的封闭性和教学时间及教学空间的封闭性,其中化学实验作为化学教学改革中最为活跃的一个因素,也必然要有新的发展和创新。

近年来我国教育改革的步伐既大又快,中学化学实验教学也面临着不断变化、不断发展的局面。为此,探讨一下中学化学实验发展趋势问题,对促进中学化学实验教学的变革和发展是极有益的。

一、实验选题综合化与多元化

作为化学学科的实验除了应在社会生活背景中选择一些相关的问题外,还应注意化学学科知识的逻辑性和科学性,即某些优秀的传统实验仍应保留或作进一步的改进。所以21世纪化学学科实验的选题是广泛的、多元的。[①]

我国传统的中学化学实验的选题服从于学科中心的化学课程。故实验的选择明显地具有专业化的倾向,它容易割裂化学学科跟其他学科之间的关联性和综合性。因此不易适应学科知识的综合、交叉和渗透的趋势,也难以使学生认识化学与社会、化学与技术发展的关系。近年来,国

---

① 高剑南,王祖浩.化学教育展望[M].上海:华东师范大学出版社,2001:162-163.

外的STS教育对我国中学化学教学已产生了广泛的影响,一些版本教科书的实验选题已融合了部分问题中心的模式,化学实验的选题不再是静态的学科知识的介绍和验证,实验将渗透社会关注的一些热点问题和技术教育,使学生体验技术在科学与社会之间的桥梁作用,认识化学与技术、与社会的交互影响。显然这类实验具有综合性、现实性和动态性的特征。目前我国新编教科书中,这类实验已被选用,并有进一步增加的趋势。例如:香烟的毒性检验,粉尘爆炸实验,碘盐中碘的测定,蛋白质酶除血迹、汗迹等。我国现行新课程教科书的实验内容已经发生了一些变化,甚至是质的飞跃。

 **案例研讨 1-2**

粉尘爆炸实验①(诠释易燃物和易爆物的安全知识)

如图 1-3(Ⅰ)所示,剪去空金属罐和小塑料瓶的上部,并在金属罐和小塑料瓶的底侧各打一个比橡皮管外径略小的小孔。连接好装置,在小塑料瓶中放入面粉,点燃蜡烛,用塑料盖盖住罐,如图 1-3(Ⅱ)所示。从橡皮管一端鼓入大量的空气(人距离该装置远一些),使面粉充满罐,观察现象并分析原因。

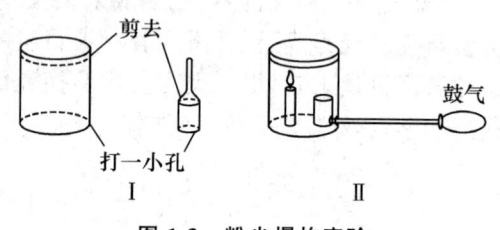

图 1-3 粉尘爆炸实验

[创新意图]

1. 本实验通过对"面粉与空气在'火星'条件下能否发生爆炸"的探究,让学生得出除可燃性气体能发生爆炸外,面粉、煤粉等粉尘也能发生爆炸的结论,从而使学生更好地理解油库、面粉加工厂、纺织厂和煤矿的矿井内,都标有"严禁烟火"字样或图标的原因。因为这些地方的空气中常混有可燃性的气体或粉尘,它们接触到明火,就有发生爆炸的危险。

2. 上述实验内容贴近社会生活实际,实验具有开放性特征,能增强学生探究化学问题的意识,帮助学生学会探究问题的方法,这有利于学生的实践能力和创造能力的培养,也有利于激发学生的求知欲,充分体现了融合学科中心和问题中心教材的各自优势来选择、设计实验内容的特色。

二、实验选题凸显改进与创新取向

对化学实验的选材而言,只有经过广泛而具体的改进与创新,才能使实验教学更好、更切实际地实施素质教育。新课程教科书在旧版教材基础上重新设计一些旧版教材上没有的而又有助于学生理解知识难点、融入科学方法教育,又与社会、生活实际联系比较紧密的实验。一些构思巧妙、效果较好、方法科学的研究成果被教科书采用,极大地提高了科学的教学效果。

化学实验的改进与创新,可以是对实验装置、实验方案的改进与创新,还可以是对实验原理、实验手段的改进与创新,以达到提高实验效果、突破知识难点、体现安全环保功能等效果。从心理学方面分析,这些鲜活的实验所产生的各种现象和问题很容易使学生的大脑思维紧张地活动

---

① 课程教材研究所化学课程教材研究开发中心.义务教育课程标准实验教科书·化学(九年级上册)[M].北京:人民教育出版社,2001:128.

起来,产生各种想象、假设和推理。这就有利于教师有选择地给予积极正确的指导,帮助学生完成创造性思维的全过程,使学生在学习化学知识、操作化学实验的过程中,创造能力和逻辑思维能力得到锻炼和培养。

案例研讨1-3

合成氨的反应原理[①]

在一干燥的硬质试管中放入适量铁丝绒,按图1-4连接好实验装置。加热试管中的铁丝绒至红热后,用注射器抽取20 mL干燥氮气和60 mL干燥氢气,将混合气体通入试管,并用润湿的pH试纸置于导管出口处,观察试纸的变化。

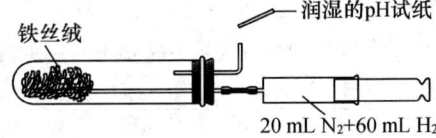

图1-4 合成氨的实验装置

[创新意图]

1. 中学化学的演示实验通常无法选用高压条件,而合成氨反应在常压下即使选用最好的催化剂,在500 ℃温度下,其达到平衡时氨的产率也仅为0.1%,所以中学化学教科书一般不会安排合成氨的实验,而人教版教科书之所以设计、编排了该演示实验,其用意显然也是为了向学生介绍化学领域中的一些特殊而精彩的科学方法、科学思想,这些科学思想和方法是人类社会不可多得的智慧结晶。另外,合成氨演示实验本身在设计和教学中也能闪耀出科学思想和方法的火花。

2. 在克服非高压条件对实验造成的困难方面,该演示实验使学生进一步认识到,一个化学反应如合成氨,由于实验和生产的目的、条件等不同,其实验的设计方法也会有差异,因此在解决许多化学实验的疑难问题时,我们应该因地制宜地、科学地选择适当的方法,使学生进一步认识到科学精神、态度和方法的重要意义。

案例研讨1-4

探究(模拟)闪电时氮气与氧气的反应[②]

图1-5 氮气与氧气放电反应装置

在一个塑料矿泉水瓶距瓶底5 cm处,对称地钻两个小孔,然后放在感应圈上,将感应圈的两根极针通过小孔插入瓶中,使两根极针成一条直线,且针尖之间相距0.5 cm(如图1-5),接通电源,观察实验现象。待矿泉水瓶中产生红棕色气体后,加入蒸馏水,振荡,用蓝色石蕊试纸检测瓶中溶液的酸碱性。

用简洁的语言描述实验现象_____。

---

① 课程教材研究所化学课程教材研究开发中心. 普通高中课程标准实验教科书·化学与技术(选修2)[M]. 北京:人民教育出版社,2005:11.

② 宋心琦. 普通高中课程标准实验教科书·化学(必修2)[M]. 北京:人民教育出版社,2004:19,37.

[创新意图]

1. 该案例把当今社会生活中与化学有关的环境、资源等问题设计成以问题形式展开活动的实验课题。在实验室条件下"模拟闪电时氮气与氧气的反应"实验是一个独特而新颖的构思,设计上具有独创性。实验中,教师通过鼓励学生注意实验操作技巧的学习和实验步骤合理巧妙地设置、编排,引导学生进行实验观察,并提出一些富有启发性的实验问题,启发和组织对关键问题的探讨,从中培养学生的逻辑思维能力,养成实事求是的科学态度。

2. 该实验突破原有的单科性、学术性为主的实验题材,具有综合性、社会性、实践性,在跨学科综合实验设计上有所突破。在研究型实验中,除了培养学生创造性学习能力外,还能发展学生探究化学问题的能力,学会用创新实验探究化学问题的方法。

三、实验教学形式多样化与多元化

我国中学化学实验传统的教学形式主要为演示实验,其次为学生实验(包括少量教师自选的边讲边实验)。近二十多年来,我国化学课程的改革向多元化发展,如化学课程设置在某些地区已逐步形成了必修课程、选修课程和活动课程的三组合体系。上海等地区又进一步提出了把化学课程分成基础型课程(必修)、拓展型课程(选修)和研究(探究)型课程(选修)等三种。这三种类型的化学课程形态都包含化学实验教学。在基础型课程中,实验教学要求培养学生基础性学力,注意发展性学力和创造性学力基础的培养。在拓展型课程中,实验教学要求培养学生发展性学力,兼顾创造性学力的培养,并发展学生喜欢化学、赞赏化学的个性。在研究型课程中,实验教学除了培养学生创造性学力外,还要求能发展学生探究化学问题的意识,学会探究化学问题的方法。显然,在上述这些化学课程中,化学实验的教学和活动形式必然更多样化和多元化。例如有些实验可以结合社区、化工厂的采访、调查而设置,有些实验可以结合环境监测和保护活动开展。有的实验可以2~5人的小组形式组织活动,有的实验可由学生自选一些材料在课外或家中独自完成。以家庭实验来说,它就可安排多种类型的实验活动,例如提纯粗盐,观察蜡烛的燃烧,用蛋壳和酸反应,配制并观察溶液、乳浊液、悬浊液等一系列配合课堂化学教学的实验;利用厨房或卫生间中的一些用品进行的茶水变色、咖喱粉糊变色、番茄电池、蛋白酶除血汗迹等趣味性实验;用活性炭制作简易净水器、自制波尔多液、配制植物营养液等应用性实验;研究铁锈蚀的条件、确定蜡烛的组成元素、研究香烟中尼古丁的毒性、测试自来水中的余氯等研究性实验;等等。我国已经有中学化学家庭实验箱及中学生环境测试箱等研制的报道。我国中学化学实验教学已形成多样化、多元化的格局。[1]

验证性实验的教学模式是按"问题→原理→结论→实验证明"的程序教学的。这种模式简明、清晰,有利于学生对相关结论的认可、强化理解和记忆,也有利于教师对整个教学过程的控制,其教学步骤的设计和实施可以做到丝毫不差,教师可以充分把握教学的时间和进程。探究性实验的教学模式通常按"实验→问题→讨论→结论"或"问题→讨论→实验→结论"的程序进行教学。采用探究性实验教学模式,更能促使学生自主地发现问题,设计实验,观察实验,用学过的知

---

[1] 高剑南,王祖浩.化学教育展望[M].上海:华东师范大学出版社,2001:164.

识来解决问题或发现新的规律等,同时也更能激发学习的动机。所以把验证性实验变为探究性实验,对发展学生的多种能力具有重要的意义。

新教科书大大加强了探究性实验和动手实践等各种实验方式的运用,专题实验也受到重视,从而为创新精神和实践能力的培养打下坚实基础,克服了"知识中心"的片面倾向。为此,新课标教科书尝试采用了将验证性实验与探索性、研究性实验相结合的选材方法,主要从以下几方面改革:① 增加探索性和研究性实验;② 在验证性实验中融入探索和研究的成分,增强验证性实验的探索性和研究性;③ 将验证性实验作为探究活动的一种活动形式,配合思考与分析,以达到探究的目的。

案例研讨 1-5

实验探究:氯气能与水反应吗?[①]

预测与假设:

实验设计(经教师认可后实施)。

试剂和仪器:

(供参考:氯水,镁条,石蕊试液,$AgNO_3$ 溶液,红纸条,试管,胶头滴管,砂纸)

实验记录:

实验内容	实验现象	结论

[创新意图]

本实验在传统验证性实验的基础上,通过调整实验的时序,把验证性实验转变为探究性实验,这是一种教学观念的转变。本案例探究方式为:先提出问题,再带着问题引导、组织学生探讨(猜测),然后根据在探讨中产生的一些问题设计出实验,并通过实验给出最客观的答案。无疑,这类实验的探究过程正是学生自主学习的过程,在解决与实验相关的一个个问题的同时,学生在科学知识、科学方法、科学态度等各方面都获得了长进。探究性实验的选题应该是丰富多样的,其实验涉及知识的综合性、社会性、实践性,这将有利于推进对素质教育的教学模式及新课程理念的研究和学习。

四、实验内容生活化与趣味化

中学化学实验的生活化与趣味化也是我国实验教学发展的趋势之一。过去我们在强调化学学科知识的科学性和严谨性时,往往把实验设计得非常"严肃""规范",实验装置必须选用化学仪器、器皿来装配,瓶瓶罐罐的实验被视为不正式、不科学。实验试剂必须用化学试剂,如果使用日常用品或食品等物质作为试剂则被视作小儿游戏,如酸碱指示剂只能用酚酞、石蕊试剂,而不可用咖喱粉、植物花朵、紫色卷心菜汁等。这导致过去的化学实验相对显得较抽象而枯燥乏味。然而,在国外,有些化学教师做化学实验就显得较轻松、随意,仪器、试剂有时似乎是信手拈来,许多

---

① 王磊.普通高中课程标准实验教科书·化学(必修1)[M].济南:山东科学技术出版社,2004:14.

药品能从家庭、食品店、药店等获得。目前我国不少教师在进行化学实验时也有意地、尽可能地使实验及其现象新奇、鲜明,以便提高实验的趣味性。许多趣味性很强的实验,如自制褪色灵、自制保暖袋、化学密信、苹果电池、化学振荡实验、碘时钟反应、蓝瓶子实验、滴水生烟、滴水起火、会自燃的金属、用化学方法制作小工艺品和学习用品等,已成为当今中学化学教科书中的重要题材。无论从心理学的角度还是教育学的角度来看,教学的趣味性会转化为学生的学习动力,所以它是今后化学实验题材应该重视的一个因素。

**案例研讨1-6**

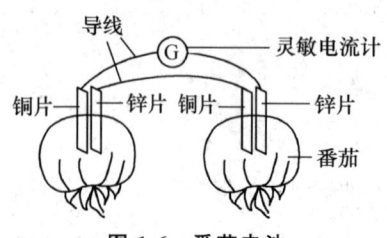

图1-6 番茄电池

家庭小实验:番茄电池①

番茄汁显酸性,当在番茄里平行地插入铜片和锌片时,形成原电池。实验步骤为:取2个半熟的番茄,相隔一定距离,分别平行插入铜片和锌片。按图1-6所示,用导线将铜片与锌片及电流计相连,观察现象。

[创新意图]

1. 该案例告诉我们,学生也是实验题材的开发者,或者也可以说学生也是重要的实验教学资源。这些身边的实验内容让学生切身体会到化学就在身边,激发了他们强烈的好奇心和求知欲,感受化学在日常生活和社会各方面的应用。

2. 充分利用日常环境中的材料和废弃物,代替实验仪器和药品。一方面可以解决实验仪器药品短缺,实验经费不足的问题;另一方面还可以丰富实验资源,让学生养成节约资源和废物利用的习惯,强化其环境保护意识,提高学生的动手能力,增强其创新意识。

五、实验仪器与设施的现代化

随着我国经济、技术的飞速发展,各种先进的实验装备、设施将会越来越多地在化学实验及其教学中得到应用,这无疑也是中学化学实验的又一个必然趋势。随着选修模块课程的开放,一些实验题材涉及精密电子天平、数字式测温仪、数字式pH计、导电仪、红外光谱仪、紫外和可见光谱仪、气相色谱分析仪、质谱分析仪、溶解氧测定仪、COD测定仪等多种现代化、高性能的实验设备。再者,多媒体教育手段的发展也为化学实验教学提供了日益现代化的外部条件。另外,耐高温的玻璃材料、耐强腐蚀的高分子材料、多功能的复合材料等在中学化学实验教学中也将会获得更多应用。

这些现代化实验仪器的选用,使实验操作省时省力,实验数据得到及时处理,实验结果形象直观,实验信息充分共享,使实验教学活动更具有研究性、更联系实际,从而拓宽了化学实验的选材范围。

---

① 上海中小学课程教材改革委员会.高级中学课本·化学(高中一年级第二学期)[M].上海:上海科学技术出版社,2003:71.

案例研讨 1-7

燃料电池制作实验[①]

以小组为单位,制订实验方案,在教师指导下完成燃料电池制作实验。

(1) 参照图 1-7 组装实验装置(多孔碳棒电极由实验室提供,将碳电极放在高温火焰上灼烧到红热,迅速浸入冷水中,使它的表面变得粗糙多孔即可)。电解质溶液用 $0.5\ mol·L^{-1}\ Na_2SO_4$ 溶液,电源用 3 V～6 V 直流电源,发光二极管起辉电压为 1.7 V,电流为 0.6 mA。

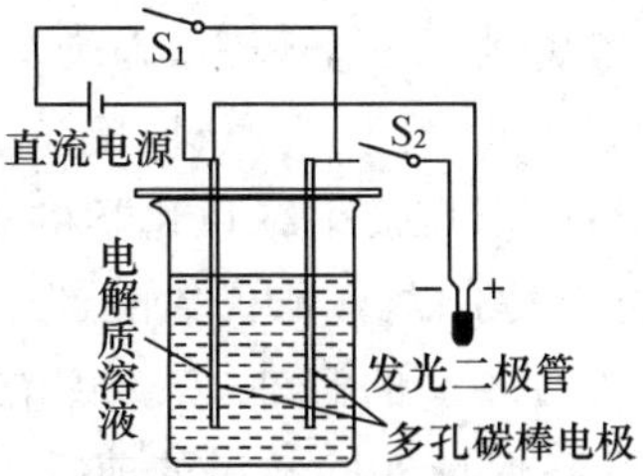

(2) 断开开关 S_1,接通电源,电解约半分钟,碳棒上产生明显的气泡。

(3) 断开开关 S_1,接下开关 S_2,接通二极管,观察并记录实验现象。

图 1-7 燃料电池实验装置

[创新意图]

燃料电池是一种不同于一次电池和二次电池的新型电池。本实验证明氢气跟氧气起反应时其化学能可以直接转变为电能,而实验所需的氢、氧气体可通过电解水得到,这又是电能转变为化学能的过程。本实验构思巧妙、技术先进、方法科学,学生通过实验能了解化学电池前沿科学知识。

案例研讨 1-8

微型导电测试笔实验设计;比色法测定抗贫血药物中铁的含量;组合化学实验装置新技术使用;应用 pH 传感器研究酸碱中和滴定……[②]

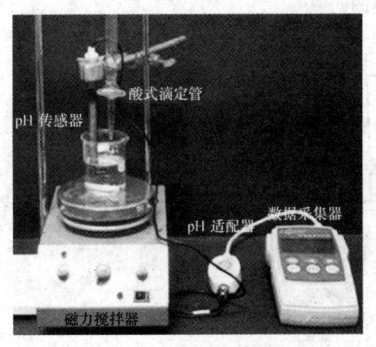

图 1-8 应用 pH 传感器的酸碱滴定装置

[创新意图]

该案例应用了先进的仪器设备,充分体现出新教科书实验面向生活、学生、社会的现代化特点。面向生活,主要是指面向学生周围的日常生活环境和学生已有的生活经验;面向学生,主要是指面向学生(当前与未来)生活质量的提高;面向社会,主要指面向当代的社会问题,面向当今社会技术化、信息化的发展实际,面向当今社会的现代化生产和经济建设实际,面向社会进步与可持续发展的需要。同时,这也大大地缩短了我国化学实验与发达国家实验现代化的差距。[③]

[①] 王祖浩.普通高中课程标准实验教科书·化学[M].南京:江苏教育出版社,2004:85.
[②] 宋心琦.普通高中课程标准实验教科书·实验化学(选修6)[M].北京:人民教育出版社,2005:8,25,51,52,65.
[③] 王后雄,黄郁郁.人教版化学新课标教科书新增实验的要素分析[J].化学教育,2007(4):13-16,21.

六、实验安全与实验绿色化

我国的化学实验教学历来都强调要保障实验的安全,安全是实验教学必备的一个条件,但过去对化学实验的不安全因素主要考虑为爆炸、起燃、强腐蚀、强毒性等,这些问题在今后当然仍应该重视。而现在,人类对环境保护日益重视,化学实验产生有害环境的废气、废液和废渣等也被视为实验的不安全因素,因为其结果同样会影响到师生的健康,而且这种危害还具有广泛性和持久性。对此,在反应原料、反应条件的选择,化学反应产物,化学实验的操作等实验选材中,新课标教科书都贯彻了绿色化学的思想,主要体现在这样几个方面:① 开发绿色实验,如实验室以 H_2O_2 分解制氧气取代氯酸钾分解法,实现原料和反应过程的绿色化;② 防止实验过程中尾气、废物等对环境的污染,实验中有危害性气体产生时要加强尾气吸收,对实验产物尽可能再利用等;③ 在保证实验效果的前提下,尽量减少实验试剂的用量(如降低试剂浓度、减少用量等),使实验小型化、微型化;④ 对于危险或反应条件苛刻,污染严重或仪器、试剂昂贵的实验,可采用计算机模拟化学实验或观看实验录像等办法;⑤ 妥善处理实验产生的废物,防止环境污染。

案例研讨 1-9

乙炔的实验室制取及性质[①]

在圆底烧瓶里放入几小块电石。旋开分液漏斗的活塞,逐滴加入饱和食盐水,便可产生乙炔气体。

$$CaC_2 + 2H_2O \longrightarrow Ca(OH)_2 + C_2H_2$$

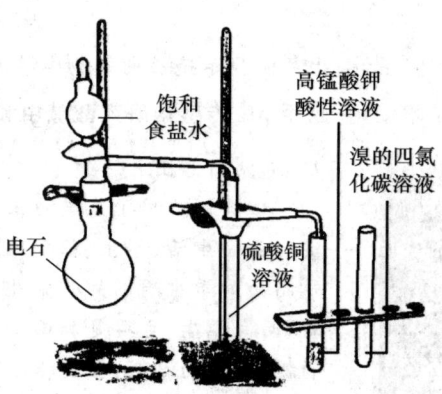

图 1-9 乙炔的实验室制取及性质

[创新意图]

此实验在设计、操作和对废弃物的处理等方面都体现了绿色化学的思想。例如,用硫酸铜溶液除 H_2S、PH_3,并用高锰酸钾酸性溶液和溴的四氯化碳溶液进行乙炔性质检验和尾气吸收,强化了学生的安全、环保意识,渗透了绿色化学的理念,最大限度地降低了实验对环境的污染。

---

① 宋心琦.普通高中课程标准实验教科书·有机化学基础(选修5)[M].北京:人民教育出版社,2004:32.

案例研讨 1-10

铜与浓硫酸反应[①]

按图 1-10 装置,在 a 试管中放入一小块铜片,加入 5 mL 浓硫酸,b 试管里盛有 0.1% 的品红溶液,c 试管里盛有氢氧化钠溶液,给 a 试管微微加热。反应后,把 a 试管里的溶液倒入盛有少量水的另一个试管中。

记录观察到的现象:_____;

用化学方程式表示上述反应:_____。

[创新意图]

1. 该实验将浓硫酸的氧化性和二氧化硫的检验、二氧化硫尾气处理集于一体,较好地对有毒气体进行符合环保要求的处理,有利于在化学实验中树立环境保护意识。

2. 为了把化学实验所产生的污染程度降到最低,下列措施应在教科书与实验操作中予以采纳。

(1) 化学实验密闭化。反应产生的气体、液体和固体都予以收集和处理,避免敞开操作,防止反应物质逸失到周围环境中。

(2) 在无法密闭操作时,要加强吸收、通风或其他防护措施。

(3) 加强反应物质的回收利用和消害处理,建立责任制度。

(4) 在设计实验方案时,要尽量避免使用和生成毒性较大以及容易形成污染的物质,尽量选择污染少的实验方法和实验装置,在无法避免使用或者产生有害物质和污染的情况下,实验方案必须包括有效的防护和消害处理措施。

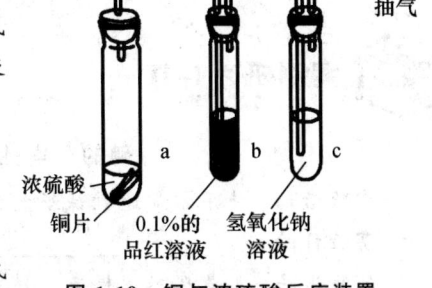

图 1-10 铜与浓硫酸反应装置

七、实验装置微型化与简约化[②]

微型实验就是用小型的仪器、装置和极少量的试剂进行的一类化学实验。从目前资料来看,微型实验的仪器装置一般比常用的仪器装置要缩小十分之一甚至几十分之一,所用试剂的量也为常规实验的几十分之一到千分之一。微型实验的优点首先是可减少污染,起到保护环境的作用;其次在中学化学实验中推行微型实验可省钱、省时、省力;此外,微型实验还能养成学生严谨的工作习惯和操作技能,能在相同条件下增加实验的数量,能提倡勤俭节约、艰苦奋斗的精神。

中学化学实验中总有一部分操作要求、反应条件都较高而成功率又相对较低的所谓疑难实验。为对付这些疑难实验,教师必须花费较多的时间、精力进行探索和操作训练。所谓简约化实验就是指由专门工厂经过精心设计、组合加工的实验仪器,其中盛有相应的药品,是围绕某个特

[①] 上海中小学课程教材改革委员会. 高级中学课本·化学(高中一年级第一学期)[M]. 上海:上海科学技术出版社,2003:91-92,44.

[②] 王后雄. 中学化学新课程教科书新增实验内容选材述评[J]. 课程·教材·教法,2006(5):69-74.

定的目的所设计的单元实验。它装置简单、操作简便、使用安全、现象明显、结论明确,这种实验节约药品、节约师生的时间、成功率高、一次性使用且不产生污染。

微型实验和简约化实验也都有一定的负面影响,它们无法取代中学化学中所有的教学实验,但这类实验具有高效、方便、环保、便宜等长处,在新教科书的实验选材中无疑应有它们的一席之地。

案例研讨1-11

碘的升华;使用水质速测试纸盒作水质测定①

实验活动:使用水质速测试纸盒作水质测定。
实验目的:_____。
实验用品:工业废水试样或天然水试样、水质速测试纸盒中各种测定试纸及对应的标准色阶、醋酸钠晶体、酒石酸晶体、其他测定用的外加试剂、水样取水器等。
实验过程、实验记录、测定报告(略)。

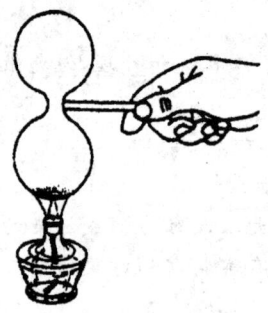
图1-11 碘的升华

图1-12 水质速测试纸盒

[创新意图]

1. 用封闭的盛少量碘晶体容器代替传统碘升华的实验,具有省钱、省时、省力、环保和反复循环使用的优点。从发展的角度看,中学化学实验教学形式的多元化,实验的安全化等趋势也促进了微型实验的发展。将来一些由学生动手操作的化学活动课实验、第二课堂实验、家庭小实验等为化学微型实验的推广开辟了新的天地。

2. 水质的全面检测需要一定的仪器设备,手续比较繁复。国内外环保部门相继开发水质分析试纸,用于水质的简易测定。用水质速测试纸盒中各种测定试纸及对应的标准色阶可以测定工业废水或天然水的pH、Cl^-、总Fe、总Cu、总硬度、Pb、Cr(Ⅵ)、SO_4^{2-}、NO_2^-、氨氮十项指标。简约化实验的开发,既能把中学实验题材拓展到现代科技前沿领域,又能把师生从繁重的实验准备和预练中解放出来,把精力更集中地用于教学和探究活动上。

---

① 上海中小学课程教材改革委员会.高级中学课本·化学(高中二年级第二学期)[M].上海:上海科学技术出版社,2003:69-70.

案例研讨 1-12

水的电解与氢氧混合气爆鸣实验[①]

用塑料多用滴管吸入 5% NaOH 溶液,两侧各斜插入一个大头针(互不接触)作电极,弯曲滴管斜置于 6 孔井穴板上(如图 1-13),管口所在的井穴内加入 4~5 mL 水和 2 滴洗涤剂。把 9 V 电池两极与大头针电极连通,电解开始。待井穴水面布满气泡时,用点着的火柴靠近气泡,可以听到尖锐的爆鸣声。

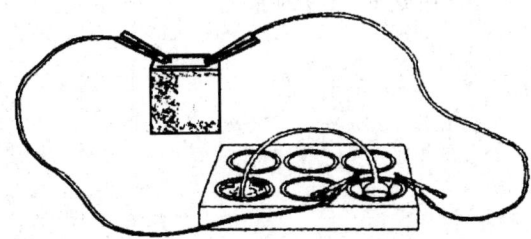

图 1-13 水的电解与氢氧混合气爆鸣的微型实验

[创新意图]

(1) 此实验是新教科书实验微型化的一个典型代表,实验装置简单,较低的电压使实验更安全,为使实验现象明显,用洗涤剂"放大"了实验现象,学生能清楚地看到有气泡冒出。为检验生成的气体,新教科书继续设计了一个氢氧混合气爆鸣的实验,生动有趣。

(2) 该实验省时、省钱、省力,向学生介绍微型化学实验的理念,在微型实验中培养学生的创新意识和环保意识。从发展的角度看,中学化学实验教学的多元化,实验的安全化等趋势也促进了微型实验的发展。微型化学实验已成为化学教育中实施素质教育的一条有效途径。

尽管新课程教科书实验内容改革的步伐已经启动,一些传统的经典的实验内容、方法和手段正在被更为科学、更为先进而高效的内容、方法和手段所替代,但其创新程度和科学水平总的看来仍不够,尤其在研究的方法、观念、角度等方面还存在一定的问题。首先,不同版本教科书实验内容和方法趋同现象普遍,真正反映各种版本不同设计思路的创新实验题材有限。其次,一些构思巧妙、方法科学、效果较好的实验研究成果被教科书选用的极少。例如,由京、津、沪、渝、川、辽等省市组建的中学化学实验研讨会,自 1986 年起至今已产生了几百项实验研究成果,包括实验仪器的创新和改进、化学实验的设计和研究,以及中学化学活动课实验的探索研究,等等,其成果真正转化为教科书内容的很少。最后,反映实验选题的多元化与综合化的实验占比偏少,实验仪器现代化、学生实验微型化、简约化实验在新教科书中尚未形成系统的实验体系。实验内容如何实现质和量的双重提升,怎样具备激发学生学习化学的兴趣、帮助学生学习实验的技能和科学方法、培养学生解决问题的能力、培养学生的科学品质和科学思想等多种教学功能,都有待修订时进一步提高编选的科学水平,这需要我们做一些扎实的实验科学研究。

[①] 王磊. 普通高中新课程标准实验教科书·化学(必修1)[M]. 济南:山东科技出版社,2004:14.

单元思考题

1. 新颁布的初中化学课程标准中,不仅明确规定了8个必须的基础化学实验,并且把化学实验确定为进行科学探究的重要方式。简要说明这个规定具有什么重要意义。

2. 化学是一门实验性科学。试说明高中化学课程标准是如何整合不同课程模块化学实验体系的。在教学中如何做到统筹兼顾、有效整合?

3. 简述中学化学实验教学目标,举例说明现代中学化学实验的发展趋势。

4. 以某版本教材为例,在《化学1》中设计了"物质的分离和提纯",在《实验化学》中设计了"海带中碘元素的分离和检验",说明这种编排的意图。

第二章　中学化学实验教学研究

中学化学实验教学是中学科学教育的重要部分,科学教育又可分为互为关联的五个方面的内容,即科学知识、科学方法、科学能力、科学思想和科学品质的教育。中学化学实验教学无疑也应包含这五个方面的内容。开展化学实验教学研究,有助于创设生动活泼的教学情景,帮助学生理解和掌握化学知识和技能,启迪学生的科学思维,训练学生的科学方法,对于全面落实培养学生科学素养的目标,提高化学教学质量,具有十分重要的意义。

§2.1　中学化学实验的教育功能

核心术语

◆化学实验　◆化学教学实验　◆化学实验教学　◆实验方法　◆实验法
◆认识论　◆动机　◆方法论　◆教学论　◆人文教育

影响化学实验教学的因素很多,这些因素相互作用,共同构成化学实验教学系统这个整体。教导者、学习者、实验教学内容和教学方法,以及实验器材设施等是化学实验教学系统的构成要素。除了这些显性要素外,化学实验教学系统还有一些隐性的支持要素,例如保障系统、管理系统、开发研究系统、教师训练系统等。

一、化学实验与化学实验教学

化学实验是人们以化学事物为作用对象的实验活动。[①] 根据实验主体和实验目的的差异,可以将化学实验划分为两大类型:科研类化学实验和教学类化学实验。科研类化学实验的实验主体是化学学科的科学研究人员,目的是研究和认识人类未知的化学事物及其规律,其大部分的研究结果不仅对于研究者本人而言具有创新性,而且对于整个人类而言都具有创新性的贡献。除了化学学科科学研究之外,还存在化学教育科学研究。在化学教育教学领域进行科学研究时,人们也会经常采用实验的方法来开展研究活动,并称之为"化学教育实验"或"化学教学实验"。这类实验,其实验主体是从事化学教育教学及研究工作的人,研究对象是人(教师或学生),研究内容是化学教育教学的过程,并具有上述科学研究的基本属性。因此,科研类化学实验有上述两类之分。教学类化学实验的实验主体是各级各类化学教育教学中的教师和学生,是为化学教学目的服务的,向下一代传递人类已有化学知识和经验,其大部分的实验过程和结果是巩固或者拓展学生的认知结构,对学生而言可能是崭新的,但对人类社会而言基本不具有创新性贡献,是一

---

① 吴俊明.中学化学实验研究导论[M].南京:江苏教育出版社,1997:7.

种简约的、高效的、重复的再现或模拟。当实验内容为中学化学教学内容时,这种教学类化学实验也就是人们通常所称的中学化学教学实验。

由此可见,化学教学实验有广义和狭义之分。广义的化学教学实验既包含化学教育教学研究领域的化学教学实验(即科研类化学实验),也包含化学教学领域中的化学教学实验(即教学类化学实验)。而狭义的化学教学实验仅指后者,即等同于教学类化学实验。我们所指的化学教学实验属于狭义的概念。

化学实验教学是指教师将化学实验置于一定的化学教学情景下,为实现一定的化学教学目的,而展开的一系列教学活动。化学实验教学是化学教学的重要组成部分,要服从和服务于化学教学的总体安排。需要指出的是,化学教学实验和化学实验教学是密切相关的。前者特指化学教学活动中的实验,而后者指以化学教学实验为媒介的整个化学教学活动,两者是局部和整体的关系,互为依赖。

二、演示实验与学生实验

根据实验主体的不同,中学化学教师习惯将化学教学中的实验分为演示实验和学生实验。

演示实验是由教师在教学过程中为配合化学教学内容的教授而面向全体学生进行示范操作的一种教学实验,它历史久远,运用广泛,是化学教学中最基本的实验教学形式之一。教师在演示实验时,应注意以下基本要求:① 准备充分,确保成功;② 现象明显,易于观察;③ 操作规范,注重示范;④ 演讲结合,启迪思考;⑤ 简易快速,按时完成;⑥ 保护环境,注意安全。

学生实验是由学生在课堂上或实验室中为完成实验课题而自己动手操作的一种教学实验。在化学教学中,学生实验还有一些具体的表现形式,如随堂实验(或边讲边实验)、实验室实验、实验习题、实验设计等。教师在组织学生实验时,应注意以下基本要求:① 明确要求,指导预习;② 细致观察,巡回指导;③ 重视难点,提示辅导;④ 科学求实,完成报告;⑤ 适时反馈,沟通交流。

 **资料卡片**

淡化演示实验和学生实验的分类①

在当前的化学实验教学改革中,经常可以听到这样的说法:"变演示实验为学生实验"或"变演示实验为边讲边实验"。之所以出现这种情况,是因为在化学教学大纲和化学教科书中就已经对什么实验为演示实验,什么实验为学生实验作了明确规定;"大纲"和"教科书"中的规定,是就全国而言的,而在具体的化学教学中,各个地区、各所学校之间的差距较大,有条件的学校希望多给学生提供一些亲自动手操作的机会,因而,主张变演示实验为学生实验。

演示实验和学生实验是根据化学教学中实验主体的不同而进行的一种人为划分。化学新课程并没有刻意进行这样的分类。教师可根据所在学校和学生的特点,来决定某一个实验是采用演示实验还是采用学生实验。化学新课程虽然淡化演示实验和学生实验的分类,但倡导"学生亲自动手完成实验"。

---

① 刘知新.化学教学论[M].第三版.北京:高等教育出版社,2004:188.

三、中学化学实验方法与实验法

在化学教学中,我们经常从认识活动的角度,使用"实验方法""实验方法论";从教学活动的角度,使用"实验法"等。

案例研讨 2-1

测量溶解热的实验[①]

[实验1]取 3 只烧杯,各注入 100 mL 水,用温度计测量水的温度。

[实验2]将两药匙氯化钠、两药匙硝酸钾、两药匙氢氧化钠分别加入上述 3 只烧杯中,搅拌至固体全部溶解,测量溶液的温度。

[案例分析]

本案例中的两个化学实验,是"物质的溶解"一节"活动与探究"栏目的实验。通过这样两个实验,一方面是使学生认识物质溶解于水形成溶液时,通常伴随热量的变化(温度升高或降低);另一方面是使学生体验科学探究的过程,初步学会通过定量实验来研究物质性质的方法。为了实现这一化学教学目标,可以对这两个实验的教学进行如下设计:

① 由学生来完成这两个实验,通过学生亲身的实验探究活动来获得实验数据;② 运用表格对所获得的实验数据进行处理;③ 对所获得的实验数据进行小组交流和讨论;④ 通过比较、归纳,得出结论。

实验方法是科学认识活动中感性阶段的一种重要认识方法,它着重从认识方法论的层面来回答如何进行化学实验的问题。例如"案例研讨"中的[实验1]和[实验2]。所有其他条件都没有变化,改变的只有一个因素,即"改变溶质"。这里所用的就是实验方法中的"实验条件的控制"方法。

实验法是化学教学中经常使用的一种重要的教学方法,它着重从教学方法论的层面来回答如何进行化学实验的问题。例如"案例研讨"中的实验。教师应通过提问、谈话或讨论等方法,使学生理解[实验1]中为什么要各取 100 mL 水,[实验2]中的药品为什么都取相同的药量;如何正确地进行固体药品取用、搅拌、测量等化学实验基本操作;怎样绘制表格来记录实验数据;哪些溶液有腐蚀性,实验中应注意哪些安全问题,应如何处理实验后的溶液;等等。

从上面的分析可以看出,科学方法论和教学方法论对于有效地开展化学实验及实验教学,都是不可缺少的。

四、中学化学实验的教育功能

化学是一门以实验为基础的自然科学,从化学科学的形成和发展来看,化学实验起到了十分重要的作用。化学实验不但是化学科学的基础,而且也是中学化学教学的基础。化学实验对于提高化学教学质量,全面落实培养科学素养的目标,具有其他教学内容和形式所不能替代的作

[①] 中学化学国家课程标准研制组. 义务教育课程标准实验教科书·化学(下册)[M]. 上海:上海教育出版社,2001:153.

用。"以提高学生科学素养为主旨"的基础教育化学新课程,从"知识与技能""过程与方法"和"情感态度与价值观"等三个维度提出了化学新课程的目标体系;倡导"以科学探究为主的多样化的学习方式";重视学生的"亲身经历和体验";强调"创设生动活泼的学习情境"。这些新的课程理念在中学化学中的落实和实施,都离不开化学实验。因此,为了更好地实现化学新课程的教育目标,我们有必要重新审视化学实验在中学化学教育教学中的功能。

(一)化学实验的认识论功能

从认识论的角度来看,化学教学过程是一个特殊的认识过程。因此,教学过程中学生获得知识的过程也应符合人类认识事物的规律,即从感性到理性,再从理性到实践。而对于化学课程教学而言,学生感性认识的获得在很大程度上来源于化学实验,所以化学实验对于学生完成化学学习的认识过程起着非常重要的作用。

化学实验能引发学生的化学教学认识,化学实验是提出化学教学认识问题的重要途径之一。学生在学习化学时,当其已有知识和经验即"当前状态"和学生目前未知但准备去探究的新知识,如物质的性质、变化、现象、化学概念、理论等"目标状态"之间产生差距,这种差距就是化学教学认识问题。

此外,化学实验能为学生认识化学科学知识提供化学实验事实。化学事实性知识指的是反映物质的性质、制法、用途、存在等多方面元素、化合物及其应用的知识。一方面化学实验能够为学生认识元素和化合物、学习化学概念和理论提供化学实验事实。在化学新课程中,许多概念、理论的形成是从认识元素、化合物的性质开始的,而要感知元素、化合物的性质,则必须通过生动形象的化学实验,让学生通过化学实验中物质变化的现象,感知化学事实,通过对化学事实的分析、对比、归纳、总结,形成化学概念、化学理论和化学观念。

另一方面,化学实验能为学生检验化学理论、验证化学假说提供化学实验事实。化学是研究泛分子(包括分子及类分子)的科学,宏观看现象,微观找原因,宏观加微观,是化学的重要方法。"宏观看现象"离不开实验,实验是化学实现宏观—微观联系的基础和保证。所以,化学是一门以实验为基础的科学。从总体来看,实验不但为化学科学中概念和假说的形成提供基础材料,为化学科学的形成和发展提供科学事实,而且可以检验科学假说,否定错误的假说,支持和完善科学理论。因此,化学科学研究和化学教学都离不开化学实验。

(二)化学实验的动机功能

从心理学的观点看,青少年学生普遍具有强烈的好奇心和求知欲,对新奇的事物具有浓厚的兴趣和探究欲望,而化学实验正是具有这种特点。化学学习兴趣是指学生对化学学习的一种带有情绪色彩的特殊的活动倾向,它是促进学生探究物质及其变化规律性的一种重要内在动力,具有较强的动机功能。按照水平高低,可将化学学习兴趣分成"感知兴趣""操作兴趣""探究兴趣"和"创造兴趣"等四种水平。这四种学习兴趣的水平是逐渐升高的,低水平是高水平的基础,高水平是低水平的发展。教师在教学中一方面要注意鼓励和保护学生的感知兴趣和操作兴趣;另一方面又不停留于此,要积极培养和提高学生的探究兴趣和创造兴趣。化学实验中五彩缤纷的实验现象能够引起学生浓厚的认识兴趣,而这种认识兴趣是学习动机中最现实、最活跃的成分。学生对化学实验的兴趣是认识兴趣中一种重要的表现形式,是学生对化学实验的一种带有强烈感情色彩的特殊的活动倾向,是促进学生进一步探究物质及其变化规律的一种重要的内驱力,具有较强的动机功能。

案例研讨 2-2

生活中你一定会有这样的体会:在吃米饭和馒头等富含淀粉的食物时,长时间的咀嚼就会感觉到甜味。这是由于淀粉在唾液酶的作用下,发生了水解反应。请你设计实验,探究用化学方法水解淀粉的条件。[摘自人教版《有机化学基础》(选修)第83页]

[案例分析]

这一科学探究选取了学生日常生活中的物质,要求学生自行设计实验,让学生感悟到生活中处处有化学,化学处处都有用。当学生对化学实验产生浓厚的兴趣时,他就会积极探究、仔细观察,并在实验活动中产生愉快、满足、兴奋等情感体验,促使化学实验顺利完成,同时使化学实验兴趣得到进一步强化,并逐渐转化为学习化学的强烈动机。

(三) 化学实验的方法论功能

新课程中的化学实验不仅是一种实践活动,它更是一种方法和过程,学生通过亲历科学实验探究的过程,一方面获得有关的化学知识,掌握有关的化学实验技能;另一方面体验化学实验的科学方法,如观察的方法、实验的方法、实验记录的方法、对实验数据和事实的处理方法、科学抽象的方法、假说的方法、模型的方法。如此经过长期的训练和积累,就能逐渐达到新课程中要求的培养学生科学素养的总目标。

案例研讨 2-3

1. 研究氯气的性质[山东科技版《化学1》(必修)第12页]。

根据提示:氧气、氢气等都是非金属单质。初步预测氯气能跟哪些物质反应,并设计实验验证预测。

2. 食醋总酸含量的测定[江苏教育版《实验化学》(选修)第74~78页]。包括方案设计、操作、数据记录与结论、交流与讨论等。

3. 蓝瓶子实验[人教版《实验化学》(选修)第5~7页]。通过控制实验条件探究哪些因素对亚甲基蓝振荡反应存在影响,实验中运用对比实验法,并以实验报告的形式反映探究过程及其结果。

[案例分析]

案例中的三个实验都通过"过程"对学生进行"科学方法"教育。实验中用到了"测定""实验条件控制""实验现象记录""表格化处理""绘制图表"等实验方法。

(四) 化学实验的探究功能

课程标准指出:"化学实验对于实现高中化学课程目标具有不可替代的作用,学生在设计实验方案、进行实验操作、观察记录现象、进行数据处理、获得实验结论的过程中,不仅能获取知识、技能和方法,提高探究能力,还能形成良好的情感态度和价值观。"由此可见,高中化学新课程特别强调实验探究能力的培养,力图使化学实验在培养学生科学素养的过程中发挥更为积极的作用。

化学实验是进行科学探究的重要方式,在实验探究过程中,学生可以形成基本的化学实验技能,发展实验能力。反过来,化学实验又是学生学习化学和顺利进行探究活动的基础和保障。通过化学实验增进学生对科学探究的理解,发展学生的科学探究能力,化学教师应不断从生产、生活实际中挖掘素材,研究开发适合于探究学习的化学实验,充分发挥化学实验的探究功能。例如,新课程中安排多类型、多角度、多形式的实验,充分体现了学生的自主性和探究性,而学生设计实验又通过实验方案的设计、实验操作、实验现象的观察记录、实验数据的统计处理和分析推理得出结论的全过程来体现探究式学习。

案例研讨 2-4

原电池组成条件的探究

1. 请你利用给出的实验用品组成原电池,比较不同原电池产生电流的情况。实验用品:铜片,锌片,铁片,碳棒,稀硫酸,蔗糖溶液,酒精,导线,电流表,烧杯。

2. 分析每个原电池中发生氧化还原反应的物质是什么,并写出反应的化学方程式。

你的结果:

电极	溶液	是否产生电流	发生氧化还原反应的物质	氧化还原反应的化学方程式

[摘自山东科技版《化学与生活》(选修)第56页]。

[案例分析]

该案例就是让学生通过探究理解"原电池组成的条件"的规律,同时学生在探究过程中学习药品取用和有关仪器使用,掌握有关操作技能,加深了对氧化还原反应本质的理解,并在这一探究过程中,加深理解观察、科学方法(思维)和实验是进行科学探究的手段。

(五)化学实验的人文教育功能

"情感、态度、价值观"已作为化学新课程的教育目标被提出,化学教育又是科学教育的一个重要内容。在科学教育中渗透方法、态度、价值、情感、责任等人文内涵,使学科知识与人文内容相联系,体现科学教育与人文教育的融合,是现代科学教育的一个重要趋势。化学实验作为化学教育内容的一个重要方面,在人文教育方面起着其他内容无法替代的作用。首先,化学实验可以培养学生实事求是、严肃认真的科学态度,一切从实际情况出发,如实地反映实验中观察到的实验现象和化学事实。其次,化学实验不仅为学生提供丰富的感性材料,同时还能引导学生用辩证唯物主义的观点来认识和分析化学事实,形成科学的世界观和价值观。最后,化学实验还可培养学生关爱社会、关爱自然、与人合作的情感,在实验过程中经历成功与失败的情感体验,同时通过实验还可以对学生进行安全教育,等等。

(六)化学实验的教学论功能

无论是作为实践活动的实验(实验探究活动),还是作为认识活动的实验(实验方法论),都是在一定的化学教学活动中进行的,因而,它还具有重要的教学论功能。

化学实验能够创设生动活泼的教学情景。布朗(J. S. Brown)等人在《情景认识和学习文化》一文中首次提出了情景认知的观点,认为:知识是具有情景性的,知识是在情景中通过活动与合作而产生的;学习发生在有意义的情景中才是有效的;只有在情景中呈现的知识,才能激发学习者的认知需要,从而产生学习动机和学习兴趣。因此,情景创设是现代化学教学设计的重要内容之一。

所谓化学教学情景就是指在化学教学中能够激起学生学习积极性的各种场景。化学教学情景的创设,可以采取化学实验、化学问题、小故事、科学史实、新闻报道、实物、图片、线图、模型、景象资料和互联网等多种形式。而化学实验则是创设生动活泼的化学教学情景的最常用的一种形式。①

案例研讨 2-5

"彩色喷泉实验"

在氨的导入环节,设计一个"彩色喷泉实验",即在圆底烧瓶中装有干燥的氨气,胶头滴管中装有酚酞试液。挤压胶头滴管,打开活塞,形成漂亮的彩色喷泉(如图 2-1)。

[案例分析]

这种利用产生神奇现象的化学实验导入的方式,往往能很快吸引学生的注意力,并使学生产生强烈的探究欲望。

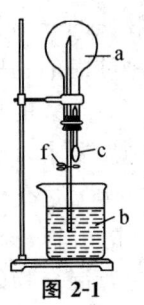

图 2-1

§2.2 中学化学教学实验的内容

核心术语

◆化学教学实验　　◆基本操作　　◆物质的分离与提纯　　◆物质的检验
◆物质的性质和制备　　◆学生独立设计

中学化学教学实验的内容选择总的指导思想是:根据化学学科的发展,借鉴国外中学化学实验内容的改革经验,立足我国实际情况,以中学化学教学目的为目标,以认识论为理论基础,以自然科学方法论为指导,选择和确定那些有助于实验技能的形成、有助于学生学习科学方法和养成科学态度的实验内容。

根据不同的标准,可以把中学化学教学实验分为不同的类型,明确并掌握各类实验的基本要求,对合理地组织和运用教学实验有着重要的指导作用。

---

① 王后雄.试析高中化学新课程教科书实验的教学功能[J].天津师范大学学报:基础教育版,2008(9):45-47.

一、化学基本操作实验

基本操作是进行各类化学实验的基础(表 2-1),它对确保实验的顺利进行和实验成功起着重要的作用。化学实验基本操作的教学,要从一开始就严格要求,一丝不苟,注意规范化训练,并且贯穿于实验教学的全过程。

表 2-1 中学化学实验对仪器使用及基本操作的要求

要求学生熟练使用的主要仪器	要求学生熟练掌握的基本操作
试管、烧杯、酒精灯、漏斗、滴管、容量瓶、铁架台、干燥器、燃烧匙、集气瓶、蒸发皿、研钵、温度计、天平、量筒、烧瓶、启普发生器、移液管、滴定管、锥形瓶	加热、集气、验纯、溶液配制、过滤、蒸发、溶解、药品取用、称量、量液、简单仪器的连接、洗涤、振荡、移液、定容、中和滴定

二、物质的分离和提纯实验

物质的分离和提纯既有联系又有区别。物质的分离是将混合物中的组分各自分开,从而得到几种纯净的物质的过程;而物质的提纯(有时也叫物质的除杂),则是将物质中混有的杂质分离出来或者除去的过程。分离和提纯之间最显著的区别在于:物质的分离对于被分离出来的物质都有纯度要求,即分离出来的物质必须都是纯净物;而提纯对分离出来的杂质并无纯度要求,而且还常常通过化学变化使杂质变为其他较易被分离的物质而被除去。分离和提纯物质的方法很多,在中学阶段介绍的主要有:过滤、结晶、蒸馏、萃取、层析、渗析、洗气等。

进行混合物的分离或提纯,必须分析组成混合物的各种成分的物理性质和化学性质,根据它们之间的差异和联系,决定选用何种试剂和操作。在整个分离或提纯的过程中必须注意:不能引入新的杂质;选用的试剂只能和杂质起反应,不能与欲提纯的主要成分反应;和杂质起反应所生成的产物和主要成分容易分离开来。为了达到分离或提纯的目的,通常需要根据具体情况综合运用以上分离或提纯物质的方法。

三、物质的检验实验

在生活、生产和科学研究中,经常需要对一些物质的组成成分进行检验。在中学化学实验教学中,常用物质的物理、化学性质,通过实验方法来检验某些物质的存在。在进行物质的检验时,一般先对物质的外观如颜色、状态、气味等进行观察,然后进行进一步的检验。中学阶段物质的检验可以分为鉴定、鉴别和推断三种类型。

无论是鉴定、鉴别,还是推断,都要求实验者熟悉相关物质的特性。中学阶段所涉及的物质检验有常见气体的检验、常见阳离子的检验、常见阴离子的检验、常见有机物的检验。常见气体有氧气、氢气、二氧化碳、氯气、二氧化硫、二氧化氮、氯化氢、氨气、甲烷、乙烯、乙炔等,常见阳离子有氢离子、铝离子、铁离子、亚铁离子、钠离子、钾离子、银离子、钙离子等,常见阴离子有氢氧根离子、氯离子、溴离子、碘离子、硫酸根离子、亚硫酸根离子、碳酸根离子等,常见有机物有甲烷、乙烯、乙炔、苯、甲苯、乙醇、甘油、苯酚、甲醛、乙酸、葡萄糖、淀粉、蛋白质等。以上物质的性质尤其是这些物质的特性,是检验这些物质的基本依据。

物质的检验要求方法简便易行且便于操作,要注意排除杂质的干扰,所选择的试剂和添加试剂的顺序要合理,现象要明显且具有典型特征。在操作过程中,鉴定、鉴别物质时一定要分别取少量待检物质进行实验,切不可在原试剂中直接加试剂进行检验。因为这样做不仅使下步检验无法进行,即使检出其中的某一部分,也会使被检物质因污染报废,不符合科研和生产的实际要求。

四、物质的性质和制备实验

物质的性质和制备实验在中学化学实验内容中占有较大比例。这类实验的目的主要是给学生提供丰富的感性认识材料,使学生较好地掌握元素化合物知识;进一步训练学生的实验技能技巧和观察能力,培养学生分析问题、解决问题的能力。

从主要生成物的类别看,中学化学实验中涉及的物质的制备有:

(1) 无机物的制备:氧气、氢气、二氧化碳、氯气、氨气、一氧化碳、一氧化氮、二氧化氮等气体的制备,固体纯碱、硫酸亚铁、硫酸亚铁铵、氢氧化铁胶体的制备等。

(2) 有机物的制备:如甲烷、乙烯、乙炔、溴苯、溴乙烷、乙酸乙酯、肥皂的制备,酚醛树脂、阿司匹林的合成等。

五、揭示基本概念和基础理论实验

揭示基本概念和基础理论类实验的主要任务是为讲授重要的化学概念和化学基础理论提供生动的直观认识。因此,应力求实验现象鲜明、有典型性,装置和操作简便易行,以利于突出重点、集中学生注意力、分析实验现象的本质、得出明确结论,并促进对学生思维能力的培养和实验技能的提高。[①]

六、联系生产实际实验

在中学化学教材中,结合生产实际的实验数量并不多,主要有合成氨、氨氧化法制硝酸、接触法制硫酸和石油裂解、乙酸乙酯的合成等。这类实验装置比较复杂,综合性强,有利于学生实验能力的培养。有关结合生产实际的实验,其首要任务是揭示化工生产的化学原理,在实际教学过程中,还应配合模型、挂图、多媒体课件、教学录像、参观等教学手段,激发学生的想象力,做到理论与实践紧密联系。

七、学生独立设计实验

学生独立设计实验与前面提到的实验不同,它没有规定的实验步骤和方法,需要学生根据实验题目独立设计实验方案,拟订实验仪器装置、使用试剂、操作方法并得出结论。这对于培养学生综合运用所学的知识、技能去解决化学实际问题的能力,培养他们的科学态度、科学方法和创新精神、独立实验能力都具有重要意义。教学中要随着年级升高逐步增加这类实验的次数和难度,并积极创设让学生独立操作的实验条件。教师还应认真地审阅学生设计的实验方案,确保实验安全。

---

① 马建峰.化学实验教学论[M].北京:科学出版社,2006:5-7.

§2.3 中学化学实验教学的要求

核心术语

◆演示实验　　◆学生实验　　◆活动课程实验　　◆边讲边实验　　◆学生实验课　　◆实验习题

从中学化学实验教学的组织形式来看，一般分为演示实验、学生实验、活动课程实验三种类型。把化学实验分为不同类型，完全是为了教学、研究的方便和需要。不同类型的实验有不同的教学组织形式和要求，发挥的作用也不同。对中学化学实验进行科学合理的分类，可以为化学实验教学提供多种有效的途径和方法，有利于我们有效地进行中学化学实验教学研究。

一、中学化学演示实验的特点和要求

（一）中学化学演示实验的特点

化学演示实验是教师在课堂教学过程中示范操作表演的实验。它可以给学生留下生动、鲜明而深刻的印象，是一种传统的、基本的实验教学形式，也是最有效的直观教学方法之一。演示实验过程中，教师的示范操作表演对于训练学生的实验操作技能、培养严肃认真的工作作风和实事求是的科学态度具有"言传身教""潜移默化"的影响。所以演示实验在中学化学教学中具有非常重要的作用，运用十分广泛。

化学演示实验一般可概括为两种方法：一种是先进行演示实验，根据观察到的现象，引导学生分析并作出结论。这有利于帮助学生形成正确的概念，激发学生的学习兴趣，培养学生的观察、分析、综合与判断的能力。另一种是先向学生讲清楚实验的装置、操作步骤，告诉学生应该观察到的现象和得出的结论，然后用实验证实这些结论或原理。这有利于帮助学生巩固、运用和深化知识。[①]

（二）中学化学演示实验的要求

1. 充分准备，确保成功

演示实验一旦失败，将会严重地影响教学效果。为了保证实验成功，教师首先要从思想上重视，认真对待每一个实验和实验的每一个环节。其次，准备工作必须周密细致，对实验所用仪器和试剂、实验时间和反应条件的控制都必须做到心中有数。对难做的实验，例如氢气跟氯气混合见光爆炸实验，应多次重复预试，认真分析成败原因，掌握成功的关键。

2. 目的明确，重点突出

演示一个实验要达到什么目的，解决什么问题，突出什么现象，重点示范什么操作，有哪些具体要求等，无论教师和学生都应该明确。要引导学生观察主要特征，不能仅仅观察某些新奇的现象，要透过现象看本质，从深层次上举一反三，反思知识结构之间的联系。

3. 现象明显，便于观察

明显的实验现象能给学生以深刻的印象，这是顺利进行形象思维和抽象思维的基础。演示

[①] 郑长龙.化学实验教学论[M].北京：高等教育出版社，2001：32-39.

实验的装置应面向学生,如演示天平称量,指针应朝着学生,便于他们观察。仪器的大小和放置的高低要适当,并随时注意不要让其他仪器挡住学生的视线。为增强实验效果,可根据具体情况,背衬白色或黑色屏,或做空白实验进行对比。有的实验变化细微,可设法用投影仪放大。演示实验切忌走过场,要防止在大多数学生还未看清楚现象时就停止实验。另外在保证实验现象明显的前提下,应尽量使实验装置简单。

4. 引导思维,培养能力

明显的现象能给学生以生动的直观印象,但只有通过思维才能完成认识上的飞跃,达到教学目的。为此,教师的演示应跟讲述、引导观察、质疑、板书密切配合,让学生明确实验的目的和观察的要求,并对实验装置、操作步骤、观察到的现象进行积极的思考。启发他们对实验现象和实验结果进行分析,经过抽象、概括、总结和归纳,透过现象认识本质,以形成化学概念和掌握基础理论知识。实践证明,在演示实验中教师做必要的讲解和适当地提出思考性问题,都会引起学生的积极思维。因此,在演示实验过程中,尤其要注重培养学生的思维能力。

5. 掌握时间,保证安全

演示实验是课堂教学的重要一环,必须在较短的时间内完成。教师应周密安排,控制条件,使实验现象适时出现。同时,演示实验必须十分安全。教师应充分认识仪器、药品的性能,化学反应的原理,严格遵从操作规程,对于有危险性的实验,必须细致周密地落实预防和补救措施。

二、中学化学学生实验的特点和要求

学生实验可以分为边讲边实验、学生实验课、实验习题三种类型,每一种类型的实验都有其特点及具体要求。

(一) 边讲边实验

边讲边实验是教师一边讲,学生一边操作的实验。这种实验模式多用于教授新课。在复习课上,有时为了加深概念的理解,也能适当采用。从实验内容的角度,边讲边实验通常适用于那些与化学基础知识有密切联系,又能培养和锻炼基本实验技能的实验;或者是那些适合学生水平、操作较为简单、学生能独立完成并易获得正确现象的实验。

1. 边讲边实验的特点

边讲边实验的特点是在课堂上把教师讲授和学生实验结合起来进行教学。课前教师在学生的课桌上摆好必需的仪器和试剂。在上课讲授过程中,每当需要学生通过实验来认识某一物质的性质及其变化,或形成某一新概念、理解新的原理时,教师就组织、指导学生进行相应的一个(或一组)实验。学生一边听取教师的讲授,一边通过自己动手操作、观察和思考来获得知识。因此,比起单独由教师演示,学生能更仔细地观察实验现象,对所获得的物质及其变化的印象更加深刻,加深新概念和新原理的理解,从而使掌握的知识更加牢固。同时,由于学生亲自动手,能更好地培养学生的实验操作技能、技巧和其他多种能力。整个实验是在教师的指导下进行的,因此教师的主导作用和学生在学习中的主体作用都能得到充分发挥,学生学习的效率和质量都能得到提高。

2. 边讲边实验的要求

(1) 精心选择边讲边实验的实验内容。正确地选择边讲边实验的内容的条件是:紧密配合教材内容,并为设备条件所允许;实验内容简单,操作方便,时间短;实验现象明显,直观而不易发生异常现象;实验安全可靠,不宜选用产生有毒气体或易发生爆炸的不安全实验;同一节课所选用的边讲边实验的数量不宜过多,以免学生疲于实验操作,无暇仔细观察和思考。

(2) 做好边讲边实验的课前准备工作。首先,教师要对上课时拟做的实验反复预试,除要求掌握实验成败的关键外,还要估计学生在课堂实验时可能出现的问题和大约所需的时间,教师在课堂上指导学生实验时心中有数,控制教学进度。其次,做好学生实验所用仪器、药品的准备。将检查合格的仪器、药品,整齐有序地分放在学生的课桌上。讲台上还应另摆一套,以备教师示范演示用。

(3) 做好边讲边实验的课堂组织和指导工作。上课时要注意把讲授和组织学生实验有机地结合起来。教师要先向学生提出实验目的和要求,交代实验步骤和注意事项,然后学生才动手实验,观察现象。在学生进行实验时,教师要细心地观察学生的操作情况、实验现象和记录情况,并及时指导。必要时还可中断全班实验,纠正出现的普遍性问题。待实验完结后,教师可根据实验结果和实验现象进行提问。如学生的发言中有遗漏或错误,则组织其他学生补充或讨论,最后由教师总结。

(二) 学生实验课

学生实验课是在一个单元教材学习之后,为了复习、巩固和验证课堂上所学的知识并系统培养学生的实验能力,由学生独立完成一定实验任务的实验教学形式。

1. 学生实验课的特点

学生实验课是学生学完某一单元或某一章节之后,在教师的组织和指导下,利用整节课的时间,在实验室里独立运用已获得的知识技能进行实验操作,观察和思考实验现象,做好实验记录,写出实验报告。通过学生实验,能进一步巩固和加深学生已获得的知识,提高学生实验操作技能和独立工作能力,培养理论联系实际的学风、实事求是的科学态度和良好的道德品质。

2. 学生实验课的要求

(1) 做好课前准备。师生都应明确每一次学生实验课的目的。教师在实验前应做好实验的预试;备好课后,应把学生实验用品准备齐全,并利用学生的仪器和药品进行全部实验,这样可以进一步检查仪器、药品是否短缺或有效。学生实验桌上的仪器、药品要摆放整齐、合理,这不仅给实验提供方便,而且也给学生做出示范。

(2) 课堂上检查提问。实验课开始时,教师要进行必要的提问检查,判断学生是否明确本实验的目的、操作步骤和注意事项,这是学生实验成败的关键。此外教师还要对学生实验做简短的讲述,对初次接触的仪器要作介绍,操作要做演示,结合操作过程交代有关注意事项。这样就能给学生留下直观的印象和感性的认识。

(3) 辅导耐心认真。在实验全过程中,教师应认真负责,耐心细致地做好辅导工作:既要照顾全班学生的实验正常进行,又要对"两头"的学生做好重点指导,使基础好的学生能更进一步,使基础较差的学生能完成任务。如果发现普遍性的问题或不安全因素,可停止实验,经教师解决后再继续实验。

(4) 抓好思想教育。在实验课上,要注意对学生进行思想教育,除了辩证唯物主义教育外,还应培养学生遵守纪律、胆大心细、爱护公物、求实探索和勇于创新的良好工作作风和高尚的道德品质。

(5) 及时小结实验。实验完毕,教师要对实验情况进行小结,即从实验操作、实验现象、观察记录、科学态度、遵守纪律、道德品质、实验作风等各方面进行全面评述,指出全班实验的优缺点,并分析原因、提出希望。实验小结应以表扬鼓励为主。小结之后,要求学生刷洗整理好仪器,药品归还原位,打扫卫生后离开实验室。

(三) 实验习题

实验习题是学生综合运用已学的化学知识和化学技能,采用化学实验方法来解答的一类化学习题。

1. 实验习题的特点

实验习题只给学生提出了题目,而没有提供如学生实验课那样现成的教材,要求学生在实验之前,要独立思考、研究、探索解答习题的途径,设计出解答习题的实验方案,经教师审阅批准后实施。其他内容如原理、仪器、药品、方法、步骤、注意点等也均由学生自己考虑。因此,实验习题既是化学教学中的一种特殊形式的习题,也是要求较高的一种学生实验。实验习题除具有与学生实验课相同的作用外,特别在培养学生综合运用知识、技能和实验方法来解决化学问题的独立工作能力方面,在培养学生设计化学实验和探索、创造能力方面,以及在进一步激发学生自觉地掌握和巩固化学基础知识和化学基本技能的积极性等方面都有良好的效果。

2. 实验习题的要求

实验习题的特点表明,只有在学生具备了一定的化学知识、技能的条件下,实验习题课才能顺利进行。因此,教师可在一定的阶段,例如单元复习或总复习,适当地布置实验习题。实验习题可以分散布置在一般的学生实验课中,进行个别实验习题的解答;也可以集中组织几个题目作为一节独立的实验习题课单独进行。为了取得更好的效果,教师还要做好以下几点。

(1) 做好实验习题的准备工作。教师对每个实验习题都必须预做。对一题多解的题目,其可能的各种实验设计方案,以及相应的实验条件和关键,教师都必须掌握,以便熟练地进行指导。同时,教师要充分了解学生的化学知识和化学实验技能的掌握程度,估计学生可能设计出的各种实验方案。在此基础上,充分准备好学生可能要求发给的仪器和药品。

(2) 加强学生设计实验方案的指导和组织。教师布置实验习题后,首先要指导学生钻研实验习题的要求,阅读有关材料,复习有关化学知识,思考解题的实验原理、方法和步骤;预计所需仪器和药品;考虑实验中可能产生的现象、容易出现的错误以及安全注意事项等;最后独立设计出实验方案。实验方案应包括实验题目、内容、仪器药品、操作步骤、预计产生的现象和结论(包括解释和书写化学方程式)。

(3) 加强学生实验过程中的指导。学生领齐实验仪器和药品后,即可独立进行实验。通过实践验证预计的方案。在学生进行实验的过程中,教师要巡视指导并进行小结。实验结束后要求学生做好实验室的清洁工作,并按时完成实验报告。

(4) 调动学生做实验习题的积极性和培养他们的创造精神。教师应根据学生的水平和兴趣确定题目,并对学生的设计进行指导,如怎样审题,如何寻找参考资料,需要注意哪些问题等。教师既不包办,又要使学生尽量少走弯路。学生设计的实验,只要原理正确,设计合理,方法可行,就应尽量满足他们的要求,为他们准备好所需的仪器和药品,同时应鼓励富有创新的实验设计方案。对于不适用的设计,也应讲清道理或帮助改进。有的实验习题可以组织学生探讨各种设计方案的优劣,选择较好的方案,再进行实验。让同学们在问题解决的过程中,亲身体验到化学知识的增长和实验能力的提高,从而增强学生对化学实验的兴趣,培养学生勇于创新的精神。

三、中学化学活动课程实验的特点和要求

化学活动课程实验是学生综合运用已有的化学知识、实验技能,主要围绕探究性学习、社区服务与社会实践以及劳动与技术教育等,通过活动课程实验来解决化学问题的一种教学组织形式。其主要环节包括查阅资料、方案设计、活动与评价等,一般由学生独立来完成,必要时教师可以给予相应的指导。

(一) 中学化学活动课程实验的特点

活动课程实验是指以综合性信息和直接经验为主要内容,有目的、有计划、有组织地以学生为主体,通过他们的亲身体验学习,从而促进学生能力和综合素质提高的一种实验组织形式。与学科课程实验相比,活动课程实验具有以下特点。

1. 主题的社会性

活动课程实验是以探究体验为主要形式的实践活动,把智力活动和操作过程更紧密地结合起来,强调"做中学",重视直接体验和经验学习,重视知(识)行(为)的统一;同时活动课程实验在活动主题上力求贴近社会生活实际,把学生的理论学习与社会实际生活挂钩,使学生感到学有所用,进一步增强学习动机。

2. 内容的综合性

活动课程实验的内容可以不受学科知识体系的局限,常以涉及多学科的综合信息和直接经验为主。因此,它有助于弥补按知识体系分科学习的不足,有利于知识的整合运用和能力的均衡发展。

3. 学生的主体性

活动课程实验尊重学生的主体性和个性发展,强调学生是教育与学习的中心,强调发挥学生自身的主动探索和创造精神,注重学生的自我组织和互相启发。同时,实验过程不拘泥于一种方案和途径,从而为学生的个性化学习留下了广阔的空间,有利于他们的多样化发展。

(二) 中学化学活动课程实验的要求

从活动课程实验的教学过程划分,可以分为实验活动准备、实验活动导入、实验活动实施和实验活动总结四个步骤。在每一步骤具体实施过程中,应力求达到以下要求。

1. 实验活动准备阶段

要求教师和学生共同进行实验活动的准备工作,包括教师研究学生的兴趣、需要和直接经验,进行实验活动方案的总体设计,学生和教师一起制订活动的具体计划,安排实验活动材料,精心设计实验活动情境。实验活动准备是否充分,是影响实验效率的关键。

2. 实验活动导入阶段

要求教师和学生明确实验活动的主题、目的和要求,引起学生积极参与实验活动的欲望,激发兴趣,明确问题。这一阶段也极大地制约实验的实验效率,影响学生主动性、创造性的发挥。

3. 实验活动实施阶段

这是活动课程实验教学过程中的中心环节,要求教师指导学生按照实验活动的目的和要求自主进行实验操作,动脑动手,直观体验,完成教学内容和任务。

4. 实验活动总结阶段

在实验结束时,教师引导学生对完成的实验自己进行分析、总结和评价,以提高认识,总结经验和教训,形成技能技巧。

§2.4 中学化学实验教学的模式

核心术语

◆化学实验教学模式　◆演示讲授模式　◆实验归纳模式
◆实验演绎模式　　◆实验探究模式

化学实验教学模式是指在一定的教育思想和教学理论指导下,为完成一定的化学教学目标和任务,而建立的一种比较典型和稳定的化学实验教学程序及其实验方法的策略体系。目前,在教学实践中比较常用的有演示讲授模式、实验归纳模式、实验演绎模式和实验探究模式等。[①]

一、演示讲授模式

演示讲授模式是一种经典的、较为传统的实验教学模式。它的特点是将化学演示实验与教师的讲解、评述有机地结合起来,以达到预期的教学目的,是中学化学(实验)教学中最为广泛运用的一种教学模式。它的教学程序大体如下(见图2-2)。

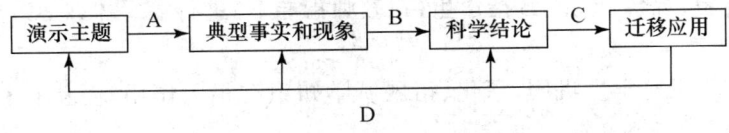

图2-2　化学实验演示讲授模式

A指教师示范操作,用简洁的提示,引导学生观察、思考;B指教师的启发讲解,师生交流;C指提供新事实、新情境,让学生练习运用获得的结论;D指教师(或学生)结合实际的评价、调整。

运用这种模式的关键是要使演示与讲授密切配合,要防止演示离开教师的启发引导,形成做"哑巴实验",或教师讲解超前,过多过细,干扰学生专注的观察和结合事实现象的思考。在教学过程中教师更要注意学生学习积极性、主动性的发挥。

二、实验归纳模式

实验归纳模式是将学生的实验活动与教师的引导提示相结合,通过归纳整理的方法,使学生认识化学概念和化学理论的一种实验教学模式。在中学化学教学中,边讲边实验应该属于这种模式。它的教学程序大体如下(见图2-3)。

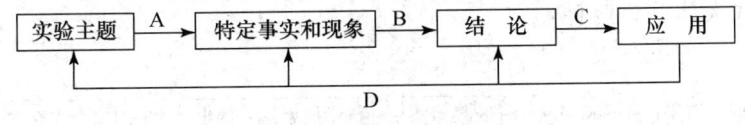

图2-3　化学实验归纳模式

A指学生做简易型实验、观察、识记;B指学生(在教师指导下)进行归纳概括;C指结合教学

[①] 郑长龙.化学实验教学论[M].北京:高等教育出版社,2001:59-62.

要求的练习运用;D 指教学反馈。

实验归纳模式初步显现了探究性教学的功能。学生能够亲自动手完成实验操作,对实验现象的观察更加细腻、精准,学生的实验操作技能得到训练。因受多种因素的制约,利用这种模式开展的教学活动还不够普遍,微型实验的引入在一定程度上有可能改变这种局面。

三、实验演绎模式

实验演绎模式是在学生已有化学知识的基础上,通过新的实验用演绎的方法深化、拓展相关知识。如学生学习了金属活动性顺序,知道排在前面的金属能够把排在后面的金属从它的盐溶液中置换出来。但把金属钠放入硫酸铜溶液中,却得不到金属铜,而是产生氢氧化铜沉淀。学生通过实验,推理得出结论,这就是实验演绎模式的教学示例。它的教学程序大体如下(见图2-4)。

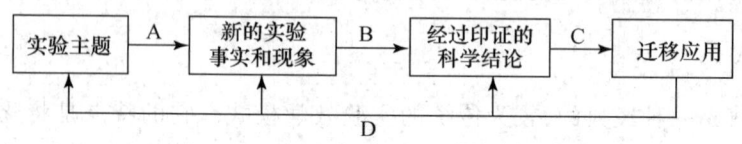

图 2-4　化学实验演绎模式

A 指学生做实验、观察、识记;B 指学生(在教师指导下)进行演绎推理;C 指结合教学实际进行的练习运用;D 指教学反馈。

实验演绎模式不仅对学生巩固、深化、拓展所学知识有很大作用,而且有利于学生思维能力的发展和提高。

四、实验探究模式

实验不仅是一种验证性的实践活动,而且更重要的是一种探究性的实践活动。早在 18 世纪,法国思想家、教育家卢梭就提出了探究教学的思想,他主张"用探究的方法创造性地进行学习"。在新的化学课程标准中,实验探究被作为化学实验教学新的目标和方式,实验探究模式成为当前化学实验教学的重要模式。

随堂讨论

验证性实验与探究性实验是实验活动的重要表现形式,试结合实例说明两者的区别和联系。

实验探究模式大体分为两种:[①]

模式Ⅰ:

创设情景→明确问题→收集事实→科学抽象→得出结论→交流与应用

图 2-5　化学实验探究教学模式Ⅰ

---

① 刘知新.化学教学论[M].北京:高等教育出版社,2004:173-177.

模式中的科学抽象是指在人的思维中,排除认识对象的非本质属性,而抽取其共同的本质属性的一种方法。科学抽象的进行,需要运用比较、分类、归纳和概括等逻辑方法。因此,教学中应尽可能选用多的具体事例作为探究对象,以便进行更充分的分析、比较、归纳和概括,使得出的结论令人信服。很多元素化合物知识、化学概念、定律、原理等都可运用此模式来进行教学。

案例研讨 2-6

盐跟某些金属的反应

【创设情景】铜树实验:取一铝制易拉罐,剪去两底,取其铝片。擦去其表面的氧化物,之后将铝片剪成树状,并塞入事先洗净的雪碧塑料瓶中。取胆矾 25 g～30 g 加入雪碧瓶,之后注水,以没过树状铝片为宜,再拧紧瓶塞。装置如图 2-6 所示。

【明确问题】盐能否跟金属发生化学反应?

【收集事实】

【实验1】在两支盛有氯化铜溶液的试管里,分别浸入一段洁净的铁丝和铂丝,过一会,取出,观察有什么变化。

【实验2】将两根铜丝分别浸入盛有硝酸汞溶液和硫酸锌溶液的试管里,过一会,取出,观察有什么变化。

图 2-6

【实验事实】

标号	反应物		实验事实	化学方程式
	金属	盐		
①	Fe	$CuCl_2$	铁丝表面覆盖一层红色物质	$Fe + CuCl_2 = FeCl_2 + Cu$
②	Pt	$CuCl_2$	没变化	——
③	Cu	$Hg(NO_3)_2$	铜丝表面覆盖一层银白色物质	$Cu + Hg(NO_3)_2 = Cu(NO_3)_2 + Hg$
④	Cu	$ZnSO_4$	没变化	——

【科学抽象】

通过比较发现,这四组实验可以分为两类:一类发生了化学反应,即①、③组;另一类没有发生化学反应,即②、④组。

从①、③组可以看出,铁比铜活泼,铜比汞活泼,也就是说,活泼性较强的金属能把活泼性较弱的金属从其盐溶液中置换出来。

从②、④组可以看出,铂没有铜活泼,铜没有锌活泼,也就是说,活泼性较弱的金属不能把活泼性较强的金属从其盐溶液中置换出来。

【得出结论】

在金属活动性顺序里,只有排在前面的金属,才能把排在后面的金属从它们的盐溶液中置换出来。

【交流与应用】

能否用铁筒装硫酸铜溶液?

模式Ⅱ：

创设情景 → 提出问题 → 提出假说 → 验证假说 → 得出结论 → 交流与应用

图 2-7　化学实验探究教学模式Ⅱ

模式中的假说是指根据已知的实验事实和科学理论，对未知的自然现象及其规律所做的一种推理和解释。假说的形成一般要经过提出假说和验证假说两个阶段。假说的提出通常包括两个环节：一是根据为数不多的实验事实和科学理论提出假设；二是在假设的基础上进行推理和判断。假说的验证包括实验验证和理论验证，其中实验检验是最直接、最可靠、最有力的方式。

案例研讨 2-7

"苯酚"性质的实验探究[①]

【创设情景】结构决定性质，性质是结构的反映。我们观察一下苯酚的分子结构 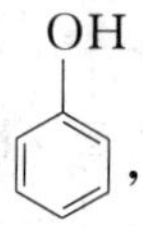 ，其特征基团是什么？

【提出问题】羟基与苯环直接相连的有机物称为酚。最简单的酚——苯酚具有哪些化学性质？

【提出假设】

1. 苯酚有羟基，可能具有醇的某些性质，如：与 Na 反应、与 O_2 反应等。

2. 苯酚有苯环，还可能具有苯的某些性质，如：与 H_2 发生加成反应、与卤素单质发生取代反应等。

3. 苯酚与乙醇具有相同的官能团——羟基，却是两类物质，它们还存在差异。

【实验验证】

【实验1】将两支各盛少量苯酚、乙醇的大试管置于 70℃ 左右的热水浴中，然后再分别投入大小相同的金属 Na 小颗粒，观察现象。

【实验2】向苯酚乳浊液中滴加 NaOH 溶液，观察现象。

【实验3】一组：向所得苯酚钠溶液中滴加酚酞，观察现象。

二组：向苯酚钠溶液中滴加盐酸，观察现象。

三组：向苯酚钠溶液中通入 CO_2，观察现象。

四组：向苯酚浊液中滴加 Na_2CO_3 溶液（注意是否有气泡）。

【得出结论】

【实验1】苯酚与钠反应比乙醇与钠反应剧烈，说明酚羟基比醇羟基活泼。

【实验2】苯酚能与 NaOH 反应，说明苯酚具有酸性。

---

① 王志丹.实验教学：从封闭走向开放——"自主、合作、探究"型实验教学模式在高中化学教学中的应用[J].内蒙古师范大学学报：教育科学版，2007(8).

【实验3】一组,苯酚钠溶液变红,依据盐类水解规律,说明苯酚为弱酸;二组,溶液变浑浊,依据强酸制弱酸原理,说明盐酸酸性强于苯酚;三组,溶液变浑浊,依据强酸制弱酸原理,说明碳酸酸性也强于苯酚;四组,无明显现象,说明苯酚酸性不强于碳酸。(同时通过三、四两组的对比可以得出苯酚钠中通入 CO_2 后产生的是 $NaHCO_3$ 而不是 Na_2CO_3 的原因。)

总结:苯酚具有弱酸性,其酸性比碳酸还弱。

【交流与应用】

1. 从结构入手如何解释这一结论呢?羟基旁所连的基团不同,对其活性的影响不同。如含羟基的醇、水、酚、无机含氧酸等羟基氢的活性各有不同,这正体现了基团之间的相互影响。

2. 苯基对羟基的影响使羟基的活性增强体现酸性,那么羟基对苯基的影响又会使苯酚中的苯基具有哪些不同于苯的性质?需要设计怎样的实验去研究这些问题呢?

实验探究教学模式Ⅰ和模式Ⅱ的划分并不是绝对的。同一教学内容既可以按照模式Ⅰ,也可以按照模式Ⅱ来设计,但两者在培养学生能力方面的作用程度是有区别的。以假说及其验证为主要内容的模式Ⅱ,由于要求学生要大胆地进行想象和推测,发表自己的见解,因而更有利于培养学生的创造能力。中学生在不同学习阶段的思维特点不尽相同,在高年级更善于进行推理和判断,主动思考问题,发表独立见解。因此,教师可根据教学内容和学生的实际情况,灵活运用不同的教学模式,有计划、有步骤地培养学生的科学探究能力。

单元思考题

1. 请查阅研究化学实验的教育教学功能的有关资料,在分析资料的基础上,就化学教学中如何更好地发挥化学实验的功能问题,谈谈你的看法。

2. 以新课程教科书中某一内容为例,讨论并交流将此段内容设计成实验探究模式的思路和体会。

3. 分小组分别调查附近几所学校的中学化学实验及其教学情况,写出调查报告,并就如何开展化学实验及其教学改革交流各自的看法。

4. 结合具体实验说明演示实验和学生实验的教学要求,说明新课程为什么会淡化演示实验与学生实验的界限。

5. 阅读下列某版本化学教科书"铝的性质"的片段。

[活动与探究]

(Ⅰ)完成下列实验,并将实验现象与结论填入表2-2。

将几小段用砂纸打磨过的铝条分别放入四支洁净的试管中,再向试管中分别加入浓硝酸、浓硫酸、6 $mol·L^{-1}$ 盐酸、6 $mol·L^{-1}$ 氢氧化钠溶液各 3 mL,观察实验现象。

表 2-2 铝的性质实验

与铝反应的物质	实验现象	结论或化学方程式
浓硝酸		
浓硫酸		
盐酸		
氢氧化钠溶液		

（Ⅱ）思考并回答下列问题。
　　①和你所熟悉的其他金属相比，铝的性质有何不同？
　　②分析上述反应中铝化合价的变化，说明铝得失电子的情况。
结合对以上教科书内容的理解，试回答下列有关问题：
(1) 本教学内容属于普通高中_____（填选项）模块内容。
A. 化学 1　　　　　　B. 化学 2　　　　　　C. 化学与生活　　　　　D. 化学反应原理
(2) 试简要说明"活动与探究"栏目设置体现了哪些新的教学理念。
(3) 回答第（Ⅱ）问中的①、②两个问题：
　　① _____；② _____。
(4) 某学生在进行铝的性质实验时发现，用擦去氧化膜的相同大小的铝片分别与 H^+ 浓度相同的稀硫酸和稀盐酸反应时，实验现象明显不同：铝与稀硫酸反应的速率较慢，产生的气泡很少；铝与稀盐酸反应的速率较快，产生的气泡较多。请你设计引导学生进行科学探究的方案。
(5) 试简述化学实验的教学功能。

第三章　中学化学实验设计与创新

化学实验设计是指实验者在实施化学实验之前,根据一定的化学实验目的和要求,运用有关的化学知识和技能,对实验的仪器、装置、步骤和方法在头脑中所进行的一种规划。改变化学实验"照方抓药"式现状的关键,是加强化学实验的探究式设计。这对于更好地发挥化学实验的功能,发展学生的科学探究能力,促进学生科学素养主动、全面的发展,具有重要意义。

§3.1　中学化学实验设计的要求

核心术语

◆目的性　◆科学性　◆可行性　◆安全性　◆简约性　◆直观性

在教学中,化学实验设计具有重要意义。首先,它可以激发学生的化学学习兴趣。学生根据自己所学的化学知识,独立地或在教师启发下,设计出各种实验方案,成功地解决化学实验问题,从而产生成功后的喜悦,激发起更大的学习热情,成为进一步学习的强劲动力。其次,设计化学实验方案需要学生灵活地和创造性地运用所学的化学基础知识和基本技能,因而可以培养他们解决化学实验问题的能力和创造能力。同时,进行化学实验设计还需要学生掌握各种科学方法(如实验、测定、实验条件的控制、假说等),具有严肃认真、一丝不苟和敢于创新的精神,因而有利于学生科学方法的训练和科学态度的培养。此外,化学实验设计还是培养化学教师实验研究能力的重要途径和方法。

一、中学化学实验设计的类型

依据化学实验内容的不同,可以将化学实验设计分成以下三种类型。[①]

(一) 物质的制备(或合成)实验设计

将自然界中的物质用化学方法复制出来,或用化学方法创造出自然界中没有的新物质,都离不开物质的制备(或合成)实验。此类实验的设计,应尽可能提供多种制备方法,寻找多种合成路径,在对原理、装置、操作、经济和安全等方面进行较为系统的分析、比较后,从中优选出较为理想的实验方案。

(二) 物质的分离与提纯实验设计

要想得到纯净的化学物质,需要进行物质的分离和提纯实验。此类实验的设计首先需要了解所要分离与提纯的化学物质及其所在体系的特点,然后根据其特点,选择分离与提纯的具体方

---

① 郑长龙. 化学课程与教学论[M]. 长春:东北师范大学出版社,2005:190-191.

法。常用的分离与提纯方法主要有过滤、蒸发、结晶(重结晶)、萃取、蒸馏、升华、洗涤、干燥、色谱法等。

(三) 物质的表征实验设计

对于通过分离与提纯得到的化学物质,还需要进行"表征"。所谓物质的表征,是对构成物质的成分、含量、价态、结构等特征的描述。对物质的表征,需要运用化学分析方法和仪器分析方法。运用化学分析方法,可以对物质的成分进行检验和鉴别。此类实验的设计应先进行外观观察,然后准备试样进行试验,并根据物质的特殊性质来确定其成分,因此,此类实验也可称为性质表征实验。运用仪器分析方法可以对物质的结构进行鉴定,因此,这类实验也可称为结构表征实验。此类实验的设计首先需要了解典型离子或官能团在光、电、热、磁等方面的特征,然后根据其特点和学校的实验条件,选择恰当的仪器进行实验。

 **资料卡片**

化学分析法与仪器分析法

化学分析法是以化学反应为基础的一类分析方法,包括定性分析(物质的检验、鉴别)和定量分析。在定量分析中,通过称量产物的质量来计算被测组分的含量的方法,称为"重量分析法";通过滴定的方式将已知准确浓度的试剂定量地加到被测液中与被测组分按化学式计量关系刚好反应完全,从而计算出其含量的方法,称为"滴定分析法"(包括酸碱中和滴定、配合滴定、氧化还原滴定和沉淀滴定等)。

仪器分析法是以物质的物理或物理化学性质(光、电、热、磁)为基础的一类分析方法,这类方法一般需要使用一些实验仪器。根据测量原理和信号特点,可以将仪器分析法大致分成光学分析法、电化学分析法、色谱法和其他仪器分析法等四大类。

只有使实验方法论与化学实验方法相融合,才可以保证化学实验的科学、有效进行。高中化学课程标准中涉及了现代仪器分析的四大类仪器或方法,但并不是要求学生都掌握,要求的程度是有区别的。对于红外光谱仪、原子吸收光谱仪、核磁共振仪、质谱仪等,只要求学生知道它们是现代分析仪器,在物质的组成和结构的测定中具有重要作用即可;而对于比色法、气相色谱法、电化学分析法,则要求能在具体的化学实验中加以运用。

二、中学化学实验设计的原则

(一) 目的性原则

目的性原则是化学实验设计的目标原则,是指化学实验设计的整个过程中,对实验原理、用品、装置、步骤、方法以及实验结果等各方面的设计,都应围绕实验的目的与要求进行。如一氧化碳(CO)还原氧化铜(CuO)的实验,实验目的是说明CO具有还原性,可把CuO中的铜(Cu)还原出来,本身被氧化成二氧化碳(CO_2)。因此,实验设计的立足点就是如何将黑色的氧化铜转化为红色的铜,如何将CO转化为CO_2并能体现出来。并依此选择实验试剂、仪器、装置、反应条件、操作步骤和方法,并可组装成多种有利黑色CuO转化为红色Cu的实验装置。

(二)科学性原则

科学性是化学实验设计的核心首要原则。所谓科学性是指实验原理、实验操作程序和方法必须与化学理论知识和化学实验方法相一致。例如 Na_2S 和 Na_2SO_3 的鉴别,在试剂的选择上就不宜选用硝酸等具有氧化性的酸;在操作程序的设计上,应先溶解、取少量,然后加试剂,而不能溶解后就加入试剂。

(三)可行性原则

可行性是指设计化学实验时所运用的实验原理在实施时切实可行,所选用的化学实验药品、仪器、设备和方法在中学的条件下能够得到满足。例如 $NaCl$、Na_2SO_4 的鉴别,有的学生常选用 $AgNO_3$ 做试剂,认为 $AgCl$ 难溶、Ag_2SO_4 微溶,从而把两者加以区分。事实上,这种方法所依据的原理在实施时是不可行的。因为硫酸银不稳定,很容易分解成难溶的氧化银。再如,用化学方法鉴别 N_2 和 Cl_2,就不能用它们跟氢气的反应来进行区别。因为 N_2 跟 H_2 的反应条件在中学很难得到满足,Cl_2 跟 H_2 的反应如控制不好,有一定危险性。

(四)安全性原则

安全性是指实验设计时应尽量避免使用有毒药品和具有一定危险性的实验操作。如果必须使用,应在所设计的化学实验方案中详细写明注意事项。尽量设计绿色化的实验,以防造成环境污染和人身伤害。

资料卡片

化学实验的绿色化设计

从实验设计来看,化学实验的绿色化,就是选取绿色化的原料、采用"原子经济性"的化学反应,使所获得的产物绿色化,如图 3-1 所示。[①]

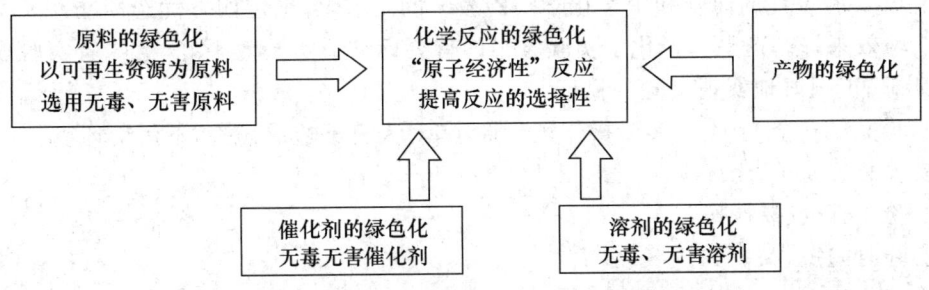

图 3-1 化学实验的绿色化设计示意图

所谓"原子经济性",是指化学反应应该最大限度地利用原料分子中的每一个原子,使它们都结合到目标分子(产物)中去,从而达到零排放(即没有副反应、不生成副产物、不产生废弃物)。一个化学反应的原子经济性程度可以用"原子利用率"来衡量。

$$原子利用率 = \frac{被利用的原子总物质的量}{使用的所有反应物的原子总物质的量} \times 100\%$$ [②]

[①] 闵恩泽,傅军.绿色化学的进展[J].化学通报,1999(1):10-15.
[②] 朱文祥.绿色化学与绿色化学教育[J].化学教育,2001(1):2.

(五) 简约性原则

简约性是指要尽可能采用简单的实验装置，用较少的实验步骤和实验药品，在较短的时间内来完成实验。例如 $AgNO_3$、$NaBr$、HCl 和 Na_2CO_3 四种溶液的鉴别。有的学生采用常规的组合实验方案列出四组平行实验共计 12 个操作步骤；有的学生运用分析推理只用 6 个操作步骤就完成了鉴别。相比之下，后一种设计简化了实验程序，减少了药品用量和工作量，在较短的时间内完成了鉴别，符合简约性原则。

(六) 直观性原则

直观性原则就是设计的实验现象要直观、鲜明。因为直观、鲜明的实验现象才能对感官的刺激达到一定程度和强度，才能使人们更好地感知。例如，设计氢氧化亚铁制备的实验，就应考虑生成的氢氧化亚铁的性质，应采取实验措施，尽量排尽硫酸亚铁溶液和氢氧化钠溶液中溶有的氧气，并使二者的反应在隔绝空气的条件下进行，使生成的氢氧化亚铁能直观、鲜明地展现，这样来体现实验设计的直观性。[①]

三、中学化学实验设计方案的内容

中学化学实验设计方案虽无固定的格式、内容，但一个完整的实验方案应包括如下几个方面的结构及内容：(1) 实验名称；(2) 实验目的；(3) 实验原理；(4) 实验用品；(5) 实验内容和实验步骤；(6) 说明。

四、中学化学实验方案的优选

同一个实验问题，可以设计出多种实验方案，从中选取最好的方案进行实验，这就是实验方案的优选。

根据化学实验设计的原则和中学化学实验教学的要求，可确定如下优选标准：[②]

(1) 实验效果好。这是选择化学实验方案的首要标准。实验效果好，意味着实验成功率高，实验现象明显，能很好地实现实验的目标。

(2) 实验操作安全、卫生。实验操作危险性小，对人身不造成伤害，不污染环境。

(3) 实验装置简单，用药少。

(4) 实验步骤少、易操作。

(5) 实验时间短。

(6) 教育价值高。在保证上述 5 项标准的前提下，创新性好，能启迪学生的创造性思维，培养学生的创新精神和创新能力。

五、中学化学实验设计的步骤

化学实验设计一般包括实验目的、实验原理、实验物质、实验条件、实验装置、实验操作、实验结果等要素的设计。各要素之间相互联系，互相影响，具有一定的规律。因此，化学实验设计应

[①] 文庆城.化学实验教学研究[M].北京：科学出版社，2005：38-39.
[②] 文庆城.化学实验教学研究[M].北京：科学出版社，2005：39-40.

遵循各要素间的影响规律,按一定的步骤和方法进行。[①]

(一) 明确实验目的

任何实验活动都有其实验的目的。化学实验设计中明确实验目的,就是要明确设计的实验要解决什么问题,为什么要设计此实验。这是化学实验设计者首先应弄清的问题。例如,设计 Cu 与稀硝酸(HNO_3)反应的实验,就应明确该实验是要说明稀 HNO_3 的氧化性,说明 Cu 与稀 HNO_3 的反应原理,尤其是要说明一氧化氮(NO)气体的生成,明确由于 NO 有毒,该实验装置应该具有环保的要求。

(二) 弄清实验原理

从化学实验主要内容因素来看,化学实验是由实验原理、实验物质(试剂)、实验条件、实验装置、实验操作、实验结果等要素组成的有机整体。其中化学实验原理处于诸要素的核心地位,对其他要素起着支配和影响的作用。因此,只有弄清实验原理,才能合理设计实验。例如,设计一个简易启普发生器用来制备氢气。该实验设计应该明确两个方面的原理:① 较活泼金属跟稀硫酸发生置换反应可制取氢气,且含有杂质的金属可同时发生原电池反应,能加快氢气的制取;② 启普发生器的工作原理。在弄清上述两个实验原理的基础上,就可以合理地选择实验试剂(锌、稀硫酸、少量硫酸铜)、实验仪器(如长颈漏斗、大试管、胶垫、单孔胶塞、止水夹等),并制定出合理的实验操作步骤等。

(三) 精心设计实验

构思实验设计,离不开实验原理,因为化学变化的发生及其结果的实现、实验物质(试剂)的选择、条件的确定、控制的方法、装置的构成和操作的设计,莫不受一定的原理支配。实验原理对其他实验要素起着支配作用,其他各要素之间也存在一定的相互影响,如图 3-2 所示。

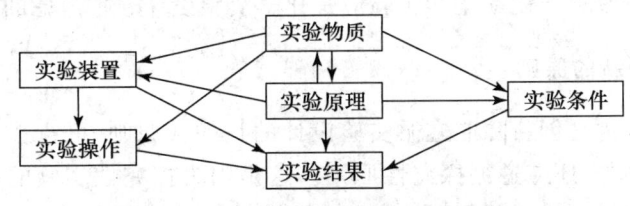

图 3-2 化学实验要素及其相互关系

(1) 据实验原理选择实验物质和实验条件。例如,制备氯气的实验,依据 $MnO_2 + 4HCl(浓) \xrightarrow{\triangle} MnCl_2 + Cl_2 \uparrow + 2H_2O$,选择 MnO_2 和浓盐酸作实验试剂,酒精灯加热为实验条件。

(2) 依据实验原理、试剂、条件选择实验仪器,设计实验装置。如上例依据两种反应物的性状和条件,即固体与液体进行加热反应,选择分液漏斗和圆底烧瓶、酒精灯、铁架台等组成气体发生装置。依据产物 Cl_2 的状态、毒性及性质,选择和设计气体收集装置(或前面设计除杂、干燥装置)、尾气吸收装置。

(3) 依据实验原理、装置、试剂设计实验操作及其程序。

设计实验操作及程序:① 要考虑实验的整个过程,符合实验原理、实验过程的变化规律;② 要考虑各种试剂及仪器的特点,进行规范操作,并提出实验过程中的注意事项;③ 要预测实验

[①] 文庆城.化学实验教学研究[M].北京:科学出版社,2005:40-42.

对象正常的和可能出现的现象;④ 要考虑实验的安全及环保因素等。如上例 Cl_2 的制备的总操作程序为:氯气的制取→氯气的收集(或前面再加氯气的净化)→尾气的吸收。

具体操作为:按实验装置图装置实验装置→检查气密性→装入试剂(在烧瓶里加入少量 MnO_2 粉末,在分液漏斗里加入适量密度为 $1.19 g/cm^3$ 的浓盐酸,在尾气吸收装置的烧杯里加入适量氢氧化钠溶液)→操作控制(通过分液漏斗加入适量浓盐酸与 MnO_2 混合,并缓慢加热圆底烧瓶,排空)→向上排空气法收集氯气→吸收尾气。

操作注意事项:① 缓慢加热;② 有效的尾气吸收。

§3.2 中学化学实验改进与创新

核心术语

◆实验问题　◆反应原理　◆最佳反应条件　◆装置改进
◆环保化　　◆过程优化　◆创造性思维

化学实验是一定历史时期教学和科研的成果。随着社会的发展,经验的积累,化学教学内容的更新以及化学课程目标的发展,对化学实验提出了更高的要求。尤其从培养探究能力、创新精神和实践能力的需要来看,中学化学教材中的实验还需进一步改进与创新,如过多的验证性实验、安全性不高的实验、缺乏环保的开放型装置实验、成功率不高的实验、现象不明显的实验等。此外更需要创新一些有利于知识的理解,密切联系日常社会、生活、生产,有利于培养学生化学科学素养的新实验。因此改进与创新化学实验应是化学实验设计着重考虑的问题。

一、化学实验改进与创新的原则

化学实验设计中改进与创新除应遵循实验设计的目的性原则、可行性原则、简约性原则、安全性原则和直观性原则外,还应遵循探究性原则。这是因为探究性实验的一个重要功能就是培养学生的探究能力、创新精神,培养和训练学生的科学态度和科学方法。为此,在条件允许的情况下,应尽量将教学中的实验由验证性改为探究性,这就是实验改进与创新的探究性原则。

二、化学实验改进与创新的策略

化学实验改进与创新方案的构思、设计是一种开放式的、创造性的思维活动,其策略和方法也没有固定的模式可循。下面仅结合化学实验改进与创新的类型进行介绍。[①]

(一)依据教学中实验问题策略

问题策略指化学实验改进与创新的课题应主要来源于化学实验教学的实践,在实验教学和实践中发现问题、提出问题,开展行动研究,通过改进与创新去解决问题。例如,铜片与浓 H_2SO_4 在加热条件下反应,通常会有黑色的物质生成,有时还会有白色物质析出,这与教材提供的反应原理有悖。这是为什么?如何通过改进实验避免黑色物质生成,且使反应后的溶液呈蓝

---

① 文庆城.化学实验教学研究[M].北京:科学出版社,2005:42-49.

色,从而较好地配合铜与浓硫酸反应一般规律的教学,这就成了改进与创新实验的一个课题。此外按苏教版教材装置进行实验容易发生倒吸现象,尾气污染危害师生的健康等。问题策略要求师生要善于发现问题,更要注意对问题进行研究,具有抓住问题不放的探究精神,这也是培养学生问题意识、创新精神的重要途径。

案例研讨 3-1

铜与浓硫酸反应实验的创新设计[①]

铜与浓硫酸反应的实验是中学化学教学的一个重要演示实验。为成功地做好该实验,有许多化学教师对实验进行了有益的探索和改进,但从使用情况来看,仍有美中不足,如存在装置复杂、准备烦琐、操作不便、实验现象不够明显等问题。为了达到绿色环保、现象明显、操作简便、能重复操作和有效调控反应进行等目的,设计了新的实验装置。

1. 实验用品

广口瓶、玻璃导气管、T 形管、止水夹、橡皮塞、酒精灯、双球干燥管、铜丝、浓硫酸、NaOH 溶液、品红溶液、蒸馏水。

2. 实验装置

实验装置如图 3-3 所示。

双球干燥管通过 T 形管与广口瓶相连接;广口瓶(内装 NaOH 溶液)在实验时起到吸收尾气和充当装置底座的作用。T 形管的上端连接一段带玻璃珠的乳胶管,通过操作玻璃珠的开关,可利用外界大气压来平衡实验装置内部的气压,防止倒吸。铜丝的一端从干燥管的出气管口伸入球泡 B 内,再设法把伸入端弯折成一定角度使之能插入浓硫酸中。露在管外的铜丝和带有止水夹的乳胶管相连,将铜丝包裹在乳胶管内,借助铜丝与乳胶管内壁之间的摩擦力,可使铜丝固定在一定位置而不随意转动。

3. 实验操作

(1) 按图 3-3 所示搭建好装置,检验装置的气密性。

(2) 广口瓶加入适量 NaOH 溶液,在双球干燥管的球泡 A 内加入适量品红溶液,球泡 B 内加入适量浓硫酸。

(3) 关闭止水夹,先用酒精灯加热干燥管球泡 B 内的浓硫酸(在加热浓硫酸时铜丝转向上,不和浓硫酸接触),当浓硫酸加热到接近沸腾(此时可以看到试管中有大量气泡并产生白雾)时,用手指捏住乳胶管内的铜丝使之转动至铜丝向下与浓硫酸接触,反应立即发生,并产生大量气泡。

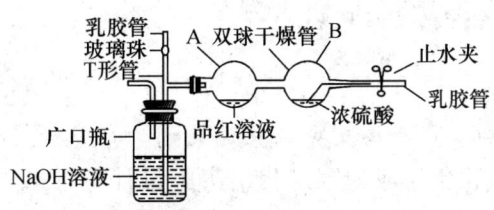

图 3-3 铜与浓硫酸反应的实验装置

---

① 谭文生.铜与浓硫酸反应实验的创新设计[J].化学教学,2012(8):48-49.

(4) 当观察到品红溶液开始褪色时,转动铜丝向上与浓硫酸分离,同时撤掉酒精灯。在此过程中,如发现广口瓶内的 NaOH 溶液发生倒吸(沿导管缓慢上升)时,可立即挤捏玻璃珠让空气进入广口瓶中,防止溶液倒吸。

(5) 当观察到干燥管球泡 A 内的品红溶液接近完全褪色时,打开止水夹,用洗耳球从乳胶管口向装置内吹入空气,以排尽干燥管中的 SO_2 尾气让广口瓶中的 NaOH 溶液吸收。

(6) 用酒精灯加热干燥管球泡 A 内褪色的品红溶液,溶液又恢复为红色,证明反应中产生的气体是 SO_2。

(7) 取出铜丝,浸入稀硫酸中,铜丝表面的黑色固体溶解,溶液变为蓝色,即 Cu 丝与浓硫酸共热时被氧化为 CuO;取下双球干燥管,倒出管中的溶液,用滴管吸蒸馏水注入球泡 B 内附着的白色固体上,溶液变为蓝色,证明白色固体是无水硫酸铜。由此可推断出铜与浓硫酸反应方程式为:

$$Cu + H_2SO_4(浓) = CuO + SO_2\uparrow + H_2O(加热)$$
$$CuO + H_2SO_4 = CuSO_4 + H_2O$$

4. 实验优点

(1) 具有简约性。本实验中的广口瓶和干燥管均起到了一器二用(广口瓶内装碱液用于吸收有害气体,同时广口瓶又充当了整个装置的底座;双球干燥管的球泡分别用于铜与浓硫酸反应和验证 SO_2 使品红褪色的容器)的作用,实验所需仪器少,仪器组装简单,减轻了准备实验的负担。

(2) 具有可控制性。通过铜丝的灵活转动,可根据需要随时停止反应,避免药品浪费;通过乳胶管内的玻璃珠的开关,可平衡实验装置内部气压,从而能有效防止倒吸,让实验的安全性有了保障。

(3) 具有环保性。仪器的连接可保证装置的气密性完好,产生的 SO_2 尾气能被广口瓶的氢氧化钠溶液完全吸收,拆卸装置或换班实验时不会产生污染。

(4) 具有直观性。用双球干燥管作反应器,由于架设位置高,便于学生集中注意力清楚地观察管中的反应现象。

(二) 依据反应原理的策略

化学反应原理是化学实验设计中的核心要素。化学实验改进与创新中化学反应物的优选,化学操作过程的优化,化学实验装置的改进,都与反应原理密切相关。因此,研究反应原理,依据反应原理对实验进行改进与创新就是抓住了实验的本质,成败的关键,是化学实验改进与创新的重要策略。例如:用无水醋酸钠(CH_3COONa)和碱石灰制备甲烷(CH_4)时,常会发生产气少、速度慢、燃烧火焰带黄色,有时甚至会使高锰酸钾($KMnO_4$)溶液及溴水褪色,出现与理论不相符的现象,而使实验失败,对此实验的改进与创新可从制取甲烷的化学反应原理入手。

制取 CH_4 的反应为:

$$CH_3-\underset{}{\overset{O}{C}}-ONa + NaO-H \xrightarrow[CaO]{\Delta} CH_4\uparrow + Na_2CO_3$$

副反应为：

$$CH_3-\underset{\underset{CH_3-C-ONa}{\|}}{\overset{\overset{O}{\|}}{C-ONa}} \xrightarrow{\Delta} \underset{CH_3}{\overset{CH_3}{>}}C=O + Na_2CO_3$$

由上述主、副反应可看出，当氢氧化钠（NaOH）量不足，且加热过猛时，就会发生两分子 CH_3COONa 结合生成丙酮（CH_3COCH_3）和碳酸钠（Na_2CO_3）的副反应。想要保证 CH_4 的生成就必须保证有足量的 NaOH 与 CH_3COONa 反应。要减少 CH_3COCH_3 的产生，在足量的 NaOH 的基础上，就应缓慢加热。而市售的碱石灰是由氢氧化钠与氧化钙的混合物，NaOH 含量只占总量的 1/7 左右，且碱石灰容易变质，实验室里的碱石灰中的 NaOH 不能满足 CH_3COONa 脱羧反应的需要，因而发生副反应，生成 CH_3COCH_3。此外，理论和实践研究表明，上述制备反应在无水条件下利于 CH_4 的生成。氧化钙（CaO）在制备过程中正是起着吸收水分的作用，同时也起着稀释混合物的浓度、减少 NaOH 固体在高温时对环境试管的需要的作用。因此，对实验的改进与创新就可针对上述实验原理，对碱石灰的使用加以改进。

案例研讨 3-2

甲烷制备实验条件优化[①]

传统的甲烷制备方法是 1 药匙研细的无水 NaAc 和 3 药匙研细的碱石灰混合加热制备。在实际操作中，普遍存在甲烷不能产生或者产气率低、产气速率慢；副产物多（气体能使酸性 $KMnO_4$ 溶液褪色，点燃时火焰呈黄色）；试管破裂以及反应后试管不易洗涤等四方面的问题。针对实验存在的四方面问题，过去的研究往往注重了单一或少数问题的解决，而忽略了问题的全面解决；对加热过程中 NaAc 和 NaOH 状态发生变化的认识不足，不能解释试管破裂的原因；对 $NaAc \cdot 3H_2O$ 的性质了解不够，没能给出适宜的烘干温度。

1. 主要实验仪器与药品

铁架台、电子天平、酒精灯、研钵、止水夹、量筒、试管、集气瓶；NaAc、CaO、NaOH、碱石灰、0.05%高锰酸钾酸性溶液、铝箔。

2. 实验方法

将 NaAc、NaOH、CaO、碱石灰分别研细，于烘箱烘干（130℃，2 小时），烘干后置于干燥器中备用。按下列实验步骤操作。

(1) 按比例定量称取经前处理的 NaAc、NaOH、CaO 于研钵，在通常研磨的情况下研磨一定时间，快速称取一定量的混合物，并置于硬质大试管，按图 3-4 用酒精灯加热一定时间，观察试管在加热过程中是否发生破裂，测定量筒中水的体积（扣除空白，空白值约为 21 mL）。

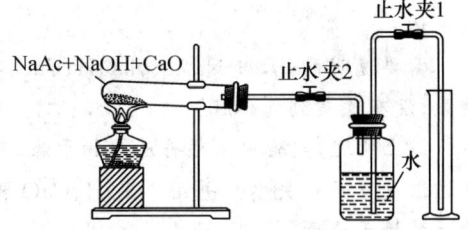

图 3-4　实验装置图

[①] 封享华，等.甲烷制备实验条件优化[J].化学教学，2013(1)：57-59.

(2) 加热完毕，关闭止水夹1和止水夹2，拆下止水夹2与大试管之间的橡皮管连接，在橡皮管上连接尖嘴玻璃管。

(3) 打开止水夹2，将气体点燃，观察火焰颜色；用尖嘴玻璃管将气体通入3 mL 0.05%高锰酸钾酸溶液，观察溶液颜色变化。

(4) 洗涤试管，判断洗涤的难易程度。

3. 实验结果与讨论

(1) 水的存在对甲烷产气量的影响

将0.400 g未干燥NaAc[该NaAc经130℃烘干后失重45.0%，超过NaAc·3H$_2$O含水(39.7%)]与1.200 g干燥的碱石灰或其替代物(0.195 g NaOH＋0.195 g CaO)加热10.0 min，均不能产生甲烷气体。这主要是由于NaAc中水的存在阻止了游离基反应的进行。

相同条件下，改用干燥的NaAc与碱石灰反应能产生11 mL甲烷，用NaOH与CaO的混合物代替碱石灰能产生101 mL甲烷气体。用NaOH与CaO的混合物代替碱石灰之所以有很高的产气量，除了与市售碱石灰[Ca(OH)$_2$-NaOH-H$_2$O]中NaOH含量有关外，还与替代物中CaO对水的吸收有关(NaOH在短暂的操作过程中会吸水)。

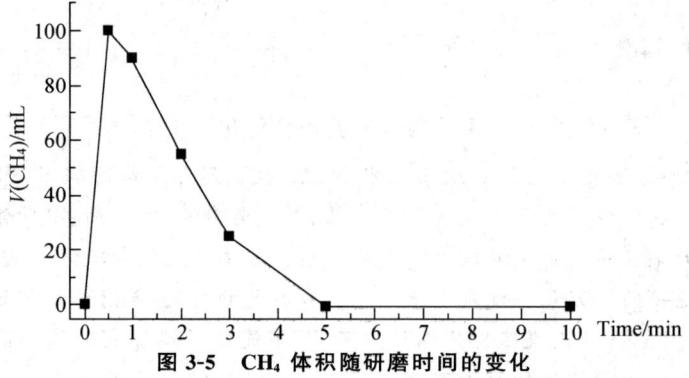

图3-5　CH$_4$体积随研磨时间的变化

$m(NaAc)=0.400$ g，$m(NaOH)=0.195$ g，$m(CaO)=0.234$ g，Time(反应)$=10.0$ min

图3-5的结果也证实了研磨过程中NaOH吸收水并引起CH$_4$产量的改变。在研磨时间为0.5～1.0 min范围内，CH$_4$产量随研磨时间的增大而显著减小，研磨时间在5 min以后，甚至不产生气体。

需要说明的是，当NaAc、NaOH、CaO不进行研磨(研磨时间为0 min)，直接混装加热时，试管破裂，没有收集到气体。

综上所述，实验前必须将反应物干燥，其中，NaAc的干燥温度必须在123℃以上(NaAc·3H$_2$O在该温度下开始失水)，并用NaOH、CaO替代碱石灰。混合物研磨时间控制在0.5 min左右，并快速装填于试管。

(2) 加热时间与产气量的关系

在$m(NaAc)=0.400$ g，$m(NaOH)=m(CaO)=0.195$ g，研磨时间为0.5 min条件下，混合物从开始加热到开始产生甲烷气体需要近2 min的升温时间，在2.0～6.0 min范围内，产生气体较快，6.0 min时，产生甲烷89 mL，继续加热到10.0 min，甲烷也只增加到97 mL。因此，在实验过程中控制加热时间为6 min即可。

（3）NaAc 与 NaOH 的比例对实验效果的影响

由表 3-1 可知，在固定 NaAc 用量的情况下，随 NaOH 用量的增大，试管更易损坏，试管的洗涤更困难，气体点燃后的颜色由黄色逐渐转变为正常的蓝色，气体通入酸性 $KMnO_4$ 后，颜色褪去转变为不褪色，在试管不损坏（有裂纹的情况下，甲烷气体可能会泄露）的前提下，甲烷的产气率逐渐增加。

甲烷制备实验的反应是一级均裂脱羧的自由基链式反应，可用如下反应式表示：

$$CH_3COONa \longrightarrow CH_3\cdot + \cdot COONa \quad (1)$$

$$CH_3\cdot + NaOH \longrightarrow CH_4 + \cdot ONa \quad (2)$$

$$\cdot ONa + CH_3COONa \longrightarrow CH_3\cdot + Na_2CO_3 \quad (3)$$

$$CH_3\cdot + CH_3COONa \longrightarrow CH_3COCH_3 + \cdot ONa \quad (4)$$

$$CH_3\cdot + CH_3\cdot \longrightarrow C_2H_6 \quad (5)$$

气体点燃后的颜色呈黄色以及气体能使酸性 $KMnO_4$ 溶液褪色都是由于反应过程中产生的副产物丙酮，NaOH 越多，对 $CH_3\cdot$ 的竞争越有利于（2）式产生甲烷，不利于（4）式产生丙酮。所以，NaOH 越多，甲烷产生量越大，副产物丙酮产生量越少。

甲烷制备实验中，对于试管破裂的原因，目前的文献都没有给出相应的解释，课题设计了如下实验：在不加入 CaO（CaO 不参与主要反应，却掩盖了 NaAc 与 NaOH 在加热过程中的状态变化）的情况下，NaAc 与 NaOH 混合直接加热。实验发现，加热过程中混合物逐渐融化（NaAc 与 NaOH 的熔点分别为 324 ℃ 和 318.4 ℃），且在融化前几乎不产生甲烷气体，但在熔融后，却快速产生甲烷气体，且多次这样的实验试管均不破裂。因此，NaAc 与 NaOH 生成甲烷的反应主要是在液相的情况下发生，试管破裂的主要原因不是 NaOH 对试管的腐蚀作用。

在有 CaO 存在的甲烷制备实验中，由于 NaAc 与 NaOH 的融化需要潜热，且液相的升温滞后于试管，导致加热过程中液相的温度显著低于试管温度，当液相的流动接触试管时，较大的温差会导致试管破裂。

因此，NaOH 用量越大，液相量越多，流动性越大，试管的腐蚀和破裂程度增大。

综合考虑反应制取甲烷的纯度、产率、试管的破裂程度和洗涤难易程度，NaAc 与 NaOH 的质量比为 2.05∶1（物质的量之比为 1∶1）时为最佳反应比例，并建议适度减缓升温速度，降低液相与试管之间的温差。

表 3-1　NaAc 与 NaOH 的比例对实验结果的影响

$m(NaAc)=0.400\ g, m(CaO)=0.195\ g, Time(反应)=10.0\ min, Time(研磨)=0.5\ min$

$m(NaOH)/(g)$	0.098	0.118	0.137	0.156	0.175	0.195	0.215	0.237	0.254
$n(NaAc)/n(NaOH)$	1∶0.5	1∶0.6	1∶0.7	1∶0.8	1∶0.9	1∶1	1∶1.1	1∶1.2	1∶1.3
$m(NaAc)/m(NaOH)$	4.1∶1	3.39∶1	2.93∶1	2.56∶1	2.28∶1	2.05∶1	1.86∶1	1.71∶1	1.58∶1
试管外观	完好	完好	完好	完好	完好	完好	裂纹	裂纹	破裂
甲烷(mL)	35	46	69	73	88	101	91	85	
产气率(%)	57.7	63.2	69.4	75.2	80.7	83.3	75.1	70.1	
火焰颜色	亮黄	淡黄	淡黄	淡黄	蓝色	蓝色	蓝色	蓝色	
$KMnO_4$	褪色	褪色	褪色	不褪	不褪	不褪	不褪	不褪	
试管洗涤	较易	较易	较易	较易	较易	不易	很难	很难	

(4) CaO 用量对实验效果的影响

表 3-2 可知,在试管完好的情况下,甲烷产气率随着 CaO 用量的增加而减小,随着 CaO 用量的增加,试管外观却不易损坏,试管更易于洗涤。

表 3-2 CaO 用量对实验效果的影响

$m(NaAc)=0.400\ g, m(CaO)=0.195\ g, Time(反应)=10.0\ min, Time(研磨)=0.5\ min$

$m(CaO)(g)$	0.117	0.137	0.156	0.195	0.234	0.273	0.312
$m(NaOH)/m(CaO)$	1∶0.6	1∶0.7	1∶0.8	1∶1	1∶1.2	1∶1.4	1∶1.6
甲烷(mL)			87	101	95	91	84
产气率(%)			71.8	83.3	78.3	75.1	69.3
试管外观	破裂	破裂	裂纹	完好	完好	完好	完好
试管洗涤			难	不易	较易	较易	较易

CaO 在实验中的作用主要有四个方面:一是 CaO 具有稀散作用,降低 NaOH 在混合物中的比例,减弱 NaOH 对试管的腐蚀作用;二是分散和固定液相,降低液相的流动性,减弱或防止试管的腐蚀和破裂;三是 CaO 具有吸水作用,生成 $Ca(OH)_2$ 进而降低水对实验的影响;四是 CaO 能够增加透气性,有利于甲烷逸出。

显然,CaO 用量的增加,不利于 NaAc 与 NaOH 的有效接触,不利于甲烷产生。但 CaO 用量的增加却有利于对液相的固定,有利于试管不受损坏,有利于试管洗涤。

综上所述,制备甲烷的反应物 NaAc、NaOH、CaO 的质量比在 2.05∶1∶(1~1.4)范围内最为适宜。

(5) 反应物总量对实验的影响

在 $m(NaAc)∶m(NaOH)∶m(CaO)=2.05∶1∶1.2$,反应时间为 10.0 min,研磨时间为 0.5 min 情况下,改变固相混合物总量分别为 0.42、0.63、0.84、1.05、1.26、1.47、1.68 g,甲烷产率从 80.8% 逐渐升高到 84.2%。因此,在一定范围内,反应物总质量对甲烷产率影响不大。

(6) 铝箔的使用对实验的影响

从已有实验可知,三种物质无论在什么比例下,反应对试管都有腐蚀,只是严重程度不同而已,为解决这一问题,有研究者将固体混合物置于铝箔内包裹,放入试管底部进行加热。本课题也做了类似实验,实验表明,有铝箔的试管不被腐蚀,洗涤容易,且铝箔是否存在对甲烷产率影响不大,但铝箔腐蚀严重。

实验还将 NaOH 与铝箔直接在试管中加热,直到 NaOH 熔融,发现铝箔上产生大量气体(H_2),由于 H_2 也具有可燃性,可能会引起学生的误解,因此,不建议使用铝箔。

4. 结论与建议

甲烷制备实验的反应主要是在 NaAc 与 NaOH 熔融的情况下发生;试管破裂是液相流动接触试管,液相与试管的较大温差所致。防止水分在反应物中的存在是实验成功的关键,建议将碱石灰改为 NaOH 与 CaO 的混合物。

实验的最适宜条件是:NaAc、NaOH、CaO 固体分别研细后在 130℃ 条件下烘干 2 小时,其适宜质量比为 2.05∶1∶(1.0~1.4),混合物研磨时间 0.5 min,迅速装填于试管,加热时间 6 min。

（三）探索最佳反应条件的策略

一个实验的成功，首先决定于反应物自身的性质，其次是外界诸多实验条件、实验操作的影响。因此，实验的改进与创新离不开对实验最佳反应条件的探讨。影响化学反应速率及其程度，以及实验现象鲜明、准确的外界条件很多，常见的有反应物的浓度、纯度、反应物的用量比、反应物件的接触面积、反应温度、反应体系压强、催化剂等。要改进和创新某些实验，保证实验成功，提高实验的教学质量，就必须针对影响实验成败的条件进行分析研究、探究，寻找出最佳实验条件。

案例研讨 3-3

苏教版《实验化学》教材中引进了经典的振荡实验——"蓝瓶子"，试讨论如何探讨该实验的最佳反应条件，验证该振荡反应的机理并探究影响该振荡反应的影响因素。

（四）实验装置的改进策略

实验装置是实验的载体，是影响实验的又一重要因素，因此，对实验的改进与创新自然离不开实验装置。改进与创新实验装置一般有如下常见策略。

1. 简约化策略

这种策略就是简化某些常规实验装置。在不影响实验效果的前提下，尽量采用仪器设备少、用药少、装置简单或微型的实验装置。

案例研讨 3-4

炭还原氧化铜实验的简易做法[①]

炭还原氧化铜实验是中学化学教学中的难点实验，因成功率偏低而被广泛讨论。该实验不易成功的主要原因是，反应属固相反应，只在界面进行，引发反应需要的温度也较高，普通的酒精灯很难达到。已有改进后的方案实验效果虽有所提高，但仍不够理想，要么反应时间长，要么操作复杂，要么现象不明显，要么实验成本较高，无法满足实际教学的要求。这里介绍一种炭还原氧化铜实验的新做法，不但大大简化操作，也提升了实验的趣味性。

1. 药品仪器

药品：石墨棒、氧化铜粉末、铝箔纸。

仪器：镊子、酒精灯、药匙。

2. 实验过程

（1）截取一张 10 cm×6 cm 的铝箔纸。摊平铝箔纸，放上石墨棒，并覆盖上

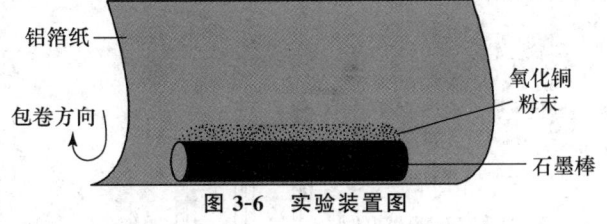

图 3-6　实验装置图

1~2 g 黑色的氧化铜粉末。按图 3-6 方式，把铝箔纸卷起，包裹住石墨棒（取自废弃的干电池）成圆柱形，然后用手将圆柱两端的铝箔卷紧封口。

---

① 陆燕海.炭还原氧化铜实验的简易做法[J].化学教学，2013(1)：47.

(2) 用镊子夹持铝箔一端,并用酒精灯外焰充分加热 2~3 min。静置,冷却至室温后,打开铝箔纸,原黑色氧化铜粉末变为红棕色。

(3) 若用铝箔纸只包裹少量氧化铜粉末,重复上述(1)、(2)操作,黑色固体并不变色。对比实验说明,该实验条件下铝箔并不能置换出氧化铜中的铜。

3. 方法评价

炭还原氧化铜实验的新做法具有以下优点:

(1) 大大简化了该实验的装置与操作,提高了实验成功率,缩短了反应时间,实验现象明显,非常适宜于课堂教学;

(2) 以取自废弃干电池的石墨棒为原料,不但变废为宝节约了药品,同时也能教育学生如何就地取材,充分利用好现有资源,养成勤俭节约的好习惯;

(3) 采用新颖的实验方式,提升了实验的趣味性,有利于激发学生的学习兴趣,提高课堂的教学效率。

2. 环保化策略

这种策略是从环境保护的角度,倡导绿色化实验,对一些实验过程中产生有害气体,且污染环境的实验装置的改进与创新。对这类实验装置的改进与创新,主要是应设计封闭的实验装置。封闭的实验装置应包括:气体发生装置、气体收集装置、气体性质反应容器、尾气的收集和处理装置、导气装置等的封闭。

案例研讨 3-5

铜与硝酸反应实验装置改进

对于气体发生装置的改进可从密闭和控制反应发生两方面入手,如图 3-7 中粗铜丝可以上下伸缩,能有效控制反应的发生;对于气体收集装置和反应容器,除有效密闭外,还应考虑间断收集和气体的有效储存(如使用三叉导管连接储气袋或储气瓶储气等);对于尾气收集与处理装置,应考虑有效的化学吸收和处理(如用碱液吸收酸性气体,燃烧 CO 等),或有效的回收贮存等。例如,铜与稀 HNO_3 反应环保装置如图 3-8 所示。

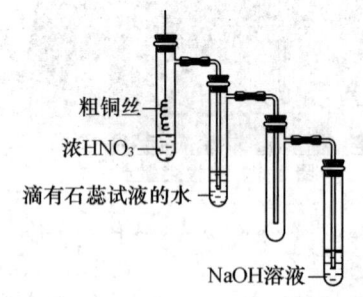

图 3-7 NO_2、NO 的制取与性质装置

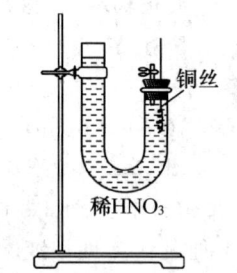

图 3-8 铜与稀 HNO_3 的反应

3. 集约化策略

这种策略就是把有联系的若干个实验通过某种形式联系、集合在一起。这种集约化不是简单地将若干实验连接,而是在原有基础上既简化便于操作,又便于观察,且实验效果好。这种集约化的结果,不仅可以帮助学生将有关的知识、技能联系在一起,有利于知识、技能的结构化,而且还有利于减少试剂的消耗和对环境的污染。

案例研讨 3-6

实验室制备 Fe(OH)$_2$ 的新装置[①]

Fe(OH)$_2$ 的制备是教师课堂教学的演示实验,教材演示实验中出现的违反常规的操作(即滴管插入液面下)肯定会引起学生的疑惑,这恰恰是探究的绝佳素材。Fe(OH)$_2$ 具有强还原性,极易被混入溶液中的 O$_2$ 氧化,很难观察到白色沉淀。Fe(OH)$_2$ 的制备一般用 FeCl$_2$ 或 FeSO$_4$ 与 NaOH 溶液反应制取,为制得白色的 Fe(OH)$_2$ 沉淀,必须确保溶液中无 Fe^{3+}、O$_2$,而完全做到无 O$_2$ 很难,因此能否完全排除 O$_2$ 的干扰是决定实验是否成功的关键。一般采用如下方法排除 O$_2$ 的干扰,如:油封、利用氢气、使用固体等。

1. 仪器与试剂

分液漏斗、平底烧瓶、具支试管、大试管、小试管、双孔胶塞、Y 型玻璃管、T 型玻璃管、导气管、活塞、水槽、铁架台、4 mol/L H$_2$SO$_4$、Zn 粒、Fe 粒、1 mol/L H$_2$SO$_4$ 溶液、饱和 NaOH 溶液等。

2. 实验装置(图 3-9)

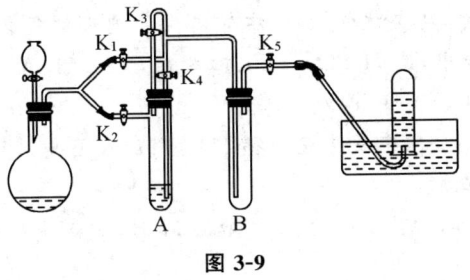

图 3-9

3. 操作步骤

(1) 按图 3-9 组装好仪器,检验装置的气密性后,在大试管 B 中加适量饱和 NaOH 溶液,在具支试管 A 中加入适量 Fe 粉和 1 mol/L H$_2$SO$_4$,迅速塞紧双孔胶塞,关闭活塞 K$_1$、K$_2$,打开活塞 K$_3$、K$_4$、K$_5$。A 中反应生成的 H$_2$ 可将装置内部 O$_2$ 排走一部分。

(2) 2 min 后,通过分液漏斗向盛有 Zn 粒的平底烧瓶中注入约 30 mL 4 mol/L 的 H$_2$SO$_4$ 溶液,同时打开 K$_1$、K$_3$、K$_5$,关闭 K$_2$、K$_4$。烧瓶中反应产生的 H$_2$ 在 A 底部冒出时,吹动底部的铁粉呈"沸腾"状,铁粉在 H$_2$ 流的搅动下与 H$_2$SO$_4$ 充分反应,加快制备 FeSO$_4$ 的速率,缩短了反应时间,提高了实验效率。

[①] 雷和平.一套制备 Fe(OH)$_2$ 的新装置[J].化学教学,2012(4):48-50.

(3) Zn 与 H_2SO_4 溶液反应产生的大量 H_2 可以将整套装置中的 O_2 排尽。活塞 K_2 附近的一段导管中可能残留很少一部分 O_2，会影响实验的效果，为确保实验制得白色的 $Fe(OH)_2$，可以采取如下措施：关闭 K_1、K_4，打开 K_2、K_3、K_5，进一步排空装置中残留的 O_2。

(4) 继续(2)中的除 O_2 操作一段时间，即打开 K_1、K_3、K_5，关闭 K_2、K_4。

(5) 打开 K_2、K_3、K_5，关闭 K_1、K_4，此时 H_2 流不通过 A 中的溶液。当 A 溶液中不产生气泡且 Fe 粉全部沉降到试管底部时，表明完全生成了 $FeSO_4$，已无 H_2SO_4 剩余。检验水槽中收集的 H_2 的纯度，当 H_2 纯净时就可准备压液的实验操作了。

(6) 关闭 K_1、K_3，打开 K_2、K_4、K_5，烧瓶中反应产生的 H_2 在 A 中聚集，压强增大，将 A 中的 $FeSO_4$ 溶液压入 B 中，在 B 中生成大量的 $Fe(OH)_2$ 白色沉淀。为了长时间封存 $Fe(OH)_2$ 白色沉淀，应及时关闭 K_1、K_2、K_5，此时烧瓶中依然产生着大量的 H_2，存在爆炸的危险，应及时打开分液漏斗的活塞，让 H_2 从分液漏斗下端口逸出。由于 A、B 中封存有大量的 H_2，生成的白色 $Fe(OH)_2$ 可以保存很长一段时间。如果拔掉 B 上口的胶塞，振荡试管，O_2 进入，$Fe(OH)_2$ 迅速变成灰绿色，随后试管壁上就能看到红褐色的 $Fe(OH)_3$ 了。

4．实验说明

(1) 虽然 H_2 能挤走溶液中溶有的 O_2，但利用 H_2 能否完全排尽 O_2 也未知，为保证实验的完美，所使用的溶液应全部煮沸除 O_2，冷却后再使用。

(2) 为了排尽装置中的 O_2，烧瓶中要持续不断地产生 H_2，因此 Zn 粒用量较大，硫酸浓度较大，需要采用 4 mol/L 的 H_2SO_4 溶液。

(3) 笔者多次实验发现，Zn 粒与 H_2SO_4 反应制 H_2 的装置不能用启普发生器代替。如采用启普发生器，在进行压液操作时，具支试管 A 和启普发生器内部的气体压强都会增大，启普发生器中的 H_2SO_4 溶液被压入漏斗中，使 H_2SO_4 与 Zn 粒脱离，产生 H_2 的反应停止，导致无法完成后续的压液操作。

(4) 压液操作中，可能将 A 中未反应完的稀 H_2SO_4 压入 B 中，影响 $Fe(OH)_2$ 沉淀的生成，因此 B 中最好采用浓 NaOH 溶液。

(5) 为了防止在压液操作时将 A 中的 Fe 粉也压入 B 中，A 中的长导管不能完全插到试管底部，即下端不能接触到 Fe 粉。

5．改进优点

(1) 水槽中收集 H_2 的装置既隔绝了外界的 O_2，又检验了 H_2 的纯度，验证了排 O_2 的效果。整套装置密闭性好，克服了实验中最大的困难，实验效果好。

(2) 实验仪器、试剂廉价易得，实验装置较易组装，并不复杂，易在普通中学推广。

(3) 实验细节设计好，A 中的长导管既起到了导液的作用，还能导气，H_2 流搅动试管底部的 Fe 粉与稀 H_2SO_4 充分反应，又起到了玻璃棒搅拌的作用。实验设计渗透着化工生产工艺流程的知识，渗透着化工流程美学教育，有利于引导学生克服各种困难进行科学探究。

4．变换输出策略

这种策略是通过变换信息输出形式，使得实验现象更加鲜明、直观，观测更加方便。

案例研讨 3-7

MnO_2 催化过氧化氢分解实验装置的新设计[①]

现行人教版普通高中课程标准实验教科书(选修 4)第 22 页[实验 2-4]探究催化剂对反应速率的影响,其装置如图 3-10 所示。锥形瓶内盛有 10 mL 左右质量分数为 5% 的 H_2O_2 溶液,双孔胶塞插有短导管和漏斗,短导管里插有带余烬的木条。开始时余烬没有明显变化,经漏斗向锥形瓶内加入少量 MnO_2 后,锥形瓶中迅速产生大量气泡,余烬复燃。按此方法实验时,发现有以下不足:(1) 装置复杂,实验准备费时烦琐;(2) 要使反应产生的氧气充满锥形瓶,需要加大药品的用量;(3) 因产生的氧气容易从漏斗口逸出,带余烬的木条在复燃前易熄灭,实验的成功率不高。

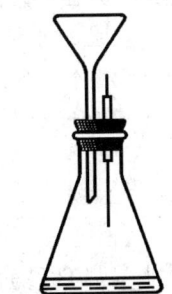

图 3-10 探究催化剂对反应速率的影响

据上述原因,利用球形干燥管的特点对实验进行了新的设计,经多次使用,均取得了满意的实验效果,现介绍如下。

1. 实验用品

球形干燥管(18 mm×150 mm)2 支、与之相配套的橡胶塞 2 个、药匙 1 把、MnO_2 固体、质量分数为 5% 的 H_2O_2 溶液、棒香、火柴。

2. 实验装置

改进后的实验装置如图 3-11 所示。

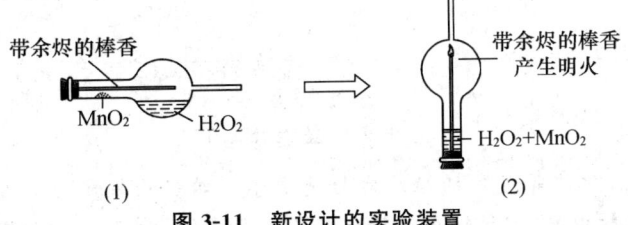

图 3-11 新设计的实验装置

3. 实验步骤和现象

(1) 如图 3-11(1) 所示,把两支球形干燥管水平放置,用滴管吸取质量分数为 5% 的 H_2O_2(约 3 mL)加入干燥管的球泡内,再用药匙取少量(约 0.2 g)MnO_2 粉末加在其中一支干燥管的进气管的管壁上。

(2) 选两个与球形干燥管相配套的橡胶塞,把棒香竖直固定在橡胶塞小头表面的中心位置上,并注意调整好棒香的长度(当把橡胶塞塞紧干燥管的进气管口时,棒香可抵达干燥管的球部中心为宜)。分别点燃橡胶塞上的棒香后,用橡胶塞塞紧两支干燥管(干燥管位置保持水平)。此时两支干燥管中,棒香的余烬没有明显变化。

(3) 当把两支干燥管同时竖立时,如图 3-11(2) 所示,立即看到加有 MnO_2 粉末的干燥管内的液体和 MnO_2 混合后有大量气泡产生,带余烬的棒香立即复燃产生明火,且此明火可燃烧至棒香接近液面时才熄灭,而没有加催化剂 MnO_2 粉末的干燥管内,棒香的余烬看不到明显变化。

[①] 谭文生. MnO_2 催化过氧化氢分解实验装置的新设计[J]. 化学教学,2013(1):48-49.

4. 新装置的优点

(1) 仪器简单,组装容易。新设计的装置只需干燥管加橡胶塞,制作容易,操作简单,省时省力。

(2) 现象明显,药品用量少。干燥管容积小,从干燥管平行放置加入药品到使之竖立让 H_2O_2 溶液和 MnO_2 混合,能很快充满氧气,使余烬棒香立即复燃。

(3) 气流集中。干燥管内产生的氧气由下向上通过导气管逸出,余烬棒香正好置于高浓度的氧气流中,实验可靠性好。

(4) 实验现象对比明显,趣味性浓。当反应产生的氧气使竖立在干燥管内的余烬棒香复燃产生明火时,整个装置看起来好似点燃的灯塔,十分有趣。

(5) 因改进后实验装置简单,使用方便,故既可用于教师课堂演示,也可用于学生分组探究实验。

5. 非常规仪器的使用策略

非常规仪器指非常规通用仪器(如横口管、叉形管、H形管等)和非化学仪器(如医用注射器、医用小药瓶、塑料瓶、气球等)。研制和使用非常规仪器于实验的改进与创新上,通常可以使装置简约化与微型化,可以因地制宜,就地取材,可以弥补常规仪器组装的实验装置中的某些功能不足,优化实验装置,提高实验效果。

案例研讨 3-8

多功能化学实验瓶①

氯气、硫化氢、二氧化硫等气体的性质实验是中学化学实验教学的重点之一,这些气体毒性强,现行各版本化学教材中,它们的性质实验都在集气瓶中做,难免造成气体的泄漏,危害师生健康。为防止化学实验过程中有毒有害气体对师生的危害,也为强化环保意识的教育,特设计了一套多功能化学实验瓶,它不仅适合于教师演示,也适合于学生实验,整个装置简单,易于操作,无污染,实验效果良好。

1. 化学实验瓶及组装说明

多功能化学实验瓶左侧带胶头滴管的小瓶是气体的发生部分,右侧大瓶是气体收集及性质实验部分,其瓶口采用双层凹槽设计,构造类似泡菜坛子的口(图3-12-a),结合瓶套(图3-12-b)使用,瓶套上塞上带胶头长滴管的橡皮塞(图3-12-c),组装成装置如图3-12-d。

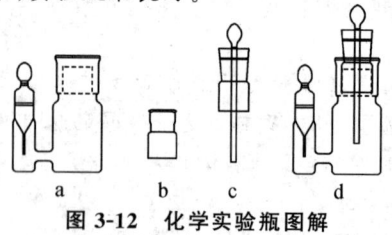

图 3-12 化学实验瓶图解

2. 多功能化学实验瓶应用实例

(1) 铜与氯气反应

① 在左侧小瓶中加小半药匙高锰酸钾晶体,胶头滴管中吸入少量浓盐酸;

---

① 吕善荣.多功能化学实验瓶[J].化学教学,2013(2):41.

②往多功能化学实验瓶大瓶口的凹槽中注入适量饱和碳酸钠溶液;
③预先在胶头滴管中吸入一滴管水,在长滴管下端绕上一段螺旋状铜丝,将浓盐酸滴入左侧小瓶中,同时,将铜丝加热至红热,迅速插入大瓶中;
④反应完毕,稍冷却后,将在胶头滴管中的水挤入大瓶中,再用注射器注入 10 mL 氢氧化钠稀溶液。

实验过程中铜丝在氯气中剧烈反应,产生棕黄色的烟,放出大量热;反应完毕,将胶头滴管中的水挤入瓶中,溶液呈蓝色,注入氢氧化钠溶液后产生蓝色沉淀,同时吸收多余氯气。

(2) 硫在氧气中燃烧
①用小号不锈钢药匙弯制一只燃烧匙,用橡皮筋固定在胶头滴管下端;
②在左侧小瓶中加入少量二氧化锰粉末,胶头滴管中吸入5%双氧水;
③往多功能化学实验瓶大瓶口的凹槽中注入适量饱和碳酸钠溶液;
④将双氧水滴加到左侧小瓶中,经检验集满氧气后,取少量硫粉于燃烧匙中,在酒精灯火焰上点燃,迅速插入大瓶中;
⑤反应完毕,稍冷却后,用注射器注入氢氧化钠溶液吸收二氧化硫气体。

实验过程中硫粉在氧气中剧烈反应,形成明亮的亮紫色火焰。

(3) 氨气与氯化氢气体反应
①左侧小瓶中胶头滴管吸取少量浓氨水,右侧大瓶中胶头滴管吸取少量浓盐酸;
②往多功能化学实验瓶大瓶口的凹槽中注入适量饱和碳酸钠溶液;
③将两胶头滴管中的溶液各挤出1~2滴。

实验过程中,在大瓶中出现大量白烟。

3. 本装置的创新点
(1) 本装置集气体的发生、收集、反应于一体,装置简约,操作简单,现象明显;
(2) 大瓶口采用双层凹槽设计,利用液封将反应过程中的有害物质密闭于瓶内,实验完毕吸收残留有害物质,试剂消耗少,实验过程中能有效防止污染;
(3) 用途广,本装置可用于氯气、二氧化硫、硫化氢等多种气体的制备及性质实验,真正做到一瓶多用。

(五) 实验操作过程优化策略

实验操作过程优化策略就是在改进与创新实验时,对传统实验操作过程的简化与优化。实验操作过程的合理化、科学化是实验顺利完成的保证。传统的化学实验一般都有较为合理的操作过程,都是一定历史时期教学经验和科学研究的产物。但随着社会对实验教学要求的提高和人们对实验认识的发展,有必要对某些实验操作过程进行优化,进一步改进与创新。优化实验操作过程一般可以从简化实验操作、强化实验现象和提高实验效果入手。

对于实验现象变化不太明显的实验,可以采用对照实验或设法将现象放大的实验操作,来强化实验现象。例如,采用投影仪放大实验现象,用盛水烧杯起凸透镜作用,把试管实验现象放大;对于观察有颜色而现象又不太明显的实验,可以通过采用白色或黑色衬板的操作,来强化实验现象等。

案例研讨 3-9

乙醇催化氧化实验的改进[①]

人教版普通高中课程标准实验教科书化学必修2第三章第3节实验3-3：在一支试管中加入3~5 mL乙醇，取一根10~15 cm长的铜丝，下端绕成螺旋状，在酒精灯上灼烧至红热，插入乙醇中，反复几次。注意观察反应现象，小心闻试管中液体产生的气味。该实验的目的，主要是说明产物中有刺激性气味的乙醛，从而说明乙醇被氧化。在实际教学中发现，此实验存在如下问题：

（1）教材中的实验是在一个开放体系中完成的，不符合绿色化学实验理念，且不适合做学生分组实验；

（2）目标产物乙醛的检验方法缺乏信度；

（3）未对产物水作检测。

很多老师针对这些问题设计新的改进方法，取得了很好的效果。但我们在重复实验的过程中发现不少实验耗时较长，不适合于课堂演示。

带着这些思考，我们利用弯头试管装入乙醇代替吸有乙醇的粉笔或棉花，对教材实验进行了多次探究。探究发现，决定此实验成功的关键是产物的量和产物能否顺利进入检测体系，我们设计利用洗耳球鼓入空气的方法来解决这一关键问题，鼓入空气既可以增加产物的量，又可以将产物顺利带入检测体系，取得良好的实验效果，同时改进后不需粉笔或棉花。

1. 实验用品

无水乙醇、铜丝（绕成螺旋状）、蓝色硅胶、希夫试剂、40%乙醛、乙酸、蒸馏水、弯头试管、酒精灯、小试管、铁架台、橡胶塞、玻璃导管、乳胶管、注射器、打火机、量筒、镊子、试管架、洗耳球。

2. 实验准备

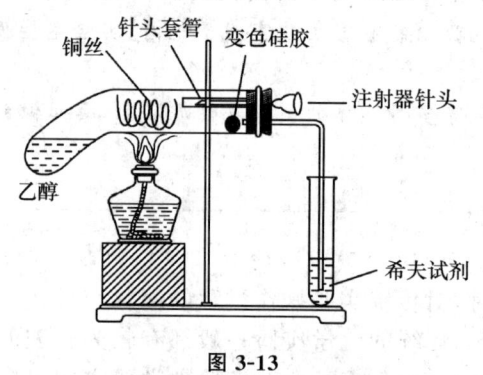

图 3-13

(1) 针头套管的准备：用打孔器在橡胶塞上打孔，一个钻通，连上玻璃导管方便导出产物；一个不钻通，套上玻璃导管，另一侧安上注射器针头，方便鼓入空气。

(2) 希夫试剂的准备：希夫试剂（Schiff）又称品红亚硫酸试剂。将二氧化硫通入碱性品红水溶液中直至褪色，备用。

3. 实验装置图（图3-13）

4. 操作步骤

(1) 按装置图组装好仪器，检查装置气密性。

(2) 向弯头试管中加入2~5 mL无水乙醇，放入螺旋状的铜丝，在靠近管口的地方放入一颗紫色硅胶，塞上带导管的胶塞，导管末端插入盛有1 mL希夫试剂的小试管中。

(3) 用酒精灯加热铜丝，铜丝逐渐变黑，3 min后，由于弯头试管导热，乙醇挥发加剧，乙醇蒸气与热的铜丝接触，左侧铜丝由黑变红，向右移动酒精灯继续加热铜丝，整段铜丝全部变红。

[①] 樊会武，等.乙醇催化氧化实验的改进[J].化学教学，2012(8)：49-50.

(4) 用洗耳球通过针头缓慢鼓入空气,红、热铜丝遇空气后又会变黑,产生黑、红交替变化现象,同时不断有气泡从小试管中冒出,鼓入的空气将产物乙醛带入检测体系,希夫试剂逐渐变为紫红色。同时试管口有水雾生成,变色硅胶颜色变浅,最后变为粉红色,说明有水生成。实验结束,熄灭酒精灯。

(5) 另取三支试管,向其中各加入1 mL希夫试剂,再分别滴加2滴乙醇溶液、乙醛溶液、乙酸溶液,振荡、观察、比较。步骤(4)中希夫试剂显色说明实验过程中有乙醛生成。

5. 实验结论

(1) 乙醇、乙酸难使希夫试剂显色,乙醛可使希夫试剂显色;

(2) 由希夫试剂显色及蓝色硅胶变粉红色等现象,可以说明:在铜的催化作用下,乙醇被空气中的氧气氧化,生成物为乙醛和水。

6. 改进实验方案的优点

(1) 装置简单,材料易得,操作简便,现象明显,成功率高。

(2) 更改了产物的检验方法,使产物检测更加直观,帮助学生理解有机化学反应的断键规律。还可以更换其他检测试剂达到相同的实验效果。

(3) 将教材中的开放体系改为一个相对封闭的体系,可重复实验,实现了实验的绿色化,不仅适合于课堂演示,而且也适合学生分组实验。

(4) 利用此套装置还可完成铁与水蒸气的反应、石蜡油分解实验等高中课本实验。

(六)创造性思维的策略

化学实验的改进与创新都离不了创造性思维的活动。创造性思维活动是发散思维和集中思维、形象思维和抽象思维、直觉思维和逻辑思维、显意识和潜意识思维等多种思维协调活动的综合体。在化学实验的改进与创新中,下列策略和方法对创造性思维活动的开展,对实验的改进与创新具有积极的作用。

案例研讨 3-10

化学实验装置的变通与创新

为了达到某种特殊的实验目的,有时需要利用一些常用的仪器,通过进行必要的改进和装配,以完成合乎实验要求的创意与设计。这需要我们认真分析领悟实验意图,灵活掌握有关仪器的组成、结构、性能特点等,然后匠心独运,巧妙创意。

1. 启普发生器原理及反应器的设计(如图3-14)

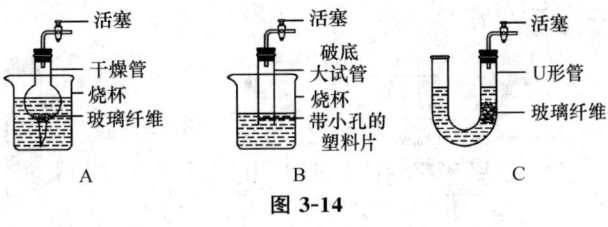

图 3-14

2. 液封装置的设计(防止气体从漏斗中逸出)(如图 3-15 D、E)

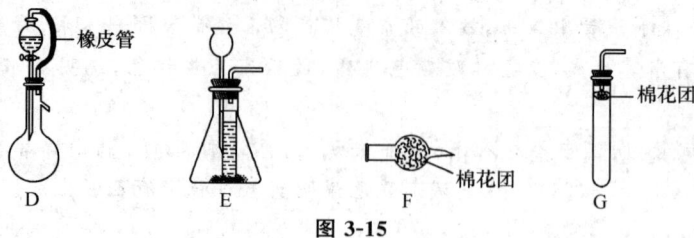

图 3-15

3. 与气体相关的防堵塞装置(如图 3-15 F、G)
4. 尾气吸收装置
(1) 吸收溶解度较小的尾气(如 Cl_2、H_2S 等)(如图 3-16)

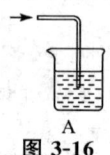

图 3-16

(2) 吸收溶解度较大的尾气(如 HCl、NH_3 等,防倒吸)(如图 3-17 B-G)

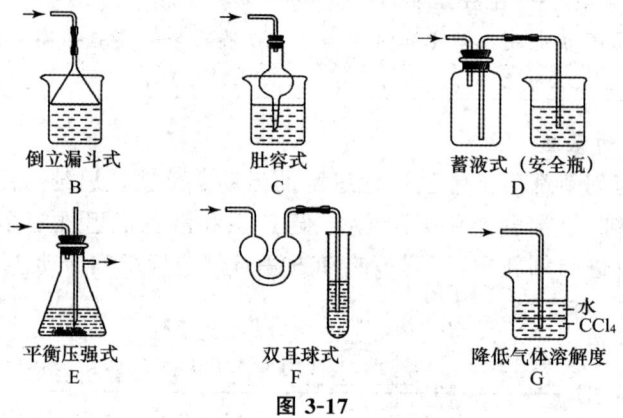

图 3-17

(3) 点燃除去或收集于气球中(如 CO 等,防污染)(如图 3-18 H、I)

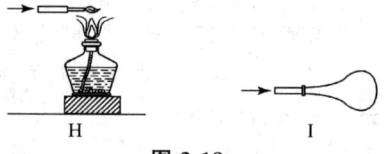

图 3-18

5. 气体的量取装置(如图 3-19 A-D)

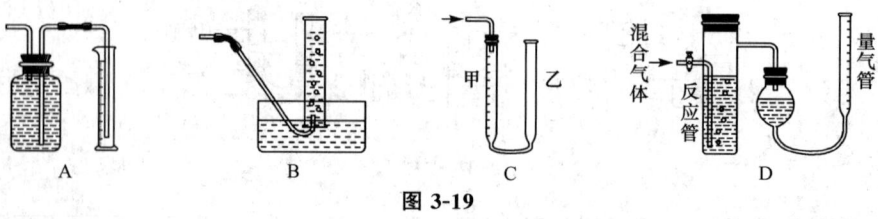

图 3-19

三、中学化学实验改进的不良倾向

化学实验在中学化学教学中应当成为学生探索、发现、验证知识的重要手段。运用实验可以为学生提供模拟实际的情境,使学生自身的智力、能力、意志和品质等获得尽可能多的发展。现行中学化学教材中的实验未必是最佳的实验,不同的学校可以因地制宜地采用不同的实验装置来完成这一实验,这就给实验的研究和改进提供了很大的空间,使得实验改进成为实验研究的重要内容。但目前化学实验改进中呈现出以下几种不良倾向,应该引起注意。[①]

(一) 简单实验复杂化

教材中的实验总是通过简洁的实验操作、明显的实验现象来鉴别化学物质、验证化学结论或揭示化学原理,并在实验的过程中提高学生的操作能力及培养学生的实践精神,最终体现出化学实验的美感,展示学科的魅力。但基于中学生的认知水平尚比较低下、一些学校实验设施还比较落后,以及教材知识本身对学生的要求不高等因素,中学化学实验大多重定性而轻定量,大多是验证性实验而非鉴定性实验。在教材中所呈现的化学实验大多所用实验仪器较少、装置简单、操作简便,并能很好地达到实验预期的目的。

但我们经常会看到有一些实验的改进,把影响实验效果的细微因素研究得过深、过细或把细微因素对实验结果的影响不切实际地放大,以至于把原来很简单易行的实验改得十分复杂。比如,九年级教材中"测定空气中氧气含量"的实验,是一个比较粗略的半定量实验,只要能让学生观察到倒流回集气瓶中的水约为集气瓶容积的 1/5 即可,教师只要能按教材的要求进行实验,实验的成功概率几乎是 100%。但有的教师认为:倒流回来的一部分水会保留在连接集气瓶和烧杯的导气管中;把燃着的红磷伸入集气瓶时因为红磷燃烧放热会赶走一部分空气;燃烧匙伸入过慢又会有新的空气进入集气瓶……都会影响

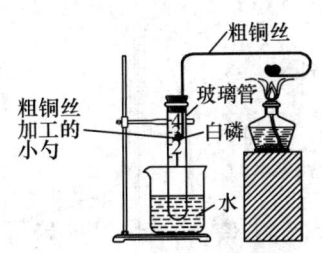

图 3-20 改进后的实验装置

实验效果,从而把原来的实验进行了改进(其中一种实验改进如图 3-20 所示)。但由于改进后的操作十分麻烦或实验装置太过复杂,这样的改进实验很难在实际的教学中得以推广。

(二) "污染"实验"绿色化"

毋庸置疑,在当前全球环境污染严重、单位产品能耗太高、原材料利用率较低的大背景下,化学反应(工艺)的绿色化是当今化学工业发展的重要方向和必由之路。

在中学教材中总会讲到氯气、二氧化硫、氯化氢、氨气等气体,这些气体都具有刺激性气味,却没有人能讲出这几种气味的真正差别。同样,人们也很难讲出各种颜色到底有什么区别。就红色而言,我们可以举出大红、桃红、胭脂红、砖红、暗红、紫红、绯红、洋红、粉红、血红、浅红、猩红、棕红、橙红等十几种红色,它们之间存在十分细微的区别,这种差别难以言表,只能让学生用自己的眼睛去亲身体验。事实上,当人们在描述物质的气味、颜色等性状时,语言会显得苍白而乏力,学生只有通过自己的切身体验才能真正领会。这就是新课程标准中"过程与方法"的要求,也是化学实验的意义所在。

实验的绿色化固然重要,但一提到有污染的实验,许多老师都谈之而色变,采取敬而远之的

[①] 钱胜,冯红霞.浅议当前"化学实验改进"的不良倾向[J].化学教育,2012(1):60-61.

态度,从而过分强调"绿色环保",我们认为是不恰当的。在做有毒物质的实验时,可让学生吸入少量(不至于对学生的身体造成伤害)的有毒气体,嗅一嗅各种毒物的气味,让学生都能区别这些物质,这是教学过程中不可回避的内容。这样学生在今后遇到毒物侵害时,才能及时地判断毒物的成分,有效地防止和减轻毒物造成的伤害。试想若学生只能背出气体的气味,而缺乏应有的体验,这样的教学是不成功的。其实人体摄入少量有毒物未必会对身体有害或造成的伤害极小,有的反而会有益。而教材中的所有实验,只要操作得当、控制合理,也都是十分安全的。

(三) 数个实验集成化

"集成"似乎是一件好事情。电子工业正是经历了从电子管、晶体管再到集成电路的变革才得以蓬勃发展,但把这种思路移植到化学实验中却未必能取得良好的效果。

化学物质之间总是有着千丝万缕的联系,在一些章节会出现相关物质的一系列实验。有的老师总喜欢把这些实验集成在一起,总想用一个大型的集成实验完成本章节所有的实验。在这里,首先我们要肯定老师们这种勇于创新的精神,但在创新的同时还应当思考以下几个问题。

首先,集成的可行性如何。在整合原有的实验时应当找出实验之间的联系,如果把相关性不强的实验硬生生地整合在一起,那么整合后的实验也并不是一个有机的整体,只是原来独立实验的机械组合,达不到真正集成的效果。其次,是否有集成的必要。原来多个独立的实验被集成在同一个实验中,实验装置会不会过于复杂、实验原理是否晦涩难懂,会不会导致学生把注意力和思维的重心放在对实验装置的构造及实验原理的分析上,反而忽略了对实验现象的观察,如果真是这样,集成的必要性还真值得商榷。

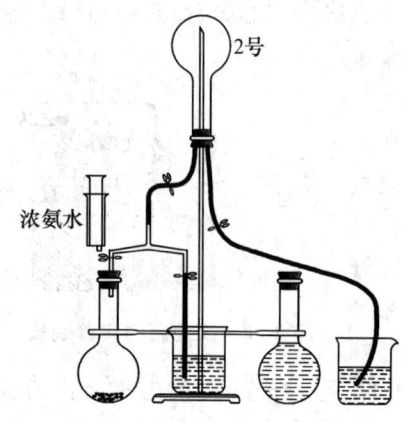

图 3-21 高度集成的氨气实验装置

曾经有一位老师集成了氨气的相关实验。可以说这是一个高度集成化的实验,在整套实验中涉及氨气的制取、氨气溶解性验证(喷泉实验)、氨水性质探究(包括使酚酞显色、与硫酸铜溶液反应)、氨气的尾气处理等实验。实验现象精彩纷呈,不亚于一场魔术表演。但在整套装置中用到了数个铁架、4个止水开关、3个烧瓶、1个铁架台、若干的橡皮导管和玻璃导管……(如图 3-21 所示,因实验原理复杂,不再分析)学生要理清整套实验装置的集成原理都是一件费力的事,思维也被眼花缭乱的实验现象所分散,这种集成化真比传统实验更好吗?

(四) 演示实验微型化

化学实验微型化是当前化学实验改进的一个方向。微型化学实验能较好地按新课程标准基本操作完成学生实验,便于开展化学第二课堂教学活动和家庭小实验,有利于培养学生良好的科学态度,开发学生智力,同时又节能、环保,所以,当前在很多实验领域,微型化实验大有取代传统实验之势。

的确,也不能否认实验微型化的意义,比如学生的分组实验可以使用微型化实验,这时微型实验的优势能够得以充分地体现。但如果教师的演示实验也微型化了,也许只有教师和离讲台很近的学生才能观察到实验现象,而教学应面对全体学生,这种微型改进所取得的效果差强人意,这种改进显然使演示实验失去了应有的功能,我们认为确有不妥之处。

相反,我们觉得为了使学生能更清楚地观察到实验现象,应适当"放大"实验。在教学过程中通常可以采用以下两种策略。首先,我们可以有意识地把实验仪器放大,如九年级教师中用酚酞证明氢氧化钠和盐酸能发生反应时,选用的不是容积较小的试管,而是容积较大的烧杯,使实验的现象更便于学生观察。此外,我们还可以采用实物投影或用摄像头近距离录像来"直播"实验全过程以实现放大实验。

§3.3 中学化学实验设计与创新

核心术语

◆实验装置　◆实验方法　◆实验试剂　◆实验原理　◆实验道具　◆实验技术　◆实验系统

中学化学实验中总有一部分操作要求较高、环保安全性能较差而成功率又相对较低的所谓疑难实验。为对付这些疑难实验,教师必须花费较多的时间、精力进行探索和创新。教材不是"圣经",只有根据具体情况对教材实验进行不断地改进和创新,才能使化学实验更切合教学实际,最大限度地发挥其在化学教学中的作用。下面从七个方面探讨如何优化与创新化学教材实验,以达到增强实验教学的有效性的目的。

一、实验装置的设计与创新

案例研讨 3-11

面粉爆炸实验的改进[①]

人教版《义务教育课程标准实验教科书·化学》九年级上册[实验7-2]面粉爆炸实验,其操作过程是:剪去空金属罐和小塑料瓶的上部,并在金属罐和小塑料瓶的底侧各打一个比橡皮塞外径略小的小孔。连接好装置,在小塑料瓶中放入面粉,点燃蜡烛,用塑料盖盖住罐(图见本书第一章第20页)。从橡皮管一端鼓入空气(人距离该装置远一些),使面粉充满罐,观察现象。

上述实验操作是采用鼓入空气的方法扬起粉尘。这一设计值得商榷。在密闭容器中如快速鼓入气体,即使没有面粉的急速燃烧,鼓入的空气也会使罐内气压增大,这就有可能使罐盖被掀起。我们曾在一空金属罐底侧打孔,用橡皮管连接一个气囊,快速按压气囊时,罐盖能被高高掀起。如果将按压气囊的速度降低,这个实验的成功率就大大下降。分析其中原因,可能是扬起的粉不够,无法集聚爆发力。总之,鼓入空气的速度很难控制。

1. 实验器材

(1) 一只直径约13 cm、高约17 cm的有盖、密封性良好的金属罐(如奶粉罐)。

(2) 一个用铁丝制成的支架,高约17.5 cm,上面覆盖60目钢丝网,网应正对下面蜡烛位置,平行于水平面,以保证面粉垂直落下(见图3-22)。

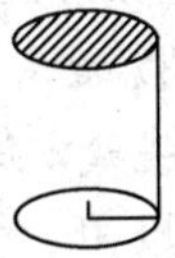

图3-22　再改进的实验罐内支架示意图

[①] 张琳.面粉爆炸实验的再改进[J].化学教学,2012(7):44-45.

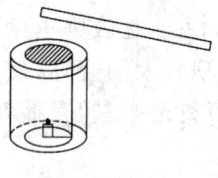

图 3-23 再改进的实验装置示意图

(3) 木棒、药匙、火柴各一。
(4) 一支高约 2 cm 的蜡烛，干燥的面粉。

2．实验操作步骤和现象

把蜡烛固定在铁丝支架上，点燃蜡烛，将铁丝支架放入金属罐内。取 2 药匙的面粉轻放在钢丝网上，盖上塑料盖，迅速用木棒敲击罐盖（人离装置远一些），使面粉从钢丝网上落下。如图 3-23 所示。此时立刻能听到"嘣"的爆破声，看到罐盖被高高掀起，同时可见火光冲出罐体高达 20 cm 以上（烛心越粗，火光越高），能直接感受到面粉粉尘的燃烧爆炸。

改进后实验成功率可以达到近 100%，现象明显。

3．实验创新点

(1) 改变了扬尘方式。将鼓气扬尘变成敲击落尘，操作简单，易于掌握。
(2) 减少面粉用量，实验结束后，除罐体四周 0.6 m² 范围内有少量面粉洒落之外，其余环境不受影响。

二、实验方法的设计与创新

案例研讨 3-12

铝跟水反应的实验改进[①]

铝虽然是活泼金属，但由于表面上覆盖了一层致密的氧化膜，不能进一步同氧和水作用，因而具有很高的稳定性。因此如何做好铝与水的反应的实验成了中学教师研究的内容之一，许多教师利用铝汞齐破坏铝原有的表面结构，阻止氧化膜的生成，使铝得以和水发生反应。虽然效果不错，但反应原理不容易让学生理解。笔者设计了如下两种实验方法，效果不错，现介绍如下。

[实验方法 1]

(1) 取一小块铝片放入试管中，加水 2～3 mL，滴加一滴甲基橙，溶液显黄色，此时观察不到有反应发生，用酒精灯加热，再观察，仍无反应发生。

(2) 在上述试管中加入适量稀盐酸，溶液由黄色变为红色，加到铝与酸反应时，停止加酸。当铝与酸反应放出大量气泡时，可以认为铝表面的氧化膜已经去掉，可向试管中滴加氢氧化钠溶液，边加边振荡试管，至溶液颜色由红色变为黄色时停止，此时铝的反应停止，铝的表面无气泡产生。

(3) 给试管里的液体加热，可看到有气泡从铝的表面逸出，此时的反应即是铝与水的反应。

[实验方法 2]

(1) 在一支 Y 形管的两支管中分别注入适量稀盐酸和蒸馏水，并各滴一滴甲基橙（装酸的一侧呈红色，装水的一侧呈黄色，以示区别），再注入适量液体石蜡。

---

① 谭文生.巧做铝跟水反应的实验[J].化学教学，2012(7)：45.

(2) 按图 3-24(1)所示,先把铝条插入 Y 形管穿过液体石蜡层伸入装有蒸馏水的支管中,加热,无现象(说明铝条表面有氧化膜)。再把铝条抽出穿过液体石蜡层伸入装有稀盐酸溶液的左支管中[见图 3-24(2)],可以看到铝条与酸反应放出气泡,当气泡大量产生时(表明铝表面的氧化膜已经去掉),把铝条抽出至液体石蜡层,稍停留一会儿,等铝条表面的反应停止后,把铝条再次伸入右边的水中,观察铝与水的反应,若无现象,可让酒精灯微微加热水层,即可看到有气泡从铝条表面逸出,说明铝与水发生了反应。

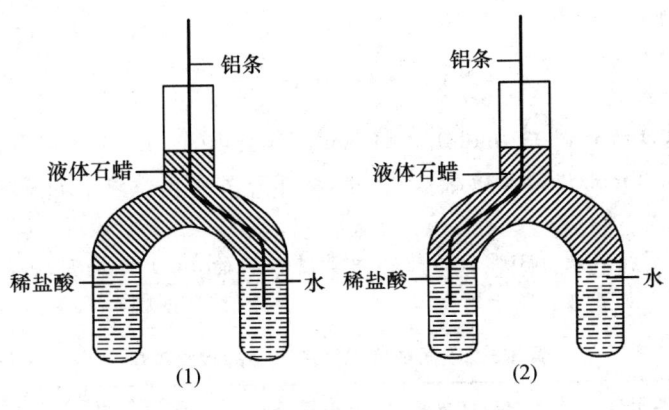

图 3-24 巧做铝与水反应的实验

三、实验试剂的设计与创新

案例研讨 3-13

苯、苯的同系物两个经典实验的改进[①]

苏教版《化学 2》《有机化学基础》两个实验如下:

[实验1]观察下列实验,探究苯的性质。

在两支试管中各加入 2 mL 苯,向其中一支试管中滴入几滴酸性高锰酸钾溶液,向另一支试管中加入 1 mL 溴水,振荡后静置,观察发生的现象。

[实验2]下列实验能帮助我们认识苯的同系物的性质。

(1) 取一支试管,向其中加入 2 mL 甲苯,再加入 3~5 滴高锰酸钾酸性溶液,振荡试管,必要时可稍稍加热,观察实验现象。

(2) 取一支试管,向其中加入 2 mL 二甲苯,再加入 3~5 滴高锰酸钾酸性溶液,振荡试管,必要时可稍稍加热,观察实验现象。

根据以上实验现象,你能得出什么结论?

---

① 官晟.经典结论的再探究[J].教育月刊,2012(9):70-72.

1. 意外现象

严格按照教材要求进行了上述两个实验,发现进行实验1时,苯的确不能使高锰酸钾酸性溶液褪色。而在进行实验2时,第一个意外发生了:甲苯在微热试管的同时久久不能使高锰酸钾酸性溶液褪色。正在反思上一个实验失败的原因,第二个意外发生了:实验1中还没来得及清洗的苯和高锰酸钾酸性溶液的混合液中的紫色明显变浅了,这样的异常更让人吃惊。苯不能使高锰酸钾酸性溶液褪色,甲苯能使高锰酸钾酸性溶液褪色,这个结论显然毋庸置疑,基于这个认识,我们对异常现象的发生进行了一系列的探究。

2. 实验探究

(1) 对实验1的探究

配制0.50%(浓度约为0.031 mol/L)的$KMnO_4$溶液10.0 mL,用蒸馏水稀释20倍后贮存于棕色试剂瓶中,滴入2 mol/L的稀硫酸6~8滴,备用。另取化学纯苯和分析纯苯各一试剂瓶,备用。

取试管若干,分别按照表3-3所示的药品用量进行实验,塞上橡皮塞连接振荡试管5 min,观察实验现象,具体现象如表3-3所示。

表3-3 不同纯度试剂苯产生的实验现象

实验序号	V(苯)/mL 化学纯	V(苯)/mL 分析纯	V(蒸馏水)/mL	V($KMnO_4$)/滴	褪色时间(min)
①	2	0	0	3	33.4
②	0	2	0	3	52.3
③	0	0	2	3	92 min后颜色变浅
④	0	0	1(另加1 mL稀硫酸)	3	67 min后颜色明显变浅

通过实验我们发现,药品的用量不同,都能使不同浓度的高锰酸钾酸性溶液的颜色发生变化,只是时间上的差异。哪怕是作为空白实验的③④两个组也能使高锰酸钾酸性溶液的颜色发生变化。此次实验探究说明,演示实验异常现象(久置之后苯使高锰酸钾酸性溶液褪色)的发生显然不能真正说明是苯使高锰酸钾酸性溶液褪色了,那么到底是什么原因呢?

通过对探究实验的分析并结合资料,笔者认为原因如下:其一,试剂的纯度。苯的工业制法分馏操作过程中难免会混入一些比苯还原性强的杂质,如微量的甲苯等。这些混入的杂质会使高锰酸钾酸性溶液褪色,探究实验①②中试剂纯度的不同导致了高锰酸钾酸性溶液褪色时间的差异可以充分说明这一因素的存在。其二,硫酸加入量的多少和光照的影响。实验③④表明,硫酸加入量的不同,高锰酸钾溶液褪色的时间和程度是有区别的。

资料表明,MnO_4^-在水溶液中是比较稳定的,但是放置时会缓慢地按下式反应:$4MnO_4^- + 4H^+ \stackrel{}{=\!=\!=} 4MnO_2 + 2H_2O + 3O_2\uparrow$。在光线照射下这一反应会加速进行,因此通常用棕色瓶盛装$KMnO_4$溶液。MnO_4^-的溶液中有微量酸存在时,上述反应也能加速进行,因此MnO_4^-在酸性溶液中是不稳定的。笔者对此也进行了实验,即取少量高锰酸钾酸性溶液于试管中不断振荡,3 min后发现溶液的紫红色略微变浅,且有少量黑色粉末状固体生成,也充分说明了高锰酸钾自身分解的事实。而探究实验全部是在透明的酸性环境中进行的,且持续的时间也比较长。这些因素可能也是苯使高锰酸钾酸性溶液褪色的元凶之一。

因此笔者建议,在演示该实验时,尽量使用纯度较高的试剂,如分析纯,有条件的学校可以选择优级纯。要严格控制实验中稀硫酸的加入量。另外,实验的时间尽量控制在 5 min 之内,少振荡且不允许加热。

(2) 对实验 2 的探究

配制 0.50%(浓度约为 0.031 mol/L)的 $KMnO_4$ 溶液 10.0 mL,贮存于棕色试剂瓶,备用。另取分析纯甲苯和二甲苯各一试剂瓶,备用。

取试管若干,分别按照表 3-4 和表 3-5 所示的药品用量进行实验,塞上橡皮塞振荡试管,必要时水浴加热,观察实验现象。具体现象如表 3-4、表 3-5 所示。

表 3-4　不同药品用量甲苯使酸性 $KMnO_4$ 溶液褪色时间探究实验

实验序号	V(甲苯)/mL	V($KMnO_4$)/滴	V(稀硫酸)/滴	V(蒸馏水)/mL	水浴温度/℃	完全褪色时间
①	2	3	1	2	60	7 min
②	2	3	2	1	60	3 min
③	2	3	3	0	60	55 s
④	2	1	3	2	60	127 s
⑤	2	2	3	1	60	83 s
⑥	2	3	3	0	60	55 s
⑦	2	3	3	0	室温	2 min 有明显褪色,但 10 min 仍没有褪成无色

表 3-5　不同药品用量二甲苯使酸性 $KMnO_4$ 溶液褪色时间探究实验

实验序号	V(二甲苯)/mL	V($KMnO_4$)/滴	V(稀硫酸)/滴	V(蒸馏水)/mL	水浴温度/℃	完全褪色时间
①	2	3	1	2	60	5 min
②	2	3	2	1	60	2.5 min
③	2	3	3	0	60	49 s
④	2	1	3	2	60	106 s
⑤	2	2	3	1	60	63 s
⑥	2	3	3	0	60	49 s
⑦	2	3	3	0	室温	2 min 有明显褪色,但 10 min 仍没有褪成无色

通过对探究实验的分析并结合资料,笔者认为能影响甲苯和二甲苯使高锰酸钾酸性溶液褪色的原因如下:

(1) 硫酸溶液浓度的影响。通过表 3-4、表 3-5 的实验①②③的对照,我们发现,由于硫酸浓度的差异,出现了甲苯和二甲苯使高锰酸钾酸性溶液褪色时间上的差异。其实不同的介质能影响高锰酸钾溶液的氧化能力。高锰酸钾是锰元素的最高价物质之一,所以它的特征性质是强氧化性,其氧化能力和还原产物随溶液的酸度有所不同。高浓度硫酸可以增大高锰酸钾的电极电势,从而增强高锰酸钾的氧化能力,加快反应。另一方面,高锰酸钾在酸性溶液中易分解,高浓度硫酸加速高锰酸钾的分解，表 3-5 中的实验③④的对照也能说明。（2）高锰酸钾的浓度。对照表 3-4、表 3-5 中的实验④⑤⑥，显然高锰酸钾浓度的不同对实验现象的差异起了作用。（3）温度的影响。甲苯和二甲苯是不溶于水的，当甲苯或二甲苯和高锰酸钾水溶液放在一起时，很快就会分成两层——有机层和水层，因此不能充分反应，虽经过振荡，但加热还是必需的。

3．实验启示

因此建议，在演示该实验时，首先在试剂的选择和配比时应该做充分的考虑，比如高锰酸钾的浓度为多少合适，硫酸的添加量是多少，等等。笔者经过反复实验认为，高锰酸钾的浓度宜控制在 0.2% 左右，硫酸的浓度为 1∶1。并且要注意甲苯或二甲苯与高锰酸钾溶液相对量的多少，高锰酸钾宜少不宜多，过量的高锰酸钾会呈现紫色，使实验现象"异常"。另外，还应该增加有机物和高锰酸钾水溶液的接触面积，除了振荡和必要的加热外，还尝试性地在该实验中加入了少量的洗洁精（含有表面活性剂），结果显示能明显提升高锰酸钾溶液的褪色速度。

综上所述，在进行演示实验前，教师事先在准备时一定要单独进行实验，探究实验成功的关键因素，以确保实验成功，从而达成教学目标的落实。而对许多的化学问题我们不能凭主观感觉去臆测得到结论，化学是一门实验科学，更多的时候我们应该运用实验的手段来进行验证，通过实验，让事实来说话，否则可能得到的结论是错误的甚至是荒谬的。

四、实验原理的设计与创新

案例研讨 3-14

AgSCN 沉淀溶解平衡的实验设计①

苏教版高中化学选修教材《化学反应原理》在原有化学平衡、电离平衡和水解平衡基础上增加了难溶物的沉淀溶解平衡。痕量的变化很难直接通过肉眼观察，甚至根本看不到到底是否溶解，教材选用 PbI_2 固体加水固液共存，在上层清液中滴加 $AgNO_3$ 检验有 I^- 电离，说明存在沉淀溶解平衡，笔者认为只能证明 PbI_2 能少量溶解在水中，而无法证明 PbI_2 在水中存在沉淀溶解平衡。在实践中怎样将痕量变化以较明显的颜色变化显示出来呢？试着从典型的颜色变化去寻找，经过实践与思考，最后确定用中学实验常见的 $AgNO_3$ 和 $KSCN$ 反应产生的白色沉淀，溶液中也一定存在极少量的 Ag^+ 和 SCN^-，通过增加或减少 Ag^+ 浓度实现平衡移动，以外显的红色变无色和红色加深来显示，既便于观察，又直观地证明了沉淀溶液平衡的存在。

1．实验目的

通过分析现行苏教版《化学反应原理》教材发现，教材中的难溶物是选用 PbI_2。我们虽能证明 PbI_2 固体能部分溶于水，但由于溶解量的变化很小，较难观察到溶解平衡移动的明显现象。为了能证明难溶物存在沉淀溶解平衡，笔者将教材实验进行改进，选用 $AgNO_3$ 与 $KSCN$ 反应生成的 AgSCN 白色沉淀为例，通过化学平衡移动来证明难溶物存在沉淀溶解平衡。

---

① 李发顺．探究 AgSCN 沉淀溶解平衡的实验设计[J]．化学教学，2013(2)：43-44.

2. 实验仪器及试剂

3支试管、胶头滴管、试管架、2支5 mL注射器。0.005 mol·L^{-1} AgNO$_3$和0.005 mol·L^{-1} KSCN溶液，2 mol·L^{-1} Fe(NO$_3$)$_3$溶液、3 mol·L^{-1} AgNO$_3$溶液、3 mol·L^{-1} KI溶液、蒸馏水。

3. 实验原理

AgNO$_3$ + KSCN $=\!=\!=$ AgSCN↓ + KNO$_3$，AgNO$_3$与KSCN按物质的量之比1∶1时恰好完全反应，所以实验采用等浓度等体积的AgNO$_3$和KSCN溶液混合，产生的AgSCN是一种白色沉淀。实验通过检验AgSCN白色固体在水中溶解产生SCN$^-$及其浓度变化，证明存在AgSCN $\rightleftharpoons$ Ag$^+$ + SCN$^-$，利用SCN$^-$显色反应原理，在清液中滴加2 mol·L^{-1} Fe(NO$_3$)$_3$溶液，观察溶液颜色变化。

298.15 K，K_{sp}(AgSCN) = 1.1×10^{-12}，溶液中c(SCN$^-$) = c(Ag$^+$) = 1.05×10^{-6} mol·L^{-1}，滴加2滴2 mol·L^{-1} Fe(NO$_3$)$_3$溶液时，溶液出现血红色，再滴加3 mol·L^{-1} AgNO$_3$溶液5滴，上层液颜色变浅，直至褪色，反应很灵敏，因为增加溶液中Ag$^+$浓度，AgSCN的沉淀溶解平衡向沉淀方向移动，溶液中SCN$^-$浓度降低，使得Fe(SCN)$_3$减小直至痕量；滴加3 mol·L^{-1} KI溶液5滴，红色加深，因为I$^-$与Ag$^+$结合生成更加难溶的AgI[298.15 K，K_{sp}(AgI) = 8.5×10^{-17}]，使得AgSCN沉淀溶解平衡正向移动，溶液中SCN$^-$浓度增大，使Fe(SCN)$_3$浓度增大，故颜色加深。

4. 实验步骤与现象（见表3-6）

表3-6 实验步骤与现象

	步骤一	步骤二	步骤三	步骤四
操作	取三支试管，编号1、2、3，各加入1 mL 0.005 mol·L^{-1} AgNO$_3$溶液	向三支试管中各加入1 mL 0.005 mol·L^{-1} KSCN溶液，静置1分钟	向三支试管中各滴加2滴2 mol·L^{-1} Fe(NO$_3$)$_3$溶液，观察现象	向试管1中滴加5滴蒸馏水，试管2中滴加5滴3 mol·L^{-1} AgNO$_3$溶液，试管3中滴加5滴3 mol·L^{-1} KI溶液，振荡静置2分钟，观察现象
现象	得到无色澄清溶液	出现白色浑浊	出现红色	试管2分层，上层是无色澄清溶液，下层白色沉淀；试管3溶液变深红色
结论	无色澄清溶液	出现AgSCN白色沉淀	溶液显红色，生成Fe(SCN)$_3$，AgSCN能少量溶解	增加Ag$^+$浓度，AgSCN沉淀溶解平衡逆向移动；降低Ag$^+$浓度，AgSCN沉淀溶解平衡正向移动；证明存在沉淀溶解平衡

5. 改进的意义

将教材原实验改用AgNO$_3$和KSCN反应产生白色沉淀，溶液中也一定存在极少量的Ag$^+$和SCN$^-$，通过增加或减少Ag$^+$浓度实现平衡移动，以外显的红色变无色和红色加深来予以展示，其原因有三。首先，学生从溶液颜色变化能直观（感性）感受到平衡在移动，说明沉淀溶解平衡的存在易于观察与理解；其次，实验中选用的试剂对学生来说也比较熟悉，实验现象（Fe^{3+}与SCN$^-$结合显血红色）也是高中学生已知的知识；最后，选用的试剂在中学化学实验室常见，取用时比较方便。

五、实验道具的设计与创新

案例研讨 3—15

利用注射器巧做苯和溴代反应实验[①]

苯的溴代反应是苯的重要化学性质之一。利用一次性注射器，设计出了全封闭式的"苯的溴代反应"实验装置。

1. 实验材料

（1）一次性注射器 10 mL 1 支、20 mL 3 支；注射器针头 2 个；2 号、3 号橡胶塞各 1 个；钢锯条 1 根；粗铁丝 8 cm；脱脂棉若干。

（2）苯；溴；粗铁屑（车床下来的铁刨花）；0.1 mol/L 硝酸银溶液；蒸馏水。

（3）分别取 10 mL、20 mL 一次性注射器各 1 支，用钢锯条将装针头端锯掉（如图 3-25 所示）。

（4）取 1 个 3 号橡胶塞，靠一侧穿入 1 根 8 cm 长的粗铁丝后，小头端的铁丝端弯成一个小钩，牢固地钩挂住一个 5 g 左右的粗铁屑（铁刨花）。

2. 实验方法及其现象

（1）将加工好的 20 mL 注射器的注射栓调整到刻度为 10 mL 处，向注射管中注入苯 4 mL、液溴 1 mL，然后将带有粗铁丝和粗铁屑（铁刨花）的橡胶塞紧紧塞在注射器的注射管口处（如图 3-26 所示）。

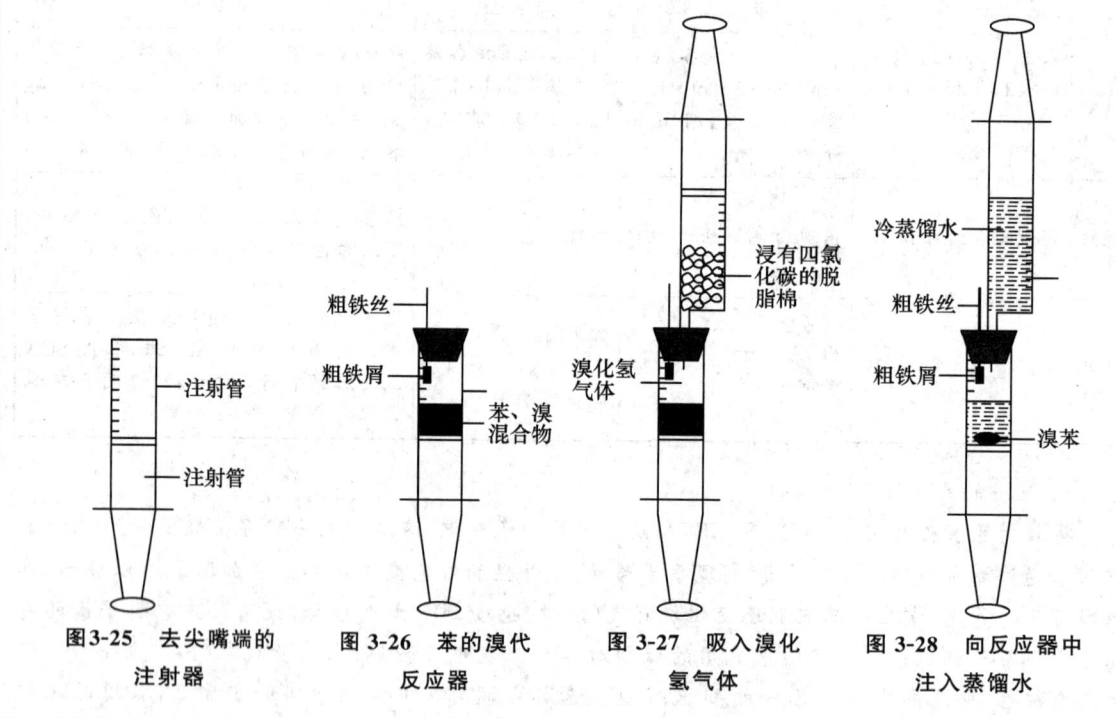

图 3-25 去尖嘴端的注射器　　图 3-26 苯的溴代反应器　　图 3-27 吸入溴化氢气体　　图 3-28 向反应器中注入蒸馏水

---

① 赵立国，等.利用注射器巧做苯的溴代反应实验[J].化学教育，2011(8)：56.

（2）用力将粗铁丝下推，使粗铁屑与苯和溴的混合物相接触，片刻可观察到反应进行，液体中有气泡生成，注射栓慢慢下移，产生的气体被完全密封在注射管内。

（3）待反应停止后，上提粗铁丝，使粗铁屑离开液面后，将装有用四氯化碳润湿的脱脂棉的20 mL注射器的针头插入橡胶塞中（如图3-27所示），慢慢上推作为反应器的注射器的注射栓，上提注射器的注射栓，使产生气体通过浸有四氯化碳的脱脂棉（起到吸收溴蒸气的作用）进入注射器的注射管内。

（4）将10 mL去尖端的注射器的注射栓调整到刻度为5 mL处，向内注入2 mL 0.1 mol/L的硝酸银溶液，然后管口处用2号橡胶塞紧紧塞住。将吸有气体的注射器取下，迅速将其针头插入该注射管的胶塞内，并将注射管内的气体慢慢注入注射管内的硝酸银溶液中，可观察到盛有硝酸银溶液注射管内的注射栓下移，溶液中立即产生淡黄色沉淀。由此说明苯与溴反应产生的气体是溴化氢气体。

（5）取另外1支20 mL注射器，吸入10 mL蒸馏水后，将针头插入作为苯溴代反应器的橡胶塞内，下拉反应器的注射栓，下推盛有蒸馏水的注射器的注射栓，向下方的注射管内反应混合物里注入10 mL蒸馏水（如图3-28所示），可观察到在水的底部有褐色油状物产生，说明苯与溴反应时除生成溴化氢气体外还生成了溴苯。

3. **实验优点**

（1）此实验由于均在密闭容器中进行，可防止溴蒸气、溴化氢等有害气体外逸而污染环境。

（2）由于实验装置小，药品用量小，可以节约药品，是一个典型的微型化学实验。

（3）此实验装置取材容易，制作简单，操作方便，效果明显，可用于演示实验和分组实验。

在中学化学教学中，使用一些特殊的小道具能将实验以新的面目呈现，从而给学生耳目一新之感，激发了学生的兴趣和热情，达到了较好的教学效果。

六、实验技术的设计与创新

案例研讨3-16

电解过程离子在磁场作用下的定向运动实验设计[①]

电解反应是高中化学的重要原理，但以往的实验很难观察到电解时离子的微观变化运动过程，也不易判断电极产物规律。英国经典中学化学实验"Movement of ions during electrolysis（电解中的离子运动）"用溴甲酚紫试液和培养皿等微型仪器，观察到电解过程离子的微观变化和磁场中的定向运动，直观地体现了现代化学分析仪器质谱仪等的工作原理。

1. **实验方案介绍**

英国的实验设计巧妙，现象鲜明有趣，但有以下不足：

（1）没有说明实验的工作电流强度，带来实际操作困难。

---

① 孙黎颖. 电解过程离子在磁场作用下的定向运动[J]. 化学教学，2013(1)：44-46.

(2) 磁铁产生的磁场不稳定,实验效果极易受影响。磁铁放在培养皿的上方还影响观察现象。

(3) 导线的尖嘴夹作电极。含铁的尖嘴夹作阳极时参加反应失去电子很快被"腐蚀"。

(4) 实验没有深入探究多种材料作电极的产物规律,化学学科性不足。

针对以上不足,对实验进行了如下改进:

(1) 使用合理的工作电压和电流,实验现象迅速出现。

(2) 电流产生磁场。电流产生的磁场稳定,所以培养皿中的实验现象也稳定。

(3) 特制的透明有机玻璃支架确保良好的实验观察视野。

(4) 探究多种离子的电离及电极产物规律。铜片、石墨作电极。除了溴甲酚紫,还使用氨水、pH试剂显示铜离子、氢离子和氢氧根离子。改进后的实验不仅保留了英国实验的优点,而且实验现象更稳定,更贴近我国化学教学要求。改进后的实验旨在探究多种材料作电极时的电极产物规律,观察多种离子的电解微观变化过程以及在磁场中的定向运动。

2. 实验仪器和装置

第一部分:电流产生磁场的装置。螺线管,滑动变阻器(1.5 A 50 Ω,使用的有效电阻为10 Ω),直流电源(工作电压24 V,工作电流3 A),有机玻璃支架,双刀双掷开关,导线。

第二部分:电解装置。铜片,石墨棒,培养皿($\Phi=90$ mm),导线,0.5 mol/L 的硫酸钠溶液,1% 的溴甲酚紫试液(1 g 溴甲酚紫溶解于 100 mL 95% 的酒精),0.5 mol/L 的稀硫酸,氨水($V_水:V_{浓氨水}=2:1$),pH试剂。

两部分实验装置并联在电源上。改进实验增加了第一部分装置,电流产生的磁场更稳定。第二部分电解装置中增加了铜片和石墨棒等。玻璃支架上面放置培养皿,下面固定一个铁芯螺线管,螺丝管在被观察电极的正下方,不遮挡视线。

实验整体装置图及仪器的组装见图 3-29 和图 3-30。

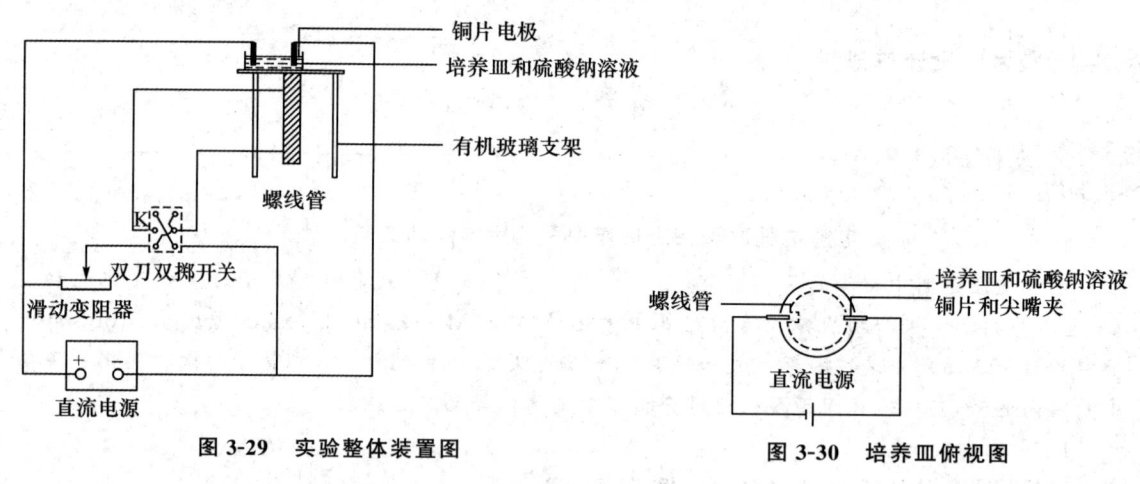

图 3-29　实验整体装置图　　　图 3-30　培养皿俯视图

3. 实验原理分析

这个实验的电解溶液为硫酸钠溶液。根据观察的离子选取不同的指示剂。

(1) 阴极产物判断

电解时阴极处的氢离子得到电子生成氢气,阴极附近溶液中有大量的氢氧根离子。溴甲酚紫试液捕捉到氢氧根离子的变化过程。溴甲酚紫(化学式 $C_{21}H_6Br_2O_5S$,pH 变色范围 5.2 黄色~6.8 紫色)的摩尔质量为 540 g/mol,远远大于酚酞(化学式 $C_{20}H_{14}O_4$)的摩尔质量 318 g/mol。这样含有大量氢氧根离子的溶液不仅呈现鲜艳的紫色,而且显色后不易扩散。

(2) 阳极产物判断

非惰性电极和惰性电极作阳极时电解产物不同。非惰性电极(指金属活动性顺序表 Ag 以前的金属)是电极材料本身失去电子,如作阳极的铜失去电子变为铜离子。检验铜离子的常用方法是氨水和铜离子形成绛蓝色的铜氨络离子。惰性电极(指 Pt、Au、石墨)则是溶液中阴离子失去电子。溶液中氢氧根离子较硫酸根离子易失去电子生成氧气,阳极附近生成大量的氢离子。pH 试剂可测 pH 在 4~10 之间的无色溶液酸碱性。pH 不同,则溶液颜色不同。酸性呈黄色,中性呈绿色,碱性呈蓝色。

(3) 离子在磁场中的定向运动原理分析

实验所需的磁场由电流产生。根据右手螺旋定则(安培定则),电流产生磁场。电流产生的磁场比较稳定。溶液中的离子自由扩散运动。电解时产生的离子还受到电解槽中电流形成的电场力,电场力使离子获得了运动的初速度。阳离子运动方向与电流方向一致,阴离子运动方向与电流方向相反。即氢氧根离子从阴极向阳极运动,铜离子和氢离子从阳极向阴极运动。磁场对运动电荷的作用力称为洛伦兹力。洛伦兹力能改变离子运动的方向,根据左手定则可以判断洛伦兹力的方向,即运动改变的方向。如果阴极附近产生的氢氧根离子在 N 极向上的磁场中运动,它会向阳极顺时针螺旋运动。如果磁场变为 N 极向下,它会变为逆时针螺旋运动。磁场中电解反应产生的离子,同时受到电场力、洛伦兹力、扩散等诸多因素相互影响。只有洛伦兹力占据主导地位时,才可以成功地观察到预期的实验效果。

4. 氢氧根离子定向运动实验

(1) 实验前准备及说明

[按照装置图组装电路和器材]

第一部分装置中,根据右手螺旋定则(安培定则),使电流形成的磁场 N 极向上。第二部分装置中,导线一端连接电源,另一端的尖嘴夹把铜片固定在培养皿的边缘,如图 3-31 所示。

[调配电解质溶液]

观察氢氧根离子时使用溴甲酚紫试液。取 30 mL 硫酸钠溶液,加入 10 mL 水,再加入 6~8 滴溴甲酚紫试液,无色溶液变为紫色。最后向溶液中滴入约 3 滴稀硫酸,使溶液恰好酸化变为黄色。酸化调色旨在获取良好的视觉效果。

(2) 实验操作步骤和现象结果

① 向培养皿中倒入硫酸钠混合溶液,静止片刻。打开直流电源。

② 实验现象:阴极产生大量气泡。阴极附近出现紫色的溶液,向阳极顺时针运动。黄色的溶液中渐渐形成紫色的螺旋。

③ 通过双刀双掷开关改变第一部分电路中电流的方向,磁场变为 N 极向下。

④ 实验现象:顺时针运动的紫色螺旋溶液迅速倒退,变为方向相反的逆时针运动。如图 3-32 所示。

实验结果：电解时阴极附近形成大量的氢氧根离子，使溴甲酚紫试液变为紫色，氢氧根离子带负电荷。运动的氢氧根离子受到磁场中洛伦兹力的影响，运动方向发生偏转。

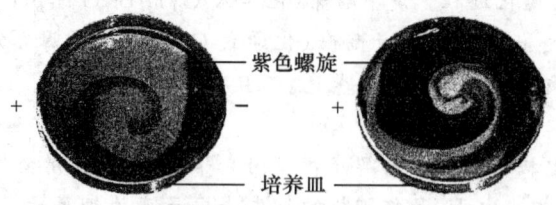

图 3-31　氢氧根离子顺时针定向运动　　　图 3-32　氢氧根离子逆时针定向运动

（3）多种离子定向运动实验总结

这个实验装置还可以观察铜离子定向运动以及氢氧根离子和氢离子共同定向运动。三个实验总结见表 3-7。实验录像见 http://www.tudou.com/programs/view/A_mCYMuSOmk/。

表 3-7　三个实验总结

条件		实验名称	
	实验1　氢氧根离子定向运动	实验2　铜离子定向运动	实验3　氢氧根离子和氢离子共同定向运动
电解槽	培养皿	培养皿	培养皿
电解液	30 mL 硫酸钠溶液和 10 mL 水	30 mL 硫酸钠溶液	30 mL 硫酸钠溶液和 10 mL 水
指示剂	溴甲酚紫试液和稀硫酸	10 mL 氨水	pH 试剂
电极	铜片	铜片	石墨棒
现象 N极向上	阴极附近的紫色溶液向阳极顺时针螺旋运动	阳极附近的绛蓝色铜氨络离子向阴极逆时针螺旋运动	阳极附近的黄色溶液和阴极附近的深蓝色溶液，共同逆时针螺旋运动
现象 N极向下	变为逆时针运动	变为顺时针运动	
总结	电解时，硫酸钠溶液是电解质溶液，阴极生成氢氧根离子，带负电荷。阳极为非惰性电极则金属本身失电子，阳极为惰性电极则溶液中离子失电子，氢氧根离子较硫酸根离子易失电子。这些运动的离子在磁场中受到洛伦兹力定向运动		

5. 教学实践的体会

经过本土化改造的实验既吸收了英国经典化学实验的长处，又体现我国实验设计和教学的优点。这个实验案例在华中师范大学开设的《英国剑桥化学实验》拓展课中教学效果良好。学生感受到了科学之美。这个实验现象生动有趣，色彩对比鲜明，化学和艺术结合，激发了学生的兴趣。学生通过实验观察到电解过程中多种离子的产生、运动和电性，探究电解的微观过程和电极产物规律。学生形象地理解了基础知识的应用。实验中化学和物理整合，基础知识与社会生产联系，体现"运动的带电微粒在磁场中方向发生偏转"，这也是现代化学分析仪器质谱仪的工作原理。它在太空探测、大气污染物分析、病人手术麻醉等生产生活中发挥了重要的作用。实验装置简单，各种装置均为中学实验室常见的仪器。实验操作简便，易推广。

七、实验系统的设计与创新

案例研讨 3-17

石蜡油分解实验的改进[①]

人教版普通高中课程标准实验教科书《化学》(必修2)第三章第二节的"科学探究"栏目引入一个实验：石蜡油分解实验。所用实验装置见教材第67页。将浸透石蜡油的矿渣棉放在试管最里端，碎瓷片放在试管中部，在碎瓷片下方用酒精灯加热，预计石蜡油气化，产生的石蜡油蒸气外逸，遇到高温碎瓷片发生分解，产生不饱和烃使溴水或酸性高锰酸钾溶液褪色。该实验的目的，主要是说明产物中含有与烷烃性质不同的烃——烯烃。

在实际教学中发现，此实验存在如下的问题：① 石蜡油和矿渣棉在普通中学实验室不常见。② 由于酒精灯在碎瓷片下方加热，石棉能吸附的石蜡油量较小，石蜡油气化的温度较石蜡油分解温度低，结果石蜡油多数都已经变为蒸气逸出，碎瓷片温度尚未能升至石蜡分解所需温度，而当碎瓷片温度升至足够石蜡分解温度时，石蜡已大部分气化并逸出装置，由于剩余的石蜡量少，气化后遇碎瓷片分解产生烯烃的速率慢，产生烯烃的总量小，导致溴水或酸性高锰酸钾溶液褪色所需时间较长（3 mL 0.01 mol·L^{-1}硫酸酸化的高锰酸钾溶液约12 min完全褪色）或不能完全褪色，无法达到实验目的，因此存在实验成功率低，实验时间较长等问题。

采用固体石蜡代替石蜡油，自制长弯头试管代替课本实验装置中的普通试管对此实验进行了改进，取得良好的实验效果，并且改进后不需要矿渣棉。

1. 改进后的实验

(1) 按图3-33组装实验装置，检查装置的气密性。

(2) 向试管弯头中加几块石蜡固体，然后在距离试管口约2/3处放5~8片直径约1~1.5 cm的碎瓷片（可以用废旧坩埚碎片，实验效果良好）。

(3) 点燃酒精灯1，约30 s后碎瓷片温度上升，点燃酒精灯2，试管弯头内石蜡固体逐渐熔化，约40 s后石蜡油即可沸腾产生石蜡蒸气。

(4) 观察到小试管中酸性高锰酸钾溶液（或溴水）迅速褪色。

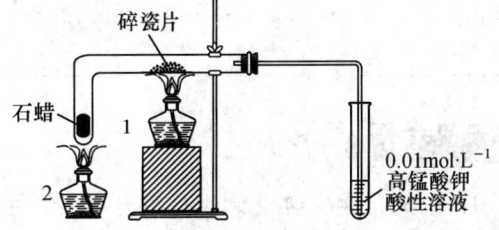

图3-33　改进后的石蜡油分解装置

2. 实验结果讨论

经查阅大学有机化学教材及相关文献：石蜡的组分为C_{20}~C_{24}直链烷烃（约为80%~95%），还有少量带个别支链的烷烃和带长侧链的单环环烷烃（二者合计含量在20%以下）。

烷烃在无氧存在下，在高温（800℃左右）下碳碳键可以断裂，大分子化合物变为小分子化合物，这个反应称为热裂。碳碳键、碳氢键均可断裂，断裂时可以在分子中间，也可以在分子旁边，分子愈大，愈容易断裂，热裂后的分子还可以再进行热裂。总的结果，大分子烷烃热裂成分子更小的

[①] 刘文芳. 石蜡油分解实验的改进[J]. 化学教学, 2011(11): 41-42.

烷烃、烯烃。石蜡油又称矿物油,是从原油分馏得到的无色无味的混合物,石蜡油的成分主要为正构烷烃,常温下呈液状,故又称液体石蜡。按我国石化行业标准分重质液体石蜡和液体石蜡两大类。主要成分分别为：$C_{13}\sim C_{18}$和$C_{10}\sim C_{13}$的正构烷烃。由于石蜡的分子较石蜡油的分子大,所以石蜡较石蜡油更容易分解。

一般中学实验室都可以找到固体石蜡,且学生对石蜡固体较石蜡油熟悉,更能激起学生的学习兴趣。

用自制长弯头试管(横长 25 cm,竖弯头高 10 cm,外径 2.5 cm)代替普通试管,不需矿渣棉,加热碎瓷片后无干扰,碎瓷片迅速升至高温,加热试管弯头中的石蜡至沸腾,源源产生石蜡蒸气,遇到高温碎瓷片发生分解,由于弯头较高,石蜡虽然沸腾但不会冲到碎瓷片上,实验现象明显、迅速。

3. 改进后实验的优点

(1) 操作简易。改进后的实验装置简单,便于组装,实验过程方便快捷,总耗时约 2～4 分钟。

(2) 现象明显、成功率高。改进后的实验装置,实验成功率极高(几乎 100%)。长度约 1 cm,直径 1.2 cm 的蜡烛用石蜡块加热熔化后可以持续沸腾约 6 min 仍略有剩余,由于沸腾产生石蜡蒸气较多,酒精灯 2 加热后,石蜡蒸气持续在高温碎瓷片上分解,产生不饱和烃量大,通入酸性高锰酸钾溶液,现象明显。

(3) 实用性强。由于具备以上特点,改进后的实验不仅适合课堂演示操作,还适合学生分组实验。

综上所述,我国 21 世纪中学化学实验的发展步伐将大得多,其实验的选题及教学形式有综合化、多元化的发展趋势;实验方法、手段有微型化、简约化等发展趋势;实验的内容和编排有着趣味化的发展趋势;实验操作将显得更简便、卫生、安全、可靠;实验的装备和设施将越来越现代化、科学化。

单元思考题

1. 中学化学实验设计的类型有哪些？中学化学实验设计应遵循哪些基本原则？

2. 说明中学化学实验改进与创新的意义。举例说明化学实验改进与创新的类型及其策略。

3. 收集《化学教育》《化学教学》《中学化学教学参考》等期刊 2010—2024 年对中学化学实验改进的文献,并评价各自方案的优劣。

4. 自选新课程教材中某一实验,对本实验进行改进与创新,并提交 2000 字左右的小论文。

5. 以废弃塑料药瓶、瓶盖等为主要材料,自制微型自动排放废液的气体发生器,说明使用方法及原理,并与启普发生器的性能进行比较。

第四章 中学化学实验研究方法

目前的中学化学实验研究比较普遍,但其科学水平总的看来并不尽如人意:方法科学、构思巧妙、效率较高、成果颇丰者固然不少,然而,随意而为、缺少理性和自觉、方法笨拙、技术落后,甚至违反科学、结论错误或者劳而无功者也不鲜见。中学化学实验研究方法多数还停留在依靠直觉和经验的水平。没有理论指导的实践是盲目的实践,缺乏理性的研究其水平难免低下。要取得中学化学实验研究的进步,必须以中学化学实验研究方法论作指导,应用科学理论和科学知识来提高研究水平。

§4.1 中学化学实验研究的过程

核心术语

◆实验条件　◆实验条件的控制　◆实验观察　◆实验研究

提高中学化学实验研究水平,不但要从"宏观"角度把握好方向,还要注意加强理性,改进具体的研究方法,注意研究、总结中学化学实验研究过程的一般规律,按照科学的程序来开展研究活动。一般来说,中学化学实验研究的过程大致分为三个阶段,如图4-1所示。

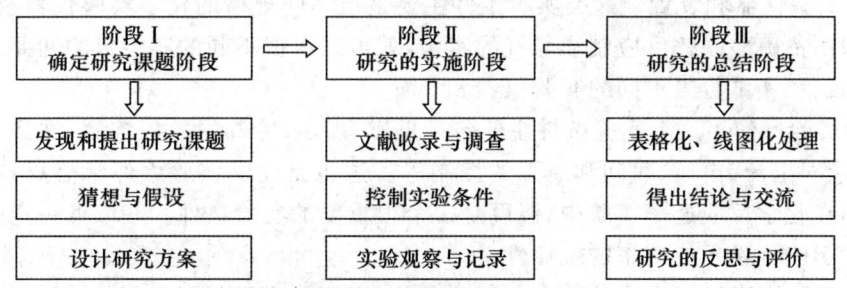

图4-1 中学化学实验研究过程图

一、确定研究课题阶段

要对中学化学实验研究作系统分析,善于用系统观点指导中学化学实验研究课题的选择,并且注意研究和应用选择课题的科学规律和方法。中学化学实验课题主要来自四个方面:(1)化学实验教学实践中需要解决的问题;(2)化学实验教学理论系统中存在的问题;(3)从各种文献资料中发现的课题;(4)从课程、教材及教学改革的新情况中发现的课题。由此可以从这些思路中形成实验研究的课题:①

---

① 吴俊明.发展化学实验教学研究需要大智慧[J].化学教学,2013(2):3-7.

（1）《化学课程标准》中实验教学要求研究；
（2）中学化学新课程教材实验选材比较研究；
（3）加强对化学实验教学系统及其发展的研究；
（4）开展对学生经验基础和有关心理的调查与研究；
（5）中学化学实验教学功能及其方法论研究；
（6）中学化学实验改进及优化方案设计研究；
（7）中学化学若干实验系列设计与研究；
（8）开展改革实验教学方法的研究与试验；
（9）开展改革实验考核方法的研究和试验；
（10）开展中学化学实验方案评价体系研究。

在选择课题时，一般要遵循价值性、创新性、可行性、实践性、准确性等基本原则，尽可能从教学实践中去发现问题、确定课题。

二、研究的实施阶段

这是研究的主体阶段。研究者采用调查、实践、观察、优选法、综合比较法或其他方法和手段进行研究的实践活动，从中发现问题和搜集相关资料。若以实验设计方案付诸实验的研究活动，则包括实验条件的控制、实验观察与记录等环节。

所谓实验条件是指同特定实验对象相联系，并对其状态、性质和变化发生影响的诸因素的总和。从中学化学实验来看，实验条件主要有以下几个方面。[①]

（1）化学药品。这类实验条件主要包括化学试剂的规格，化学药品的种类、状态（固态、液态或气态）、形状（块状、颗粒状或粉末状）、质量、体积和浓度等。

（2）化学实验仪器和装置。这类实验条件主要是指不同规格的化学实验仪器及其不同的安装方法。例如用稀硫酸跟锌反应制取氢气的实验，就可以根据不同的实验目的和要求，采用启普发生器、锥形瓶、双叉试管等不同的实验仪器和装置。

（3）化学实验操作。这类实验条件主要包括点燃、加热、冷却、振荡、溶解、洗涤、过滤等化学实验操作，以及对电流、电压、时间和压强的控制等。这也是化学实验中经常需要控制的一类实验条件。例如在化学反应速率实验中，温度是一个很重要的实验条件。在浓度一定时，改变温度可以发现温度影响化学反应速率的规律性。

（4）实验条件的控制。就是通过改变实验条件，运用各种不同的实验比较法来探寻最佳实验条件的一种科学方法。这里的"实验比较法"主要有全面比较法、优越法、简单比较法和综合比较法（或称"正交试验法"）。中学化学实验中比较常用的是简单比较法，即将影响实验结果的诸条件中的一个条件作为可变，其他条件保持不变，探寻此条件的变化对实验结果的影响。例如在"浓度和温度对化学平衡的影响"实验中，首先改变反应物的浓度，而保持其他条件如反应物溶液的种类和体积、反应温度等不变，观察浓度对化学平衡的影响；然后，再改变反应温度这一条件，而保持其他条件如反应物溶液的种类和体积、浓度等不变，观察温度对化学平衡的影响。

通过实验手段的作用而显现出来的化学现象及性质，需要通过观察来感知。观察是指人们

[①] 郑长龙，等. 课程标准与教学大纲对比分析·高中化学[M]. 长春：东北师范大学出版社，2005：124-135.

有目的、有计划地通过感官(或仪器)对观察对象进行感知而获得实验事实的方法。观察一般分为自然观察和实验观察。自然观察是对自然界所发生的现象进行观察,这种观察往往是被动的,观察的对象也有一定的随机性。实验观察的对象是在人为的掌握控制之中,它的现象产生及程度变化,往往能够依照人的意愿进行,许多自然界不存在的或很少发生的现象,在人为的控制、干预下都能发生。中学化学中的观察基本属于实验观察的范畴,其观察内容主要有观察仪器装置、观察实验操作和观察物质及其变化等方面。

实验观察记录对最终形成实验结果有重要的参考价值。记录可以采用文字、化学术语、数字、仪器装置图、表格等形式,以保存化学实验中的各种信息。实验记录要完整,做到实事求是。

三、研究的总结阶段

研究的总结阶段是指在对教学研究过程中搜集的大量资料进行归纳、统计、分析、综合的基础上,进行去粗取精,去伪存真,由此及彼,由表及里的思维加工,进行科学抽象,揭示出事物的规律,概括出结论。要把定量分析和定性分析结合起来。概括得出的结论还需要在教学实践中加以检验,反复校正,才能得出符合实际的正确结论。

为使实验研究结果简明直观,一目了然,研究者还需将记录的结果进行恰当、巧妙的处理。一般可采用列表法、图解法和化学用语法进行表述。实验研究的结果一般用论文或研究报告的形式表达出来,有助于实验研究成果的交流和推广。

§4.2 正交试验法研究最佳反应条件

核心术语

◆正交试验法　◆最佳反应条件　◆正交表　◆因素分析表

一个实验的成功,首先取决于反应物自身的性质,其次是外界诸多实验条件、实验操作的影响。因此,实验的改进与创新离不开对实验最佳反应条件的探讨。影响化学反应速率及其程度,以及实验现象是否鲜明、准确的外界条件很多,常见的有反应物的浓度、纯度、反应物的用量比、反应物件的接触面积、反应温度、反应体系压强、催化剂等。要改进和创新某些实验,保证实验成功,提高实验的教学质量,就必须针对影响实验成败的条件进行分析研究、探究,寻找出最佳实验条件。[①]

探讨最佳实验条件较好的方法是正交试验设计法。它是一种研究多因素实验问题的重要数学方法,即选用特制的不同正交表来安排实验,并利用正交表的特点对实验结果进行计算、分析,从而找出较优实验方案的一种方法。想了解正交表的使用分析方法可参看有关这方面的资料(如:卫子光.化学实验设计与研究[M].天津:南开大学出版社,2000.),弄清如何选用正交表,如何进行实验设计,如何依据实验数据进行计算分析,得出结论,等。

---

① 文庆城.化学实验教学研究[M].北京:科学出版社,2003:44-45.

> **资料卡片**
>
> **正交设计助手**
>
> 正交设计方法是科研人员常用的实验设计方法，它能以较少的实验次数得到科学的实验结论。但是在实验中经常得重复一些机械的工作，如填写实验安排表、计算各个水平的均值等。正交设计助手可以帮助用户完成这些烦琐的工作。该软件为正交设计试验中最烦琐的实验安排表的制定及结果分析提供了一个辅助工具，让人们有更多的时间选表和进行表头设计。
>
> 网址：http://www.chemonline.net/truechemsoft/default.asp。

案例1 Cl_2 与 H_2 混合光照爆炸实验条件的探究

例如，Cl_2 跟 H_2 混合光照爆炸实验，成功率低，对此我们曾选用如下影响实验的因素以及不同水平，进行实验探究，见表 4-1。

表 4-1 因素水平表

因素	A	B	C
	$V(Cl_2):V(H_2)$	光照距离/cm	混合气停放时间/min
一	1:2	3	1
二	1:1	5	3
三	2:1	8	5

通过选用 $L_9(3^4)$ 正交表，设计如下正交试验对其最佳实验条件进行了探究，见表 4-2。

表 4-2 实验方案及其结果的直观分析

	A	B	C	指标	
	$V(Cl_2):V(H_2)$	光照距离/cm	停放时间/min	爆炸情况	评分
1	1(1:2)	1(3)	1(1)	强爆	96
2	1	2(5)	2(3)	不爆	0
3	1	3(8)	3(5)	不爆	0
4	2(1:1)	1	2	弱爆	60
5	2	2	3	不爆	0
6	2	3	1	弱爆	66
7	3(2:1)	1	3	中强爆	81
8	3	2	1	强爆	96
9	3	3	2	中强爆	81
K_1	96=96+0+0	237=96+60+81	258=96+66+96	最佳实验组合为：$A_3B_1C_1$，即 A 取 3 水平为 2:1；B 取 1 水平为 3 cm；C 取 1 水平为 1 min。影响试验的主次关系为：C→A→B（依 R 值大小）	
K_2	126=60+0+66	96	141		
K_3	258=81+96+81	147	81		
$\bar{K}_1$	32=96/3	79=237/3	86=258/3		
$\bar{K}_2$	42	32	47		
$\bar{K}_3$	86	49	27		
R	54	47	59		

研究得出，在上述所取得因素、水平内，最佳实验条件为 $A_3B_1C_1$，即体积比 $V(Cl_2):V(H_2)=$

2∶1,光照距离为 3 cm,混合气停放时间为 1 min 为最好。继续实验探究表明,混合气停放时间越短越好。因而可对该实验从实验条件上加以改进与创新。

案例 2 纤维素水解的最佳实验条件的探究[①]

【课题来源】"有机化学基础"选修模块

【实验目的】纤维素水解反应是化学教学中演示多糖性质的一个实验,做好这个实验对引导学生学好纤维素的重要性质很有帮助。因此,本实验用正交实验法找出纤维素水解的最佳实验条件,以期达到较好的银镜生成效果。与此同时,帮助学生学会实验设计方法。

【提出问题】影响纤维素水解的因素有多方面,如纤维素的供体(脱脂棉、滤纸、树叶或者其他含有纤维素的物品)、水解方式(用研钵或者烧杯进行水解)、加酸的方式(先酸后水或者先水后酸)、酸的浓度、水解液的温度和 pH 等。不同的因素对实验造成的影响不同,究竟什么样的水解条件才是最好的呢?怎样判断实验结果的好与差呢?

【实验探究】

(一) 实验原理

纤维素不显还原性,但可以发生水解,水解一般要在浓酸中或加压条件下才能进行,水解的最终产物是葡萄糖,即纤维素的水解产物可以发生银镜反应。通过判断银镜的质量,可以判断纤维素水解程度的大小。反应方程式为:

$$(C_6H_{10}O_5)_n + nH_2O \xrightarrow{催化剂} nC_6H_{12}O_6$$

纤维素　　　　　　　　　葡萄糖

$$CH_2OH(CHOH)_4CHO + 2[Ag(NH_3)_2]^+ + 2OH^- \longrightarrow CH_2OH(CHOH)_4COO^- + NH_4^+ + 2Ag\downarrow + H_2O + 3NH_3\uparrow$$

(二) 实验探究

本实验固定其他的实验条件,选择了其中的三个因素来探讨实验的最佳条件。

1. 固定的实验条件为:用滤纸来进行实验,使用烧杯和玻璃进行水解,水解液不过滤;配银氨溶液使用 2% 的 $AgNO_3$ 溶液和 1∶5 的氨水,水解液用 10% 的 NaOH 溶液调节 pH,银镜反应时取用 10 滴水解液,生成银镜的水浴温度为 90℃。

2. 选用三因素三水平 $L_9(3^4)$ 做正交实验,如表 4-3。

表 4-3 三因素三水平表

水 平	因　素		
	A 加酸方式	B H_2SO_4(%)	C 水浴温度(℃)
1	先酸后水	72	70
2	先水后酸	74	80
3	边酸边水	76	90

3. 实验指标:以生成的银镜的质量为指标,分成 10 个等级,最高等级为 10。

(三) 实验仪器与试剂

1. 仪器:烧杯,玻璃棒,滴管,试管,电炉。

[①] 王磊.高中化学课程实验与案例分析[M].北京:高等教育出版社,2006:228-252.

2. 试剂：滤纸，浓硫酸，10%的 NaOH，2%的 $AgNO_3$，1∶5 氨水，酚酞试剂。

3. 水解液的配制：

(1) 称取 0.2 g 滤纸于小烧杯中，在搅拌下加入浓硫酸和水，使纤维素初步水解成黏稠液体。

(2) 将初步水解液在水浴中加热约 3 min，水解液成亮棕色。

(3) 取出冷却后，加入 3 滴酚酞指示剂，用 10%的 NaOH 溶液调整溶液至粉红色，此时 pH 约为 9，待用。

4. 银氨溶液的配制：

(1) 称取 1 g 的 $AgNO_3$ 粉末溶于 49 mL 水中，配成 2%的 $AgNO_3$ 溶液。

(2) 取 2 mL(30 滴)2%的 $AgNO_3$ 溶液于试管中，逐滴加入 1∶5 的氨水，边滴边摇，至沉淀刚好溶解为止(约 6 滴)，为防止氨水过量，再回滴 2 滴 $AgNO_3$ 溶液，待用。

5. 银镜的生成：

(1) 往上述制得的银氨溶液试管中滴加 10 滴纤维素水解液，振荡均匀。

(2) 于 90 ℃水浴加热，观察银镜的生成。

(四) 实验操作

表 4-4　实验操作表

实验序数	A. 加酸方式	B. H_2SO_4(%)	C. 水浴温度(℃)
1	先酸后水	72	70
2	先水后酸	74	80
3	边酸边水	76	90
4	先酸后水	74	90
5	先水后酸	76	70
6	边酸边水	72	80
7	先酸后水	76	80
8	先水后酸	72	90
9	边酸边水	74	70

注：H_2SO_4(%)72 为 50 滴酸，20 滴水；74 为 50 滴酸，18 滴水；76 为 50 滴酸，16 滴水。

(五) 实验结果

表 4-5　实验现象与银镜生成质量评价

实验序数	实验现象	银镜生成质量
1	水浴前水解液为棕色，颜色灰暗，水浴后水解液颜色变亮	6
2	水浴前水解液为无色，水浴后水解液颜色变浅褐色	7
3	水浴前水解液为浅黄色，水浴后水解液颜色加深	10
4	水浴前水解液为棕色，水浴后水解液颜色变亮	6
5	水浴前水解液为浅褐色，清澈，水浴后颜色加深	4
6	水浴前水解液为深褐色，水浴后水解液颜色变亮	9
7	水浴前水解液为深棕色，水浴后水解液颜色变亮	8
8	水浴前水解液为无色，水浴后水解液为浅棕色	5
9	水浴前水解液为澄清棕色，水浴后水解液颜色变亮	9

由实验结果可知,本实验的最佳条件是:边酸边水的方式,H_2SO_4为76%,水解的水浴温度为90℃。加酸的方式对实验的影响最大。

(六)实验改进

1. 实验使用的是滤纸,而不选用脱脂棉,是因为滤纸比脱脂棉更快更容易水解,不但缩短了实验时间,也提高了实验的成功率。

2. 水解液的pH是实验成功的一个因素,pH<7时不生成银镜,而pH为8～10时生成的银镜效果较好,用酚酞作指示剂,用NaOH溶液调节,可控制pH=9,这样就无须用到pH试纸,可减少工作量。

3. 教材上的配银氨溶液是先加NaOH溶液,再加氨水。但本实验中没有加NaOH溶液,而是直接加氨水,因为氨水呈弱碱性,保证了水解液的pH为9,这也简化了操作步骤。

(七)实验成功关键

1. 加入H_2SO_4和水使纤维素初步水解时,滤纸要撕成细小的碎片,这是为了更容易水解和更方便搅拌;加入速度要慢,特别是要边加边不停地搅拌,防止浓硫酸使纤维素在水解前就碳化变黑影响银镜生成的效果。

2. 水解液水浴加热时间不要过长,大约3 min水解液变为亮棕色就可以,时间太久水解液可能会碳化变黑影响银镜效果。

3. 初步水解后的水解液用10%的NaOH溶液来中和H_2SO_4,并且用酚酞做指示剂,这不但可以加快中和过程,而且最重要的是可以减小中和后水解液的体积。因为如果NaOH溶液浓度太稀,加入的量就会太大,那么就使得水解液单位体积内含有的水解产物的量减少,还原作用减弱,结果使银镜析出慢且颜色黑。

案例3 模拟闪电条件下氮气与氧气反应最佳实验条件的探究[①]

苏教版化学新课程在氮化合物单元中,新增了探究自然界中闪电雷雨条件下N_2与O_2反应的演示实验,应该说这是一个非常有创意的设计,也是一个能够充分调动学生学习化学兴趣、激发学生探究欲的实验,但是由于影响实验结果的因素很多,加上书中给出的实验条件过于狭窄和实验者对100 kV超高压的畏惧心理,常常得不到红棕色NO_2气体,直接影响了教学效果。为此,将该实验进行改进,设计一种能够快速获得浓郁红棕色NO_2气体,且操作安全的实验装置,并通过正交实验方法,探究了最佳实验条件。[①]

(一)实验仪器与试剂

J1206-1型电子感应圈,NS802型潜水泵,喷水头(农用喷雾器三口喷头),导水管,透明饮料瓶,温度计,直尺,万能胶,蓝色石蕊溶液。

(二)实验装置

实验装置如图4-2所示。先把透明饮料瓶裁剪、粘接,分别制作成容积为650、1550、2600、3550 mL透明反应容器;并在容器下端制作一个带橡皮塞的放水口,容器内安装上喷水头,用导水管将喷水头与水泵连接,在容器中部两侧插入放电针。如图4-2所示,截割一只透明饮料瓶,将其制作成一只透明水箱,并固定在透明反应容器的上方。实验时,将透明水箱加满水后,滴加蓝色石蕊溶液。

[①] 王锦化,等.模拟闪电条件下氮气与氧气反应的实验演示装置[J].化学教育,2009(8):51-54.

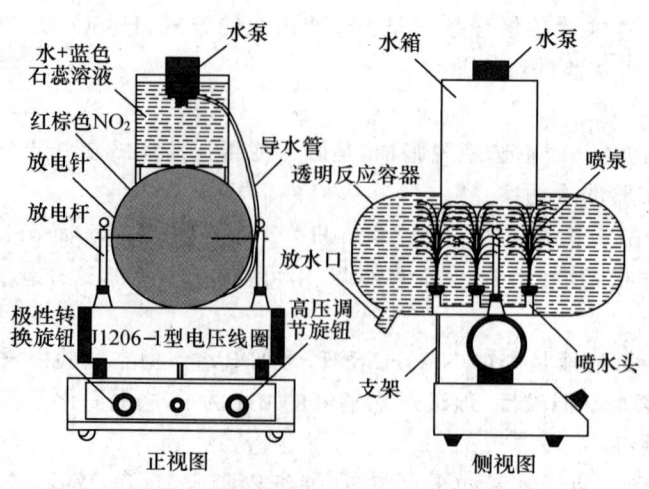

图 4-2　模拟闪电条件下 N_2 与 O_2 反应实验演示装置

(三) 实验数据与处理

根据初步实验分析，影响实验指标的主要因素是室内温度、放电针间距、连接通电时间和反应容器体积四种因素。考察各因素水平后，选用 $L_{16}(4^4)$ 正交表，表头设计见表 4-6。

表 4-6　因素-水平表

水平	A 室温/℃	B 放电针间距/cm	C 时间/min	D 反应器体积/mL
1	15	5.5	2.5	650
2	20	7.5	3.5	1550
3	25	9.5	4.5	2600
4	30	11.5	5.5	3550

实验指标以 NO_2 气体红棕色的深浅划分等级，即空气的颜色为 "0"，刚能观察到红棕色为 "60"，浓郁的红棕色为 "100"，从 60 到 100 每 5 个数作为一个梯度。实验方案及结果分析列入表 4-7。

表 4-7　实验方案分析及计算表

编号	A 室温/℃	B 放电针间距/cm	C 时间/min	D 体积/mL	测试值	平均值
1	1(15)	1(5.5)	2(3.5)	3(2600)		
2	1(15)	2(7.5)	1(2.5)	4(3550)		
3	1(15)	3(9.5)	4(5.5)	1(650)		
4	1(15)	4(11.5)	3(4.5)	2(1550)		
5	2(20)	1(5.5)	1(2.5)	1(650)		
6	2(20)	2(7.5)	2(3.5)	2(1550)		
7	2(20)	3(9.5)	3(4.5)	3(2600)		
8	2(20)	4(11.5)	4(5.5)	4(3550)		
9	3(25)	1(5.5)	3(4.5)	4(3550)		

续表

编号	A 室温/℃	B 放电针间距/cm	C 时间/min	D 体积/mL	测试值	平均值
10	3(25)	2(7.5)	4(5.5)	3(2600)		
11	3(25)	3(9.5)	1(2.5)	2(1550)		
12	3(25)	4(11.5)	2(3.5)	1(650)		
13	4(30)	1(5.5)	4(5.5)	2(1550)		
14	4(30)	2(7.5)	3(4.5)	1(650)		
15	4(30)	3(9.5)	2(3.5)	4(3550)		
16	4(30)	4(11.5)	1(2.5)	3(2600)		
K1	308	309	286	327		
K2	326	308	312	316		$\Sigma=1245$
K3	304	312	320	313		
K4	307	316	327	289		
k1	77	77	72	82		
k2	82	77	78	79		
k3	76	78	80	78		
k4	77	79	82	72		
R	5	2	10	10		
优水平				$A_2B_4C_4D_1$		

(四) 结果与讨论

由表 4-7 极差计算可知,影响该实验成败的主要因素是连续放电时间和反应容器的体积,其次是室内温度及放电针间距。从图 4-3 可以看出,室内温度由 15℃上升到 20℃时,实验效果最好,此时 NO_2 气体的浓度分值可以达到 82,而当室内温度继续升高时,实验效果开始变差。图 4-4 曲线说明了,当逐渐加大放电针间距时,NO_2 气体的颜色也缓慢随之变浓。图 4-5 给出了放电时间与实验指标的关系图,随着连续放电时间的增加,所产生的 NO_2 气体的颜色也逐渐变浓,当达到 5.5 min 时,NO_2 气体颜色的分值可达到 82;如果继续延长放电时间,可能 NO_2 气体颜色的分值还会增加。图 4-6 显示出,若使用容积相对小一些的容器,实验效果会更好一些。

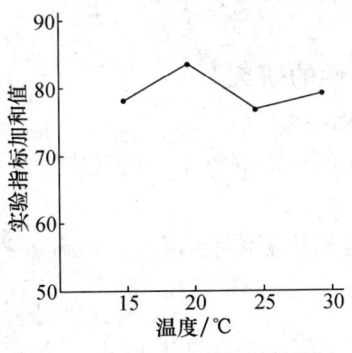

图 4-3 温度对实验指标的影响

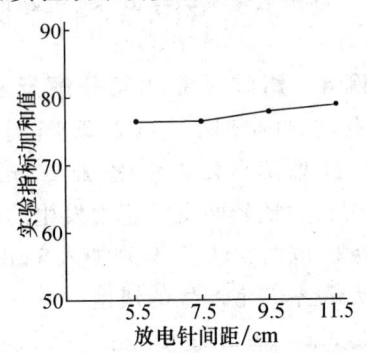

图 4-4 放电针间距对实验指标的影响

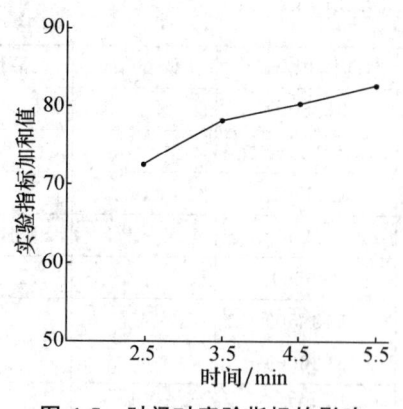

图 4-5　时间对实验指标的影响

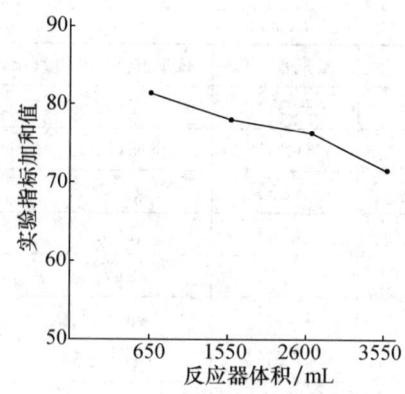

图 4-6　反应器体积对实验指标的影响

（五）实验结论

综上所述，利用 J1206-1 型电子感应圈，在 20℃室温条件下，以 600 mL 透明矿泉水瓶作反应容器，将 2 支放电针的针尖间距控制在 11 cm；将高压调节旋钮调至最大，接通电源，瞬间就在 2 支放电针之间产生蓝色明亮、撼动人心弦的超高压电弧，并伴随着清脆的"噼噼剥剥"放电声，瓶中 NO_2 气体迅速生成，仅需 5 min，瓶中就充满了浓郁的红棕色 NO_2 气体。断开电源，打开喷水阀，溶有蓝色石蕊溶液的喷泉猛烈喷发，泉水立刻变为美丽的红色，实验现象既鲜明生动，又趣味横生。

§4.3　中学教材中实验最佳方案研究

核心术语

◆ 实验改进　　◆ 实验最佳方案　　◆ 影响实验因素　　◆ 改进后优点

在中学化学新课程教材中，编选的系列化学实验大多经过精心选择和反复实验检验，能较好地发挥化学实验的教学功能。然而，在实际实施过程中，教师反映较多的问题是教材内容选择不切实际，特别是仪器和药品的问题、实验时间过长的问题、实验现象不明显的问题、环境污染的问题等，导致教学过程受阻，教学效率下降。因此，认真研究教材实验存在的问题，探讨实验最佳方案，对于提高和强化其教学效果、更好地发挥实验的教学功能具有重要作用。

案例 4　影响过氧化氢分解反应速率最佳实验条件的研究[①]

[教材实验内容]本实验来源于苏教版高中化学教材《化学 2》。

实验 1：取两支大试管，各加入 5 mL 12% 的过氧化氢溶液（即双氧水），将其中一支试管用水浴加热，观察并比较两支试管中发生的变化。

实验 3：取两支试管，分别加入 5 mL 4%、5 mL 12% 的过氧化氢溶液，再加入几滴 0.2 mol/L 氯化铁溶液，观察气泡产生的快慢。

---

① 王明，包朝龙.影响过氧化氢分解反应速率最佳实验条件的研究——以苏教版高中化学新课程《化学 2》为例[J].中学化学教学参考，2010(11)：24-26.

[最佳实验方案探究]

实验1：在不同水浴温度下，用不同浓度过氧化氢进行实验，其实验结果见表4-8。

表4-8　不同温度、不同浓度下过氧化氢分解实验现象

	不同温度下各溶液中的现象		
	50℃	60℃	70℃
12% H_2O_2	无明显现象	无明显现象	少量气泡产生
15% H_2O_2	无明显现象	少量气泡	较多气泡产生
20% H_2O_2	稍有分解	产生气泡增大	大量气泡产生

通过上面的对比实验，可以发现12%的过氧化氢即使在70℃，分解也不是很明显，当增大过氧化氢的浓度后，分解的现象要明显得多，但是考虑到20%的过氧化氢浓度过大，选择15%的过氧化氢要合理得多。同时要注意，水浴到70℃所需时间太长，实验前最好先准备一些温水，或者直接使用热水瓶中的水。综上所述，我们建议课本中的实验1可以改为：取两支大试管，各加入5 mL 15%的过氧化氢溶液（即双氧水），将其中一支试管放在70℃水浴加热，观察并比较两支试管中发生的变化。

实验3中，当氯化铁溶液加入后，不同浓度的过氧化氢溶液中都可以明显观察到气泡的生成，大约5 min后，反应加剧，但剧烈程度有所不同，因此可以得出结论，浓度高的过氧化氢溶液分解速率要快一些。虽然可以得出结论，可是此组实验的对比不太明显，而且耗时比较长，有没有更好的方法呢？我们进行相关实验展开了如下一系列的探究。

1. 无催化剂作用下过氧化氢的分解情况

取两支试管，分别加入5 mL 4%、5 mL 8%、5 mL 15%的过氧化氢溶液，实验结果见表4-9。

表4-9　不同浓度 H_2O_2 在无催化剂作用下分解情况

H_2O_2	现象	时间/min
4%	无明显现象	5
8%	无明显现象	5
15%	无明显现象	5

我们查阅了过氧化氢的有关性质，纯过氧化氢是一种淡蓝色的黏稠液体，在较低温度和高纯度时还是比较稳定的，若受热到426K(153℃)以上便猛烈分解。由此可知，常温下无催化剂作用时，出现上述现象是正常的。

2. 不同浓度的氯化铁溶液对过氧化氢的催化分解情况

我们选取了有代表性的不同浓度催化剂，对4%、8%、15%三种过氧化氢的催化作用进行了实验对比，实验结果见表4-10、表4-11、表4-12。

表4-10　0.1 mol/L $FeCl_3$ 溶液对不同浓度 H_2O_2 的催化作用

H_2O_2	$FeCl_3$ 溶液	现象
4%	5滴	有少量气泡，上浮较慢，6 min后有"吱吱"声响，产生气泡速率加快
8%	5滴	有少量细小气泡，上浮较快，5 min后有"吱吱"声响，产生气泡速率加快
15%	5滴	有少量细小气泡，上浮较快，5 min后有"吱吱"声响，产生气泡速率加快

表 4-11　0.2 mol/L $FeCl_3$ 溶液对不同浓度 H_2O_2 的催化作用

H_2O_2	$FeCl_3$ 溶液	现象
4%	5 滴	有少量细小气泡,上浮较快,5 min 后有"吱吱"声响,产生气泡速率加快,液面上方有少量气泡停留
8%	5 滴	有少量细小气泡,上浮较快,5 min 后有"吱吱"声响,产生气泡速率加快,液面上方有部分气泡停留,试管上端有白雾
15%	5 滴	有少量细小气泡,上浮较快,5 min 后有"吱吱"声响,产生气泡速率加快,液面上方有较多气泡停留,试管口有少量白雾

表 4-12　0.4 mol/L $FeCl_3$ 溶液对不同浓度 H_2O_2 的催化作用

H_2O_2	$FeCl_3$ 溶液	现象
4%	5 滴	有较多细小气泡,3 min 后有"吱吱"声响,液面上方有少量气泡聚集
8%	5 滴	有大量细小气泡,2 min 后有"吱吱"声响,液面上方有大量气泡产生,像沸腾一样,试管口有少量白雾
15%	5 滴	有大量细小气泡,1 min 后有"吱吱"声响,液面上方有大量气泡产生(较前者多),像沸腾一样,试管口有白雾产生

通过以上几组实验的对比,发现:选择 4%、15% 的 H_2O_2 溶液,然后滴加 0.4 mol/L $FeCl_3$ 溶液,能够在较短的时间内出现不同的实验现象,对比比较明显。由于是试管实验,为方便全班学生观察,可以借助投影仪将微观现象放大。为了获得更好的实验数据,又增加了一组实验(见表 4-13)。

表 4-13　0.5 mol/L $FeCl_3$ 溶液对不同浓度 H_2O_2 的催化作用

H_2O_2	$FeCl_3$ 溶液	现象
4%	5 滴	有少量气泡,反应温和
8%	5 滴	有细小气泡,量较多,2 min 后无明显变化
15%	5 滴	有细小气泡,量较多,2 min 后,反应依然温和

0.5 mol/L $FeCl_3$ 溶液的催化效果怎么比 0.4 mol/L 的更差呢?查阅相关资料获悉:H_2O_2 在碱性介质中的分解速度远比在酸性介质中快。再次进行了对比实验,实验结果见表 4-14。

表 4-14　酸碱性不同介质下过氧化氢的分解情况

H_2O_2	0.4 mol/L $FeCl_3$ 溶液	现象
15%	5 滴	有大量细小气泡,1 min 后,有"吱吱"的声响,液面上方有大量气泡产生,像沸腾一样,试管口有白雾产生
15%	5 滴+0.1 mol/L HCl 3 滴	有气泡产生,量较多,2 min 后无明显变化
15%	5 滴+0.1 mol/L NaOH 3 滴	迅速产生大量气泡,有"吱吱"声响,溶液颜色加深,液面上方有大量气泡停留

由实验现象可以知道,酸起到的是抑制作用,而碱起到了促进作用。由于 0.5 mol/L $FeCl_3$ 溶液比 0.4 mol/L $FeCl_3$ 溶液的酸性大,对氯化铁的催化起到了抑制的作用,效果反而不明显。

综合上述实验现象,建议课本的实验 3 改为:取两支试管,分别加入 5 mL 4％、5 mL 15％的过氧化氢溶液,再加入 5 滴 0.4 mol/L 氯化铁溶液,观察气泡产生的快慢。这样能较好地说明浓度对反应速率的影响。

案例 5　卤代烃发生消去反应实验的探究[①]

[教材实验内容]

苏教版高二教材《有机化学基础》,专门设计了溴乙烷与饱和氢氧化钾乙醇溶液发生消去反应的实验,教材从 2007 年到现在已对该实验做了 3 次修改,修改频率之高实属罕见。但从另一个侧面也反映出,该实验的确不好做。

[影响实验的因素]

(1) 卤代烃选择

卤代烃的选择,主要看两点:一是卤代烃的沸点,二是消去反应的生成物(最好为气态物质)。

所选卤代烃的沸点,最好高于 70 ℃。我们用不同的卤代烃试验发现,当温度低于 70 ℃时,卤代烃发生消去反应的速率非常慢,产生气体的量很少;当温度高于 70 ℃时,则卤代烃发生消去反应的速率比较快,产生气体的量比较多。教材第一次、第二次修改时用的都是溴乙烷,而溴乙烷的沸点是 38.4 ℃,当温度高于 38.4 ℃时溴乙烷就气化逸出,实验哪能成功?即使制得乙烯,其量也微乎其微。教材第三次修改时用的是 1-溴丙烷,其沸点是 70 ℃,比用溴乙烷好多了,但还是不够理想。1,2-二氯乙烷沸点是 83.5 ℃,且生成的氯乙烯是气态,因此用 1,2-二氯乙烷比较合适。1,2-二溴乙烷沸点是 131.4 ℃,但生成的溴乙烯是液态,因此用 1,2-二溴乙烷不合适。

(2) 反应温度的控制

反应温度的控制,主要考虑:尽可能避免卤代烃及乙醇气化。因此,采用水浴加热,防止温度过高,温度应控制在 71 ℃～75 ℃。

(3) 反应混合液的接触

要尽可能增大反应混合液的接触概率,一是用锥形瓶代替大试管,二是反应过程中要不断振荡锥形瓶。

(4) 碱的用量

加入氢氧化钠或氢氧化钾的物质的量要大于卤代烃的物质的量(由密度、体积、式量计算出),如 10 mL 1,2-二氯乙烷(密度为 1.257 g·cm^{-3}),其物质的量约为 0.127 mol,即加入氢氧化钠的质量应大于 5.1 g,加入氢氧化钾的质量应大于 7.1 g,但不需要氢氧化钠或氢氧化钾的乙醇饱和溶液,因为常温下氢氧化钠或氢氧化钾在乙醇中的溶解度不大,但温度高于 70 ℃时,溶解度大大增加。乙醇的用量适当,体积是卤代烃的 1.5 倍。

[最佳实验方案探究]

实验装置如图 4-7 所示,称取 6 g 氢氧化钠固体,放入锥形瓶中,向其中加入 15 mL 无水酒精,振荡约 1 分钟,向其中加入 10 mL 1,2-二氯乙烷,迅速用带导管的单孔橡皮塞塞紧,将导管的另一端伸入倒置的充满水的无色透明的塑料饮料瓶口中。

[①] 夏立先,等.卤代烃发生消去反应实验的探索[J].化学教学,2011(6):49-50.

然后将锥形瓶放入73℃~75℃的水浴加热,不断振荡锥形瓶,反应5~6分钟后,收集气体约200~250 mL。

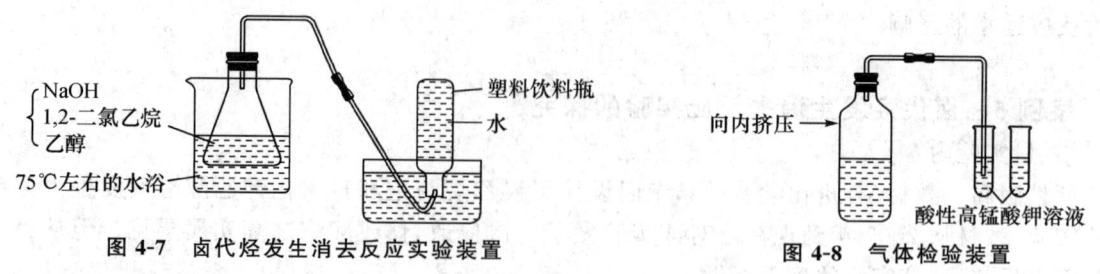

图4-7 卤代烃发生消去反应实验装置　　　图4-8 气体检验装置

此时停止收集,将导管移出水面,并将锥形瓶放入冷水中。将饮料瓶口在水下用瓶盖拧紧后,从水中取出,正方在桌面上,然后打开瓶盖,用带导管的单孔橡皮塞塞紧,将导管的另一端伸入盛有2 mL稀的高锰酸钾溶液的试管中,缓缓挤压塑料饮料瓶,使气体缓缓冒出,观察高锰酸钾溶液颜色变化(如图4-8所示)。

上述实验完毕后,点燃酒精灯,将铜丝烧红,将导管口靠近并对准铜丝及火焰,挤压塑料饮料瓶,使气体喷出,观察火焰颜色,火焰呈绿色。

改进实验的优点有:(1)收集的气体量大。(2)反应物不会气化逸出、转化率高。(3)反应迅速,实验耗时短。

实验也存在不足:1,2-二氯乙烷毒性比溴乙烷大,产物氯乙烯的毒性也比乙烯大,因此在实验时要注意。

案例6　铁粉与硫粉反应最佳实验方案的研究[①]

[教材实验内容]

硫粉与铁粉的反应,是鲁科版高中必修《化学1》"硫的转化"中的一个演示实验。该实验看起来很简单,但按照课本介绍的方法去做,实验成功率低。

[实验失败的症结分析]

硫粉和铁粉的反应,按照课本介绍的实验方法为什么难于成功呢?究其原因,主要有以下两个方面。首先,硫粉与铁粉之间的接触是松散的;其次,课本没有给出明确的硫粉和铁粉用量配比,当偏离化学计量比时,过量的药品会损耗热量。这两点原因会导致初始反应难于集聚最大的反应热,不足以引发和维持反应的进行。另外,硫粉接触空气,易导致发生副反应(生成SO_2)。

[最佳实验方案探究]

1. 实验步骤

(1)按硫粉和铁粉的质量比1:2配比称取药品,放在研钵内充分研磨,混合均匀。

(2)取一张直径9 cm的滤纸,绕着玻璃棒卷成直径如同香烟粗细的空心纸筒,纸筒一端封口,用透明胶粘住。

(3)往滤纸筒中装入混合均匀的硫粉和铁粉,边装边用玻璃棒捣实,直至装满、装严实为止。

---

① 陈碧瑜.硫粉与铁粉反应实验的改进[J].化学教学,2011(6):48.

(4) 用磁铁靠近装满硫粉和铁粉的滤纸筒,观察滤纸筒能否被磁铁吸住。

(5) 用坩埚钳竖直夹持该滤纸筒的底端,将玻璃棒在酒精灯火焰上加热至红热状态后迅速插在前端硫和铁的混合粉末上,反应随即引发并持续进行。

(6) 当反应完毕,生成的条块状固体冷却至室温,用磁铁检验生成物是否还具有铁磁性。

2. 实验现象

装满硫粉和铁粉混合粉末的滤纸筒,靠近磁铁时会被吸住。当用红热的玻璃棒引燃其前端硫铁混合粉末时,即发生剧烈反应而自上而下燃烧,直至反应完全。产物冷却后呈黑色条块状,靠近磁铁,发现它已经不能被磁铁吸引。

3. 改进实验的优点

(1) 实验成功率高。要点是将硫粉和铁粉按质量比1∶2的配比混合均匀,装成条筒状,再封严捣实,然后引燃一端。

(2) 操作简便,反应现象明显。

(3) 铁粉略微过量,保证了实验中不会产生二氧化硫气体污染。

4. 实验注意事项

(1) 理论上硫粉与铁粉物质的量之比为1∶1(质量比32∶56),但这并不是最佳的实验用量配比。事实证明,要达到最好的演示效果,铁粉应略微过量,即质量比为1∶2,不但演示成功率高,也大大减少了反应产生二氧化硫气体污染的可能性。

(2) 实验时,应该把红热的玻璃棒一端插在硫和铁的混合粉末上始终不动,才能集聚足够的热量把反应物成功引燃并持续至反应完全,或者可以用酒精灯的火焰把装满反应物的滤纸筒的前端引燃,再撤离火焰,然后观察持续剧烈的反应现象。

(3) 检验反应产物能否被磁铁吸引时,磁铁应该靠近生成物的前端部位,或者事先去掉末端由于坩埚钳夹持而反应不是很完全的那一小部分。

案例7 乙烯、乙炔加成反应实验最佳条件的探究[①]

乙烯、乙炔等不饱和烃的加成反应实验是高中有机化学中的重要实验内容,人教大纲版教材是将不饱和烃通入溴水。由于溴水成分复杂(含HBrO等),会与不饱和烃发生副反应,现行人教版《有机化学基础》用溴的四氯化碳溶液代替溴水,避免了副反应的发生。但实验方法仍存在一些问题:

(1) 纯净的乙烯(或乙炔)与溴的四氯化碳溶液反应速率较慢,长时间通入乙烯(或乙炔)气体会带走大量溴蒸气,即使溴不与乙烯(或乙炔)反应,溶液也会褪色,这使得实验结果缺乏充足的说服力。

(2) 实验过程中会产生有毒的溴蒸气和四氯化碳蒸气。有研究者用毒性较低的碘水代替溴的四氯化碳溶液,但碘水与溴水性质类似,也不能完全解决上述问题。

[最佳实验方案探究]

常温下,单质碘是固体,与乙烯(或乙炔)气体反应速率较慢,加热后变为蒸气,可以加速反应。

[①] 彭建波,等. 乙烯、乙炔加成反应实验的改进[J]. 化学教学,2011(6):45.

实验装置如图 4-9 所示。

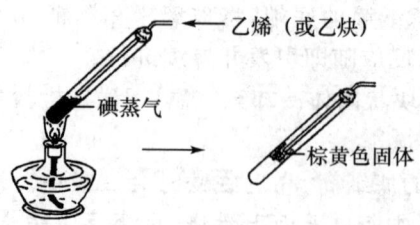

图 4-9　乙烯、乙炔加成反应实验装置

(1) 加成反应。如图 4-9 所示,向试管底部加入 30 mg 的碘单质(芝麻大小颗粒),在试管口塞上一团棉花,用酒精灯加热试管底部,待试管底部充满紫色碘蒸气后,向试管中缓缓通入纯净的乙烯(或乙炔)气体,约 10 s 后,紫色气体消失,试管中出现黄色的烟,停止加热,待试管冷却至室温后发现试管内壁出现少量棕黄色固体,这与碘升华实验时得到的紫黑色晶体不同,说明乙烯(或乙炔)与碘发生了反应。

(2) 产物分析。用药匙将棕黄色固体刮到试管底部,加热试管,该棕黄色固体受热后先变为棕色油状液体,然后变为紫黑色液体,最后液体消失,试管中出现少量紫色气体。由此可知,该棕黄色固体是碘化烃与碘的混合物。

[实验优点]

(1) 反应时间短,实验现象明显。(2) 装置简单,操作简便。

案例 8　氯气和金属铁、铜反应的实验改进[①]

[教材实验内容]

在苏教版化学教材《化学 1》中,关于氯气的性质安排有红热的铁丝、铜丝在氯气中燃烧的演示实验,实验操作的方法为:将一束铁丝或铜丝在酒精灯的火焰上灼烧至红热后迅速伸入盛有氯气的集气瓶中,观察实验现象。这样进行实验虽然操作简单但存在一些缺点,红热的铁丝、铜丝在伸入盛有氯气的集气瓶时,铁丝、铜丝的温度骤降,使铁丝、铜丝在集气瓶中燃烧的现象不够理想,特别是在气温较低时,更不容易取得满意的实验结果。另外,实验过程中氯气也会从集气瓶中逸出,实验后集气瓶中的氯气残留也较多,对师生的健康产生影响,造成环境污染和药品浪费。

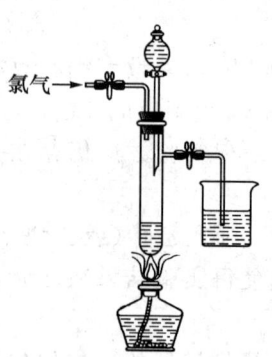

图 4-10　铁丝或铜丝在氯气中燃烧实验装置图

[最佳实验方案探究]

实验装置如图 4-10 所示。

[实验步骤与现象]

课前收集好氯气,实验时,把一团疏松的铁丝或铜丝放入试管,在小烧杯中加入少量的氢氧化钠溶液,连接好实验装置,在分液漏斗中加入约 5 mL 蒸馏水,打开插入 NaOH 溶液导管的止水夹,然后,用酒精灯对试管中的铁丝、铜丝加热,待铁丝或铜丝红热后,通入氯气,同时撤去酒精灯,可以观察到铁丝、铜丝在试管中和通入的

---

① 宋志贵,陈春丽.氯气和金属铁、铜反应的实验改进[J].化学教学,2011(6):47.

氯气剧烈反应,燃烧结束后,停止通入氯气并关闭止水夹,待试管冷却后,打开分液漏斗的活塞,水即流入试管溶解生成的 $FeCl_3$、$CuCl_2$,观察 $FeCl_3$、$CuCl_2$ 溶液的颜色,最后,再将少量的 NaOH 溶液通过分液漏斗加入试管,一方面 NaOH 吸收残留的氯气,另一方面 NaOH 和溶液中的 $FeCl_3$ 和 $CuCl_2$ 发生反应生成沉淀,可观察 $Fe(OH)_3$、$Cu(OH)_2$ 的颜色、状态。

实验改进后,在无氯气逸出的环境中进行实验,克服了教材中实验方法的缺点,同时还丰富了演示实验的内容和教学功能。

单元思考题

1. 通过调查说明目前中学化学实验研究存在哪些问题。化学实验研究的趋势怎样?
2. 何为正交试验法?试用此方法探讨中学化学教材某一实验的最佳反应条件。
3. 试以教材中某一实验为例,说明应采用怎样的研究方法探讨实验的最佳方案,并比较改进前后的优缺点。

第五章　中学化学实验评价与研究

化学实验评价是指在一定的化学实验评价观指导下,根据一定的化学实验目标,运用与之相适应的教学评价手段,通过评价者之间的"协商",对化学实验效果做出价值判断并达成共识的一种过程。长期以来,我们虽然一直强调在化学教学中要重视实验教学,但实际上我们却一直是在忽视实验教学。造成这一状况的原因是多方面的,而缺乏明确、具体的化学实验教学目标以及相应的测量与评价手段,则是其中的重要因素之一。本章主要围绕中学化学实验评价展开探讨。

§5.1　中学化学实验教学评价

核心术语

◆实验教学评价　　◆演示实验评价　　◆分组实验评价　　◆学生实验课评价
◆实验活动表现评价　　◆实验操作技能评价

中学实验教学评价是中学化学实验教学系统的重要组成部分,具有教学诊断作用、调节作用和激励作用。中学化学教学评价的改革,离不开化学实验教学评价理念的更新、评价内容的发展及评价方式的转变。因此,从某种意义上说,化学实验教学改革是化学新课程改革的缩影;而化学实验教学评价改革,则是整个化学实验教学改革的关键。

一、中学化学实验教学评价的作用

化学实验教学评价的目的在于促进每一名学生在科学素养的各个方面得到主动发展,这是化学新课程所追求的重要目标,也是化学新课程价值的最重要体现。与此相适应,化学实验教学也应有效地促进学生在知识与技能、过程与方法、情感态度与价值观等科学素养的各个方面获得主动、全面的发展,并以此作为评价目的的最高追求。中学化学实验教学评价的作用概括如下。

(1) 通过化学实验教学评价了解教和学的具体情况。教的方面:了解教师的全面素质、教学水平、教学质量与教学效果。如化学教师的实验素质情况,实验教学水平情况,对学生的组织指导情况等,都可以通过实验教学评价清晰地考察、鉴别出来。为教师的晋升、评优提供可靠依据。学的方面:了解学生对化学实验知识的掌握,实验技能技巧的形成以及设计实验、观察实验、分析实验及解决实验问题的能力情况;了解学生的实验素质情况、意志品质情况,为选拔尖子学生、培养实验能力强的学生,为实验教学中的因材施教提供有效的参考资料。

(2) 通过实验教学评价调节教与学的双方活动。教师通过实验教学评价提供的反馈信息,可明确自己在实验教学中的长处和不足,以不断提高实验教学质量;学生通过实验教学评价,可了解自己的实验能力及解决问题能力的进步情况,进一步提高对实验教学的重视程度。

(3) 通过实验教学评价进一步调动教学积极性、激发学习主动性。评价作为现代管理手段,具有激励功能。因为有了评价标准,教师、学生都会为达到预期目标而积极参与实验教学活动,实验教学评价必然会使师生获得成功的情感体验。这种成功的喜悦会激励师生更好地在适度紧张中从事教授与学习,教师更高地要求自己,不断改进教学;学生的学习积极性更高,自觉主动地学习。

二、中学化学实验教学评价的方法

(一)演示实验教学评价方法

演示实验教学评价指标如表 5-1 所示。

表 5-1 演示实验教学评价指标体系

评价项目(权重)	评价标准	等级满分 优	良	中	差	评分
实验知识目标(0.15)	1. 演示的内容符合教学目标及学生的认识水平和认知需要; 2. 演示的目的紧密结合教学重点	15	13	11	8	
实验技能目标(0.35)	1. 演示前对仪器名称、性能交代清楚; 2. 演示的装置简单、美观; 3. 操作规范、熟练、示范性好; 4. 演示程序步骤清楚; 5. 现象鲜明、直观性强、全体学生都能看到	35	31	27	22	
实验能力目标(0.30)	1. 演示有启发性,让学生明确观察的方向和程序; 2. 演示与讲解结合恰当,善于引导学生观察和思考,得出应有的结论	30	26	22	17	
实验情感目标(0.20)	1. 对现象、结果的描述科学、准确、实事求是; 2. 课堂气氛活跃,观察、思考的积极性高,参与意识强	20	17	14	11	
综合评价						

在实际评价过程中可以把自评与他评相结合,以自评为主,注意听取学生的分析评价意见。

(二)分组实验教学评价方法

表 5-2 所示为学生分组实验教学评价指标体系。

表 5-2 分组实验教学评价指标

评价指标	评价内容及分级	等级满分	评分
考勤纪律	A. 无迟到、早退,严格遵守实验纪律 B. 无迟到、早退,但实验纪律一般 C. 有迟到、早退现象或实验纪律较差	10	
爱护公物	A. 仪器、设备按规程摆放,无损坏、丢失现象 B. 仪器、设备无损坏、丢失,但未严格按规程摆放 C. 有损坏、丢失仪器的现象或完全未按规程摆放	10	
节约物品	A. 随手关闭不用的水龙头、开关,严格按用量取用试剂 B. 偶有忘关水龙头、开关或取用试剂过多的现象 C. 浪费水、电、试剂现象较严重	10	

续表

评价指标	评价内容及分级	等级满分	评分
清洁卫生	A. 不乱扔废物,台面干净,仪器摆放整齐,主动搞好卫生 B. 台面不很干净或仪器摆放不太整齐等 C. 有乱扔废物现象或不主动搞好清洁卫生工作	10	
试剂取用	A. 严格按操作规程取用试剂 B. 取用试剂方法不很规范,偶有错误 C. 取用试剂错误严重	10	
仪器操作	A. 仪器操作规范、准确 B. 仪器操作偶有错误 C. 仪器操作错误严重	15	
回答问题	A. 回答问题正确 B. 回答问题不够全面 C. 回答问题错误	15	
实验报告	A. 书写格式正确,现象、数据记录准确,解释合理等 B. 一般 C. 较差	20	

根据实验条件和学生人数将每班学生分成20~25个小组,每组2~3人。安排2~3名教师指导和评价。全班的评价标准统一制定。

每次实验评价后,及时将评价结果反馈给学生。这样可以使师生及时了解实验教学目标的达成状况。通过评价结果的反馈,使已达标的学生得到积极的反馈和强化,获得成功感和自信心,从而为下一次实验准备了良好的情感先决条件;使未达标的学生发现自己的薄弱环节和某些缺陷,及时进行矫正与补救。制定实验教学评价表。根据已确定的评价指标体系,设计实验教学评价表(表5-3)。

表5-3 化学分组实验评价表

组别	指标 评价等级	态度目标				技能目标		知识目标		总评等级
		考勤纪律	爱护公物	节约物品	清洁卫生	试剂取用	仪器操作	回答问题	实验报告	
1										
2										
……										

评定实验评价等级。我们将每一个指标的评价分为 A、B、C 三个等级。实验课时由指导教师根据各小组的情况对每一个指标给予恰当的评价等级。计算总评分数时按 5 分制将 A、B、C 三级进行量化,依次定为 5 分、4 分、2 分(C 为不合格,故定为 2 分)。例如,某一小组的单项指标评价结果依次为 A、A、B、B、A、C、B、A,该小组所得分数为 5×4+4×3+2×1=34。因有 8 个项目,满分为 8×5=40,若折算成百分制则乘以系数 2.5(100÷40),那么该组实验总评分数为 34×2.5=85 分。单个实验总评成绩换算成百分制计入成绩档案,90 分以上为优,80~89 分为良,60~79 分为合格,60 分以下为不合格。

对开展实验评价以来的结果进行分析,这种分等级方法是比较合理的,它既不是高不可攀,也不是轻而易举就能达到。通过师生的积极努力,绝大多数实验有 85% 以上的小组达到优良。这样既不影响学生学习的积极性,又能区分优劣,可将评价结果作为实验课总结性评价的主要依据。

（三）学生实验课教学评价方法

学生实验课教学评价的内容分为以下两部分。

一是每个学生实验均应进行的评价常规项目，包括实验预习情况、课堂纪律状况、观察与思维习惯、爱惜实验药品、保护实验仪器和实验习惯等六个评价项目。常规项目共35分，其六个评价项目和评价标准不变，通过多次学生实验的评价统计，分析学生的实验技能、实验习惯及实验能力的发展情况（见表5-4）。

表5-4　学生实验课教学评价指标（常规项目）

（供每次进行学生实验时评价用）

评价项目	评价标准	得分
实验预习情况 （10分）	1. 通过预习，明确实验目的、重点内容，以及了解新接触的仪器的使用方法； 2. 写出简明、合理的实验预习报告； 3. 实验操作有序，同组两人配合较好； 4. 实验中能根据预习报告较熟练地进行操作，无边看课本边做实验的现象	1分 5分 2分 2分
课堂纪律状况 （5分）	1. 无迟到或未经老师许可而离开实验室的现象； 2. 无大声喧哗、嘻笑或与人讲与实验无关的话的现象； 3. 无大声商讨实验而影响课堂秩序的现象； 4. 无随意在室内走动的现象； 5. 无实验前动用药品或实验中动用他组仪器、药品的现象 （每违犯1条扣1分，严重者扣2~3分）	1分 1分 1分 1分 1分
实验观察与 思维习惯 （5分）	1. 认真地观察实验现象（同组两人均观察到）； 2. 能对实验现象进行准确判断，对出现的异常现象能进行分析、解释或及时请教老师； 3. 能及时记录实验现象和相关数据； 4. 能根据实验分析，归纳物质的性质； 5. 探求规律或对新接触的仪器归纳其使用要点 （每违犯1条扣1分，严重者扣2~3分）	1分 1分 1分 1分 1分
爱惜、节约药品 （5分）	1. 按规定量，无取量偏少而造成重做的现象； 2. 无污染药品的现象（如将取多的药品倒回试剂瓶或错插滴管等）； 3. 无浪费药品的现象（如取量过多或同一内容进行几次实验等）； 4. 无同组两人各做各的现象； 5. 应该回收的药品无乱扔乱倒的现象 （每违犯1条扣1分，严重者扣2~3分）	1分 1分 1分 1分 1分
保护实验仪器 （5分）	1. 没有损坏实验仪器； 2. 所用仪器能及时清洗干净，且方法正确； 3. 洗净后的仪器正确放置在规定的位置上； 4. 若滴管的橡皮头损坏，能自行更换，以及能自行给酒精灯添加酒精等； 5. 不影响其他组同学做实验，损坏仪器及时登记、赔偿，并进行更换 （每违犯1条扣1分，严重者扣2~3分）	1分 1分 1分 1分 1分
清洁、整洁的 实验习惯 （5分）	1. 实验时取药品后及时将试剂瓶放回原处，保持试剂瓶摆放整齐； 2. 实验过程中保持桌面、地面、水槽清洁，火柴梗、废纸不乱扔； 3. 实验中不将水或药液滴在课本、实验报告或评价表上； 4. 实验结束认真进行自评，填好后交给指导教师； 5. 实验后洗净双手，将凳子放在桌子下面，经老师许可后离开实验室 （每违犯1条扣1分，严重者扣2~3分）	1分 1分 1分 1分 1分

二是根据每个实验具体情况拟定的具体项目评价。具体项目共 65 分,其评价项目根据实验内容及所用仪器而定,其目的是督促学生在实验中规范操作,掌握操作要领(见表 5-5)。

表 5-5 学生实验课教学评价标准(具体项目)

评价项目	评价标准	得分
实验现象与实验效果(15 分)	1. 用硫酸在纸上写字的现象; 2. 浓硫酸与铜共热时反应的现象; 3. 用试纸检验其气体的现象; 4. 氯化钡溶液与硫酸及硫酸盐反应的现象; 5. 加入稀盐酸后的现象; 6. 相关现象的正确解释、结论	2 分 4 分 2 分 2 分 2 分 3 分
浓硫酸的脱水性(5 分)	1. 取用浓硫酸写字的方法正确(玻璃棒蘸,垫玻璃片); 2. 用稀硫酸写字后的烘烤方法正确 (凡有浓硫酸腐蚀桌面、课本等或烘烤时燃烧者扣 3~4 分)。	3 分 2 分
浓硫酸的稀释(15 分)	1. 取用浓硫酸的操作正确(瓶盖的取、放、盖、标签、量筒使用等); 2. 浓硫酸的用量和水的量适宜; 3. 稀释顺序; 4. 搅拌及时、充分,方法正确	8 分 2 分 2 分 3 分
浓硫酸的氧化性(20 分)	1. 铜片的取法及加入试管中的方法正确; 2. 取用、加入浓硫酸于试管中的方法正确; 3. 加热方法正确(擦干试管外壁后先预热); 4. 用试纸检验其产生的气体的方法正确; 5. 适时停止加热; 6. 稀硫酸与铜混合物加热的实验(此实验结束必须待试管冷却后清除反应残留物,且铜片应洗净回收,否则扣 3~5 分)	2 分 2 分 5 分 4 分 2 分 5 分
硫酸根离子的检验(10 分)	1. 滴管的使用方法正确; 2. 实验现象明显、准确; 3. 解释及结论正确	5 分 2 分 3 分

(四)化学实验活动表现评价方法

活动表现评价(performance assess)发起于美国,20 世纪 80 年代后,这种评价方法被大量地用于学科课程的教学诊断评价中,它是质性评价方法的一种具体表现形式。化学实验教学的活动表现评价,是指评价者(可以是化学教师、家长、学生自己或同伴)依据学生在解决问题的活动中的行为表现,对学生化学实验学习的过程与结果所进行的一种客观、综合的评价。表 5-6 为化学实验操作的活动表现评价内容。

表 5-6 化学实验操作活动表现评价表

实验活动	评价方式	评价要点(外显行为)
活动 1:盛有浑浊水的烧杯中加入明矾,搅拌使明矾溶解,静置,观察现象	观察 口头或书面交流	技能:搅拌操作 探究能力:观察加入明矾后液体的情况 探究能力:记录观察到的现象
活动 2:制作过滤器	口头交流 观察	知识:过滤方法 知识:滤纸及其作用 技能:过滤器的制作
活动 3:安装过滤装置	观察	技能:过滤装置的安装

续表

实验活动	评价方式	评价要点(外显行为)
活动4：静置后的烧杯中的上层液体倒入另一只烧杯中，余下的液体慢慢地沿玻璃棒注入漏斗中，直到液体全部过滤完	口头交流、观察	知识：液体倾倒知识 技能：液体倾倒操作(过滤实验中)
活动5：取出滤纸，观察滤液和滤纸上的物质	观察或口头交流	探究能力：观察滤液和滤纸上的物质 探究能力：记录观察到的现象
活动6：交流实验结果	口头交流、观察	情感态度与价值观：交流实验结果的主动性
活动7：滤纸放入废液缸中，清洗仪器，整理归纳。反思	自评	情感态度与价值观：保持实验仪器的干净、实验台的整洁，爱护实验环境 实验心得：实验过程中的心得与体会

对于学生在化学实验探究的活动表现的评价，则要从促进学生科学素养的全面发展的视角来进行评价。

案例研讨 5-1

[探究问题]一高一低的两支蜡烛放在同一平面上，点燃以后用透明玻璃罩罩住，问哪一支蜡烛先熄灭？

[活动与思考](1)请以小组的形式进行讨论。(2)推断哪支蜡烛先灭。(3)你的理由是什么？(4)影响实验现象发生的因素有哪些？(5)请设计合理的实验方案。(6)请选用恰当的方式处理你们获得的实验事实。(7)你的结论是什么？(8)请做出推论。

如何对学生探究活动表现做出评价？

科学探究活动表现评价指标如表 5-7 所示。

表 5-7 科学探究活动表现评价

教师：　　　　　　　　　　时间：

评价内容	是	否
1. 是否对此探究问题感兴趣？		
2. 是否能提出自己的观点？		
3. 能否想到用合理的证据来支持自己的假设？		
4. 语言表达是否清晰？		
5. 在讨论中，是否能倾听和尊重其他人的观点？		
6. 设计的实验方案是否合理？		
7. 设计的方案是否简洁？		
8. 实验技能是否足以完成实验？		
9. 是否注意到节约？		
10. 是否保持实验室清洁？		
11. 能清晰地处理得到的信息吗？		
12. 做出的推论是否正确？		
13. 整个过程中，是否能积极地参与？		
14. 还能提出更多的问题吗？		
15. 是否认真书写实验报告？		

(五）化学实验操作技能评价方法[①]

实验操作技能表现为学生完成化学实验的实际的、专门的操作技术水平。在测评时也需要把过程测评和结果测评结合起来，即既要考查学生的实验操作过程，又要考查学生的实验结果。操作过程包括学生实际动手完成实验的全部行为，实验结果不仅是实验产物的质量和数量，还包括学生对实验的观察记录、结果分析及得出的结论等。

实验操作技能的过程测评，一般是先设计与测评内容有关的实验，要求学生在指定的时间内完成；通过直接观察、记录学生进行实验操作的全过程，评定其操作水平。为使评定客观、准确、可靠，一般需要对被选实验进行任务分析，即确定完成实验所必需的基本操作步骤和程序，再根据测评目标及操作步骤的重要性程度，确定每一步骤的分数权重；在此基础上，制定出实验操作技能测评量表。

实验操作技能的结果测评，一般是要求学生在规定的时间内完成某一个或几个化学实验，但测评者并不直接观察学生的操作过程，而是只根据学生的实验结果对学生的实验操作水平做出评定。常用的实验有物质的制备、物质的鉴定或鉴别等。根据实验结果评定学生操作水平的指标有：① 实验结果的数量、质量或正确程度；② 完成实验所需要的时间；③ 对实验过程（操作步骤、实验现象等）记录或描述的准确程度；④ 对实验结果的分析和解释的合理程度。

案例研讨 5-2

高一化学实验操作测评试题

［试题 1］用 98% 的浓硫酸（密度为 $1.84\ g\cdot cm^{-3}$）配 50 mL $0.001\ mol\cdot L^{-1}$ 硫酸溶液（提示：所需浓硫酸为 2.5 mL）。

［试题 2］实验室需要配制一些氯化钠溶液，但氯化钠晶体中混入了少量硫酸钠和碳酸氢铵。请按照下列实验步骤配制氯化钠溶液。

用托盘天平称取含杂质的氯化钠晶体 1.8 g。

用 20 mL 左右的蒸馏水溶解氯化钠制成溶液。

向溶液中滴加过量的氯化钡溶液。

向溶液中滴加过量的氢氧化钠溶液。

过滤，弃去滤渣，取滤液。

将滤液倾入大试管中，加热至无氨气放出（用石蕊试纸检验）。

试题 1 和试题 2 的实验操作考查记录卡如表 5-8 所示。

[①] 周青. 化学教育测量与评价[M]. 北京：科学出版社，2011：287-291.

表 5-8 实验操作考查记录卡

试题	实验操作	正误	所用时间/分
1	(1) 量取浓硫酸		
	(2) 稀释(注酸入水)、搅动		
	(3) 转移稀酸入容量瓶(酸液冷却、玻璃棒引流)		
	(4) 洗涤烧杯,转移酸液(控制用水量)		
	(5) 定容(滴管滴加、读取、倒转、摇匀)		
2	(1) 称取氯化钠样品		
	(2) 量取蒸馏水、配制溶液(读取、用玻璃棒搅动)		
	(3) 滴加氯化钡溶液		
	(4) 滴加氢氧化钠溶液		
	(5) 过滤(过滤器制作、过滤操作)		
	(6) 滤液转移并加热驱氨(用试纸检验)		

说明:1. 此卡所列项目按照实验所需要的基本操作步骤编制。
2. 主考人要认真观察考生的每一步操作并逐项记录:操作正确的打"√";操作错误或未做的打"×"。
3. 使用秒表准确记录考生所用的实验时间(分)。

[测试过程]

① 样本来自本校的高一年级,共抽取 120 人,分为 5 组,每组 24 人。测试时,要求被测学生完成考核试题上的两个实验,同时有 24 位学生任监考人。监考人的任务是:观察被测学生的实验过程,按照实验考查记录卡逐项记录观察结果,同时记录完成实验的时间。

② 实验考核题提前发给被测学生,让他们事先预习,并可在教师的帮助下,解决实验中涉及的有关实验原理等知识方面的问题。

③ 实验所需要的药品、仪器等全部事先备好。

[测试结果分析与讨论]

学生完成实验的时间分布于 16~34 min 之间,各个时间段的人数分布列于表 5-9。

表 5-9 按学生完成实验时间分组统计结果

时间段/min	16~18	18~20	20~22	22~24	24~26	26~28	28~30	30~32	32~34
人数/人	5	7	12	14	16	18	27	6	2

学生完成实验所用的平均时间为 26 min44 s,标准差为 5 min11 s。

现将学生在各个时间段的人数分布按照完成实验时间由长到短的方向作直方图(图 5-1)。

从图 5-1 不难看出,学生在完成实验所需时间上的人数分布接近正态。这一结果是十分有意义的,它反映了学生的化学实验操作技能水平的实际状况,说明学生完成化学实验操作的时间能够表征学生的化

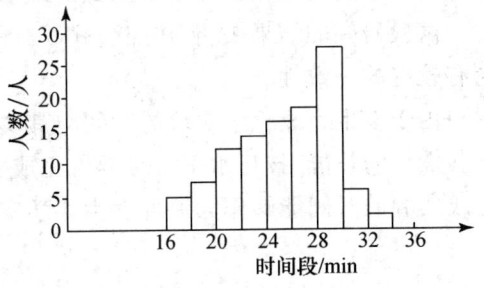

图 5-1 学生完成化学实验时间分布直方图

学实验操作的技能水平,可以作为评定学生化学实验操作技能水平的有效指标之一,为我们找到合理评定学生实验操作技能水平的方法提供了实践基础。

从上述认识出发,我们提出,可以根据学生进行化学实验操作的正确程度和完成实验操作所需要的时间两个方面的指标,综合评定学生的实验操作成绩 X,按公式 5-1 计算

$$X = aX_c + bX_t \qquad \text{(公式 5-1)}$$

式中,X_c 为学生的操作成绩;X_t 为学生的时间成绩;a,b 为两种成绩的权重系数。学生的操作成绩 X_c 可以将实验的每个具体步骤赋予一定的分数值,然后按照实验考查记录卡观察学生的实际操作过程直接评分,或是按照学生完成正确操作的百分率来评分。学生的时间成绩 X_t 可根据学生完成实验操作所需要的实际时间,先将其转化为标准时间,然后再转化为时间成绩,按公式 5-2 计算

$$X_t = \frac{T_i - T_{平均}}{S_t} c + d \qquad \text{(公式 5-2)}$$

式中,T_i 为学生 i 完成实验所用的实际时间;$T_{平均}$ 和 S_t 分别为被测学生组完成实验的平均时间和标准差;c,d 为常数(又称为校正因子),其作用是将分数变到常规范围之内。

公式 5-2 中 S_t 可由公式 5-3 求出:

$$S_t = \left[\sum_{i=1}^{n} N_i S_i^2 + \sum_{i=1}^{R} N_i (T_i - T_p^2) \right] / \sum_{i=1}^{R} N_i d \qquad \text{(公式 5-3)}$$

式中,N_i 为学生集体的人数,S_i 为学生集体的标准差;T_i 为学生集体的平均时间;T_p 为总平均时间;R 为被统计的学生集体的个数。至此,就可以算出一个学生实验操作的成绩了。

公式 5-1 和公式 5-2 中的常数 a,b,c,d 可根据测试的具体目的和被测学生的具体情况而设定。例如,当我们强调实验操作的正确性、规范性时,a 值要适当大一些;当我们注重实验的熟练程度时,则 b 值可规定得高一些。公式 5-2 是参照标准分的转化公式而得,其中 c 值一般取 10,d 值可根据 T_i 的分布范围,使 X_t 的值接近并小于 100 即可。

例如,某学生的操作成绩为 85 分,完成实验的时间为 29 分 10 秒,即 1750 秒。$T_{平均}=26$ 分 44 秒 $=1604$ 秒,$S_t=5$ 分 11 秒 $=311$ 秒。设 $c=10,d=75$,则

$$X_t = \frac{1750-1604}{311} \times 10 + 75 = 79.7$$

再设 $a=0.6, b=0.4$,则

$$X = 0.6 \times 85 + 0.4 \times 79.7 = 82.9$$

即该生实验操作技能水平测试的最后成绩为 82.9。

试验研究的结果表明,按照公式 5-1 和公式 5-2 所得出的评定结果与教师平时观察所得的结论有较好的一致性。

由于学生完成化学实验的时间与其实验操作的熟练程度直接相关,因而可以反映出学生的实验操作的技能、技巧水平。对学生完成实验时间的测量比较客观、准确且易于实现,所以,学生完成实验的时间能够作为评价学生化学实验操作技能水平的有效指标之一。

§5.2 初中化学实验操作考查研究

核心术语

◆实验考查　◆内容选择　◆评分方法　◆评价指标　◆实验操作

实验考查是学科教育实施素质教育的一个重要手段,其目标是检查教学中实施素质教育的结果,发现问题,推进改革,达到进一步提高教学质量,全面推广素质教育的目的。实验能力是化学学科学习中的一个重要能力素养,新课程标准中对学生实验能力有明确的要求。

一、初中化学实验操作考查内容的选择

化学实验操作评价主要包括使用仪器试剂技能、化学实验基本操作技能、实验现象的判断和描述能力、发现和分析解决问题的能力及学生的实验态度和实验习惯等。好的测评题目应具备以下品质。

(1) 对操作和操作技能的依赖性,有利于进行操作考核。
(2) 内涵丰富,包括较多基础性考核要目,能较全面地覆盖各项考核内容。
(3) 难度适宜,便于对不同水平学生的区分。
(4) 实验操作现象明显,繁简适当,便于评定,且安全可靠卫生。
(5) 适合班级人多,实验条件差的中国国情,尽可能简单易行。[①]

化学实验操作测评,表现为学生完成化学实验的实际专业操作技能水平,测评时可分为过程测评和结果测评。过程测评先设计与测评有关的实验,要求学生在指定的时间内完成,通过直接观察记录操作的全过程评定其操作水平,有时为避免学生因认知领域发展水平差异,影响其操作技能的测评成绩,须事先公布测试题,由教师帮助学生充分理解实验原理,且鼓励学生自我训练。因此,过程测评即考察学生的实际操作过程水平;结果测评一般要求学生在规定的时间内,完成一个或几个化学实验,但并不直接观察学生的操作过程,只是根据学生的实验结果对学生实验进行评定。过程测评内容较全面,所得信息比较直接准确,但需要对学生逐个观察、记录和评价,耗费人力、物力、时间较多;结果测评则省时省力,但有时不够准确客观。

二、初中化学实验操作考查的评分方法

在实验操作考查的评分过程中,要注意以下几点:[②]

首先,试题难度一定要相同或相近,尽量减少试题间的差异。其次,扣分标准一定要详细、客观,最大程度上减少由于监考人员主观差异造成的扣分标准的差异。最后,在记录卡上要详细注明考生哪一步错误,因何扣分,做到有依有据。需指出的是,时间因素理应考虑在内,因为它能反映学生实验操作的熟练程度。由此可见学生的实验操作成绩由实际操作得分和时间成绩两部分组成。由这两部分相加所得成绩,要比单纯的操作成绩更客观些。计算公式见5-1,5-2。

[①] 陈立杰,林承志.中学生化学实验操作技能考核评价研究[J].沈阳师范学院学报:自然科学版,2001(1):76-77.
[②] 陈立杰,林承志.中学生化学实验操作技能考核评价研究[J].沈阳师范学院学报:自然科学版,2001(1):76-77.

三、初中化学实验操作考查评价指标体系

表 5-10　初中化学实验操作考查评价指标体系

指标		评价内容及标准
$A_1B_1C_1$	固体药品取用	粉末状药品:用药匙盛少量药品或将药品装入纸槽送入试管底部,再将试管直立起来,让药品落入试管底部,试管用后一定要擦干净。 块状或金属颗粒药品:可用镊子夹取块状较大药品。先将容器横放,再把容器慢慢竖起使药品缓缓滑入。
	液体药品取用	先拿下瓶塞,倒放在桌上,拿起试剂瓶,标签向手心,瓶口紧挨试管口,使液体缓缓倒入,倒完液体,立即盖好瓶塞,试剂瓶放回原处,标签向外。
$A_1B_1C_2$	洗涤玻璃仪器	倒出废液或废渣,注入半试管水,振荡后再将水倒出,这样连续几次。 试管刷刷洗,转动或上下移动试管刷,内壁附有油脂,用热的纯碱或洗衣粉清洗。内壁附有难溶氧化物或盐,用稀酸溶解再清洗。当玻璃容器的水均匀附在内壁,既不成水珠又不成股流下时洗净。
$A_1B_2C_3$	连接仪器装置	玻璃导管插入带孔橡皮塞,左手拿橡皮塞,右手拿玻璃管,先把插入塞子的玻璃管一端用水润湿,再稍用力旋转。
	连接仪器装置	连接玻璃管与橡皮塞,左手拿橡皮管,右手拿玻璃管,先把玻璃管口用水润湿,稍稍用力即可插入。
	连接仪器装置	容器口塞橡皮塞,左手拿容器,右手拿橡皮塞慢慢转动。
$A_1B_2C_4$	检查装置气密性	导管一端没入水中,两手紧贴容器外壁,导管口如有气泡冒出,表明装置不漏气;若无气泡,证明装置漏气需重新检查调整。
$A_1B_2C_5$	排水排气集气	排水法集气,将水槽盛半水槽水,集气瓶灌满水后(必须无气泡)用毛玻璃磨砂面盖瓶口,集气瓶倒立在水槽中,拿开毛玻璃,把气体导管插入瓶口里。当集气瓶口有气泡冒出证明水被排尽,气已集满。在水中将导管移出,用玻璃片将集气瓶口盖严并从水槽中移出,放在桌上(依气体密度正立或倒立)。
	排水排气集气	向上排空气法集气,集气瓶口向上,导气管插入集气瓶,使管口接近瓶底,瓶口用硬纸板遮住(不堵严)或塞一团脱脂棉。收集过程中随时检查瓶里是否已集满气体。集满后,用玻璃片盖住瓶口,正立桌上。
	排水排气集气	向下排空气法集气,集气瓶口向下,导气管伸入集气瓶,管口接近瓶底并在瓶口塞些脱脂棉,收集过程中应不断检验所收集气体是否集满。集满后用毛玻璃片盖住瓶口,将集气瓶倒立在桌上。
$A_1B_2C_6$	过滤	圆形滤纸对折两次打开呈圆锥形,滤纸尖端朝下放入漏斗中。滤纸边缘低于漏斗边缘。用少量水将滤纸润湿,用干净手指或玻璃棒压漏斗内壁将滤纸压紧。过滤器放在铁圈上调整高度,使漏斗下端管口贴烧杯内壁,用玻璃棒引流溶液,过滤时溶液表面低于滤纸边缘。
$A_1B_2C_7$	蒸发	滤液或溶液倒入蒸发皿中,再将蒸发皿放在铁架台铁圈上,用酒精灯加热,加热过程中用玻璃棒不断搅动,当蒸发皿中出现较多固体时,停止加热,不要把热蒸发皿直接放在实验台上,如需要放时应垫上石棉网。

续表

指标		评价内容及标准
$A_1B_2C_8$	配制溶液	计算所需溶质、溶剂质量及体积,用托盘天平称取所需溶质质量。天平使用:① 左物右码;② 天平两端各放一张相同的纸;③ 用镊子移动游码或夹取游码;④ 天平游码归零;⑤ 腐蚀性药品应用玻璃容器盛放。
$A_2B_3C_9$	试管	用于少量试剂的反应容器,在常温或加热时使用。加热后不能骤冷以防炸裂。用手的拇指、食指、中指握持试管上端,无名指和小指弯向手心,用适当的腕力来回甩动试管,不能上下振动试管,加热时需用试管夹。
$A_2B_3C_{10}$	试管夹	从试管底部向上套试管夹,夹在距离管口约1/3处。
$A_2B_3C_{11}$	玻璃棒	用于搅拌过滤或转移液体时引流,按一定方向搅拌液体,不碰容器底或容器壁。
$A_2B_3C_{12}$	酒精灯	用酒精灯外焰加热,加热操作时先预热。预热方法:先在火焰上来回移动试管,待均匀受热后再在放药品部位集中加热。加热液体时先预热,液体体积不超过试管容积1/3,使试管倾斜约45°,试管不可朝向自己或有人方向,加热时要不时移动试管。用酒精灯帽盖灭火焰,连盖三次。
$A_2B_3C_{13}$	烧杯	配制溶液和较大试剂的反应容器,在常温或加热时使用。加热时要用石棉网。
$A_2B_3C_{14}$	量筒	量筒必须平放,读数时视线与量筒内液体凹液面低处相同再读数。快接近所需体积刻度时,用胶头滴管加液体至刻度线。
$A_2B_3C_{15}$	胶头滴管	用于吸取和滴加少量液体时,滴管悬空在容器上,不能接触容器壁,食指、拇指轻轻捏挤胶头滴管,取液后滴管不能平放或倒置,用过后应用清水冲洗干净。
$A_2B_4C_{16}$	铁架台	用于固定和支持各种仪器,一般常用于过滤、加热等实验操作。

四、初中化学实验操作考查试题案例分析

(一)化学实验操作的考查模式

案例1　酒精灯的使用和物质的加热(2011年长沙市化学毕业会考题)

(1)实验用品:酒精灯、火柴、试管、试管夹、氯化钠溶液。

(2)过程与方法(见表5-11)。

表5-11　酒精灯的使用和物质的加热过程与方法

活动内容与步骤	操作结论
1.酒精灯的用法 (1)取下酒精灯灯帽,把它竖直放在灯旁,检查灯芯和酒精灯里酒精的量是否符合要求 (2)用火柴点燃酒精灯 (3)用灯帽盖灭酒精灯	酒精灯的火焰可分为:_____、_____、_____ 3个部分,其中_____温度最高
2.给试管内的液体加热 (1)取少量液体试剂 (2)用试管夹夹持试管 (3)点燃酒精灯 (4)给液体加热 3.实验结束后的整理工作	试管夹应夹在试管的_____,试管应与桌面约成_____,试管内液体的体积_____

(3) 问题和讨论。

为什么给试管加热时要保持其外壁的干燥？

(4) 评价与反思（略）。

（二）化学实验素养的考查模式

案例 2 确定某种溶液的酸碱性（2008 年扬州市中考实验考查题）

表 5-12 扬州市中考实验考查试卷（化学 1）考生卷设计

化学实验考查试卷（化学 1）
（考生用）
学校＿＿＿＿　班级＿＿＿＿　姓名＿＿＿＿　学号＿＿＿＿　实验桌号＿＿＿＿
实验课题：确定某种溶液的酸碱性
实验原理：＿＿＿＿＿＿＿＿＿＿＿＿＿＿＿＿＿＿＿＿＿＿＿＿＿＿＿＿＿＿＿＿＿＿＿＿＿＿
实验器材：小试管、小烧杯、玻璃棒、滴管、pH 试纸、试管架、试管刷、自带盛放家中溶液的容器
实验药品：自带 4 种家庭里常见的溶液、无色酚酞试液、紫色石蕊试液
实验时间：15 分钟
实验记录：

实验步骤	实验现象	实验结论

评分标准：

1. 按照所设计的实验方案独立进行实验。2. 遵守实验室规则。3. 正确取用待测溶液。4. 正确使用 pH 试纸或指示剂。5. 正确使用滴管、玻璃棒等化学仪器。6. 及时真实记录与分析实验现象，得到相关结论，完成实验报告。7. 能及时洗净所用仪器，并将实验器材与药品复位。

由案例 2 可以看出，化学实验考查试题设计中应包含 9 个项目要素：实验标题、实验课题、考生信息、实验原理、实验器材、实验药品、实验时间、实验记录和评分标准。

（三）化学实验课题的考查模式

案例 3 二氧化碳的制取和性质

实验报告：二氧化碳的制取和性质（学生卷）

班级＿＿＿＿　姓名＿＿＿＿　组别＿＿＿＿　座位号＿＿＿＿　　年＿＿月＿＿日　考查时间：20 分钟

表 5-13 化学实验考查实验报告的设计

实验内容与步骤	实验记录
1. 装配制取二氧化碳的装置及气密性检查	
2. 在试管中放入几小块大理石，然后再小心注入 15 mL 稀盐酸，立即塞上塞子，并用向上排气法收集一瓶气体	现象：＿＿＿＿＿＿＿＿＿＿＿＿ 化学方程式：＿＿＿＿＿＿＿＿＿＿
3. 用燃着的木条放在集气瓶口，检查气体是否集满	现象：＿＿＿＿＿＿＿＿＿＿＿＿ 则说明二氧化碳气体已经收集满了
4. 把一支短蜡烛固定在放于烧杯中的铁皮架上点燃，拿起集满二氧化碳的集气瓶，向此烧杯中缓缓倾倒二氧化碳	现象：＿＿＿＿＿＿＿＿＿＿＿＿ 原因：＿＿＿＿＿＿＿＿＿＿＿＿

续表

实验内容与步骤	实验记录
5. 取一支试管,注入少量澄清石灰水,然后向其中通入少量的二氧化碳	现象:_____ 化学方程式:_____
6. 另取一支试管,加入 2 mL 蒸馏水,再加入 1~2 滴石蕊试液,通入二氧化碳	现象:_____ 化学方程式:_____
7. 拆除装置,洗涤仪器	

时间:20 分钟(教师卷)　　　　从_____点_____分到_____点_____分

表 5-14　化学实验考查教师评分卷的设计

考查要点	评定细则	成绩评定(合格　不合格) 考生姓名和桌号									
		1	2	3	4	5	6	7	8	9	10
仪器装配及气密性检查	1. 熟练地检查装置气密性										
	2. 熟练地按从下到上,从左到右的顺序,正确装配制取二氧化碳装置										
药品的取用	3. 正确规范地取用固体药品　大理石										
	4. 正确规范地取用液体药品　稀盐酸										
气体的收集和验满	5. 用向上排气法收集 CO_2(用排水法为不合格)										
	6. 熟练检查气体是否集满(如燃着木条伸入集气瓶中为不合格)										
气体的倾倒,滴管的使用	7. 熟练地向烧杯中倾倒 CO_2 气体										
	8. 正确使用滴管(滴管伸入试管内或碰到试管壁为不合格)										
拆装置及洗涤仪器	9. 拆除装置,且洗涤,恢复到实验前整齐放置状态										
实验态度	10. 认真实验,态度端正										
考查成绩	成绩评定 8 个以上为 A,5~7 个为 B,否则 C。										

从案例 3 可以看出,化学实验考查试题设计中应包含 8 个项目要素:实验标题、实验课题、考生信息、实验器材、实验药品、实验时间、实验记录和评分标准。

(四)化学探究活动的考查模式

案例 4　化学探究活动的考查

生活中的一些植物的花或果实有不同的颜色,如红色的月季花、红萝卜汁等,它们能否起到区别酸碱的作用呢?我想自制一种较好的试剂,并用五种酸碱性不同的溶液来检验我的试剂,然后对结果进行分析。(2004 年厦门市中考实验考查题)

表 5-15　实验设计表(学生使用)

所选试题编号	试题 1	班级		姓名	
提出的问题	生活中的一些植物的花或果实有不同的颜色,如红色的月季花、红萝卜汁等,它们能否起到区别酸碱的作用呢?我想自制一种较好的试剂,并用五种酸碱性不同的溶液来检验我的试剂,而后对结果进行分析。				
猜想与假设					
研究的计划					
设计的实验方案					
实验要求的仪器和药品					
其他要求					

表 5-16　考查评价表(教师使用)

<table>
<tr><td colspan="2">班级</td><td></td><td>座位</td><td></td><td>姓名</td><td></td></tr>
<tr><td rowspan="4">实验设计评价</td><td>题目号</td><td>猜想合理(2分)</td><td>研究计划(2分)</td><td colspan="2">实验方案(6分)</td><td>总得分(10分)</td></tr>
<tr><td>题 1</td><td></td><td></td><td colspan="2"></td><td></td></tr>
<tr><td>题 2</td><td></td><td></td><td colspan="2"></td><td></td></tr>
<tr><td>题 3</td><td></td><td></td><td colspan="2"></td><td></td></tr>
<tr><td colspan="2">实验设计成绩(选择设计最好的一题作为总评分)</td><td colspan="5">(6分以上合格)</td></tr>
<tr><td colspan="2">操作评价项目</td><td colspan="4">评价项目评分细则</td><td>得分</td></tr>
<tr><td rowspan="8">实验操作评价</td><td rowspan="2">实验操作正确(3分)</td><td>操作无错误</td><td>有1处错</td><td>有多处错</td><td>有关键错</td><td rowspan="2"></td></tr>
<tr><td>3分</td><td>2分</td><td>1分</td><td>0分</td></tr>
<tr><td rowspan="2">实验结果能用于验证其假设(3分)</td><td>实验结果能完全说明假设(若实验不能说明其假设,但能很好地提出正确的解释)</td><td>实验结果能基本说明假设(若实验不能说明其假设,但能提出基本合理的解释)</td><td>实验结果有对假设进行说明的可能(若实验不能说明其假设,但能提出一个解释)</td><td>实验结果不能说明假设或有明显科学性错误,且不能提出一个解释</td><td rowspan="2"></td></tr>
<tr><td>3分</td><td>2分</td><td>1分</td><td>0分</td></tr>
<tr><td rowspan="2">实验报告完整(2分)</td><td>自行设计的实验报告完整,符合要求</td><td>有自行设计的实验报告</td><td colspan="2">无实验报告</td><td rowspan="2"></td></tr>
<tr><td>2分</td><td>1分</td><td colspan="2">0分</td></tr>
<tr><td rowspan="2">良好的实验习惯(2分)</td><td>有很好的实验习惯</td><td>有一定的良好实验习惯</td><td colspan="2">实验习惯差</td><td rowspan="2"></td></tr>
<tr><td>2分</td><td>1分</td><td colspan="2">0分</td></tr>
<tr><td colspan="2">实验操作总评</td><td colspan="5">(6分以上合格)</td></tr>
<tr><td colspan="2">化学实验考试总评</td><td colspan="5">合格与不合格两个等级</td></tr>
</table>

从案例 4 可知,该中考化学实验注重科学探究、自主设计和实验过程的评价,突出了考查学生的实验设计能力、创新精神和科学探究能力。

§5.3　高考化学实验试题选材及特点

> **核心术语**
>
> ◆实验能力　◆试题特点　◆定性与定量结合　◆实验探究能力

在新课程高考中,涉及化学实验内容的试题及分值比例超过 30%。高考化学考试大纲对考生实验能力的考查主要包括下列七项:

(1) 能恰当地使用化学仪器和试剂,用正确的化学实验基本操作,完成"规定实验"的能力。
(2) 能识别和绘制典型的实验仪器装置图的能力。
(3) 运用科学的方法,初步了解化学变化规律,并对化学现象提出科学合理的解释。
(4) 观察记录实验现象,分析实验结果和处理实验数据,得出正确结论的能力。
(5) 初步处理实验过程中的有关安全问题的能力。
(6) 初步实践化学实验研究的一般过程,掌握化学实验与科学探究的基本方法和技能。
(7) 根据实验试题的要求,设计或评价简单实验方案的能力。

从近几年高考实验试题的选材及特点发现,新课程背景下的实验试题呈现形式及解答方式均出现了新的变化。因此,研究新课改背景下的化学实验教学无疑是一个新的课题,认真分析高考试题的选材及特点无疑也是化学实验教学过程中的重要一环。

一、重视对学生基本实验操作能力的考查

化学基本实验操作是化学实验的基础,也是历年高考化学实验试题考查的一个重点。近年来新课程改革省份的高考试题注重对教材中关于萃取、分液、过滤、蒸发、蒸馏等基本操作,托盘天平、容量瓶及滴定管等基本仪器使用的考查,旨在通过实验考查引导教师在教学过程中逐步培养学生描述实验现象、分析操作过程和通过实验现象、操作过程去探讨实验原理的能力,从而使学生能够从基本实验逐步走向实验的综合化,达到实验能力的逐步提高。

[例 1]（2008 年山东高考卷）请按要求填空:
(1) 下列实验操作或对实验事实的叙述正确的是_____（填序号）。
① 用稀 HNO_3 清洗做过银镜反应实验的试管;
② 配制浓硫酸和浓硝酸的混合酸时,将浓硫酸沿器壁慢慢加入浓硝酸中,并不断搅拌;
③ 用碱式滴定管量取 20.00 mL 0.1000 mol/L $KMnO_4$ 溶液;
④ 用托盘天平称取 10.50 g 干燥的 NaCl 固体;
⑤ 不慎将苯酚溶液沾到皮肤上,立即用酒精清洗;
⑥ 用瓷坩埚高温熔融 $Fe(CrO_2)_2$ 和 Na_2CO_3 的固体混合物;
⑦ 向沸腾的 NaOH 稀溶液中滴加 $FeCl_3$ 饱和溶液,以制备 $Fe(OH)_3$ 胶体;
⑧ 配制 $Al_2(SO_4)_3$ 溶液时,加入少量的稀硫酸。

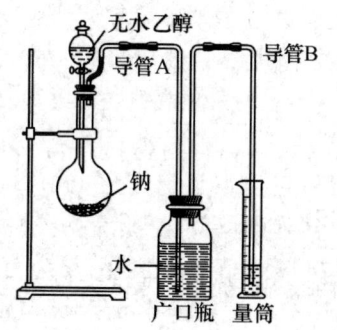

图 5-2

(2) 为了确定乙醇分子的结构简式是 CH_3—O—CH_3 还是 CH_3CH_2OH，实验室利用如图 5-2 所示的实验装置，测定乙醇与钠反应（$\Delta H < 0$）生成氢气的体积。并据此计算乙醇分子中能与金属钠反应的氢原子的数目。试回答下列问题：

① 指出实验装置中的错误_____。

② 若实验中用含有少量水的乙醇代替相同质量的无水乙醇，相同条件下，测得的氢气体积将_____（填"偏大""偏小"或"不变"）。

③ 请指出能使该实验安全、顺利进行的关键实验步骤（至少指出两个关键步骤）_____。

[评析] 第(1)题主要考查仪器使用、量器精度、浓硫酸稀释、溶液配制、胶体制备等知识。第(2)题完全取材于不同版本教材《化学 2》中的实验，以乙醇结构的测定为题设情景，通过实验仪器的应用、测定偏差的判断、实验安全性方面的知识来考查学生的观察能力和实验能力。

[答案] (1)①、②、⑤、⑧。(2)① 广口瓶中进气导管不应插入水中，排水导管应插至广口瓶底部。② 偏大。③ 检查实验装置的气密性；加入稍过量的金属钠；从漏斗中缓慢滴加无水乙醇。

二、重视对学生创新思维能力的考查

分析历年高考化学试题，不难发现综合性实验题其内容通常是给出新的实验装置完成某一定性或定量实验，要求考生运用已有知识，理解实验的原理，或者是给出信息（文字、图示）要求设计出新的实验过程或实验装置。而这些实验的原型是源于教材典型实验的改装或创新，这类试题能较好地考查学生的创新意识和创新能力。

[例2]（2012年全国课标卷）溴苯是一种化工原料，实验室合成溴苯的装置示意图及有关数据如下：

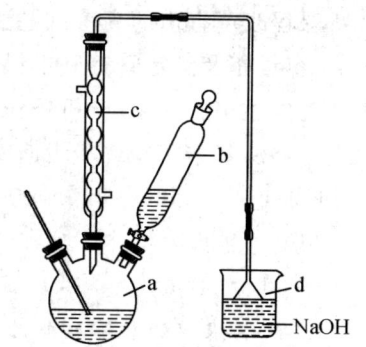

图 5-3

	苯	溴	溴苯
密度/g·cm^{-3}	0.88	3.10	1.50
沸点/℃	80	59	156
水中溶解度	微溶	微溶	微溶

按下列合成步骤回答问题：

(1) 在 a 中加入 15 mL 无水苯和少量铁屑。在 b 中小心加入 4.0 mL 液态溴。向 a 中滴入几滴溴，有烟雾产生，是因为生成了_____气体。继续滴加至液溴滴完。装置 d 的作用是_____。

(2) 液溴滴完后，经过下列步骤分离提纯：

① 向 a 中加入 10 mL 水，然后过滤除去未反应的铁屑；

② 滤液依次用 10 mL 水、8 mL 10%的 NaOH 溶液、10 mL 水洗涤。NaOH 溶液洗涤的作用是_____；

③ 向分出的粗溴苯中加入少量的无水氯化钙,静置、过滤。加入氯化钙的目的是_____。

(3) 经以上分离操作后,粗溴苯中还含有的主要杂质为_____,要进一步提纯,下列操作中必需的是_____(填入正确选项前的字母)。

　　A. 重结晶　　　　B. 过滤　　　　C. 蒸馏　　　　D. 萃取

(4) 在该实验中,a 的容积最适合的是_____(填入正确选项前的字母)。

　　A. 25 mL　　　　B. 50 mL　　　　C. 250 mL　　　　D. 500 mL

[评析] 本题主要以教材典型实验——溴苯的实验室制法为载体,在此基础上对合成装置进行了创新设计,另外综合考查了溴苯的分离、提纯和干燥等问题。本实验整体上学生入手容易深入难,试题综合考查了学生的创新思维能力和运用所学知识综合分析实验问题的能力。

[答案] (1) HBr　吸收 HBr 和 Br$_2$　(2) ② 除去 HBr 和未反应的 Br$_2$　③ 干燥

(3) 苯　C　(4) B

三、重视对学生综合分析问题能力的考查

新课程背景下的高考化学试题中对学生设计简单实验的能力的考查赋予了较多的关注。其中包括：某个实验操作顺序的设计,确认某混合物组分实验的设计,验证化学原理的设计,测定物质纯度的设计。这类试题综合性强,有一定的难度和思考空间,是一种较高水平的能力考查。

[例 3] (2011年全国课标卷)氢化钙固体是登山运动员常用的能源提供剂。某兴趣小组拟选用如下装置制备氢化钙。

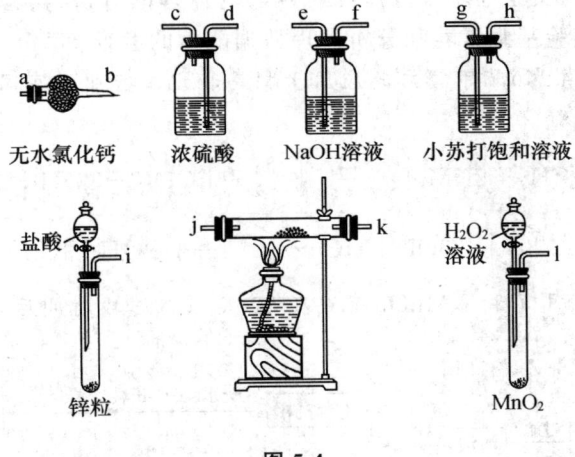

图 5-4

请回答下列问题：

(1) 请选择必要的装置,按气流方向连接顺序为_____(填仪器接口的字母编号)。

(2) 根据完整的实验装置进行实验,实验步骤如下：检查装置气密性后,装入药品;打开分液漏斗活塞;_____(请按正确的顺序填入下列步骤的标号)。

　　A. 加热反应一段时间　　　　　　　　B. 收集气体并检验其纯度

　　C. 关闭分液漏斗活塞　　　　　　　　D. 停止加热,充分冷却

(3) 实验结束后,某同学取少量产物,小心加入水中,观察到有气泡冒出,溶液中加入酚酞后显红色。该同学据此判断,上述实验确有 CaH_2 生成。

① 写出 CaH_2 与水反应的化学方程式:_____;

② 该同学的判断不准确,原因是_____。

(4) 请你设计一个实验,用化学方法区分钙与氢化钙,写出实验简要步骤及观察到的现象:_____。

(5) 登山运动员常用氢化钙作为能源提供剂,与氧气相比,其优点是_____。

[评析] 本题考查 CaH_2 的制备、实验装置的连接、实验步骤及实验设计与评价。本题综合性较强,全面考查了学生综合分析实验问题的能力,对新课程改革下实验教学的方向有很好的导向作用。

[答案] (1) i→e,f→d,c→j,k(或 k,j)→a (2) BADC

(3) ① $CaH_2+2H_2O === Ca(OH)_2+2H_2\uparrow$ ② 金属钙与水反应也有类似现象

(4) 取适量氢化钙,在加热条件下与干燥氧气反应,将反应气相产物通过装有无水硫酸铜的干燥管,观察到白色变为蓝色;取钙做类似实验,观察不到白色变为蓝色(其他合理答案也给分)

(5) 氢化钙是固体,携带方便

四、重视对学生分析和处理数据能力的考查

新课程背景下的高考化学实验试题的命制非常注重将定性试验和定量实验进行有机结合,试题中所设计的问题多为实验的基本操作知识及实验原理的分析、实验数据的处理和对实验流程的推理,旨在对学生实验基础素养和分析处理数据能力的考查。

[例4] (2012·广东卷)苯甲酸广泛应用于制药和化工行业。某同学尝试用甲苯的氧化反应制备苯甲酸。

反应原理:⌬—CH_3+2$KMnO_4$ $\xrightarrow{\triangle}$ ⌬—$COOK$+KOH+2$MnO_2\downarrow$+H_2O

⌬—$COOK$+HCl → ⌬—$COOH$+KCl

实验方法:一定量的甲苯和 $KMnO_4$ 溶液在100℃反应一段时间后停止反应,按如下流程分离出苯甲酸和回收未反应的甲苯。

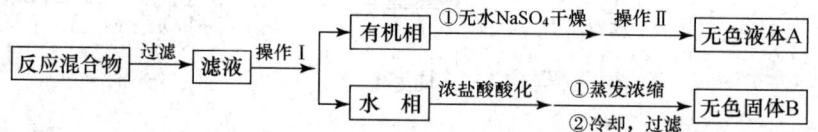

已知:苯甲酸相对分子质量122,熔点122.4℃,在25℃和95℃时溶解度分别为0.3 g 和6.9 g;纯净固体有机物一般都有固定熔点。

(1) 操作Ⅰ为_____,操作Ⅱ为_____。

(2) 无色液体 A 是_____,定性检验 A 的试剂是_____,现象是_____。

(3) 测定白色固体 B 的熔点,发现其在115℃开始熔化,达到130℃时仍有少量不熔。该同学推测白色固体 B 是苯甲酸与 KCl 的混合物,设计了如下方案进行提纯和检验,实验结果表明

推测正确,请完成表中内容。

序号	实验方案	实验现象	结论
①	将白色固体B加入水中,加热溶解,_____	得到白色晶体和无色滤液	
②	取少量滤液于试管中,_____	生成白色沉淀	滤液含 Cl^-
③	干燥白色晶体,_____	_____	白色晶体是苯甲酸

(4)纯度测定:称取1.220 g产品,配成100 mL甲醇溶液,移取25.00 mL溶液,滴定,消耗KOH的物质的量为 $2.40×10^{-3}$ mol。产品中苯甲酸质量分数的计算表达式为_____,计算结果为_____(保留两位有效数字)。

[评析] 本题在命题上以物质的制备为主线,综合考查了物质的分离、检验,物质制备的基本操作流程以及定量计算产品的纯度。试题较好地将定性实验与定量实验相融合,综合考查考生化学实验的基本操作技能和处理问题的能力,以及对试验结果进行数据处理和计算的能力。

[答案] (1)分液 蒸馏 (2)甲苯 酸性 $KMnO_4$ 溶液 溶液颜色褪去(其他合理答案也可) (3)① 冷却结晶,过滤 ② 滴入稀 HNO_3 和 $AgNO_3$ 溶液 ③ 测定熔点 白色晶体在122.4℃左右完全熔化 (4) $\dfrac{2.40×10^{-3} \text{ mol} × 122 \text{ g/mol} × \dfrac{100 \text{ mL}}{25.00 \text{ mL}}}{1.220 \text{ g}} × 100\%$ 96%

五、重视对学生科学方法和实验探究能力的考查

对探究能力的评价应当把握其基本要素,一个相对完整的探究活动通常包含的能力有八个方面:提出问题、猜想与假设、制订计划、进行实验、收集证据、结论与解释、反思与评价、表达与交流。但纸笔测试是有局限性的,加之高考属于抽样考试,高考所涉及的探究活动要素只可能少于上述诸要素。但对化学实验探究能力的考查已成为高考试题命制的方向。

[例5] (2007年广东高考题)已知某混合金属粉末中,除铝外还含有铁、铜中的一种或两种,所含金属的量都在5%以上。请设计合理实验探究该混合金属粉末中铁、铜元素的存在。

仅限选择的仪器和试剂:烧杯、试管、玻璃棒、量筒、容量瓶、滴管、药匙;1 mol·L^{-1}硫酸、2 mol·L^{-1}硝酸、2 mol·L^{-1}NaOH溶液、20% KSCN溶液。

完成以下实验探究过程:

(1)提出假设

假设1:该混合金属粉末中除铝外还含有_____元素;

假设2:该混合金属粉末中除铝外还含有_____元素;

假设3:该混合金属粉末中除铝外还含有Fe、Cu元素。

(2)设计实验方案

基于假设3,设计出实验方案。

(3)实验过程

根据(2)的实验方案,叙述实验操作、预期现象和结论。

编号	实验操作	预期现象和结论
①		
②		
③		
④		

[评析] 从高考探究性试题设计实践看,此类试题编制不应孤立地对基础知识和基本技能进行测试,而应放在分析和解决实际问题的背景中去评价,从知识的整体联系上去考核。既注重对探究活动结果的评价,也不忽视对探究过程的评价。

[答案] (1) Cu Fe(答案的顺序可交换) (3)

编号	实验操作	预期现象和结论
①	用药匙取少许样品,加入试管 A 中,再用滴管取过量 NaOH 溶液并滴到试管 A 中,充分反应后,静置,弃去上层清液,剩余固体备用	样品部分溶解,并有气体放出
②	往试管 A 的剩余固体中加过量稀硫酸,充分反应后,静置。取上层清液于试管 B 中,剩余固体备用	固体部分溶解,并有气体放出,溶液呈浅绿色,可能含铁
③	往试管 B 中加入少许稀硝酸,再滴加 KSCN 溶液	溶液先变成黄色,加 KSCN 后显血红色,结合②可知,一定含铁
④	往②剩余固体中加入稀硝酸,再滴加 NaOH 溶液	固体溶解,有无色刺激性气体产生并很快变成红棕色,溶液显蓝色,加 NaOH 溶液后有蓝色沉淀产生,一定含铜

总之,新课程理念下的化学实验教学应注重对近年来高考实验试题考查的动向进行研究,从试题中去领略试题考查的意图和试题命制的方向,从而在教学中有目标性地培养学生的实验创新意识和实验探究能力,真正做到有的放矢,提高实验教学效率。

§5.4 高中化学竞赛实验试题研究

核心术语

◆决赛大纲　◆实验内容　◆实验能力　◆实验试题特点　◆评分标准

在化学竞赛中,实验考查已成为化学竞赛过程中培养能力、发展智力的一种重要手段。我国高中化学竞赛决赛(又称"冬令营")和国际化学奥林匹克竞赛(ICHO)竞赛题均由理论题和实验题两部分组成,前者占60分,后者占40分。可见,实验竞赛是高级别化学竞赛的重要组成部分。然而,我国中学生在参加国际化学奥林匹克竞赛实验竞赛时,实验发挥失常甚至出现常识性错误,实验动手能力较弱。如何培养学生的实验能力已成为当前亟待解决的问题。

一、高中化学竞赛实验试题的内容及要求

根据我国高中化学竞赛决赛大纲的要求,高中化学竞赛实验试题的考查内容主要包括三个方面:

(1) 制备与合成的基本操作。用电子天平称量、配制溶液、加热、冷却、沉淀、结晶、重结晶、过滤(包括抽滤)、洗涤、蒸发浓缩、常压蒸馏与回流、倾析、分液、搅拌、干燥。通过中间过程检测(如 pH、温度、颜色等)对实验条件进行控制。产率和转化率的计算。实验室安全与事故紧急处置的知识与操作。废弃物处置。仪器洗涤和干燥。实验工作台面的安排和整理。原始数据的记录与处理。

(2) 常见容量分析的基本操作、基本反应及分析结果的计算。容量分析的误差分析。

(3) 分光光度法。比色分析。

化学奥林匹克竞赛培训大纲明确提出化学竞赛考查的能力主要包括信息加工能力、思维能力和实验能力三种能力。其中实验能力主要包括下列八项:

(1) 照实验步骤进行实验的能力。
(2) 正确的基本操作。
(3) 实验设计能力,包括方法的选择、组合、修改。
(4) 观察、测量、分析、判断能力。
(5) 选择仪器、试剂、技术、条件的能力。
(6) 处理数据及表示结果(图、表、文字)的能力。
(7) 对实验结果进行评价(如误差分析)并提出改进意见的能力。
(8) 工作条件的有序性。

分析我国各级各类化学竞赛实验试题,不难发现,实验试题主要从以下几个方面对实验能力进行考查:

(1) 正确掌握基本操作的能力。
(2) 观察、测量、分析、判断现象的能力。
(3) 选择、组合、修改、设计实验能力。
(4) 选择仪器、试剂、条件、技术的能力。
(5) 处理数据、表达结果、解释实验问题的能力。
(6) 评价实验、提出改进意见的能力。
(7) 实验工作的有序、同步、合理安排的能力。

上述对实验能力的要求,旨在考查学生基本实验技能、科学思维方法和综合研究能力,注重对学生科学素养、实验探究能力和综合应用能力的培养。因此,在平时的训练中要尽量创造条件让学生多动手做实验,让学生自选课题、设计实验、改进或创新实验,并对实验进行评价和分析,培养学生的创新意识和创新精神。

二、高中化学竞赛实验试题的特点分析

我们统计 1995—2010 年我国高中化学竞赛实验试题的选材、考查要求、使用仪器,不难从中发现实验竞赛试题的特点及其动向(见表 5-17)。

表 5-17　1995—2010 年全国高中化学决赛实验试题分析表[①]

年度	题目	考查要点	重要仪器
1995	磷酸二氢钙为原料制备磷酸三钠以及产品检验及纯度分析	磷酸二氢钙与碳酸钠反应,盐酸与磷酸三钠的反应、Ca^{2+} 的定性检验、称量、溶解、搅拌、抽滤、结晶、洗涤、重结晶、滴定、终点误差分析	天平、酸式滴定管、容量瓶、移液管、布氏漏斗、滴管、称量瓶
1996	1. 乙酸安息香酯的制备 2. 间接碘量法测定葡萄糖含量	酯化反应、葡萄糖结构、碘量法、溶液的配制和标定、$Na_2S_2O_3$ 标准溶液标定 I_2、产率计算、含量的测定、搅拌、抽滤、洗涤、溶解、重结晶、称量、氧化还原滴定	酸式和碱式滴定管、容量瓶、移液管、布氏漏斗、锥形瓶、滴管、称量瓶
1997	2,4-二氯苯氧乙酸的制备及含量测定	NaOH 滴定 2,4-二氯苯氧乙酸、HCl 标定 NaOH 溶液、醚化、中和反应、搅拌、抽滤、溶解、重结晶、洗涤、干燥、称量、熔点测定、中和滴定、含量测定、有效数字	回馏装置、酸式和碱式滴定管、容量瓶、滴管、移液管、布氏漏斗、锥形瓶、称量瓶
1998	由立德粉（ZnS·$BaSO_4$）废渣湿法制备氧化铅	EDTA 法测定 PbO,pH＝5～6,二甲酚橙指示剂,抽滤、搅拌、重结晶、干燥、称量、溶解、EDTA 标准溶液络合滴定、测定含量、有效数字	酸式滴定管、滴管、分析天平、容量瓶、移液管、布氏漏斗、锥形瓶、称量瓶
1999	3-a-呋喃基丙烯酸的制备及含量测定	Perkin 反应、回馏装置、搅拌、过滤、抽滤、洗涤、重结晶、称量、中和滴定、产率、误差计算	回馏装置、碱式滴定管、容量瓶、滴管、移液管、布氏漏斗、锥形瓶、电子天平、称量瓶
2000	碘酸钙的制备及含量测定	I_2 在 H^+ 条件下被 $KClO_3$ 氧化,再与 OH^- 作用,最后进行复分解反应。回馏装置、搅拌、抽滤、洗涤、称量、碘量法 $Na_2S_2O_3$ 标准溶液滴定 I_2、碘与淀粉反应、空白实验、含量测定、相对偏差计算	碱式滴定管、回馏装置、容量瓶、滴管、移液管、布氏漏斗、锥形瓶、电子天平、称量瓶
2001	富血铁的制备及含量测定	顺反异构、减量法、回馏装置、搅拌、冷却、抽滤、洗涤、干燥、称量、SO_4^{2-} 的检验、硫酸铈（Ⅳ）铵标准溶液的标定、含量测定	酸式滴定管、回馏装置、量筒、滴管、移液管、布氏漏斗、锥形瓶、电子天平、称量瓶
2002	蛋氨酸铜的制备与组成的测定	溶液的配制和标定、碘量法 $Na_2S_2O_3$ 标准溶液滴定 I_2、EDTA 标准溶液的标定、含量测定、溶解、搅拌、抽滤、洗涤、称量、含量测定	酸式和碱式滴定管、量筒、容量瓶、滴管、移液管、布氏漏斗、锥形瓶、称量瓶、电子天平
2003	乙酰水杨酸的合成、检验及纯度分析	产品的合成、天平的选用、量液操作、水解操作、洗涤产品、抽滤操作、溶液标定、酸碱滴定、相对平均偏差的计算、酯的水解、酚与 Fe^{3+} 的显色反应、酯化反应、乙酰水杨酸与 NaOH 的中和反应、产率计算	电子天平、吸量管、碱式滴定管、抽滤装置、量筒、称量瓶
2004	由工业锌焙砂提取 $ZnSO_4·7H_2O$ 及产品分析	溶解、加热、转移、结晶、抽滤、洗涤、溶液配制、综合滴定、分光光度法测定、含量的测定及计算	布氏漏斗、抽滤瓶、移液管、水浴锅、玻璃砂漏斗、电子台秤、抽滤水泵、分析天平、分光光度计等

---

① 陆泉芳.化学奥林匹克竞赛与中学化学教学[D].兰州:西北师范大学硕士学位论文,2003:42.

续表

年度	题目	考查要点	重要仪器
2005	从盐泥中提取 MgSO₄·7H₂O	溶解、抽滤、淋洗、蒸发、结晶、洗涤、称量、络合滴定、产品中 Mg 的含量及纯度计算	滴定管、容量瓶、移液管、洗瓶、抽滤瓶、布氏漏斗、电子天平、分析天等
2006	L-(-)-3-苯基乳酸的制备及纯度分析	溶解、水浴加热、萃取、过滤、干燥、重结晶、抽滤、洗涤、干燥、熔点的测定、称量、酸碱中和测定、产品纯度的计算	三颈瓶、磁力搅拌器、滴液漏斗、分液漏斗、Hirsch 漏斗、电子天平、滴管、烘箱等
2007	洋红酸钠的制备和分析	溶解、水浴加热、回流、抽滤、洗涤、干燥、酸碱中和滴定、浓度及洋红酸钠含量的计算	圆底烧瓶、磁力搅拌器、布氏漏斗、烘箱、电子天平、滴定管、移液管等
2008	利用废聚酯饮料瓶回收对苯二甲酸	油浴加热、搅拌、减压蒸馏、溶解、抽滤、转移、洗涤、冷却、干燥、称重、酸碱中和滴定、计算回收率	四颈瓶、冷凝管、搅拌器、温度计、布氏漏斗、抽滤瓶、干燥器、电子天平、滴定管等
2009	由"废"聚乳酸餐盒制备乳酸钙	加热、回流、冰水浴冷却、抽滤、过滤、洗涤、浓缩、淋洗、干燥、络合滴定、称量、浓度及产品含量的计算	容量瓶、移液管、结晶皿、滴定管、电子台秤、电子天平、干燥器、离心机、洗瓶、烘箱、称量瓶等
2010	顺-4-环己烯-1,2-二羧酸的制备及纯度分析	加热、油浴、搅拌、冷却、减压过滤、洗涤、抽滤、干燥、酸碱滴定、称量及产品纯度的计算	布氏漏斗、烘箱、烧瓶、抽滤瓶、称量瓶、电子台秤、电子天平、滴定管等

　　从1984年我国开展化学竞赛以来,化学实验试题已经历了一个从较低要求(氧气制备)到较高要求("称量—合成—标定—测定"的制备与合成、容量分析的综合)的发展历程。实验内容从基本操作、仪器使用和连接、物质的精制与分离、实验现象与数据处理等方面,过渡到与生产、生活密切相连的具有现代气息的综合实验,考查有了一定的深度和广度。随着科技的进步和化学仪器技术的发展,国内化学竞赛所使用的仪器逐渐与国际接轨,操作简单、结果可靠的实验仪器逐渐运用于化学实验中,微型实验试题及化学前沿应用型实验也广泛渗透在化学竞赛中。我国化学实验竞赛的实验选材、难度要求及评分规则也逐步与国际化学竞赛接轨。从表5-17中可以看出,所有竞赛试题都为化合物的制备、检验和含量的测定。近年来还注意了信息迁移的渗透,基本上体现了"基础不牢固,实验操作差就不能答好实验题"的要求。

三、高中化学竞赛实验试题及评分标准

案例5　2010年全国高中学生化学竞赛(决赛)实验试题
顺-4-环己烯-1,2-二羧酸的制备及纯度分析
一、实验内容
1. 产品制备:先由环丁烯砜和顺丁烯二酸酐反应得到顺-4-环己烯-1,2-二酸酐(用 A 表示),再水解的搭配产品顺-4-环己烯-1,2-二酸酐(用 B 表示)。
2. 产品纯度分析:通过酸碱滴定法测定自制产品 B 的纯度。
3. 完成实验报告和思考题。

二、相关物质的性质(见表 5-18)

表 5-18 相关物质的性质

序号	物质名称	结构式	相对分子质量	形　状	熔点/℃	沸点/℃	溶解性
1	顺丁烯二酸酐	(结构式)	98.1	白色颗粒状、针状或块状。在较低温度下(60～80℃)也能升华	52.8		能溶于水、醇、乙醚和丙酮。水中溶解度：16.3 g/100 mL(20℃)
2	环丁烯砜	(结构式)	118.2		64.0～65.5		溶于水、乙醇、丙酮、氯仿和苯。水中溶解度：13 g/100 mL(20℃)
3	顺丁烯二酸	(结构式)	116.2		130.5	161.3	易溶于水和乙醇。水中溶解度：393 g/100 mL(98℃)
4	二甘醇二甲醚(又名二乙二醇二甲醚)	$(CH_3OCH_2CH_2)_2O$	134.2		−68.0		与水、烃类混溶
5	顺-4-环己烯-1,2-二羧酸	(结构式)	170.2		163.5～164.5		水中溶解度：45.9 g/100 mL(80℃)，5.5 g/100 mL(30℃)，1.6 g/100 mL(5℃)

三、顺-4-环己烯-1,2-二羧酸的制备

1. 实验原理

Diels-Alder 反应是形成六元环的重要反应之一。在该反应中，共轭双烯与亲双烯体作用生成六元环产物。这一反应是德国化学家 Diels 和 Alder 在研究 1,3-丁二烯与顺丁烯二酸酐反应时发现的，并因此获得了诺贝尔化学奖。Diels-Alder 反应具有 100% 的原子经济性，符合绿色化学原则。

丁二烯是 Diels-Alder 反应最简单的二烯，常温下为气体(沸点为 −4.5℃)，因此以丁二烯作为原料的反应需要使用带有气体操作的装置。环丁烯砜在常温下为稳定的固体，加热至 140℃ 时分解脱去二氧化硫的搭配丁二烯，是实验室常用的丁二烯来源。

本实验采用环丁烯砜分解释放出的二烯与顺丁烯二酸酐进行 Diels-Alder 反应来制备六元环化合物——顺-4-环己烯-1,2-二酸酐(A)，再经水解得到顺-4-环己烯-1,2-二羧酸(B)。A 和 B 都是重要的药物和农药合成原料。

2. 实验步骤

(1) 顺-4-环己烯-1,2-二酸酐(A)的制备：

搭好带气体吸收的回流装置，在干燥的 50 mL 圆底烧瓶中加入 2.84 g 环丁烯砜、1.96 g 顺丁烯二酸酐和 2 mL 二甘醇二甲醚，用油浴加热并搅拌，在油浴温度 150～160℃ 下反应 30 min

(放热反应,油浴温度须用温度计测量,防止过热,小心烫伤)。

停止反应,稍冷后,将反应瓶置于冰水浴中冷却,使产物析出。向反应液中加入 25 mL 水,减压过滤,用冷水洗涤 2 次,每次 25 mL,并抽滤至尽干,收集产品 A。

(2) 顺-4-环己烯-1,2-二羧酸(B)的制备:

向 A 中加入适量水,搅拌下加热至沸,使固体全溶。稍冷后,加约 0.5 g(视 A 的量而定)活性炭脱色,趁热过滤。在冷水中冷却滤液,使产物 B 析出。减压抽滤至干,将产品收集于表面皿(在表面皿边缘贴上标签,注明编号,并称重和记录),80℃下真空干燥两次或以上(干燥烘箱由监考老师操作),第一次真空干燥 20 min,取出后称重,记录数据;作适当粉碎后,第二次真空干燥 15 min,取出后称重,记录数据。两次称重结果之差≤0.05 g 后,方能进行下一步纯度测定。

产品将用于以下的纯度分析。

附注:

[1] 顺丁烯二酸酐易水解成相应二元羧酸,故所用相关仪器需干燥。

[2] 称重数据均须监考老师签字确认,产品制备过程的称重在本实验室进行。

四、产品纯度分析

通过酸碱滴定法测定产品 B 的纯度。

1. 称取 0.10 g 自制产品(在本实验室进行),装于自封袋(贴有标签)中,在标签上注明编号,供监考老师进行产品纯度检查。

2. 将剩余的自制产品转移至称量瓶中,若剩余自制产品的量不足 3 次滴定,可向天平室的监考老师申请提供样品(扣 3 分),也可以选择只做 2 次滴定(扣 1 分,精确度扣分另论)。

3. 用减量法准确称取 0.20~0.24 g 产品于 250 mL 锥形瓶中(在天平室进行,称量结束后将称量瓶移交天平室监考老师保存,并在签收单上签字),加 25 mL 蒸馏水,微热溶解,加 3~4 滴酚酞指示剂,用 0.1 mol/L NaOH 标准溶解(准确浓度见实验室黑板)滴定至溶解呈微红色,30s 内不褪色为终点,记录所消耗的 NaOH 标准溶解的体积。平行滴定 3 次。根据所消耗的 NaOH 标准溶解的体积,计算产品的百分含量(注:自制产品的称量数据和滴定读数须经监考老师签字确认)。

实验报告

一、顺-4-环己烯-1,2-二羧酸制备的化学反应式

二、制备实验简要记录

顺-4-环己烯-1,2-二羧酸真空干燥后称量数据记录:

		称量数据/g	监考老师签字
贴有标签纸的表面皿质量			
第一次	产品+表面皿质量		
	产品质量		
第二次	产品+表面皿质量		
	产品质量		

三、产品分析记录

记录项目	平行测定次序			
	1	2	3	监考老师签字
产品质量/g				
V_{NaOH}（初）/mL				
V_{NaOH}（终）/mL				
V_{NaOH}/mL				
产品百分含量/%				
产品百分含量平均值/%				
相对平均偏差				

产品百分含量的计算公式：

四、思考题

1. 根据哪些主要因素确定"顺-4-环己烯-1,2-二羧酸(B)的制备与纯化"步骤中加入水的总量？
2. 本实验为什么用过量的环丁烯砜？

实验试题评分标准

一、产品制备（共18分）

1. 产量（16分）

产量 m/g	$1.70 \leqslant m < 3.40$	$1.60 \leqslant m < 1.70$	$1.50 \leqslant m < 1.60$	$1.40 \leqslant m < 1.50$	$1.30 \leqslant m < 1.40$
得 分	16	15	13	11	9
产量 m/g	$1.20 \leqslant m < 1.30$	$1.10 \leqslant m < 1.20$	$1.00 \leqslant m < 1.10$	$0.60 \leqslant m < 1.00$	$m < 0.6$
得 分	8	7	6	5	4
产量 m/g	未完成整个制备过程或 $m \geqslant 3.40$				
得 分	0				

2. 产品外观（2分）

颜 色	白	黄或有黑色活性炭
得 分	2	1

二、产品纯度分析（共10分）

1. 相对平均偏差（5分）

相对平均偏差 $\overline{d_r}$/%	$\overline{d_r} \leqslant 0.2$	$0.2 < \overline{d_r} \leqslant 0.3$	$0.3 < \overline{d_r} \leqslant 0.5$	$0.5 < \overline{d_r} \leqslant 0.7$	$0.7 < \overline{d_r}$
得 分	5	4	3	2	1

若滴定两次，相对平均偏差得分降一档；若只有一个滴定结果，相对平均偏差得1分。

2. 纯度(5分)

纯度/x%	100.4≥x≥99.6	101.0≥x>100.4 或 99.6>x≥99.0	101.6≥x>101.0 或 99.0>x≥98.4	102.2≥x>101.6 或 98.4>x≥97.8	x>102.2 或 x<97.8
得 分	5	4	3	2	1

3. 用标准样品进行纯度分析的评分标准

由实验室提供标准样品分析,相对平均偏差得分同自制产品,纯度分析结果得分见下表。

相对误差 $|Er|$/%	$|Er|$≤0.4	$|Er|$>0.4
得 分	2	1

三、实验操作(6分)

操 作(同类错误只扣一次)	扣分点	扣 分
药品量取(1分)	药品洒在电子天平或实验台面上	1
反应操作(2分)	冷凝水未开或流向错误	1
	无气体吸收装置或吸收装置安装不正确	1
水解、脱色(2分)	未加活性炭脱色	2
天平称量(1分)	锥形瓶直接放在天平上	0.5
	打翻称量瓶	0.5

四、实验报告(3分)

项 目	扣分点	扣 分
产率计算(1分)	未计算产率或产率计算错误	1
纯度分析(2分)	产品纯度计算公式错误 产品纯度计算公式:%$_{(H_2B)} = \dfrac{\frac{1}{2} \times c_{NaOH} \cdot V_{NaOH} \cdot M_{H_2B}}{m_{H_2B} \times 1000} \times 100\%$	1
	结果计算错误	0.5
	有效数字错误	0.5

五、其他扣分情况(从总分中扣除)

序 号	扣分点	扣 分
1	因违反操作规程引起安全事故	10
2	1.5 h 内,索取原料重做扣 8 分; 1.5 h 之后实验失败则不能申请重做,可申请提供标准样品以继续纯度分析实验,但需扣"产品纯度"结果分3分; 若自制产品的量不足三次滴定,可申请提供标准样品(扣3分),也可选择只做两次滴定(扣1分,精密度扣分另论)。	
3	延时 10 min 以内(含,下同)扣 1 分;延时 20 min 以内扣 3 分;延时 30 min 以内扣 6 分,延时时间最多不得超过 30 min。	
4	废液、废渣不按规定收集	1

六、思考题(3 分)

答案要点：

1.(2 分)根据哪些主要因素确定"顺-4-环己烯-1,2-二羧酸(B)的制备与纯化"步骤中加入水的总量？

答：酸酐 A 的产量(0.5 分)；产物 B 的溶解度(0.5 分)；蒸发失水(0.5 分)；脱色过程所需要的水(0.5 分)。

2.(1 分)本实验为什么用过量的环丁烯砜？

答：环丁烯砜加热分解(分解温度 140℃)产生的 1,3-丁二烯气体易逸出而不能完全利用，故环丁烯砜须过量。(1 分)

四、国际化学奥林匹克实验竞赛章程

在 1998 年以前，国际化学竞赛只有理论原理的大纲，没有实验竞赛的大纲。1998 年 10 月在斯洛伐克举行的国际化学奥林匹克指导委员会工作会议上，提出了一个实验竞赛大纲，如表 5-19 所示。[1] 这个大纲跟理论大纲的格式相同，分一、二、三级，其具体说明请参照理论大纲，不再细述，应强调的是：属于第三级的内容在竞赛前主要由主办国发出的预备题中提及的才能作为下届国际化学竞赛的实验内容。2008 年 7 月在匈牙利首都布达佩斯举行第 40 届国际化学奥林匹克竞赛，决议产生了新的大纲。新版大纲指出一个优秀的化学家必须不仅能理解并且运用某些概念和技能，还需要知道一定量的事实。我国化学竞赛实验部分的内容参照了此大纲。

表 5-19　国际化学奥林匹克实验竞赛大纲

1. 无机物和有机物的合成	
1.1　使用燃具和电热板加热	1.18　水蒸气蒸馏
1.2　液体的加热	1.19　透过平摊的滤纸的过滤
1.3　易燃物和易燃材料的处理与操作	1.20　透过卷拢的滤纸的过滤
1.4　用分析天平称量	1.21　减压水泵操作
1.5　量筒、移液管、滴定管的使用	1.22　布氏漏斗操作
1.6　由固体和溶剂制备溶液	1.23　玻璃漏斗(垂熔漏斗、烧结漏斗)过滤
1.7　溶液的混合与稀释	1.24　倾析法洗涤沉淀
1.8　液体的混合与搅拌	1.25　在漏斗上洗涤沉淀
1.9　搅拌器和电磁搅拌器的使用	1.26　在漏斗上用恰当的溶剂干燥沉淀
1.10　滴液漏斗的使用	1.27　在水溶液中重结晶
1.11　在平底烧瓶里进行合成——一般原理	1.28　在给定的(已知的)有机溶剂里进行重结晶
1.12　在圆底烧瓶里进行合成——一般原理	1.29　选择适当的溶剂进行重结晶
1.13　在密闭仪器装置里进行合成——一般原理	1.30　在干燥箱里进行干燥
1.14　用微型仪器进行合成	1.31　在保干器里进行干燥
1.15　回流下加热反应混合物	1.32　洗气瓶的连接和使用
1.16　常压蒸馏	1.33　用不相溶的溶剂进行萃取
1.17　减压蒸馏	

---

[1] 王春,曹葵.最新全国高中化学竞赛实验培训与演练教程[M].杭州：浙江大学出版社,2011:168-170.

续表

2. 无机物和有机物的鉴定——一般原理	
2.1 试管反应	2.6 用铂丝、钴玻璃的颜色反应检出无毒
2.2 使用点滴板和滤纸的反应操作技术	2.7 使用手持光谱仪/煤气灯光谱仪
2.3 某些阳离子和阴离子进行分组反应检出	2.8 使用 Kofler 熔点测定仪或类似仪器
2.4 某些阳离子和阴离子通过个别反应检出	2.9 命题人选定有机物基本官能团的定性检出
2.5 某些阳离子和阴离子通过特殊反应检出	2.10 用不相溶的溶剂进行萃取
3. 无机物和有机物的测定——一般原理	
3.1 利用沉淀反应的定量测定	3.9 直接滴定与间接滴定(返滴定)
3.2 沉淀在坩埚里燃烧	3.10 磁性测定
3.3 容量分析	3.11 碘量法
3.4 滴定的规则	3.12 基于氧化还原反应的其他测定类型
3.5 移液球的使用	3.13 配合滴定
3.6 标准溶液的制备	3.14 配合滴定中溶液的颜色变化
3.7 酸碱滴定	3.15 沉淀滴定
3.8 酸碱滴定中的指示剂变色	3.16 量热滴定
4. 特殊测量和操作步骤	
4.1 用 pH 计的测量	4.4 离子交换分离
4.2 薄层色谱	4.5 紫外可见光谱
4.3 柱层析	4.6 电导测定
5. 实验结果处理	
5.1 有效数字、作图、误差分析	
6. 所有未在上表中提到的,命题人确定的实验技术均自动属于三级	

单元思考题

1. 在化学实验教学中,什么是活动表现评价?同传统的纸笔测验相比,化学实验教学中的活动表现评价具有哪些优点?

2. 比较中学化学实验操作考查与化学竞赛实验试题考试特点的异同,并说明实验操作考查的发展方向是什么?

3. 试以中考或高考化学试题为例,分析说明最新三年化学实验试题有何特点。

第六章 中学化学基础实验研究

本章选入了部分中学化学教学中的基础性实验。学习和运用化学实验技能和科学方法,离不开实验活动。教师应结合具体的教学内容和学校实际,积极创造条件,通过多种途径,安排和组织学生完成化学课程标准及教材规定的化学实验活动,创设生动活泼的教学情境,帮助学生理解和掌握化学知识和技能,启迪学生的科学思维,训练学生的科学方法,培养学生的科学态度和价值观。

§6.1 中学教材基础化学实验研究

核心术语

◆渗透　◆氯气制取　◆乙醇与钠反应　◆滤纸上的反应　◆铝阳极氧化

新课程化学实验选材理论和实践研究,形成了很多具有较高学术价值的理论研究成果,积累了丰富的可供继承的宝贵经验,这些成果和经验至今仍然发挥着重要作用。但是,在化学实验教学中,也遇到了一些问题,迫切需要从实践上加以解决。

案例1　半透膜的制作与渗析实验[1]

1. 实验目的

利用鸡蛋制作半透膜袋并应用到渗透实验中。

2. 实验用品

生鸡蛋1个,250 mL烧杯2只,粗铜丝。

0.5 mol/L 稀盐酸,氢氧化铁胶体,硝酸银溶液,碘水,蒸馏水。

3. 制作过程

(1) 铜丝支架的制作

取一段粗铜丝,制成一个能够固定生鸡蛋壳的三臂支架(如图6-1所示),并使顶圈的直径比选择的生鸡蛋的最大直径略小。

(2) 制作半透膜

取一只新鲜的生鸡蛋,用镊子在大头端的顶部戳一个直径大约1.5 cm的圆孔(如图6-2所示)。蛋清及蛋黄全部倒出后用蒸馏水将蛋壳内冲洗干净。在烧杯口处放上铜丝三臂支架,然后将带孔鸡蛋壳小心地放在支架上,向烧杯中注入稀盐酸,直到将蛋壳浸泡一半(如图6-3所示,为防止鸡蛋壳飘浮起来,需要事先向蛋壳内底部装入0.5 mol/L 稀盐酸,装入后的液面恰好与蛋壳

---

[1] 赵立国,等.半透膜的制作与渗析实验[J].化学教育,2011(7):56.

外部盐酸液面持平),室温下,将蛋壳浸泡 10～12 小时,待浸泡部分的硬皮脱落后,取下浸泡过的蛋壳,用蒸馏水将蛋壳及蛋壳膜的内、外壁均冲洗干净,以作为半透膜袋待用(如图 6-4 所示)。

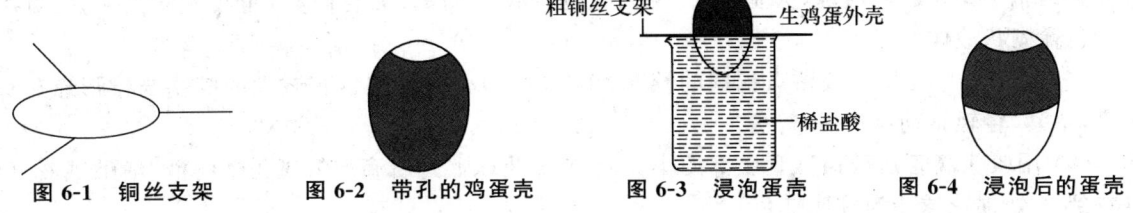

图 6-1　铜丝支架　　　图 6-2　带孔的鸡蛋壳　　　图 6-3　浸泡蛋壳　　　图 6-4　浸泡后的蛋壳

4. 实验过程及其现象

(1) 把 10 mL 淀粉胶体和氯化钠溶液混合成的液体,加入处理好的蛋壳内。

(2) 小心地将盛有上述混合液体的鸡蛋壳放置到另一只放有三臂支架的烧杯上。

(3) 向烧杯中注入蒸馏水直到将装有混合液体的部分全部浸没,2 分钟后,用 2 支试管各取烧杯中的液体 2 mL,向其中的一支试管里滴加少量硝酸银溶液,向另一支试管里滴加少量的碘水,可观察到加入硝酸银溶液的试管出现了白色浑浊,加入碘水的试管里没有发生变化,说明氯离子能够透过半透膜,从半透膜袋中扩散到蒸馏水中,淀粉不能透过半透膜,没有扩散到蒸馏水中。

案例 2　氯气的制作与性质探究实验[①]

氯气是一种有强烈刺激性气味的有毒气体,被列为"毒气"之列,进行有关氯气的实验时要特别注意安全。氯气的收集和性质实验,教材中提供的方法容易泄漏氯气,影响师生健康。现利用图 6-5 装置改进如下。

1. 实验步骤

(1) 如图 6-5,先在锥形瓶中加入约 2 药匙的高锰酸钾固体,倾斜倒入适量的浓盐酸,使盐酸液面刚好没过固体,立即用无孔胶塞塞紧,轻轻晃动锥形瓶,将其置于抽风设备之下、静置。

(2) 往事先准备好的底部有孔的试管中分别从底部、试管口两个方向放入 A、B 两团白色干棉花球、干燥的红纸条 C、温润的红纸条 D、湿润的 pH 试纸 E、湿润的蓝色石蕊试纸 F(如图 6-6 所示),试管口套上胶塞(已事先带有导管,导管的另一端带有与锥形瓶配套的胶塞),平放于台面,备用。

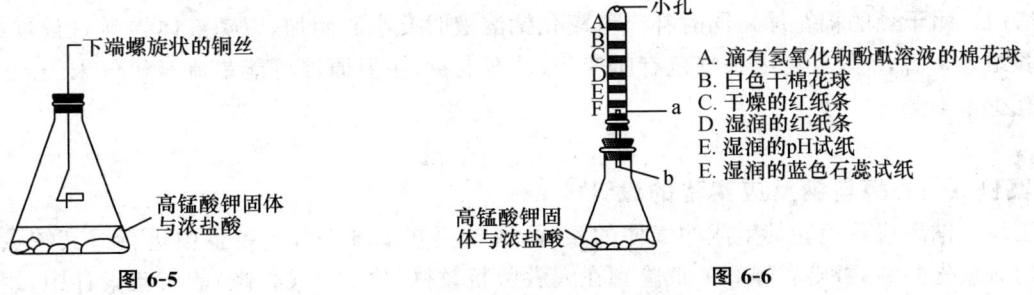

图 6-5　　　　　　　　　　图 6-6

[①] 沈联东. 一套装置多处妙用[J]. 化学教育,2010(3): 88-89.

（3）将固定胶塞上的铜丝（事先绕成螺旋状，可自由抽动。若胶塞上有较大孔隙，可用蘸有氢氧化钠溶液的棉花团包住）置于酒精灯火焰上加热至红热后，快速放入瓶中，塞紧胶塞。这时可观察到瓶中铜丝剧烈燃烧，火星四射，瓶内充满棕黄色的烟，夹有白雾，瓶底液体四溅，瓶壁可见紫色稀糊状液体。

（4）拔出反应完毕后残留有铜丝的胶塞，将步骤（2）准备好的带有试管的胶塞与锥形瓶瓶口相合，塞紧，轻轻晃动锥形瓶，静置。

（5）用胶头滴管从破损试管底部的小孔向 A 棉花球上先后滴加氢氧化钠溶液、酚酞试液，可以看到 A 处棉花球变为玫瑰红色。

（6）从破损试管底部的小孔不断地滴入过量氢氧化钠溶液，使溶液流入锥形瓶内，振荡锥形瓶，使残留的氯气完全吸收。

2．实验优点

（1）实验处于密闭容器中进行，使氯气泄漏量大大减少，降低学生对有毒实验的恐惧感，保护师生身体健康，同时有利于对学生进行绿色化学教育。

（2）同一装置多个反应，颜色多样，对比鲜明，且装置创新，有利于培养学生的创新精神和提高探究兴趣。

（3）一瓶氯气重复利用，多个反应同一装置，节约实验时间，让师生将更多的时间投入原理探究中，提高教学效益。

（4）金属在氧气中燃烧的实验中，高锰酸钾固体与浓盐酸反应后残留的溶液可有效防止燃烧生成的高温固体颗粒使瓶底炸裂。

（5）破损试管的回收利用，变废为宝，有利于学生重新认识"垃圾是一种放错了位置的资源"，是一种很有价值的绿色化学教育。

3．注意事项

（1）金属与氯气反应完毕后无法完成将生成的烟溶于水的实验，同时瓶底紫红色的溶液和反应溅起的液体分散了部分学生的注意力，反应放出的热量使瓶底的溶液形成的白雾干扰了学生对主要产物——棕黄色烟的判断。

（2）破损试管底部的小孔孔径不宜过大，以防氯气未充分吸收而逸出；发现 A 处棉花球红色变浅应及时从小孔处补充氢氧化钠溶液。

（3）为保证 C 处干燥的红色纸条绝对干燥而不褪色，B 处干燥棉花球松紧要适宜（也可在 C、D 间增加一团干燥的棉花球），同时补充氢氧化钠溶液时要小心滴加，以免液体弄湿 C 处红纸条。从实验结果来看，C 处红色纸条红色有所变浅，甚至变黄，主要原因可能是流经氯气未经干燥，从而带有少量水蒸气。

案例3　乙醇与钠反应实验的设计[①]

乙醇与钠反应并检验其生成的气体的实验，通常是在图 6-7 所示装置中进行。其缺点是在点燃前必须先验纯，否则有爆炸的危险。在人教版新教材《化学 2》（必修）的实验设计中，用注射器的针头代替尖嘴玻璃管插入单孔塞中做该实验，火焰难以呈淡蓝色（因为未经洗涤的气体中必

[①] 凌崇忠，刘观赞．乙醇与钠反应实验的简易安全设计[J]．化学教育，2010(7)：66．

然含有生成物乙醇钠);从操作上考虑,由于针头很短,因此收集气体并检验其纯度的操作难度较大。本实验改进如下。

1. 实验器材

Φ15 mm×100 mm 的小试管(或青霉素瓶)一支,Φ8 mm×150 mm 的尖嘴玻璃管(或直形滴管)一根。

2. 实验装置(如图 6-8 所示)

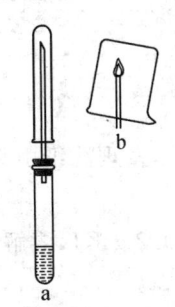

图 6-7 乙醇与钠反应的原装置

图 6-8 乙醇与钠反应的简易安全装置

3. 实验操作

(1) 向小试管(或青霉素瓶)中加入少量无水乙醇。再取一小块钠放入试管中,则钠块沉入试管底部,并与乙醇反应产生气泡。

(2) 将尖嘴玻璃管的大头朝下插入乙醇中,并使之罩住钠块。则钠块在玻璃管内与乙醇继续反应,产生的气体从玻璃管上口排出。

(3) 不用验纯(尖嘴管内的少量空气可很快被生成的氢气排出),直接在尖嘴玻璃管的上口点燃气体,可燃烧,现象明显。此时可用干燥洁净的小烧杯罩在火焰上方,结合使用澄清石灰水,以检验燃烧产物为水,从而确定生成的气体是氢气。

(4) 由于尖嘴管内的溶液中乙醇钠的浓度比外部的高很多,因此尖嘴管内出现絮状沉淀(或白色蜡状固体),这种白色物质是乙醇钠。如果将反应器放入冷水中冷却,则更有利于沉淀的形成。

乙醇钠固体包围钠块会使反应变慢或停止。遇此情况时只需将尖嘴玻璃管稍稍提高一点并轻轻振动,让其中的固体及溶液全部掉下,与试管中的大量稀溶液相混合,则钠块周围的白色蜡状固体或白色浑浊物在大量稀溶液中溶解消失,反应又变得很快,直到完毕。

倘若看不到上述乙醇钠白色固体,其原因可能是:(1) 钠块过小或乙醇用量过大;(2) 反应导致溶液温度过高,而乙醇钠的浓度有限,此时可将反应器放入冷水中冷却。

4. 实验优点

(1) 装置所需器材仅为小试管和尖嘴玻璃管,两者均为实验室最常见的器材,组成的装置又不用检查其气密性,十分简易。

(2) 当钠与乙醇在尖嘴管下部反应时,尖嘴管上部的空气能很快被生成的气体排净,因此不用验纯便可直接点燃生成的气体,十分安全。

(3) 本装置也属于微型实验装置,可以节约药品,但其操作和观察却与常规实验一样方便,因此既适合于教师演示,又有利于学生课内外开展实验。

(4) 由于不用检查装置的气密性,不用验纯就可直接点燃生成的气体,甚至不用取出溶液滴到玻璃片上就可以直接看到有乙醇钠固体生成,这大大简化了实验的操作过程,可节约课堂时间。

案例 4　滤纸上 Fe^{3+} 与 Fe^{2+} 的相互转化实验[1]

以滤纸为载体,在滤纸上进行的化学实验,暂且称其为滤纸实验。下面笔者就高中阶段,化学中的 Fe^{3+} 和 Fe^{2+} 的相互转化做一探究。

1. 实验原理

Fe^{3+} 具有氧化性,遇到较强的还原剂时,会被还原成 Fe^{2+};而 Fe^{2+} 具有还原性,在较强的氧化剂作用下会被氧化成 Fe^{3+}。

2. 实验操作

(1) Fe^{3+} 的检验

在一张滤纸的中央滴加一滴 $FeCl_3$ 溶液,再滴加一滴 KSCN 溶液,发现滤纸由无色变为红色。

(2) Fe^{3+} 的氧化性实验

淀粉-KI 试纸的制作:在 100 mL 新制的 0.5% 淀粉溶液中加 0.2 g KI,溶解后放入滤纸,浸透后取出,在阴暗处晾干即可。

在制备好的淀粉-KI 试纸中央滴加一滴稀 $FeCl_3$ 溶液,稍等片刻,试纸由无色变为蓝色。再滴加一滴 KSCN 溶液,发现滤纸不变色。

(3) Fe^{2+} 的还原性实验

在 4 张滤纸的中央分别滴加一滴 $FeSO_4$ 溶液,再滴加一滴 KSCN 溶液,放在盛有浓 H_2O_2、浓 HNO_3、饱和氯水和饱和溴水的试剂瓶的瓶口上方,发现滤纸由无色变为红色。

3. 实验优点

(1) 本实验各试剂用量极少,所用盐溶液仅 1 mL~2 mL,产生的污染极微,而实验现象却很明显。

(2) 利用滤纸还可以做不少会发生变色的实验。例如,在上述沾有棕色碘的滤纸上再滴加几滴氢氧化钠溶液,蓝色又会褪尽($3I_2+6NaOH=5NaI+NaIO_3+3H_2O$)。

案例 5　铝阳极氧化实验的设计

出于强化学生对现代金属表面处理技术工艺的认识与体验的考量,苏教版《化学与技术》(选修)教材第 67 页的"活动与探究"中特意设置了铝的阳极氧化的模拟实验。教材方案摘述如下:

准备下列试剂、仪器和其他实验用品:2 片铝(12 cm×2 cm)、碳棒、16% 氢氧化钠溶液、20% 硫酸、1% 氨水、茜素溶液(或红墨水)、大烧杯(或玻璃槽)、直流电源(16 V)、导线、滑动变阻器、电键。

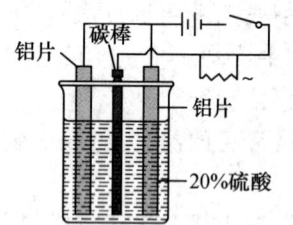

图 6-9　铝阳极氧化实验装置示意图

(1) 把铝片浸入热的 16% 氢氧化钠溶液中半分钟左右,洗去油污,去除表面的氧化膜。取出后用水冲洗干净。

(2) 如图 6-9 所示准备好电解装置。固定好电极的位置,使阳极与碳棒阴极间距离约 2 cm,迅速将铝片浸入溶液,浸入部分约为全片的 2/3,通电约 25 min。

(3) 断开电路,取出铝片。用 1% 氨水中和表面的酸溶液,再用水冲洗干净。

(4) 把铝片浸入茜素溶液中 2~3 min,取出后用水冲洗,再放入沸水中浸煮 5 min。

---

[1] 吴根亮. 滤纸上 Fe^{3+} 与 Fe^{2+} 的相互转化[J]. 中学化学教学参考,2010(8):51.

(5) 取出铝片,擦干。观察铝片表面的颜色。为什么铝片表面 2/3 的颜色与其他部分不同?

上述方案看似非常完美,但笔者重复多次实验后,认为铝的阳极氧化方案中还有些问题亟须解决,如实验装置、操作时间、电解电压等。

1. 对教材实验方案的分析

教材方案中用到滑动变阻器、电键等器材并选择了通过控制极间距同时氧化 2 片铝的实验方案,很明显,是对铝的阳极氧化工艺方法的模拟,有浓厚的工业制法的影子。这样的模拟方式更贴近工业现实,能让学生近距离地真实地体会铝阳极氧化处理工艺。

2. 实验最佳条件的探究

在实验探究时出于简化操作、节省药品等的考虑,减少了阳极的铝的用量,并将电解容器换为 U 形管(总体积约 40 mL),简化后的实验装置见图 6-10。结合上述对实验中存在问题的分析,最终确定对实验温度、硫酸浓度、铝的形状、染色剂的选择等影响因素进行探讨,以期获得最佳的实验效果。

(1) 实验 1:实验温度的影响

按图 6-10 组装装置,将盛放 25 mL 左右的 20%硫酸的 U 形管放入不同温度的水浴中进行实验对比。控制 10 cm×0.8 cm 的铝片为阳

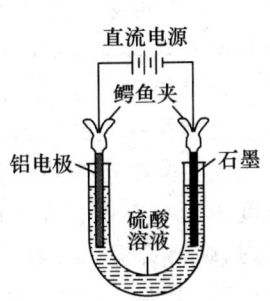

图 6-10 实验装置

极(已预先用 NaOH 处理,全片的 2/3 浸入电解液),以 16 V 直流电压电解 25 min 后洗净,再分别用茜素溶液染色、沸水加热封孔处理,观察并比较铝片表面的染色情况(如表 6-1 所示)。

表 6-1 实验记录

水温 现象	冰水浴	20℃	40℃	60℃	80℃
实验过程中的现象	石墨表面气泡很多,铝电极表面开始时有极少量气泡,后逐渐减少至消失,电解液无明显变化	石墨表面气泡很多,铝电极表面有少量气泡,后逐渐减少至消失,电解液无明显变化	铝电极表面有少量气泡产生,后适当减少但不消失,电解液无明显变化	铝电极表面始终有气泡生成,电解液冷却后 U 形管底有少量白毛状晶体析出	铝电极表面始终有气泡生成,电解液冷却后 U 形管底有大量白毛状晶体析出
铝表面氧化膜的染色对比	铝片浸入部分艳红色,其余部分银白色	铝片浸入部分红色,其余部分银白色	铝片浸入部分粉红色,其余部分仍为银白色	铝片浸入部分浅粉红色,其余部分为银白色	铝片浸入部分粉色不明显,其余部分银白色

可见,温度对铝的阳极氧化的实验效果有很重要的影响。由于较高温度下,阳极上铝片的溶解速度加快,形成 Al^{3+} 后进入溶液的量较多,因此最后电解液冷却时在 U 形管底可观察到白毛沉淀物(硫酸铝晶体),因此,要在铝片表面形成厚而完整的氧化膜就显得很困难,最终导致实验效果差甚至不成功。实验 1 告诉我们,控制电解液温度在 0℃~20℃实验效果比较理想。

电压过大将导致电解液温度的迅速上升,不利于铝氧化膜的形成,建议大家在 10 V 左右较为适宜。此电压下电解液温度始终能保持在室温附近,无须额外水浴冷却。

(2) 实验 2:硫酸浓度的影响

在室温(15.2℃)下,以不同浓度的硫酸电解液为实验研究变量。用 10 V 直流电压电解氧化阳极铝,在控制其他影响因素相同的前提下按实验 1 步骤与内容分别进行探究,并通过对比经阳极氧化后铝片的染色效果来衡量氧化膜的形成质量(如表 6-2 所示)。

表 6-2　实验记录

硫酸浓度	5%	10%	15%	20%	25%	30%
染色情况	粉红	红色	艳红	艳红	红色	粉红

据文献获悉,对于硫酸电解液来说,随着浓度的不断增大,铝表面氧化膜的厚度会先增大而后减少。这种变化归根到底是 H^+ 浓度的变化造成的, H^+ 的浓度对氧化铝膜厚度有两方面的影响:一方面增大 H^+ 浓度,相同电压下电流密度的升高会促进氧化铝膜厚度的增加;另一方面,增大 H^+ 浓度也会加速氧化膜的溶解。因此,随着 H^+ 的浓度升高,首先前者占主导,膜厚度增大;当其浓度升高到一定值时,后者开始占主导,此时膜厚度开始减小。电解液的浓度很低时,氧化铝膜很难形成;而过高时酸液的腐蚀性又会将氧化层溶解掉。因此,在制备过程中,电解液的浓度应控制在一定的范围内。

在实验 2 选择的硫酸浓度范围内,阳极氧化后的铝片表面都能显现明显的染色现象。但在浓度为 10%~25%左右时对比效果最佳,说明铝表面生成的氧化膜状态较好。基于试剂节省的考虑,综合实验 2 结果,笔者认为在选择硫酸浓度为 15%时最合适。

(3) 实验 3:铝电极形状影响的比较

在常温下选用铝片和铝条按图 6-10 装置实验。电源电压为 10 V,硫酸浓度 15%,其他具体条件和操作与实验 1 相同。

结果表明,铝条表面积较铝片更小,阳极氧化时形成的氧化膜致密而且速度快,因此染色时更为均匀明显,并且可大大节省电解所需的时间,实际上只要 3~5 min 即可达到很好的效果。此外,值得一提的是,铝条无论是实验前碱洗处理还是后续的染色、热水封孔操作都可在试管中进行,不仅方便了操作也节省了药品。综上所述,铝条比铝片更适宜该实验。

(4) 实验 4:染色剂替代品的探索

由于中学化学实验室茜素不常见,而红墨水的效果又不是很理想,因此有必要找一种更合适的可替代的染色剂以利于该实验的开展。笔者挑选了几组常见试剂作染色剂,分别对经阳极氧化后的铝条作染色实验对比,具体结果见表 6-3。

表 6-3　实验记录

染色剂	品红溶液	亚甲基蓝溶液	甲基橙溶液	$K_4[Fe(CN)_6]$ 溶液与 $FeCl_3$ 溶液	KSCN 溶液与 $FeCl_3$ 溶液
操作方法	将处理后的铝条在品红溶液中浸泡 2 min 后取出洗净,继续在沸水中加热约 1 min	将处理后的铝条在亚甲基蓝溶液中浸 2 min 后取出洗净,继续在沸水中加热约 1 min	将处理后的铝条在甲基橙溶液中浸 2 min 后取出洗净,继续在沸水中加热约 1 min	将处理后的铝条在 $K_4[Fe(CN)_6]$ 溶液中浸 2 min 后取出洗净,继续放入 $FeCl_3$ 溶液约 30 s,取出后在沸水中加热约 1 min	将处理后的铝条在 KSCN 溶液中浸 2 min 后取出洗净,继续放入 $FeCl_3$ 溶液约 30 s,取出后再在沸水中加热约 1 min
实验现象	几乎看不见铝条有变红现象	经氧化部分的铝条略微显天蓝色,滤纸擦拭会部分褪色	几乎看不见铝条的氧化部分有染色现象	经氧化部分的铝条呈现出均匀的普鲁士蓝色,滤纸反复擦拭也不褪色	几乎看不见铝条氧化部分有染色现象
染色效果	差	较差	差	好	差

所以,像品红、亚甲基蓝等中学阶段常见的有色物质并不适合作本实验的染色剂,而用 $K_4[Fe(CN)_6]$ 溶液与 $FeCl_3$ 溶液组合的染色法,不但实验效果很好(明显的普鲁士蓝色),药品也相对更为常见。

3. 实验结论

当铝作阳极进行电解时,铝条表面形成氧化膜和形成 Al^{3+} 溶入电解液是两个竞争的过程,很多因素都会影响到最终形成的氧化膜的质量。综合上述分析与实验探究的结果,笔者认为,铝的阳极氧化实验更优化的实验条件(或方法)总结为:

(1) 控制直流电压在 10 V 左右能维持电解液温度始终保持在 0℃～20℃;
(2) 选择电解液硫酸的浓度为 15%;
(3) 减少阳极铝的用量并以铝条替换铝片进行电解实验,只需电解 3～5 min;
(4) 用 $K_4[Fe(CN)_6]$ 溶液与 $FeCl_3$ 溶液组合的染色法代替茜素(或红墨水)染色。

4. 方案改进

在教学中,以图 6-11 作为本实验的装置图,并对教学方案优化创新,具体的操作步骤为:

实验用品:铝条、碳棒(或铜条)、NaOH 浓溶液、15%硫酸、0.1 mol·L^{-1} $K_4[Fe(CN)_6]$ 溶液、0.1 mol·L^{-1} $FeCl_3$ 溶液、小型 U 形管、小试管、学生电源(最大电压 16 V)、鳄鱼夹(2 个)、铁架台(带铁夹)、导线。

(1) 把铝条浸入 NaOH 浓溶液 30 s 左右,洗去油污,去除表面氧化膜。取出后用水洗净。

(2) 按图 6-11 组装好电解装置。用鳄鱼夹夹住两电极,使铝条全长的 1/2 浸入硫酸,用 10 V 电压电解约 3～5 min。断开电路,取出铝条,用水冲洗干净。

(3) 将铝条在盛满 0.1 mol·L^{-1} $K_4[Fe(CN)_6]$ 溶液的小试管中浸泡 2 min,取出洗净后,再放入 0.1 mol·L^{-1} $FeCl_3$ 溶液中染色 30 s。

(4) 取出铝条,洗净擦干,观察铝条表面颜色。铝条表面 1/2 的颜色与其他部位不同。

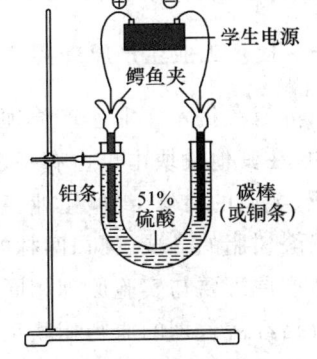

图 6-11 改进后新装置

实践表明,改进后的新方案一般在 10 min 内即可完成整个实验过程,实验效果也非常理想。

案例 6 餐巾纸上的焰色反应实验[①]

苏教版《化学 1》第 21 页活动与探究【实验 4】(课本关于焰色反应实验):

取一根铂丝(或用细铁丝代替),放在酒精灯(或煤气灯)火焰上灼烧至无色。用铂丝蘸取少量 KCl 溶液,置于火焰上灼烧,透过蓝色钴玻璃观察火焰颜色。再用稀盐酸洗净铂丝,并在火焰上灼烧至无色,蘸取少量 K_2SO_4 溶液,重复以上实验。

该焰色反应实验的弊端:实验现象不明显甚至无现象,实验过程烦琐。

1. 实验改进(以 KCl 的焰色反应为例)

从一张质地较好的餐巾纸上扯下 2～3 cm 的一小片,带毛边带尖的那种,对折后,用坩埚钳(或镊子)夹牢,蘸取待测液,放到无色酒精灯火焰上灼烧。待水分略干时,即有火焰的颜色出现,

---

① 郑志信. 新课标教材中化学实验的创新设计[J]. 化学教育,2011(1):64.

当餐巾纸表面有固体析出时,火焰的颜色就很明显了,并且餐巾纸长时间灼烧都不烧焦。

2. 实验优点

(1) 现象明显。纸张面积比铂丝大得多,大半条酒精灯火焰都会变色,用以做钾元素的焰色反应实验,不透过蓝色钴玻璃片,火焰颜色也明显,若透过蓝色钴玻璃片,则更明显。

(2) 显色时间长。因为纸片上残留大量待测物的固体,所以经得起长时间灼烧,演示实验时,在教室里转一圈是可以的。

§6.2 揭示工业生产原理的实验研究

核心术语

◆接触法制硫酸　　◆氨氧化法制硝酸　　◆一氧化碳还原氧化铁　　◆合成氨

揭示工业生产原理的实验是指模拟与现代工业有关的一系列技术问题并做出合理实践和分析的一类实验。旨在增强化学实验的应用意识、技术意识和实践能力,通过实验、分析和讨论交流等途径提高解决实际问题的能力。

一、揭示工业生产原理实验的特点

有关揭示工业生产原理的实验,主要集中在《化学与技术》《化学反应原理》《实验化学》模块中,在其他模块中也占有一定的比例。主要内容如海水淡化与水处理、合成氨、硝酸工业、硫酸工业、金属的冶炼、纯碱工业、氯碱工业、硫酸亚铁铵的制备、日用化工品的制备、乙酸乙酯的合成、酚醛树脂的合成、阿司匹林的合成等。设计这类实验必须考虑下列共同特点:(1) 生产中应用的生产原理要与实验原理相同;(2) 实验中使用的药品试剂和物质要与工业生产上原料来源可靠、价格经济合理的原则相联系;(3) 实验中采用加热、冷却等操作要与工业生产上电能、燃料等能源和水源供应原则相联系;(4) 实验中可能发生的过热爆炸、可燃气体爆炸等要与工业生产上安全防护措施相联系;(5) 实验中流程及装置连接要与化工过程温度、压力、流量、液位、密度、介质pH控制相联系;(6) 实验中气体污染物质的处理要与化工厂中采用的吸收、吸附、凝集或焚烧等方法相联系,还要注意其他污染物(废渣、废液)的处理以防止环境污染等。

因此,这类实验仪器装置一般比较复杂,要求实验技术的综合性也比较强。通过这类实验,不仅有助于巩固和加深理解相关的化学基础知识、基本理论,掌握和提高相应的技能、技巧,而且能更好地揭示化学反应原理在化工生产中的应用。深刻认识化工生产中能源、原料的充分利用,认真对待三废处理和保护环境的重要性。故这类实验对提高学生实验技术,培养学生观察能力以及分析和解决实际问题的能力等方面都是十分有益的。

二、揭示工业生产原理的实验案例

案例7　接触法制硫酸的实验

1. 实验目的

(1) 认识接触法制硫酸的反应原理和生产过程。

(2) 掌握接触法制硫酸实验成功的关键和演示技术。

2. 实验原理

(1) 硫可与氧气直接燃烧反应生成二氧化硫,二氧化硫必须在催化剂存在下氧化成三氧化硫。三氧化硫是硫酸的酸酐,溶于水生成硫酸。工业上使二氧化硫在适当的温度和催化剂的作用下氧化成三氧化硫气体,用浓硫酸吸收制成发烟硫酸,然后用水或稀硫酸稀释成各种浓度的硫酸。这种方法称为接触法制硫酸:

$$SO_2 + \frac{1}{2}O_2 \xrightarrow{\text{催化剂}} SO_3; \quad \Delta H_m(298K) = -98.29 \text{ kJ} \cdot \text{mol}^{-1}$$

$$SO_3 + H_2SO_4(\text{浓}) = H_2SO_4 \cdot SO_3(\text{发烟硫酸})$$

$$H_2SO_4 \cdot SO_3 + H_2O = 2H_2SO_4$$

(2) 实验步骤

① 将用重铬酸铵加热分解制得的三氧化二铬放入细玻璃管中(内径0.5~0.8 cm),两端用玻璃纤维挡住,固定在铁架台上。然后按图6-12装好仪器和药品。

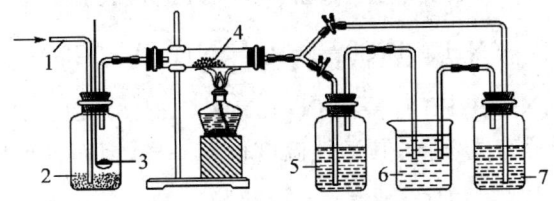

图 6-12 接触法制硫酸

1—氧气或空气进口   2—石棉或砂子   3—硫黄
4—催化剂(Cr_2O_3)   5—浓硫酸   6—10% NaOH 溶液   7—水

② 用酒精灯加热催化剂,再点燃燃烧匙中的硫粉或硫块,伸进集气瓶中,塞上胶塞。立即鼓入氧气或空气,燃烧产生的二氧化硫和过量的氧气通入反应管,进行催化氧化生成三氧化硫。让反应后的气体先通过盛浓硫酸的洗气瓶。只有少量酸雾生成,再让气体通过盛水的洗气瓶,则有大量酸雾生成。尾气中的 SO_2 和酸雾用氢氧化钠溶液吸收以避免环境污染。

③ 反应停止后,从盛有氢氧化钠溶液的烧杯中或盛水的洗气瓶中取出少量的溶液,先加入少量的氯化钡溶液,再加入少量的稀硝酸检验,有白色沉淀生成而且不溶解,证明有硫酸根离子存在。

3. 疑难问题研究

(1) 这个实验的成败关键是催化剂的质量和加热的温度

① 加热分解重铬酸铵制取三氧化二铬作催化剂较简便。

$$(NH_4)_2Cr_2O_7 \xrightarrow{\text{灼烧}} N_2\uparrow + Cr_2O_3 + 4H_2O$$

在瓷坩埚里加入重铬酸铵约3 g,盖上坩埚盖,露出一条隙缝,加热。重铬酸铵即分解成绿色疏松的三氧化二铬小颗粒。打开坩埚盖,继续灼烧5~10 min以除去水分,可得干燥的三氧化二铬催化剂。

在一支细玻璃管中(内径0.5~0.8 cm)加催化剂约3 cm长,两端用玻璃纤维挡住,便成催化剂柱。

也可用重铬酸钾和氯化铵混合,放在蒸发皿里加热反应,将反应物溶解、过滤,再在瓷坩埚中灼烧、沉淀,即得粉末状的 Cr_2O_3 催化剂。

② 又可用五氧化二钒作催化剂:将 6.3 g 偏钒酸铵加入 100 mL 水里,加热到 70℃制成饱和溶液。把石棉绒在偏钒酸铵溶液里浸透,取出烘干后在瓷坩埚里灼烧,石棉绒上即覆盖一层橙黄色至深红色的钒触媒——五氧化二钒。

$$2NH_4VO_3 \xrightarrow{灼烧} V_2O_5 + 2NH_3\uparrow + H_2O$$

③ 氧化铁催化剂:把石棉绒放入硫酸亚铁饱和溶液中浸泡(有的可用 20 mL 饱和硫酸亚铁溶液与 5 mL 10% 的硫酸铝溶液,10 mL 10% KOH 溶液的混合液),取出烘干后在瓷坩埚中灼烧即得。

④ 铂石棉催化剂:把石棉绒放在 5% 氯铂酸或氯化铂的溶液里浸湿取出烘干,石棉绒上就生成不溶于水的氯铂酸铵。再放入瓷坩埚里灼烧,这时氯铂酸铵分解成细细的铂粉附着在石棉绒上。

$$H_2PtCl_6 + 2NH_4Cl = (NH_4)_2PtCl_6 + 2HCl$$

或

$$PtCl_4 + 2NH_4Cl = (NH_4)_2PtCl_6$$

$$(NH_4)_2PtCl_6 \xrightarrow{\triangle} Pt + 2NH_4Cl + 2Cl_2$$

或

$$3(NH_4)_2PtCl_6 \xrightarrow{\triangle} 3Pt + 2NH_4Cl + 16HCl + 2N_2$$

由于各种催化剂的化学组成不同,其活性温度也不一样,因而各种催化剂对二氧化硫的转化率也不同。如表 6-4 所示。

表 6-4 不同催化剂的活性温度和转化率

催化剂	SO_2 最大转化率/(%)	相适应的温度/℃	催化剂	SO_2 最大转化率/(%)	相适应的温度/℃
铂石棉	99.5	425	WO_3	62.5	670
V_2O_5	99.0	512	CuO	58.7	700
Cr_2O_3	81.0	580	TiO_2	49.7	700
Fe_2O_3	69.5	625	MnO_2	47.0	700

从表 6-4 列出的数据可以看出,不同催化剂其活性温度的高低和转化率的大小各不相同。从中学的实际条件出发,选用 Cr_2O_3 作催化剂比较适宜。

(2) 二氧化硫催化氧化反应条件的控制

① 温度:如用 Cr_2O_3 作催化剂,可用细玻璃管作反应管,用多灯芯或大火的酒精灯加热,便能达到活性温度。用细玻璃管也便于胶管连接。如用粗玻璃管作反应管,则必须喷灯加热,才能达到较好的效果。管塞连接处也易漏气。

② 气流速度:反应的气流速度过小,二氧化硫的转化率虽较高,但是单位时间内产生的三氧化硫少。如果气流过大,二氧化硫未被氧化就流走了,转化率很低,而且产生的少量三氧化硫未被吸收就排出去了,实验也会失败。因此,混合气体的流速必须调节适当。

(3) 二氧化硫和氧气混合气体的制备和储存

① SO_2 气体的制备和储存:在圆底烧瓶中放入固体亚硫酸钠或亚硫酸氢钠,从分液漏斗中分次滴加浓硫酸,产生的 SO_2 气体,经浓硫酸干燥再送去与 O_2(或空气)混合的方法是实验室常用的方法。但硫黄燃烧和焙烧黄铁矿粉的实验方法,更接近化工生产上采用的原料。干燥处理

后的 SO_2 气体还可收集储存在一球胆中备用。

② O_2 的制备和储存：可用氯酸钾与二氧化锰混合加热制得的 O_2，或从储氧钢瓶中取得的 O_2（本实验也可以用空气来代替氧气），经过浓硫酸干燥后，收集储存在另一球胆中。

③ SO_2 和 O_2（或空气）的混合和干燥：将盛有 SO_2 和 O_2 两种气体的两个球胆连通，用手挤压，把全部 O_2 压入 SO_2 的球胆中，让其充分混合，使用时容易控制，操作方便。混合气体不管来自球胆或边制边用都必须干燥，一般用浓硫酸作干燥剂。如在催化管前半段，放入干燥硅胶或脱脂棉团代替浓硫酸干燥剂，也不会影响实验效果。

4．实验改进

(1) 接触法制硫酸参考装置之一如图 6-13 所示。使用该装置做实验能练习仪器连接、流量流速控制、加热、气体吸收等多种基本操作，对掌握有关实验操作技术有益。

按图 6-13 连接后，实验时先通入氧气，分段检查气密性。预热催化剂 10 min，使温度达到 400℃～500℃。再从二氧化硫发生器导出 SO_2 气体，同时从氧气储气瓶里导出 O_2，使二者通过盛浓硫酸的三口瓶。一方面用于干燥气体，另一方面可观察和控制气体流速，氧气的流速应为二氧化硫的二倍。

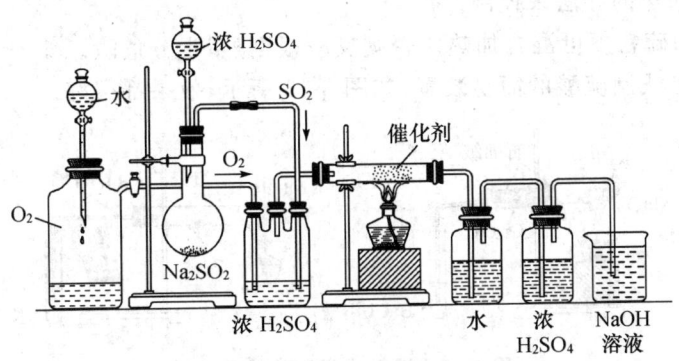

图 6-13　接触法制硫酸参考装置之一

(2) 接触法制硫酸参考装置之二如图 6-14 所示。该装置中黄铁矿粉原料与催化剂放在同一反应管中分段加热，通入氧气先后发生两个反应：

$$4FeS_2 + 11O_2 \xrightarrow{\quad\quad} 2Fe_2O_3 + 8SO_2$$

$$2SO_2 + O_2 \xrightarrow{\quad\quad} 2SO_3$$

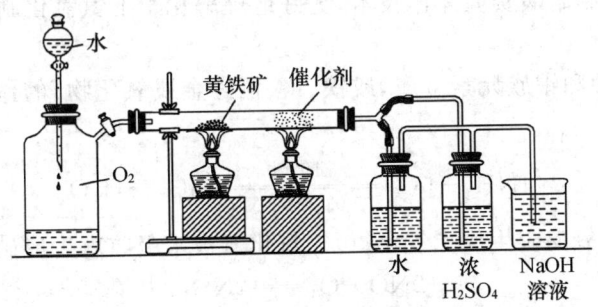

图 6-14　接触法制硫酸参考装置之二

(3) 二氧化硫接触氧化简易装置。在一支大试管底部装入 $KMnO_4$ 晶体,中部放进少量硫粉,其间用玻璃丝相隔。试管口用单孔橡胶塞导管连接生成的气体,将其导入用硝酸酸化了的 $BaCl_2$ 溶液中。

当用小火加热硫粉至刚刚熔化时,迅速把酒精灯焰移近试管部加热 $KMnO_4$ 晶体。产生的氧气使硫燃烧成淡蓝色的火焰生成二氧化硫气体。这里 $KMnO_4$ 分解所产生的 MnO_2 对反应起着接触催化作用。生成的 SO_3 形成大量白色酸雾,导入 $BaCl_2$ 溶液产生大量白色 $BaSO_4$ 沉淀不被硝酸溶解,说明有硫酸生成。

$$2SO_2 + O_2 \xrightleftharpoons[\triangle]{(MnO_2)} 2SO_3$$

$$SO_3 + H_2O == H_2SO_4$$

这个演示实验装置简单,原理正确。它把 SO_2 和 O_2 的发生、催化氧化等合为一体,具有很好的课堂演示效果。

[注意]

(1) 硫在氧气中的燃烧并不剧烈,不会有不安全因素。如果硫燃烧"火光"太强,可以用调节酒精灯火焰或停止加热的办法来控制。

(2) 高锰酸钾和硫粉不可混合加热。否则反应很剧烈,十分危险。

还有类似的接触法制硫酸的简易装置,如图 6-15 所示,效果都很好。

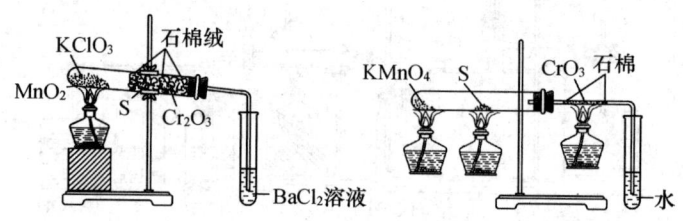

图 6-15 接触法制硫酸简易装置

案例 8 氨氧化法制硝酸的实验

1. 实验目的

(1) 能结合中学化学实验室的条件,设计出氨催化氧化制硝酸演示实验的合理装置,提高实验设计能力。

(2) 掌握氨氧化法制硝酸实验操作技术,更好地理解化工上氨氧化制硝酸的生产过程原理。

2. 实验原理

(1) 在氨催化剂(铂和铂族元素金属,或铁、铬、铜等金属氧化物)的作用下,氨可被氧化成一氧化氮:

$$4NH_3 + 5O_2 \xrightarrow[700℃\sim 900℃]{催化剂} 4NO + 6H_2O$$

一氧化氮进一步和氧反应生成二氧化氮,二氧化氮被水吸收就生成硝酸:

$$2NO + O_2 == 2NO_2$$

$$3NO_2 + H_2O == 2HNO_3 + NO$$

工业上制取硝酸的方法,就是以这些反应过程为基础的。

(2) 工业上用上述三步反应,只能制得稀硝酸(49% HNO_3)。要得到国防工业上和某些染料中间体生产上应用的浓硝酸(98% HNO_3)则要将纯二氧化氮冷却为液态四氧化二氮,再送至混合罐与稀硝酸混合,配成 N_2O_4:HNO_3:H_2O=7:2:1 的混合物,用泵送入高压釜(70℃、50 kg/cm^2)与纯氧反应直接合成浓硝酸:

$$2N_2O_4 + 2H_2O + O_2 \xrightarrow{(HNO_3)} 4HNO_3$$

或者,使稀硝酸在硝酸镁(或浓硫酸)作脱水剂的条件下浓缩而得。直接合成浓硝酸是比浓缩法采用更多的方法。

(3) 实验步骤

氨催化氧化制硝酸的实验中装置如图 6-16。

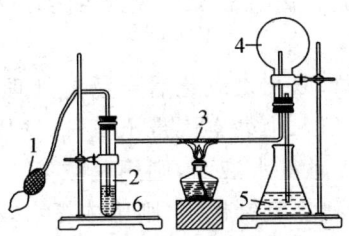

图 6-16 氨催化氧化制硝酸

1—双连打气球 2—支管试管 3—催化剂(Cr_2O_3) 4—二氧化氮 5—石蕊指示剂试液 6—氨水

实验时先用小火预热整个催化管,然后集中火焰强热催化剂,3~4 min 后,待催化剂下部烧红时,压入空气,使其通过氨水,与氨气混合进入催化管,此时可看到下述三个现象:

① 催化剂呈红热状态。如果移开灯焰,继续通入混合气体,则催化剂仍保持红热状态;如果停止通气,催化剂红热状态即消失。继续通入气体,催化剂红热状态又出现。这样可反复进行数次,使学生了解放热反应所产生的反应热,能使反应持续进行。

② 在氧化瓶中产生红棕色的 NO_2 气体。

③ 试管内紫色石蕊试液呈红色,说明已有 HNO_3 生成。

实验过程中,如果没有达到反应所需要的温度(700℃),就通入混合气体,则反应不但不会发生,反而使吸收液(石蕊液)、氧化瓶充满氨气而影响实验结果。

3. 疑难问题研究

(1) 催化剂。用铂丝(或银石棉)作催化剂,催化效果好,但铂丝价格昂贵,不便普及。用铜网(或一股铜丝团)作催化剂效果也较好。还可用某些金属(如 Cr、Co、Fe、Cu、Bi、Mn、Ni 等)氧化物作催化剂。但从催化剂来源、制备的难易和催化效果,结合中学的实际情况综合考虑,以选用 Cr_2O_3 作催化剂为好。

① 银石棉的制备:将石棉绒放入硝酸银溶液中浸透,取出挤去多余的溶液,烘干后在瓷坩埚中灼烧即得银石棉。

② 镀铂丝或镀银丝的制备:将细铜丝擦亮卷成螺旋状,浸入氯化铂的溶液中,铜表面镀上了一层铂,用它来代替铂丝效果极好。将铜丝浸入银氨溶液中,铜表面镀上一层银,也可以用作催化剂。

③ 氧化钴催化剂的制备:把普通红砖砸碎,筛去碎末。挑选 5 mm 左右的小块在日光下晾

晒或烘箱中烘干,以彻底干燥。把干燥的碎砖块放在蒸发皿里,倒入饱和硝酸钴溶液。浸泡24小时,让砖块吸足硝酸钴。然后倒出多余溶液,将吸足硝酸钴的砖块放在瓷坩埚内盖好,在通风橱或通风处用喷灯加热灼烧,直至硝酸钴完全分解不再释放出二氧化氮为止。此时,催化剂呈黑色。

为了检验硝酸钴分解是否完全,把制得的催化剂放在硬质玻璃管内,用酒精灯加热。玻璃管的一端通入空气,经由另一端导入盛有二苯胺硫酸溶液(隆格试剂)的锥形瓶里。这时如果溶液不变色,表明硝酸钴已分解完全;如果溶液变蓝,则表示仍有未分解的硝酸钴存在,必须继续加热灼烧催化剂。

(2)氨水浓度的选择。如果氨水浓度过浓,氨氧化不完全,就可能产生白烟,致使红棕色二氧化氮不易看出;如果氨水过稀,被氧化的氨太少,也难看到红棕色二氧化氮,同时催化剂发红现象也不明显。

由于装置不同和供氨方式不同,以及氨氧化后产物的处理不同,对氨水浓度要求也就不同。在供氨装置中,如果将玻璃管插入氨水中鼓空气带出氨气,选用2体积氨水加1体积水,即2∶1氨水较合适。如果玻璃管口刚刚接触氨水液面,则用稍浓氨水为好。如果用脱脂棉为载体去吸收氨水,而使气流通过脱脂棉的缝隙将氨气带出,则用浓氨水效果较好。

(3)实验出现红棕色的二氧化氮的明显程度与接收器的大小和形状也有关。一般小口大肚的烧瓶或锥形瓶比试管或烧杯颜色明显,因为容器大些,催化反应生成的NO在这里充分与瓶里空气中的氧混合而生成更多的NO_2。另外,氨氧化产物导入接收器的时间,一定要控制好,如果在实验前先把导管插入接收器中,则开始时容易出现白烟。只有当氨催化氧化反应放出的热量,在撤出加热酒精灯焰后能维持催化剂发红时,再把导管插入接收器中,这样导出的混合气体含氨少,一氧化氮和二氧化氮较多,颜色明显有红棕色而效果好。

4. 实验改进

(1)按照图6-17连接仪器的实验装置,由于仪器容积大,试剂原料量也大,持续反应时间长,现象明显。

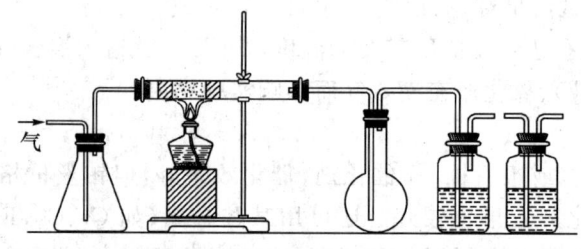

图6-17 氨催化氧化制硝酸实验装置

锥形瓶(500 mL)中放入2∶1氨水,反应管是一支硬质玻璃管($\Phi 20\times 150$ mm),内装三氧化二铬催化剂。催化剂层长2～3 cm,两头各用玻璃棉挡住,使催化剂在径向上尽可能分布均匀。接收器(氧化瓶)要选用大容量的烧瓶(1000 mL),这样现象明显,效果好。最后两只广口瓶盛放的吸收水(加入石蕊溶液)和碳酸钠溶液不宜太多,导管伸入液面不宜太深,否则系统内阻力大,气流不畅。

实验开始时,先用酒精灯加热催化剂层,使温度迅速升高。用双连打气球或储气瓶把空气通入锥形瓶里,形成的氨空气混合气慢慢进入反应管。由于氨氧化反应放出大量热,所以随着反应的进行,催化剂温度越来越高,直到红热状态。当催化层呈暗红色时,把酒精灯撤出,催化剂将继续保持红热状态。此时在氧化瓶里可以观察到有红棕色气体。说明一氧化氮在这里被氧化成二氧化氮了。同时在水吸收瓶里可以看到石蕊溶液开始变成红色,说明二氧化氮溶于水生成硝酸。尾气用碳酸钠溶液吸收,以减少氮氧化物对室内空气的污染。

$$Na_2CO_3 + NO_2 + NO \Longrightarrow 2NaNO_2 + CO_2$$

实验完毕,先把反应管与接收瓶之间的橡胶塞拆开,以防止反应管内因温度下降引起压强下降,使吸收液倒流。

实验过程中在氧化瓶里如发现有较浓的白烟,说明有大量氨气未经氧化而进入氧化瓶了,此时可降低通入空气量,提高催化剂的温度。

(2) 类似实验装置如图 6-18。它有装置简单小型、药剂用量小的特点。

(3) 在敞口瓶里进行氨氧化。图 6-19 是该实验的仪器装置图。为了使催化剂牢固地保留在电热丝螺旋圈内,可以用一块薄石棉板浸透重铬酸铵饱和溶液。而后把它干燥。并且在灯焰上煅烧使重铬酸铵分解。再剪成窄条另置于电热丝的螺旋圈内。

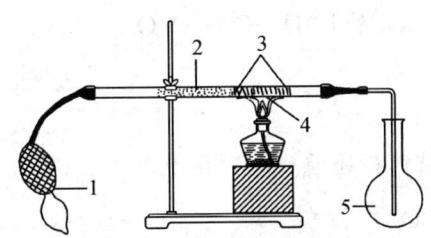

图 6-18　氨氧化制硝酸简易实验

1—双连打气球　2—浸有氨水的脱脂棉
3—玻璃纤维　4—催化剂(Cr_2O_3)　5—氧化瓶

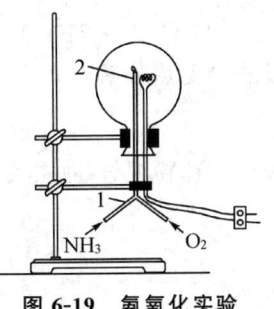

图 6-19　氨氧化实验

1—三通管　2—电热丝

制备 NH_3 和 O_2 的装置图此处从略。

进行实验时,把氨和氧分别由三通管通入烧瓶里,调整氧气流量使其大大超过氨的流量,接通电源,调节调压器使电热丝保持暗红色。因氨氧化反应放热,所以可使电热丝温度继续升高而呈现浅红或亮红色。此时就应当调低电压或短时间切断电源,使电热丝始终保持暗红色。大约经过 2~3 分钟,烧瓶里的气体呈现红棕色,说明生成的一氧化氮进一步氧化成二氧化氮了。

在上述过程中,氧气量要过剩。这不仅是因为反应方程式比例量的需要,更重要的是如果氨量过剩,氨在电热丝处发生高温分解。放出氢气,氢和氧气体混合遇热会发生爆炸。

$$2NH_3 \Longrightarrow 3H_2 + N_2$$

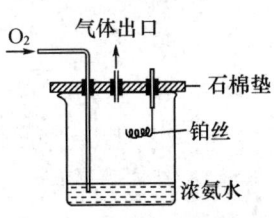

图 6-20　氨氧化实验装置

(4) 使用铂丝作催化剂的实验装置如图 6-20 所示。先用酒精灯烧红铂丝,插入石棉垫,盖好并缓缓通入氧气,通入氧气后可发现铂丝变红,并有 NO 和 NO_2 气体生成。注意:氧气通入速度要慢,否则可能着火燃烧。

案例9 一氧化碳还原氧化铁的实验

1. 实验目的

(1) 掌握一氧化碳还原氧化铁实验的操作技术和实验获得成功的关键。

(2) 了解工业上炼铁生产过程和原理。

2. 实验原理

(1) 一氧化碳的制备

① 焦炭或木炭粒，通入氧气(或空气)燃烧生成二氧化碳，二氧化碳被红热的炭高温还原为一氧化碳。

$$C + O_2 \xrightarrow{\triangle} CO_2；$$
$$CO_2 + C \xrightarrow{高温} 2CO$$

② 甲酸(或甲酸钠)与浓硫酸反应。

$$HCOOH + H_2SO_4 \xrightarrow{80℃\sim 90℃} H_2SO_4 \cdot H_2O + CO \uparrow$$

③ 草酸与浓硫酸反应。

$$H_2C_2O_4 \cdot 2H_2O + 3H_2SO_4 \xrightarrow{\triangle} CO \uparrow + CO_2 \uparrow + 3H_2SO_4 \cdot H_2O$$

④ 酒石酸铅受热分解。

$$PbC_4H_4O_6 \xrightarrow{\triangle} Pb + 2H_2O + 4CO \uparrow$$

⑤ 碳酸镁与锌粉混合、加热分解产生的二氧化碳，被锌粉还原成一氧化碳。

$$MgCO_3 \xrightarrow{\triangle} MgO + CO_2 \uparrow$$
$$CO_2 + Zn \xrightarrow{\triangle} ZnO + CO$$

(2) 一氧化碳还原氧化铁生成铁

$$Fe_2O_3 + 3CO \xrightarrow{\triangle} 2Fe + 3CO_2$$

3. 操作步骤

(1) 取一根直径约1.5 cm，长约30 cm的硬质玻璃管，一端拉细后作燃烧管。在拉细处放少量的玻璃纤维后，再放入经过干燥的炭粒(粒状活性炭更好)，约占全管容积的3/4，用具有玻璃导管的胶塞塞紧。装置如图6-21所示。

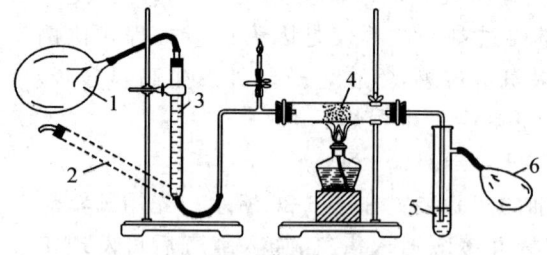

图6-21 一氧化碳还原氧化铁

1—装有氧气的球胆　2—预热的位置　3—炭粒
4—氧化铁　5—澄清石灰水　6—收集尾气的球胆

(2)取一根直径约1 cm,长约15 cm的反应管,在反应管中部放入少量氧化铁(工业品),反应管拉细的一端与直角导管相连,直角导管一端伸入具支试管的石灰水中,试管的支管再与一空瘪球胆连接。反应管另一端配单孔塞与T形管相连,T形管的一端用胶管连接玻璃尖嘴管,夹上弹簧夹。

(3)用氯酸钾和二氧化锰制取氧气,收集储存在球胆中,然后将储氧球胆与装炭粒的燃烧管相连。

(4)将装炭粒的燃烧管横持在铁架台上,用酒精灯在燃烧管底部拉细部位加热,加热到一定程度鼓入氧气,当燃烧管内的炭粒着火,将灯焰移到反应管的氧化铁部位加热,同时将燃烧管竖直固定在铁架台上,继续通入氧气使炭层燃烧,发出亮光。用小试管在T形管上端的尖嘴管收集一氧化碳气体,经检验纯度后,才可在管口点燃。这时能清楚看到一氧化碳燃烧的蓝色火焰,关闭T形管上的弹簧夹,继续通氧气制一氧化碳,它与反应管内红棕色的氧化铁反应而使氧化铁还原成铁,颜色变黑。支管试管内的澄清石灰水变浑浊。未反应完全的含一氧化碳尾气,收集于球胆中,防污染空气。

(5)实验完毕,停止通氧气,打开尖嘴上弹簧夹,撤去酒精灯,去除燃烧逸出的气体。等反应管内的黑色粉末冷却后,用磁铁在反应管外来回移动,可以看到黑色粉末被吸起来。说明氧化铁已被一氧化碳还原成铁。

4. 疑难问题探究

(1)一氧化碳的制取和储存:实验室制取一氧化碳一般用甲酸与浓硫酸反应,也可以用浓硫酸与草酸或甲酸钠反应来制取。用草酸制得的一氧化碳,一般要通过氢氧化钠溶液除去其中的二氧化碳。用试管收集点燃法验纯后的一氧化碳气体,最好收集储存在球胆中,实验时既便于控制气流大小又可简化实验装置和操作。

(2)采用木炭粒(或焦炭粒和活性炭粒)通氧气的不完全燃烧反应,更接近于炼铁过程的反应。

(3)一氧化碳有毒,制取时最好在通风橱中或通风良好的地方进行,多余的一氧化碳应该燃烧处掉(尾气固定通向燃烧的酒精灯焰上)。

(4)一氧化碳中毒急救措施:一氧化碳与血红蛋白结合的能力比氧气大250倍,因此它能破坏血液的输氧能力。如果吸入体内,会使人因缺氧而中毒。轻者出现头痛、恶心、呕吐等现象,重者昏迷,失去知觉,甚至死亡。因此,在进行有关一氧化碳实验时,如有头痛、恶心等现象,要及时离开实验室,到空气新鲜的地方,重者应送医院急救。

(5)反应管粗细的选择和玻璃纤维的作用。用粗细不同的反应管,以及有无玻璃纤维作载体作对比实验,结果是选用细反应管(内径约0.5 cm)比粗反应管(内径大于1.0 cm)效果好。有载体的比无载体的效果好。因为用玻璃纤维作载体,可以扩大反应物之间的接触面,增加流体输送的孔道,反应更充分,且可缩短反应时间。

(6)澄清石灰水应是新制的,否则效果较差。

5. 实验改进

(1)根据上面实验研究,用细玻璃管作反应管的实验装置如图6-22。并按如下步骤进行操作:

① 用少许玻璃纤维尽量多附上氧化铁粉,放入细玻璃管中部,固定在铁架台上。

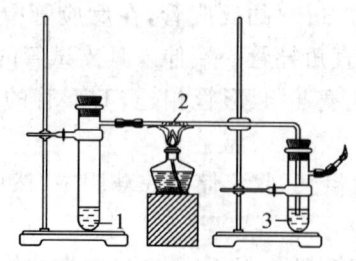

图 6-22　一氧化碳还原氧化铁
1—甲酸和浓硫酸　2—用玻璃纤维为载体的氧化铁　3—澄清石灰水

② 在小的支管试管中加入少量新制的饱和澄清石灰水,塞上具有玻璃导管的胶塞。

③ 在大的支管试管中加入 2 mL 甲酸和 4 mL 浓硫酸,塞上胶塞。甲酸与浓硫酸反应产生的气体通过反应管和澄清石灰水从尖嘴管导出,待空气排尽后(试管收集作点燃验纯),在尖嘴点燃呈蓝色火焰,表示有 CO 生成。但小试管内石灰水不变浑,说明反应管内尚未发生反应。

④ 用酒精灯火焰在有氧化铁部位加热反应管,小试管内石灰水变浑,说明反应后有 CO_2 产生,管内红棕色为氧化铁被还原成黑色的铁粉(可用磁铁检验)。

⑤ 实验完毕,应将多余的一氧化碳燃尽(通到另一酒精灯焰上)。然后拆开通入澄清石灰水的导管,再撤去加热的酒精灯,并用实心玻璃棒塞住反应管口隔绝空气进入反应管;避免热的铁粉被空气中氧气所氧化。等完全冷却后,取出反应生成物,仍用磁铁检验得到的铁粉(反应前的氧化铁粉不被磁铁吸引)。

(2) 用 $MgCO_3$ 分解产生 CO_2,CO_2 可被活泼金属 Zn 还原成 CO,再用它来还原 Fe_2O_3 的实验装置,如图 6-23 所示。

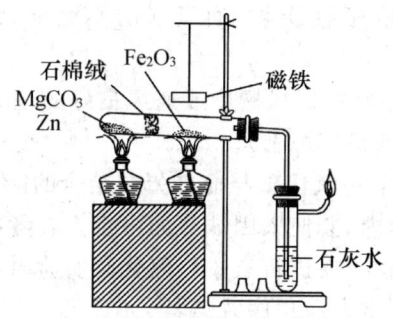

图 6-23　氧化铁的还原实验

将 2 g $MgCO_3$ 粉末,2 g 锌粉混合均匀装入大试管底部,把试管平放,塞入一些石棉绒再小心地在试管中部放入 1 g Fe_2O_3 粉末。试管中两部分物质用石棉绒隔开,再按图将仪器安装好。支管试管内装有约 1/3 澄清石灰水。将弯管尖嘴玻璃管用橡胶管连接在支管处。用两盏酒精灯同时加热混合锌粉的碳酸镁和氧化铁,产生的 CO 气体经试管收集点燃验纯后,送到酒精灯焰上燃烧掉尾气中多余的 CO 气体。约 5 min 后停止加热,拆除支管试管,堵住管道避免完全进入,等试管冷却后,在原放 Fe_2O_3 粉的试管上方悬挂一磁铁,观察黑色铁粉被吸引而移动的情况。支管试管中澄清石灰水变浑浊。如产生 CO_2 量多,最后浑浊石灰水又会变澄清。发生的反应如:

$$Ca(OH)_2 + CO_2 = CaCO_3 \downarrow + H_2O$$
$$CaCO_3 + H_2O + CO_2 = Ca(HCO_3)_2$$

尖嘴玻璃管处点燃火焰呈蓝色,是过多的 CO 燃烧的现象。

注:在演示前让学生观察 Fe_2O_3 粉的颜色和不被磁铁吸引的情况,以利还原后对比。

(3) 一氧化碳还原氧化铁实验其他参考装置,如图 6-24。

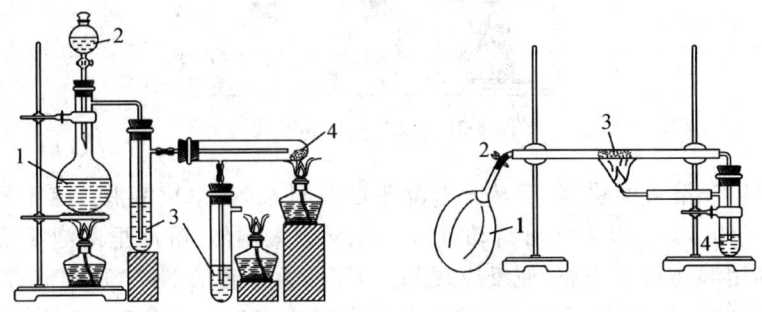

图 6-24　一氧化碳还原氧化铁

案例 10　合成氨实验的研究

1. 实验目的

(1) 掌握常压催化法合成氨实验的成功关键和操作演示技术。

(2) 更好地理解化工生产上氮氢混合气的净化、配比,合成氨催化剂、助催化剂的作用,温度、压力反应条件的控制,反应器形式等对生产的重要影响。

2. 实验原理

(1) 合成氨反应

$$\frac{1}{2}N_2(g) + \frac{3}{2}H_2(g) \xrightleftharpoons[]{\text{催化剂}} NH_3(g) \quad \Delta H_m(298 \text{ K}) = -56.32 \text{ kJ} \cdot \text{mol}^{-1}$$

它是一个熟知的放热、可逆和体积收缩的反应。其特点是常压下在催化剂允许的反应温度范围内,反应转化率很低。给生产也给实验演示的效果带来困难,这是与 SO_2 催化氧化和 NH_3 的催化氧化反应不同的。

(2) 氮、氢气体在催化剂上发生反应生成氨的机理

一般认为是:

$$N_2(\text{气相}) \rightarrow \equiv N(\text{吸附}) \xrightarrow{H} NH(\text{吸附}) \xrightarrow{H} NH_2(\text{吸附}) \xrightarrow{H} NH_3(\text{吸附}) \rightarrow NH_3(\text{气相})$$

该历程是以氨与氘进行下列同位素交换实验为根据的:

$$D_2 + 2NH_3 = 2NH_2D + H_2 \quad 2NH_2D + D_2 = 2NHD_2 + H_2 \quad 2NHD_2 + D_2 = 2ND_3 + H_2$$

上述催化反应历程,一方面使所需要的活化能比非催化反应降低很多,另一方面由于吸附使催化剂表面上反应物浓度增加。这样,都能使合成氨反应速度加快。

3. 实验步骤

(1) 氮、氢混合气的制备和净化

① 氮气的制取和净化

配制 NH_4Cl 或 $(NH_4)_2SO_4$ 和 $NaNO_2$ 饱和溶液各约 50 mL。这些溶液可以制得氮气 5~8 L。实验装置如图 6-25 所示。

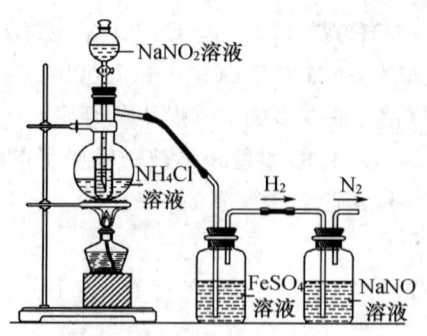

图 6-25 氮气制备和净化

先加热盛 NH_4Cl 溶液的烧瓶,后从分液漏斗逐滴滴入 $NaNO_2$ 溶液。这个反应是放热的,只需在开始时加热至约 85℃,以后即可自动进行。若反应太剧烈,溶液里的泡沫很多,有膨胀上升的现象时,应立即用湿布包裹烧瓶,使反应缓和。同时,暂停滴加 $NaNO_2$ 溶液,以免溢出。

上述反应产生的气体,往往含有 NO、NO_2,会毒害合成反应催化剂,必须加以净化。方法是使产生的气体依次通过浓的硫酸亚铁溶液和浓碱液,发生如下反应:

$$FeSO_4 + NO = Fe(NO)SO_4$$
(棕色)

$$2NO_2 + 2NaOH = NaNO_2 + NaNO_3 + H_2O$$

② 氢气的制取和净化

用启普发生器由锌粒和稀硫酸制得的氢气往往含有砷化氢(AsH_3)、硫化物(H_2S、COS)和磷化氢(PH_3)等。微量的这些化合物与催化剂形成强吸附后使合成氨催化剂中毒,所以也必须净化。方法是使制取的氢气通过铬酸混合液(每 50 mL 浓硫酸加 1.5~2 g 重铬酸钾)以除去砷化氢等杂质:

$$3AsH_3 + 8CrO_3 + 12H_2SO_4 = 4Cr_2(SO_4)_3 + 3H_3AsO_4 + 12H_2O$$

③ 氮气、氢气的干燥和混合

经净化后的氮气和氢气分别通过盛有浓硫酸的洗气瓶除去水分。否则它也会降低催化剂活性,影响实验效果。应控制好氮气、氢气流量,使其体积比为 1∶3。方法是调节螺丝夹或玻璃活塞,使它们从浓硫酸中逸出的气泡数在相同时间内恰好为 1∶3。氮气和氢气通入催化反应管前,应处处留心所有仪器(洗涤瓶、干燥瓶)内的空气是否已被排净,如果混有空气,加热催化反应管时将会引起爆炸。

(2) 催化剂的制备

可以选用还原铁粉或锌铁合金。如果实验室没有还原铁粉,可以自己动手制备一些。取 10 克 Fe_2O_3 粉末,放在试管里(装置类似于氢气还原 CuO 的实验)用启普发生器出来的氢还原即得。但要注意还原好了的铁粉,必须用氢气把它冷却到室温,否则就会又氧化成氧化铁。

锌铁合金可用市售的打火石(约需 60~100 粒),先在铁研钵里逐粒打碎后,在玛瑙研钵里研磨成粉(每次少量,以免着火)。

将 2% Al_2O_3、0.8% K_2O 助催化剂和还原铁粉混合均匀,并用石棉绒作载体,其效果比单一催化剂更好。实验室若无 K_2O,可切金属钾成米粒大小(一次实验 4~5 粒)在空气中氧化成疏松 K_2O 白色晶体。

(3) 合成氨实验装置(如图6-26所示)

装配好仪器后,先通入大的氢气流,直到整套装置里的空气全部排尽为止。预热整个催化反应管后将酒精灯火焰放在催化剂部位强热,催化剂里可能混有的氧化物就被还原。5分钟后停止加热,继续通入氢气至催化反应管冷却为止(此步骤导气管不可插入酚酞溶液)。

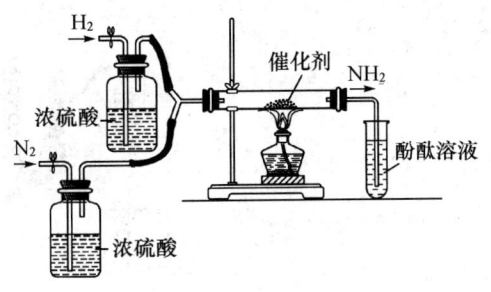

图6-26 合成氨实验装置

调节氮气和氢气的排出速度,使它们从浓硫酸中逸出的气泡数为1∶3,再次用氮氢混合气将装置里的空气排净。估计管中的空气排尽后,用酒精灯加热催化管,温度控制在400℃～500℃之间。4～5分钟后,可看到酚酞的水溶液变为红色,说明已有氨气生成。实验完毕后,先拆去酚酞溶液的试管,再移开火焰,继而先、后关闭氢气发生器和氮气发生器。

4. 疑难问题研究

(1) 催化剂是合成氨不可或缺的重要物质。下面介绍几种常用催化剂的制取方法:

① 铁和锌铁合金混合物催化剂

取2 g草酸铁(FeC_2O_4)经灼热分解,得到氧化亚铁:

$$FeC_2O_4 \xrightarrow{\triangle} FeO + CO_2\uparrow + CO\uparrow$$

再把氧化亚铁、火石(锌铁和少量铜锌镁的稀土合金)粉末与0.5 g石棉绒放在一起混合均匀即可。这种催化剂的催化效果好,催化活性保持时间较长。

② 氧化铁和锌铁合金混合物催化剂

把2 g纯氧化铁粉、火石(2粒磨成粉末)粉末与0.5 g石棉绒放在一起混合均匀。这种催化剂不如前一种,催化活性不能持久。氧化铁在加热条件下,被氢气还原产生水,这是它的缺点。

③ 锌铁合金作催化剂

把15粒火石分次研成粉末,与0.5 g石棉绒混合均匀即可。这种催化剂有很多优点:原料易得,制作方便,催化效果好,活性保持时间也较长。

(2) 提高催化剂的活性和防止催化剂中毒,是合成氨反应实验成功的关键。

① 氮氢混合气体中混有少量的CO、CO_2、H_2S、PH_3、AsH_3等杂质,由于杂质会被催化剂表面牢固地吸附,覆盖住催化剂表面活性中心,从而使催化剂催化能力降低,甚至被破坏,这就是催化剂中毒。故合成反应前的氮氢原料合成应先净化除去这些杂质。

② 氮气和氢气在进入催化反应管前,应处处注意各装置系统内的空气是否已被排尽(可用小试管收集,作点燃试验验纯)。如果混有空气,加热催化反应管就会引起爆炸,导致实验失败。

(3) 氮、氢原料配比和温度控制。设法控制好合成氨原料气中氮、氢的体积比(也是物质的量之比)为1∶3,则生成氨的百分率、原料利用率可以高一些。氮、氢气体化合生成氨是一种放热的可逆反应,温度低些虽有利于平衡氨浓度的增加,但达不到催化剂要求的活性温度,反应速度太慢。但温度过高则催化剂会烧坏(有一定耐热温度),故有一合适的温度范围。铁系催化剂要求400℃～500℃最适宜。

(4) 为了使学生加深氮、氢混合气合成氨是一"可逆反应"的认识,可让学生在课外进行氨分解实验。实验装置如图6-27所示。

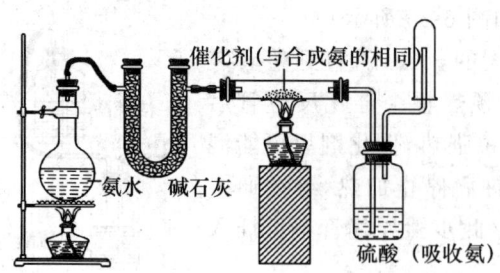

图 6-27 氨的分解

经催化剂加热,不断地检验小试管里气体的可燃性。当收集到的氢能被点燃时,可直接在导管口处点火,氢气应能平衡地燃烧。

5. 实验改进

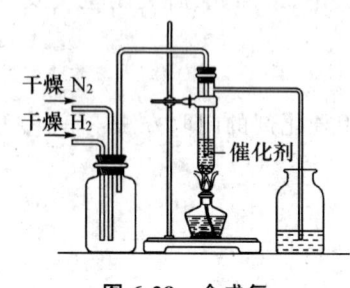

图 6-28 合成氨

(1)如图 6-28 的合成氨实验装置,把催化管内的催化剂——还原铁粉或火石合金粉末与石棉绒相混合、放好,中间导气管不要被催化剂阻塞即可,催化剂的最上面用石棉绳压一圈。

把各部分接好后,先通入强大的氢气流,使整套装置的空气全部排尽为止。为此,必须用小试管收集排出的气体,点燃看其有无爆鸣声来判断。当空气排尽后,就可以加热盛催化剂的试管,使催化剂里可能残余的氧化物被还原。稍过几分钟,通入干燥的 N_2 气与 H_2 气在广口瓶内混合再通过催化管中,调节氮氢气体流量比为 1:3。如此,通上 3~5 分钟,则可观察到酚酞溶液由无色变为红色。也可以用玻璃棒沾浓盐酸试验逸出的尾气,若有白烟生成,即可证明已有氨气合成。实验完毕,抽出酚酞溶液中的导管再撤去酒精灯,停止加热,然后再停止通氢气,几分钟后再停止通氮气。

(2)氨合成的另一实验装置如图 6-29 所示。

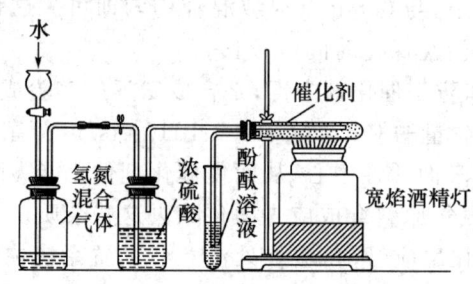

图 6-29 合成氨实验装置

实验前,将净化的氢气和氮气按 3:1 的体积比预先储存于储气瓶内备用。未通入此混合气体前,用氢气还原催化剂中可能含有的氧化物(注意点同上)。催化管冷却后,用混合气体排净装置里的空气,然后用宽焰酒精灯加热催化管,温度控制在 400℃~500℃ 之间,就可使酚酞试液变红(其他手续同上)。

(3)合成氨的实验装置还有许多,用图 6-30 实验装置进行实验时,在点燃氢气之前必须检验氢气的纯度。氮气是通过空气在烧瓶里燃烧掉氧而获得的。

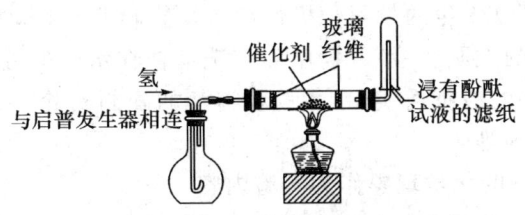

图 6-30 合成氨实验装置

§6.3 联系生产生活实际的实验研究

核心术语

◆层析　◆淀粉水解　◆西药对生命体的影响　◆海带中碘的检验　◆氨基酸的性质

化学知识广泛而深入地渗透到社会的各个方面,如人们的衣、食、住、行等,没有哪一方面不与化学原理和化学产品有关。使学生"了解化学与社会、生活、生产和科学技术等的密切联系及重要作用","关心环境、能源、卫生、健康等与现代社会有关的化学问题",成为中学化学实验教学目的的重要内容。这就要求教师在实验教学中要有意识地联系相关的社会生活中的化学问题,设计生活应用实验系列,适当地扩大学生的化学知识面,引导学生学会用化学知识去分析和解决社会生活中的化学问题,提高生活能力和学习兴趣。

一、联系生产生活实际实验的特点

联系生产生活实际的化学实验就是通过化学实验来解决社会生活中的某一问题,每个实验的试剂选择、装置的确定等整个实验方案的设计及实施,教师要积极引导学生主动参与,培养他们解决化学问题的能力。新课程化学实验在内容的选择、设计和呈现上,都发生了较大的变化,尤其是在生活化学实验方面表现出了很多新的特点。这些特点概括起来,主要表现在以下一些方面。[①]

1. 化学实验的生活化

将"面向全体学生的化学""面向公民的化学"这一理念落实到化学教学中,就要求化学教学要贴近生活、贴近社会,使学生学习"有用的化学"。

作为化学教学内容重要组成部分的化学实验,尤其要注意联系学生的生活实际和社会实际。这一方面可以提高学生的科学兴趣,使学生感到化学就在自己的身边,身边无处无化学;通过化学实验来解释和解决日常生活和社会实际问题,对于拓展化学实验的功能,提高学生的科学素养,具有十分重要的意义和价值。

(1) 选取学生身边的化学物质作为实验药品

以学生身边常见的化学物质作为实验药品,可以使学生有一种亲切感,感到化学并不神秘,

---

① 刘知新. 化学教学论[M]. 北京:高等教育出版社,2004:178-180.

就在我们身边,这有利于调动学生的学习积极性和激发他们进行实验探究的兴趣。例如"灼烧葡萄糖、砂糖和面粉","蛋壳的性质实验","食用油和洗洁精在水中的分散情况实验","纯碱、肥皂水、石灰水、食盐水、蔗糖水的酸碱性实验","蔗糖溶液的配制实验","实验探究:温度对加酶洗衣粉的洗涤效果的影响",等等。

(2) 选取生活和社会中的化学现象作为实验内容

日常生活和社会生活中的很多化学现象都可以作为化学实验内容选取的素材,这些素材学生熟悉、内容丰富、易于选取。以这些素材为实验内容,对于激发学生注意身边的化学现象、解释身边的化学现象,利用身边的化学现象,更好地学以致用,具有重要作用。例如,"吸入与呼出气体的比较实验","铁钉锈蚀实验","食盐溶液、蔗糖溶液及水的凝固点的测量实验","氢气流吹肥皂泡实验","鸡蛋白性质实验","鲜果中维生素C的还原性实验","自制肥皂与肥皂的洗涤作用实验",等等。

(3) 选取与化学有关的社会问题作为实验内容

化学在给人类带来巨大福祉的同时,也引发了很多社会问题。这些问题关乎每一个社会成员,当然也应当是作为未来社会公民的学生所关注的内容。因此,选取这些问题为实验内容,对于学生形成从化学的视角来解释和解决现实中的与化学有关的生活和社会问题,具有重要作用。例如,"硫在空气中和氧气中燃烧及形成酸雨的实验","污水净化实验","小组协作完成当地土壤酸碱性测定的实验,提出土壤改良的建议或适宜的种植方案","设计实验,探究农药、化肥对农作物或水生生物生长的影响","比色法测定动物血液或抗贫血药物(或补血剂)中铁的含量的实验",等等。

2. 化学实验的趣味化

化学实验具有动机功能,可以激发学生的化学学习兴趣,这是人们的共识。但是过分强调"学科中心"的化学课程与教学,会使化学实验的"学术化"倾向十分明显。国内外的各种调查显示,很多中学生对化学学习的兴趣正在明显降低,甚至一些学生放弃了化学学习。导致这一状况的原因是多方面的,但做了化学实验,是否就一定能够激发学生的化学学习兴趣问题引起了人们的思考。因此,如何增加化学实验的趣味性,成了人们开始关注和研究的一个问题。为此,人们创设了"趣味实验""家庭小实验"等新的化学实验形式,并注意总结、梳理已有的一些做法,使趣味实验系列化。

(1) 趣味实验

所谓趣味实验是指以生动、鲜明、新奇的实验现象来引发学生兴趣的一类实验。按照主要实验现象的特点,可以将趣味实验分为:

● "火系列实验",如"火山喷发""魔棒点火""蜡烛自燃""纸炮""烧不坏的手帕""水面鞭炮""冰川上的火焰""燃烧出的文字或图案""滴水着火""木炭跳跃""火龙写字""神奇的烟灰"等;

● "水系列实验",如"神壶""宝瓶""化学酒店""一杯几色""密写墨水""净水变色""寒来暑往""动物旅行""发射火箭""白花变成彩色花""水中火花"等。

由于趣味实验,尤其是火系列实验要用到一些易燃、易爆药品,因此,教师要注意选择一些相对简单、安全的实验;同时,对所选取的趣味实验要注意实验安全要求,以避免发生实验事故。

(2) 家庭小实验

所谓家庭小实验是指利用生活中的一些常见用品作为实验仪器和药品,由学生在家里独立完成的一类实验。这类实验仪器和药品相对易得,实验较为安全,操作并不复杂,且具有一定的创新性。因此,这类实验对于激发学生的探究兴趣,使化学实验更好地贴近生活、贴近社会,提高学生的科学素养具有重要价值。

二、联系生产生活实际的实验案例

案例 11　番茄红素的提取和层析分离的实验设计[①]

1. 实验目的

以番茄为原料提取和层析分离番茄红素。

2. 实验原理

番茄红素是一种具有碳碳不饱和双键的脂肪烃,它不溶于水,难溶于甲醇、乙醇,可溶于乙醚、石油醚、己烷、丙酮、氯仿、二硫化碳、苯等有机溶剂。根据这一性质,可利用亲脂性有机溶剂从番茄中提取番茄红素,即固液萃取。色谱法是分离天然色素的常用方法:它是利用混合物中各组分物理化学性质的差别,如吸附力、分子亲和力、分配系数等,使各组分以不同的速度移动而达到分离目的,色谱法不仅能对番茄红素进行定性的分析,还可以对番茄红素进行定量的分析。

3. 实验用品

试剂:无水乙醇、石油醚、丙酮、苯、氯仿、NaOH 固体、氯化钠固体、番茄、层析用滤纸。

仪器:烧杯、量筒、试管、橡皮塞、培养皿、滴管、漏斗、研钵、玻璃棒、载玻片、天平、铁架台及附件、剪刀、点样毛细管。

其他材料:粉笔、大头针、脱脂棉、棉线。

4. 实验步骤

(1) 番茄红素的提取

选取熟透的番茄,洗净后晾干,称取 250 g,带皮打成浆(可以用果汁机打浆),取番茄浆置于烧杯中加入无水乙醇 20 mL 和氯化钠固体 2 g,充分搅拌,再加入浓度 0.5 mol/L KOH 溶液 20 mL,加热搅拌反应 30 min 之后加入 20 mL 的氯仿,用玻璃棒充分搅拌。将所得混合物再用漏斗配以脱脂棉进行过滤于烧杯中,过滤时可用研钵棒在脱脂棉上方轻压以使滤液顺利滴下。再将滤液转移到分液漏斗中,充分振荡后,静默分层,分出有机层,将分离出的色素保存于棕色试剂瓶中,避光保存。

(2) 番茄红素的分离

[纸层析法(条形滤纸法)]

① 准备滤纸,将层析用滤纸顺纸纹方向裁成长 15 cm、宽 1.5 cm 的长方形,在距离一端 2 cm 处用铅笔画一条细的横线,并剪去这一端的两角(剪角时最好使其与端线呈 70°～80°角)。

② 配制展开剂:石油醚、丙酮、苯的混合液(石油醚∶丙酮∶苯的体积比＝3∶3∶1)。用大试管作层析容器,配上一合适的橡皮塞,并在橡皮塞上插入一端已弯成小钩子的大头针以便将滤纸条挂在上面。将展开剂转移至大试管时注意不要使液体沾在试管壁上,亦可使用滴管来转移。

③ 点样:用点样毛细管吸取少量提取液,在铅笔线上点出一小圆点。待提取液干后,再点三五次,晾干。点样直径不超过 5 mm。

[①] 刘昌华,等. 番茄红素的提取和层析分离的实验研究[J]. 中学化学教学参考,2012(3):44-42.

④ 展开：将滤纸条挂在大头针上，将橡皮塞和点有试样的滤纸条慢慢伸入试管内，使纸条末端浸入展开剂中约 0.5 cm，注意不要让试样线接触展开剂。塞紧橡皮塞，将试管垂直静置，等待展开剂展开。10～15 min 后，展开剂上升到滤纸条的上端。

⑤ 显色：因各物质本身的颜色不同，在滤纸条上可见 2 个明显斑点。

[柱层析法]

① 点样：取一支干燥、洁净的粉笔，用铅笔在距粉笔末端（粗的一端）约 1 cm 处划上一周细线作标记，用毛细管吸取色素提取液沿铅笔线点样一周，待干后，重复 3～5 次，试样线宽度控制为 0.4～0.7 cm。

② 展开：用小烧杯作层析容器，加入适量展开剂（石油醚：丙酮：苯的体积比＝3：3：1），高度约 0.5 cm，将粉笔立在其中，注意不要让试样线接触到展开剂。

③ 显色：因各物质本身的颜色不同，在滤纸条上有 2 条明显的不同颜色的色素带。

5. 结果与讨论

（1）番茄红素提取条件的选择

原料预处理方法是影响番茄红素提取的主要因素之一。番茄浆用乙醇预处理能使番茄浆从黏稠的糊状变成疏松的纤维质粉状物料，大大增加物料与溶剂的接触面积，乙醇又能溶解番茄浆中果肉的细胞壁和细胞膜上的醇溶性物质，增加了细胞壁和细胞膜的通透性，有利于溶剂的渗透，大大提高萃取的效率。番茄红素对酸不稳定，而对碱相对稳定，用天然番茄萃取番茄红素前皂化，能有效除去番茄中的大部分脂肪酸甘油酯及各种游离脂肪酸，释放出其中饮食的番茄红素，提高萃取的含量。皂化的最佳工艺条件为温度 65℃，KOH 浓度 0.5 mol/L，皂化时间 0.5 h。在番茄浆中加入氯化钠固体使胶体发生聚沉而析出，有利于溶液分层。番茄红素是脂溶性色素，可溶于其他脂类和非极性溶剂如乙醚、石油醚、己烷、丙酮、氯仿、二硫化碳、苯、乙酸乙酯等中，不溶于水，难溶于甲醇、乙醇。苯、乙酸乙酯、乙醚、己烷、石油醚与氯仿的浸提效果最好。但考虑到氯仿、己烷和苯等毒性大，浸提物中会有一定的溶剂残留；而乙醚沸点较低极易挥发、易燃易爆、有一定的麻醉作用，且不易回收、溶剂的消耗量较大；因此不宜作为学生及课堂演示实验的萃取剂。乙酸乙酯虽易挥发，但其具有溶解色素能力强、毒性小、价格便宜、易回收等特点。因此，本实验选择乙酸乙酯作为浸提溶剂。

（2）层析分离展开剂的选择

纸色谱法设备简单、操作易行、成本低廉、分析完后可作为永久性证据，可用于定性分析。选择合适的展开剂是分离的关键。文献表明，用石油醚：乙醚：乙醇体积比为 1.5：6.5：2.5 或石油醚：丙酮：苯体积比为 3：3：1 的混合溶液做展开剂，效果最好。根据文献报道，番茄浆提取液中除了含有番茄红素外，还含有 β-胡萝卜素、叶黄素和玉米黄质，由于这几种物质的性质十分相似，且受到纸色谱固定相、流动相组成、操作温度等多种不确定因素影响，利用纸色谱或粉笔柱层析法很难对其进行有效分离，因此番茄红素的比移值 R_f 也难以确定。

实验结果表明，层析法提取和分离番茄红素时，真正用于层析的时间并不长，操作难度不大，现象也很明显，比较适合于教师演示或学生实验。

案例12　用生活中的物质探究淀粉的水解实验[①]

1. 实验目的
生活中含有淀粉的物质水解的实验探究。

2. 实验原理
淀粉主要存在于植物的种子和块茎中，土豆、山芋、藕、米粒及小麦都含有丰富的淀粉。假设淀粉水解反应的发生与催化剂、温度有关。

$$(C_6H_{10}O_5)_n + nH_2O \xrightarrow[\triangle]{催化剂} nC_6H_{12}O_6(葡萄糖)$$

$$C_6H_{12}O_6 + 2Cu(OH)_2 \xrightarrow{\triangle} C_6H_{12}O_7 + Cu_2O\downarrow + 2H_2O$$

3. 实验用品
土豆、山芋、藕、浓米汤、浓面汤；唾液淀粉酶、30%的 H_2SO_4 溶液、5%的 $CuSO_4$ 溶液、10%的 NaOH 溶液、碘水；研钵、试管、酒精灯、试管夹等。

4. 实验步骤
(1) 实验前预备工作

分别取一定量的新鲜土豆、山芋及藕，置于研钵中研磨，取 5 mL 研磨后的汁稀释至 50 mL，待用；另取适量浓米汤及浓面汤，待用。

(2) 淀粉水解条件的探究

① 催化剂对淀粉水解的影响

分别取 5 mL 土豆汁 5 份，加入 5 支试管中，取其中一支加热 5 min 后冷却，向冷却液中滴加碘水，检验是否水解；另取两支试管，分别向其中加入 4 mL 30%的 H_2SO_4 溶液，一支加热 5 min 后冷却，向冷却液中滴加碘水，检验是否水解，另一支静置 3 小时后向其中滴加碘水，检验是否水解；用唾液淀粉酶代替硫酸做相同实验。实验结果见表6-5。

表6-5　催化剂对淀粉水解的影响

样品	条件		结果
	催化剂	温度	
土豆	无	常温	不水解
		加热	不水解
	30%的 H_2SO_4 溶液	常温	3小时后不水解
		加热	水解
	唾液淀粉酶	常温	缓慢水解
		加热	迅速水解
米汤	无	常温	不水解
		加热	不水解
	30%的 H_2SO_4 溶液	常温	3小时后不水解
		加热	水解
	唾液淀粉酶	常温	缓慢水解
		加热	迅速水解

[①] 熊新华. 用生活中的物质探究淀粉的水解[J]. 化学教学，2010(12)：10-11.

从表 6-5 可以得出,淀粉水解需要催化剂,对温度也有一定的要求。

② 温度对淀粉水解的影响

分别取 5 mL 土豆汁 5 份,加入五支试管中,分别向其中加入 4 mL 30% 的 H_2SO_4 溶液,在不同温度下加热 5 min 后冷却,取少许冷却后的溶液,向其中滴加碘水溶液,检验是否水解;向水解液中滴入 NaOH 溶液,使溶液的 pH 约为 8~9,用新制 $Cu(OH)_2$ 检验水解产物。用唾液淀粉酶代替硫酸做相同实验。实验结果见表 6-6。

表 6-6 温度对淀粉水解的影响

样品	温度(℃)	现象	样品	温度(℃)	现象
土豆＋4 mL 30%的 H_2SO_4 溶液	室温(25)	几乎不水解	土豆＋唾液淀粉酶	室温(25)	土黄色沉淀
	40	黄绿色沉淀		40	砖红色沉淀
	60	土黄色沉淀		60	土黄色沉淀
	80	土黄色沉淀		80	土黄色沉淀
	100	砖红色沉淀		100	黄绿色沉淀

从表 6-6 数据可以得出,温度对淀粉水解有较大的影响:用 30% 的 H_2SO_4 溶液做催化剂时,温度越高越有利于反应的进行,用唾液淀粉酶做催化剂时,40℃ 时的催化效果最好。

③ 不同物质水解的对比

分别取不同种样品 5 mL,加入各试管中,加入唾液淀粉酶做催化剂,40℃ 时恒温水浴 5 min 后冷却,取少许冷却后的溶液,向其中滴加碘水溶液,检验是否水解;向水解液中滴入 NaOH 溶液,使溶液的 pH 约为 8~9,用新制 $Cu(OH)_2$ 检验水解产物。实验结果见表 6-7。

可见,土豆、山芋、米汤用来做淀粉水解反应效果明显。

表 6-7 不同物质在相同条件下的水解结果

样品	土豆	山芋	藕	面汤	米汤
现象	砖红色沉淀	砖红色沉淀	黄绿色沉淀	土黄色沉淀	砖红色沉淀

5. 实验讨论

(1) 淀粉的水解应在催化剂作用条件下,用唾液淀粉酶催化效果较 30% 的 H_2SO_4 溶液明显。

(2) 用 30% 的 H_2SO_4 溶液催化时,水解反应的温度越高效果越好,而选用唾液淀粉酶做催化剂时,水解反应的最佳温度应为 40℃,这是因为酶在高温条件下失去活性。

(3) $Cu(OH)_2$ 先被还原成 CuOH,进一步分解生成 Cu_2O,由于各物质中淀粉含量不一样,水解程度不一样,导致水解产物生成沉淀的颜色也不一样。

(4) 山芋能水解产生砖红色沉淀,一部分原因是淀粉的水解,另外,山芋中含有较多的蔗糖,也能水解生成葡萄糖。面汤的水解反应不如米汤明显,其原因是米汤中的淀粉呈线型结构,易水解;面汤中的淀粉呈网状结构,不易水解。

案例 13　西药对生命体影响的家庭实验设计[①]

1. 实验目的

去痛片对生命体影响的研究。

2. 实验用品

去痛片一盒、1.5 L 的饮料瓶 5 个、0.6 L 矿泉水瓶 1 个、10 cm 长泥鳅鱼 15 条。

3. 实验步骤

把饮料瓶和矿泉水瓶用清水洗涤干净。用矿泉水瓶量取 0.6 L 晾晒后的自来水分别放入 5 个饮料瓶中。向 4 个饮料瓶中分别放入 1/4 片、1/2 片、3/4 片和一整片的去痛片,剩下的一瓶不放药品。待药品完全溶解后,向每个瓶中放入 3 条泥鳅鱼。每 30 min 观察一次实验现象,并记录。实验现象如表 6-8 所示。

表 6-8　不同剂量的去痛片对生命体的影响

时间/min	对照组无药品	1/4 片	1/2 片	3/4 片	一整片
刚放入鱼	平静地游动	不安地游动	在水中激烈游动、翻滚	在水中更激烈游动、翻滚	在水中激烈游动,水花溅起
30	平静地游动,水无浑浊和颜色变化	不安地游动	在水中激烈游动、翻滚	在水中更激烈游动、翻滚	在水中激烈游动,水花溅起
60	平静地游动,水无浑浊和颜色变化	不安地游动	有一条鱼腹部由白变淡黄,水变黄、浑浊	三条鱼出现腹部变淡黄,水变黄、浑浊	三条鱼腹部变淡黄,鱼的游动速度开始减慢
90	鱼和水无变化	水开始浑浊	鱼激烈游动	鱼激烈游动,水更浑浊	有一条鱼腹部出现红斑
120	水微浑浊	水开始变黄、浑浊	两条鱼腹部变黄	水开始变黄、浑浊	有一条鱼腹部出现红斑,水变黄、浑浊
150	水微浑浊	鱼的游动速度变慢,开始平静	鱼的游动速度开始变慢	两条鱼身体失去平衡,水变更黄	有一条鱼死亡,一条鱼开始失去平衡
180	鱼腹部为白色,水微浑浊	鱼的腹部出现淡黄色,水变成淡黄色	一条鱼腹部出现红斑	有两条鱼死亡,一条鱼腹部出现红斑	三条鱼全部死亡,水黄色、浑浊
210	鱼腹部为白色,水微浑浊	鱼的腹部出现淡黄色,水变成淡黄色、浑浊	鱼腹都为深黄色,一条鱼腹部有红斑,水黄色、浑浊	鱼缓慢游动,腹部深黄色、有红斑,水黄色、浑浊	

4. 实验讨论

(1) 对生命体的影响。去痛片可造成鱼死亡,说明它具有一定的毒副作用,影响正常的生命功能。

(2) 不同量影响不同。使用不同的药量,鱼的死亡情况不同,药量越大,对生命体造成的危害越大。

(3) 任何药物均要遵医嘱使用,要根据身体情况合理用药,禁忌乱服药。

[①] 姚志强,徐艳颖.西药对生命体影响的家庭实验设计[J].中学化学,2011(1):23.

案例 14 利用生活用品检验食盐及海带中碘的存在实验[①]

1. 实验目的

利用生活用品检验食盐及海带中碘的存在。

2. 实验用品

家用搅拌机、海带、84 消毒液、食用白醋、淀粉溶液、Vc 片、加碘食盐、卫生纸、果冻空杯。

3. 实验步骤

（1）海带中碘的实验

① 取干海带适量,置于家用搅拌机中研磨成粉末。

② 将粉末取出放入果冻空杯中,并加水溶解。

③ 用卫生纸吸取少量清液。

④ 向卫生纸湿润处滴加食用白醋 1~2 滴,再滴加稀释后的 84 消毒液（含有 NaClO）1~2 滴,可观察到卫生纸相应部分颜色变暗。

⑤ 继续向湿润处滴加 1~2 滴淀粉溶液,可观察到卫生纸相应部分变蓝。

（2）碘盐中碘的检验

① 取 Vc 片研成粉末放入果冻空杯中,加水溶解后滴加食用白醋 1~2 滴。

② 取半匙碘盐平铺于卫生纸上,滴加上述溶液 1~2 滴,可观察到食盐颜色变暗。

③ 继续向食盐固体上滴加 1~2 滴淀粉溶液,可观察到固体变蓝。

案例 15 氨基酸性质的实验设计[②]

1. 实验目的

对生活中的调味品味精的性质进行探究实验。

2. 实验用品

仪器：试管若干、胶头滴管、药匙。

药品：味精（市售,谷氨酸钠含量≥99%）、蒸馏水、盐酸（体积比 1∶2）、氢氧化钠溶液、双缩脲试剂（0.1 g/mL NaOH 溶液;0.01 g/mL $CuSO_4$ 溶液）。

3. 实验步骤

（1）谷氨酸的制备

取一药匙味精放于干净试管中,加入 2~3 mL 蒸馏水,制备成谷氨酸钠的饱和溶液。往饱和溶液中滴加盐酸 1 mL,充分振荡,静置观察。

实验现象：等大约 30 s 后,试管中出现了白色颗粒,颗粒越长越大,最后生成白色沉淀。

谷氨酸的溶解度（室温）大约为 0.86 g,此实验做成功需要注意两点：第一,味精不能为稀溶液,否则沉淀不易产生;第二,生成的谷氨酸为结晶水合物,要控制加酸的量,否则生成的谷氨酸难以倾倒出来,另外因为谷氨酸溶于酸,加酸过多将得不到白色沉淀。

（2）谷氨酸的两性实验探究

倾倒少量刚才制备的谷氨酸于两支试管中,分别加入盐酸和氢氧化钠溶液,沉淀溶解,证明

[①] 孙涛.家庭实验巧测碘[J].中学化学教学参考,2010(7):55.

[②] 王萌萌.氨基酸性质实验创新[J].中学化学教学参考,2011(9):41.

谷氨酸有两性。

（3）谷氨酸成肽性质实验探究

学生在高中生物中已学习到检验肽键的方法：用双缩脲试剂检验，发生颜色反应，呈现紫色。所以在本节课中，我们增加此实验，学生感到很亲切。

倾倒少量谷氨酸于试管中，加入 0.1 g/mL NaOH 溶液，调制碱性，振荡后，加入 0.01 g/mL $CuSO_4$ 溶液，就可看到非常漂亮的绛蓝色的溶液，从而证明氨基酸可成肽。

教科书上介绍氨基酸成肽条件：酸或碱催化，并加热。此实验也可设计先加酸，再加 0.1 g/mL NaOH 溶液，调制碱性，最后加入 0.01 g/mL $CuSO_4$。谷氨酸之间成肽较易，可不用加热。

§6.4 中学微型化学实验的设计研究

核心术语

◆微型化学实验　　◆微型实验特点　　◆微型实验仪器　　◆研究案例

微型化学实验(microscopic chemical experiment or microscopic laboratory，缩写为 ML)是国内外近些年来进展较快的一种新的化学实验形式，体现了化学实验微型化的趋势。100%的原子利用率，是化学实验绿色化设计所追求的理想目标。但是，在实际的化学反应中，在目前的状况下，很多化学反应很难达到 100% 的原子利用率，为此，非常有必要研究如何降低化学反应污染积蓄的问题。开展微型化学实验就是解决这一问题的重要措施。

一、微型化学实验的特点

同常规化学实验相比，微型化学实验具有以下一些特点。

（1）节省实验经费。实验表明，微型实验的试剂用量比常规实验节省 90%，且采用代用品做实验，在仪器上花费也很少，故微型实验大大节省了实验经费。

（2）操作安全、污染小。微型实验药品用量少，反应产物少，实验中不会造成危险；同时，生成的污染性物质的量少，对环境的污染就小。

（3）节省实验时间。微型实验同常规实验相比，具有仪器简单、用剂量少、反应速率快、现象明显的特点。所以，演示实验微型化能节省实验时间，提高课堂教学的质量。

（4）激发学生的化学实验学习兴趣。微型仪器来源广泛，可以做到人手一套。教学中，教师只要积极引导，就能实现实验人人动手的目标。学生通过自制仪器和动手做实验，既训练了动手能力，培养了创新思维，同时较强的参与意识及微型实验内在的魅力，又大大地激发了学生进行化学实验的兴趣。[1]

虽然微型实验同常规教学实验相比，具有许多优越性，但在教学实践中也显示出一些不足，如：某些常规实验操作（如加热、搅拌、过滤、萃取等）不太方便、难度较大；实验条件控制的精确程度较低；定量实验的难度和误差都较大；实验现象的可见范围小，不适宜于作为演示实验等。[2]

---

[1] 姚焕英.在实验教学中应大力推行微型实验[J].中学化学教学参考，2000(6)：28-29.
[2] 吴俊明.中学化学实验研究导论[M].南京：江苏教育出版社，1997：284.

二、微型实验仪器的准备

(一) 高分子材料(塑料)微型仪器一套

采用原杭州师范学院生产的塑料系列微型化学实验仪器一套,包括六孔和九孔井穴板、六孔井穴盖、多用滴管、滴管架和实验箱。

(二) 微型实验仪器代用品[①]

青霉素瓶、自行车气门胶管、一段废铝线、一段废网线(绝缘线包裹的铜导体电缆线)、果冻盒、塑料碗、5 mL塑料注射器、市售医用塑料微量吸液头(简称微量滴头),见表6-9。

表6-9 微型化学实验仪器简表

名称	示意图	制作与功能介绍
六孔井穴板、六孔井穴盖、九孔井穴板		可做反应容器(温度不高于50℃),具有烧杯、点滴板、试剂储瓶、比色管作用。六孔井穴板和六孔井穴盖还可做固-液、液-液气体发生器
多用滴管		(1)可将液体吸至2/3,倒转滴管,贴上标签,插在滴管架上作滴瓶用;(2)可将滴管径管加热软化拉细制成毛细滴管,或套上微量滴头也成毛细滴管;(3)与六孔井穴板、盖组合,可作分液漏斗使用,构成固-液、液-液气体发生器
多用滴管架		(1)带有30个孔,放置多用滴管、小试管、青霉素瓶、微型酒精灯;(2)两侧小孔插入铅笔或小棒后,与细电缆线固定作铁架台
微型酒精灯		带铝盖的青霉素瓶钻孔后用铝皮包住棉线条插入瓶盖中作灯芯,用注射器注入酒精即可
药匙或燃烧匙		取铝线裸露的一端砸扁后弯曲,或用一根细铁线绕成螺旋状即可
集气瓶		大小不同规格的青霉素瓶与胶塞配合可作集气瓶或广口瓶
水槽		一次性塑料碗或大冰激凌盒
导管		自行车气门胶管可作导管或橡皮胶管
注射器		可作量筒量取液体或与胶管配合作分液漏斗

[①] 石郎.初中新课程微型化学实验的设计研究[J].化学教育,2010(7):58-59.

续表

名称	示意图	制作与功能介绍
W管		适于加热的气-液、气-固反应容器
电池盒		5号2节电池盒与5号电池共同构成电解水电源

三、微型化学实验的设计案例

案例16　空气中氧气含量的测定

1．实验装置（如图6-31所示）

2．实验操作步骤

① 在盛有少量水的青霉素瓶外壁画一条线做上记号。

② 细铁丝燃烧匙穿过青霉素瓶塞，用药匙取半个绿豆大小的红磷置于燃烧匙上，在微型酒精灯上点燃，迅速插入瓶中并盖紧胶塞，观察有大量白烟和黄色火焰。

③ 等白烟沉落并溶于水之后，用装满水的注射器扎进瓶子，观察注射器中的水在大气压的作用下自动注入瓶内，直至不再自动注入水为止，再画上水面的记号。

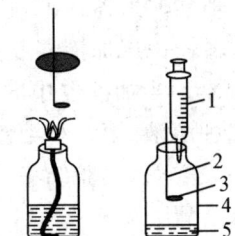

图6-31　空气中氧气含量的测定装置
1—注射器(5 mL)；2—细铁丝燃烧匙；
3—红磷；4—青霉素瓶；5—水

上述微型实验仪器的代用品还可用于初中氧气的制取与性质、电解水实验、氢气的制取与性质、二氧化碳的制取与性质、一氧化碳的制取与性质等实验。

案例17　微型气体发生装置的应用[①]

中学化学实验中，很多气体是由固体和液体发生反应产生的，制取气体通常用分液漏斗等仪器从试管或烧瓶的上方加入液体试剂进行反应。针对这些情况，我打破常规，充分利用干燥管上下相通的特点，从干燥管下方加入制取气体所需的液体试剂，干燥管上方则进行气体性质实验，让干燥管扮演着气体"发生装置"和气体性质"探究装置"的双重角色。该装置是一套多用、微型、环保的气体制取与性质联合实验装置。

1．实验器材

干燥管、橡胶塞、塑料塞、加液器、医用输液管、注射器。构造如图6-32所示。

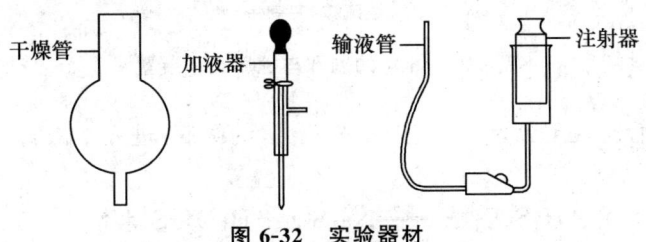

图6-32　实验器材

---

① 黄景华.微型气体发生实验装置的设计与应用[J].化学教学，2012(4)：45-46.

2. 组装装置和操作方法

(1) 将输液管装入单孔塑料塞内,再将塑料塞塞进干燥管内;

(2) 将上述装置稍微倾斜,用药匙把固体药品添加到装置内,然后把加液器塞进干燥管内;

(3) 如图 6-33 所示,把该装置固定在铁架台上;

(4) 关闭加液器旋塞,取下胶头,注入少量液体试剂,再盖好胶头;

(5) 用注射器吸取一定量的液体试剂,并把注射器连接到输液管的另一端,然后平放在实验桌上;

(6) 将加液器的导管端与尾气处理装置相连(根据具体实验的需要,也可在它们之间连接一些探究气体特殊性质的实验装置);

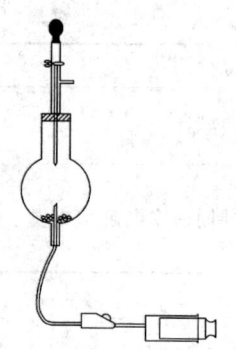

图 6-33 发生装置的组装

(7) 轻推注射器活塞,使少量液体试剂进入干燥管内发生反应,产生气体;

(8) 轻轻挤压加液器胶头,使一滴溶液"悬着而不滴落",这滴溶液跟气体很快反应,会看到变色等现象。当加液器中的第一种溶液试验完后,关闭其旋塞,取下其胶头,可继续依次地加入少量第二种溶液、第三种溶液……继续"悬着而不滴落"地依次进行该气体的其他性质实验。如果气体污染空气,实验结束,还是通过加液器加入处理尾气的试剂,吸收完干燥管内残留的气体后再拆卸装置。

3. 二氧化硫的制取与性质联合实验的应用

(1) 按图 6-34 所示安装仪器,并检查装置的气密性。

(2) 按照图 6-34 依次加入各所需药品。

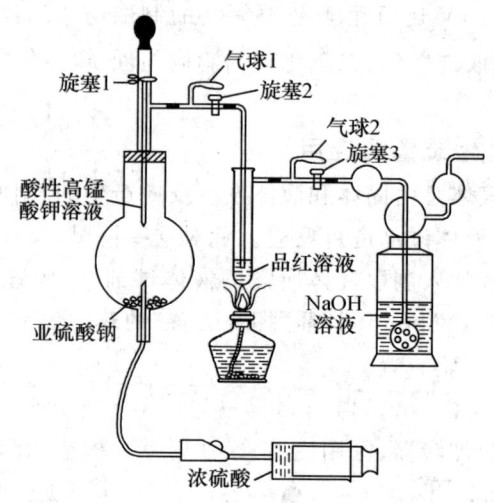

图 6-34 SO_2 的制取与性质实验装置

(3) 关闭旋塞 2,轻推注射器活塞,使少量浓硫酸(约两滴)进入干燥管内发生反应,产生 SO_2 气体。

SO_2 的制取:$Na_2SO_3 + H_2SO_4(浓) = Na_2SO_4 + H_2O + SO_2\uparrow$

(4) 挤压加液器胶头,使一滴 $KMnO_4$ 酸性溶液"悬着而不滴落",会看到这滴溶液的紫红色褪去。

SO_2 的还原性：$5SO_2+2KMnO_4+2H_2O\!=\!\!=\!\!=\!K_2SO_4+2MnSO_4+2H_2SO_4$

（5）待 $KMnO_4$ 酸性溶液消耗完后，关闭旋塞 1，取下胶头，加入少量 Na_2S 溶液，注意观察这一滴溶液的变化——溶液变浑浊。

SO_2 的氧化性：$3SO_2+2Na_2S\!=\!\!=\!\!=\!3S\downarrow+2Na_2SO_3$

以此类推，还可以继续进行 SO_2 的其他性质实验的探究。

（6）打开旋塞 2 和旋塞 3，可观察到：气球 1 变小，品红溶液褪色。

（7）待气体发生装置中几乎没有气体产生时，关闭旋塞 2 和旋塞 3，点燃酒精灯加热，会看到气球 2 胀大，褪色的品红溶液又恢复红色，然后熄灭酒精灯，冷却后又会看到气球 2 缩小，品红溶液的红色又褪去。（特别为探究 SO_2 与品红溶液作用的"可逆性"而设计的能够分段进行实验的装置）

（8）实验结束，关闭旋塞 1，取下加液器胶头，加入浓 NaOH 溶液，然后将 NaOH 溶液挤到干燥管内吸收残留的 SO_2 后再拆卸装置。

4．装置特色

（1）材料易得。主要器材是干燥管、加液器、输液管和注射器，特别适合农村中学的教师演示实验。

（2）微型节约。反应器干燥管的体积小，需要的药品少；加液器中间是一根毛细滴管，做性质实验只需一两滴试剂。

（3）多用高效。既可以连续地添加液体反应物，又可以通过依次添加多种试剂跟气体反应来验证气体的性质。如果反应试剂少了，可以关闭输液管上的止水夹，取下注射器再吸入反应试剂，继续实验；通过控制加液器上的旋塞，探究完气体的一种化学性质后，还可以加入试剂探究气体的第二种化学性质、第三种化学性质……

（4）绿色环保。整个装置处在密闭状态，拆装置前也通过加液器加入试剂处理干燥管内残留的有毒气体，真正做到零排放，体现低碳、绿色、环保的科学理念。

（5）应用广泛。特别适合中学的 SO_2、Cl_2、H_2S、O_2、CO_2、NH_3 等重要气体的制取和性质实验。

5．存在问题

（1）利用这套微型实验装置实验时，距离较远的学生观察现象有点困难，借助电教手段放大，可帮助学生更清楚地观察到实验现象。

（2）注意及时回收注射器内多余的液体试剂。

案例 18 利用干燥管改进进行微量化实验设计[①]

1．干燥管改造

方式一：干燥管进气端位置用酒精喷灯集中加热至红热状态，并用玻璃棒或小铁棒一端稍稍点压至凹陷形成一小凹口（见图 6-35）。按此重复操作，根据实际需要确定凹口制作个数，置于石棉网上冷却。

方式二：用酒精喷灯集中加热细径端并慢慢弯成 90°，冷却后再加热细径处顶端并将硬铁丝插入导管内部向外碾压至管口扩大为漏斗状（见图 6-36），冷却备用。

---

① 陆燕海，林肃浩．几则化学实验的微量化设计[J]．中学化学教学参考，2011(Z1)：52-53．

方式三：截去干燥管细径端多余部分只保留约 0.5 cm；酒精喷灯加热干燥管胖肚部分至红热后用铁片将其压平（见图 6-37），冷却。

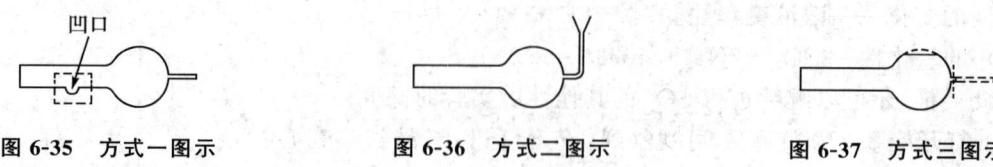

图 6-35　方式一图示　　　图 6-36　方式二图示　　　图 6-37　方式三图示

2．实验微量化设计

（1）浓硝酸的热分解

按图 6-38 所示组装仪器，实验时向小凹口处滴 1 滴浓硝酸，打开止水夹后用酒精灯微热即可观察到管内出现红棕色气体，关闭止水夹。由于无水 $CaCl_2$ 吸收了硝酸分解产生的水蒸气，因此，反应完成后即使放置几天都仍能观察到明显的气体颜色。

（2）氨的催化合成

按图 6-39 所示，用高温处理过的 Cr_2O_3 作为 N_2、H_2 合成 NH_3 的催化剂，用酚酞溶液充分湿润的棉花来检验并吸收生成的碱性气体氨气，碱石灰干燥剂的存在可吸收体系中的水蒸气，从而减少水蒸气对催化剂活性的影响。

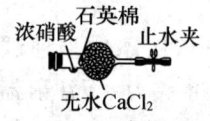
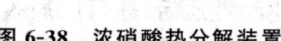
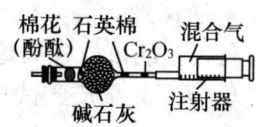

图 6-38　浓硝酸热分解装置　　　图 6-39　氨的催化合成装置

实验时，注射器内预先盛放一定量体积比约为 1∶3 的 N_2 和 H_2 的混合气，当 Cr_2O_3 被充分加热后再缓缓将气体通过催化剂（速度一定要慢），随即可观察到蘸有酚酞溶液的棉花逐渐出现粉红色。一般实验 2~3 min 即有明显现象，很适合课堂演示。

（3）含硫火柴头燃烧

按图 6-40 所示装置，实验时往干燥管胖肚中滴加几滴酸性高锰酸钾溶液，并用镊子夹取（仅）一粒火柴头放在凹口处；塞上橡胶塞，打开止水夹。用酒精灯稍稍加热凹口处，火柴头即刻燃烧起来，装置内出现白色烟雾后关闭止水夹，球形干燥管内酸性高锰酸钾溶液的紫红色立即褪去。相比教材中的实验方案与装置，微量化改进后的方法简单便于操作，现象明显，药品用量少，污染小。

（4）氯气制备与漂白

按图 6-41 装置组装仪器并添加试剂。

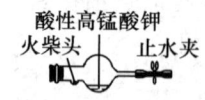
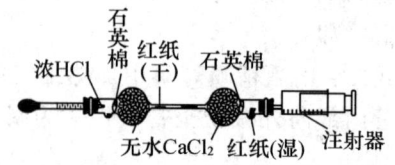

图 6-40　含硫火柴头燃烧装置　　　图 6-41　氯气的制备与漂白实验装置

实验时,挤出胶头滴管内的 HCl 溶液滴于固体高锰酸钾上,立即观察到有黄绿色气体产生;此时慢慢向外拉动注射器(型号选择时尽可能大些),可观察到湿润的红纸马上褪色,而在无水 $CaCl_2$ 干燥剂"包围"下的干的红纸则无明显变化,现象对比明显。实验结束后,取下注射器并将里面的气体排入盛 NaOH 的小烧杯中充分吸收,不会因 Cl_2 外逸污染空气。

(5) 铜与浓硫酸反应

实验装置如图 6-42 所示。

干燥管内加 3~5 滴品红溶液,小凹口用镊子放一块芝麻大小的铜片。向小铜片上滴 1 滴(最多 2 滴)浓硫酸后加热,反应开始后停止加热并塞上带滴管的胶塞(预先吸有氨水并用凡士林封住滴管口以防其挥发)。可看到品红溶液褪色,浓硫酸灰黑色中带有淡蓝色;挤出滴管内氨水,凹口内液体变为明显的绛蓝色;微热干燥管胖肚,品红颜色恢复并看到有白色烟雾。此外,铜和浓(稀)硝酸的反应实验也可据此方式加以微量化改进。

(6) 苯和液溴的反应

准备一根普通干燥管、一根按方式三处理后的干燥管、一个青霉素药瓶及 60°角导管等,按图 6-43 所示组装实验装置。

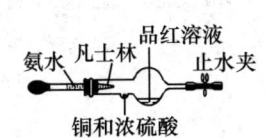

图 6-42 铜与浓硫酸反应的装置

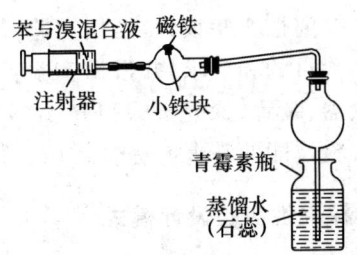

图 6-43 苯与液溴反应的微型实验装置

取大小适中的 1~2 粒小铁块(0.5 g 左右)预先用放在干燥管上面的磁铁吸住,用注射器向胖肚内注入 1 mL 苯与液溴物质的量之比约 3∶1 的混合物(苯的量要多些以提高液溴转化率)。取走磁铁使小铁块落入混合液,苯与液溴剧烈反应,60°角斜导管兼起冷凝回流作用;青霉素瓶内滴有石蕊的蒸馏水反复倒吸入干燥管又掉下,颜色慢慢转变为红色,说明有 HBr 生成。若要停止反应,只需在干燥管上方重新放上磁铁,让小铁块与反应液分离即可。

(7) SO_2 的性质组合实验

按方式一、方式二对干燥管进行适当改造,并按图 6-44 所示预先放好有关试剂。

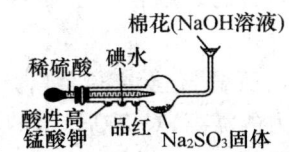

图 6-44 二氧化硫性质组合实验装置

演示实验时只需将胶头滴管内的稀硫酸挤入胖肚与 Na_2SO_3 固体反应即可看到酸性高锰酸钾溶液、碘水、品红溶液等相继褪色,漏斗状导管内盛放的 NaOH 溶液润湿的棉花中的溶液又会吸收多余 SO_2,而不致刺激性气味气体外逸影响师生健康。

像氯气、溴、二氧化硫、氨气、苯、二氧化氮等物质的性质是高中化学中极其重要和有意义的组成部分,但碍于它们有毒性或有强烈的刺激性气味,在具体的教学过程中就常以教师演示实验为主。微量化实验则开辟了化学实验教学改革的一个新途径,其自身污染小、节约药品、安全可靠、操作简单等优点为学生亲自探究物质的化学性质创造了一个良好的实验氛围,使之更容易推广为学生分组探究实验,也更有利于调动和发挥广大学生探究学习的主动性。

微量化实验改进了微型实验的不足,以微小量试剂在较常规的仪器装置中进行化学实验,使实验现象依然足够明显,在保证了试剂用量少、污染小、省时、易操作的同时,仍能达到常规演示实验的可见度。因此,在中学化学实验中研究和推广微量化实验十分必要。

§6.5 中学化学探究性实验设计研究

核心术语

◆探究性实验 ◆实验设计模式 ◆设计方法 ◆探究价值

化学探究性实验设计,是指实验者(包括学生和教师)在进行探究性化学实验之前,根据一定的化学实验目的和要求,并根据实验者已有的经验,运用有关的化学知识和技能,对探究性化学实验的仪器、装置、探究步骤和方法、实验结果所进行的一种规划和设想。它包含着对有关化学知识和实验技能的掌握与综合运用。

一、化学探究性实验设计模式

根据化学实验的特点及科学探究的步骤,我们提出化学探究性实验设计模式如图6-45所示。

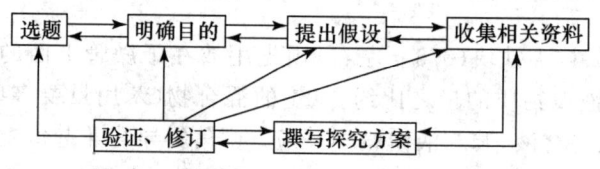

图 6-45 化学探究性实验设计模式

(1) 实验选题。选题是实验设计能否顺利进行的关键,实验设计的题目一般是经过师生共同讨论而定,教师要最大限度地尊重学生的意见,不能将自己的意志强加给学生,那样学生会对实验失去兴趣,达不到实验设计预期的目的。题目一定要符合学生的爱好、特长和知识基础,最大限度地发挥学生的创造能力。

化学实验选题应具"有探究价值"。所谓"有探究价值",是指化学实验问题应该满足化学实验教学的主体——学生发展科学探究能力的需要,对提高学生的科学素养具有重要的意义和作用。

(2) 明确目的。在进行实验设计之前,首先要明确所做实验的目的,实验的教育功能。化学实验的目的是化学实验设计的"航标灯",是化学实验设计的重要内容之一。不仅要考虑学生了解什么、掌握什么等知识目标和技能目标,还要考虑到要提高学生的什么能力,对实验过程有什么体验等能力目标和情感目标。

(3) 提出假设。所谓假设,就是人们根据已有知识,对所研究的事物或现象做出初步的推测。针对探究性实验来说,提出假设就是根据实验内容、实验原理和收集到的资料,对实验结果进行合理地推论或推理。同一个实验可以有多个假设,在探究过程中逐渐舍弃不正确的假设,向正确的结果逼近。

(4) 收集相关资料。相关资料包括：实验前所掌握的学科知识,学生已有的生活经验,利用各种渠道(图书馆、互联网、调查)得到的资料。

(5) 拟出探究初步方案。就是要周密地、全面地对实验的全过程进行统筹计划和具体设想。根据自己所掌握的基础知识和已有的经验,并结合课本和收集到的资料,每组或每个学生单独进行实验设计。一个相对完整的化学探究性实验设计方案主要包括：实验题目、目的、原理、用品、步骤、装置图以及注意事项、实验现象的记录和结论。

(6) 验证、修订。学生独立进行实验设计后,方案未必是最合理、最完美、最简便的,教师要分别进行指导,与学生一起讨论实验设计方案,并指出实验方案中的创新之处和方案中的缺陷或错误之处。实验实施过程尽量详细,还要考虑可能发生的意外情况和解决办法,如怎样防止环境污染等。对于有问题的方案,针对问题的性质,可能要回到前面的某一步,重新进行相关的设计步骤,直到问题得到妥善解决。

二、化学探究性实验设计方法

1. 实验条件的探究

在探究性实验中,由于实验条件的不同往往得到不同的现象或不同的产物。如铁的吸氧缓慢氧化实验,将小片的废旧的铁丝石棉网剪成宽约 2 cm,长约 3 cm 的网片,去掉上面的石棉放入锥形瓶里,加放少许稀盐酸,除去铁锈,露出光亮的铁丝,倒去盐酸,加水冲洗,加入少量饱和食盐水,盖上单孔橡皮塞,如图 6-46 所示。3~5 min 后可看见玻璃导管中形成一段液柱。说明铁丝与空气中氧气反应,形成负压,产生液柱。

图 6-46

2. 实验装置的探究

一般情况下,一个实验有一种固定的实验装置,但是一个实验也可以用多种不同的实验装置来完成。有的实验装置简单,有的装置复杂,有的装置能够说明某一种性质,有的实验装置有某一特殊的功能,等等。如 $Fe(OH)_2$ 的制备和性质的实验,可以设计多种实验装置(如图 6-47)。

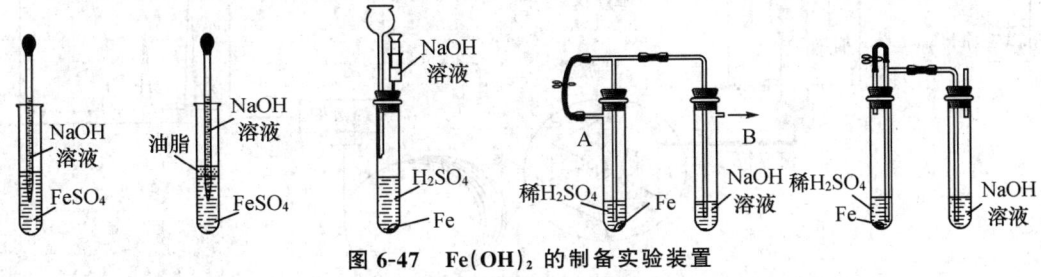

图 6-47 $Fe(OH)_2$ 的制备实验装置

3. 实验方法的探究

同一个实验,采用不同的实验方法与步骤,可能会使实验效果更明显,也可能导致实验失败。如 H_2 还原 CuO 的实验,就可以采用不同的实验方法进行探究。图 6-48 将一段铜丝绕成螺旋状,放在酒精灯火焰上,烧至红热状态,取出稍冷,发现铜丝外表全部变红。图 6-49 将氧化铜粉末加水搅成糊状,用棉球蘸取并涂于试管内壁,用酒精灯烘干,然后再通入氢气,加热,很快会发现氧化铜黑色逐渐变成红色环。

图 6-48　　　　　　　　　　　　　　　图 6-49

4. 实验技术的探究

随着我国经济、技术的飞速发展,各种先进的实验装备、设施将会越来越多地在化学实验及其教学中得到应用,这无疑也是中学化学实验发展的又一个必然趋势。目前,我国沿海经济较发达地区的学校已经较全面地选用了精密电子天平、数字式测温仪、数字式 pH 计,不少重点中学还配置了红外光谱仪、紫外和可见光谱仪、气相色谱分析仪、质谱分析仪、溶解氧测定仪、COD 测定仪、噪声统计分析仪、双气路大气采样仪等多种现代化、高性能的实验设备。另外,多媒体教学手段的发展也为化学探究性实验教学提供了日益现代化的外部条件。这些现代化实验仪器的使用,使实验操作省时省力、实验数据及时处理、实验结果形象直观、实验信息充分共享,使实验教学活动更具有探究性、更联系实际,从而拓宽了探究性实验的选题范围。

例如,高中化学教材中,乙醇脱水制乙烯的实验通常选择浓硫酸、酸性或两性氧化物作催化剂,通过如图 6-50 所示技术在等温固定床反应装置中探索了氧化镁、氧化钙、氧化铁等常见碱性氧化物和氧化铝为催化剂时的乙醇脱水情况,通过气相色谱对反应产物进行了定性、定量在线检测,并通过氨气程序升温脱附考察了催化剂的表面酸性,结合文献初步解析了碱性氧化物不能高效催化乙醇脱水制乙烯的机理。[①]

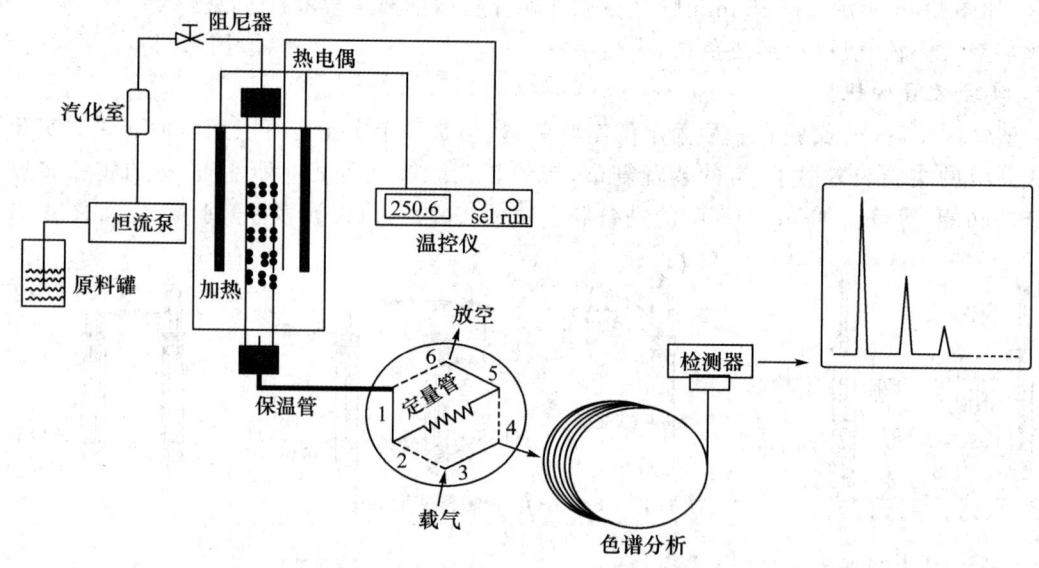

图 6-50　乙醇脱水制乙烯在线装置示意图

---

① 张熙.乙醇脱水制乙烯:碱性氧化物能否作催化剂[J].化学教学,2013(1):60-62.

实验结果表明,氧化镁、氧化钙、氧化铁等常见碱性金属氧化物均可以催化乙醇脱水,但由于其表面酸性较低,催化效率相比 γ-氧化铝和五氧化二磷明显要低,乙醇转化率不高,而且大量生成乙醚、乙醛等副产物,造成乙烯选择性较低。而表面酸性较强的 γ-氧化铝和五氧化二磷能高效催化乙醇脱水,可高转化率和高选择性地生成乙烯。因此,教材中描述的"乙醇可以在浓硫酸、Al_2O_3(400℃左右)或 P_2O_5 等催化剂的作用下发生脱水反应",其回避了"高温下乙醇气体也可以通过碱性氧化物催化发生脱水反应",原因是酸性或两性物质作催化剂时其催化效果相对较好。

三、化学探究性实验案例研究

案例19 草酸与高锰酸钾溶液反应的实验探究[①]

[课题来源]人教版高中选修4《化学反应原理》第20页实验2-2。

[问题提出]

化学反应速率是反映化学反应快慢的物理量,化学反应速率受温度、反应物的浓度、压强、催化剂等影响。化学反应速率可以通过多种方法进行比较,在中学化学学习过程中,常见的方法有:比较相同时间内气体体积的变化、固体质量的变化、溶液颜色的变化等。为了让学生感受反应物的浓度对反应速率产生的影响,人教版高中化学选修4《化学反应原理》引入实验2-2:取两支试管,各加 4 mL 0.01 mol/L 的 $KMnO_4$ 酸性溶液,然后向一支试管中加入 0.1 mol/L $H_2C_2O_4$(草酸)溶液 2 mL,记录溶液褪色所需的时间;向另一支试管中加入 0.2 mol/L $H_2C_2O_4$(草酸)溶液 2 mL,记录溶液褪色所需的时间。

实验中发生的反应为:$2KMnO_4 + 5H_2C_2O_4 + 3H_2SO_4 \mathrm{=\!=\!=} K_2SO_4 + 2MnSO_4 + 10CO_2 \uparrow + 8H_2O$

实验现象为:$H_2C_2O_4$(草酸)溶液加入酸性高锰酸钾溶液中后,一段时间内没有明显变化,一段时间后迅速褪色。教师在课前试做此实验时,按照课本实验的做法进行了许多次的对照实验,其结果都不能得出浓度越大反应越快的结论。为此,教师和部分学生利用业余时间对此实验进行了探究和分析。

[实验探究]

【实验小组1】探究溶液的酸碱性对反应速率的影响。

实验方法:分别量取 4 份 4 mL 0.1 mol/L 的酸性高锰酸钾溶液置于1—4号4支试管中,放在试管架上,分别量取 2 mL 0.1 mol/L 的草酸溶液,依次加入1—4号试管,分别加不同量的20%的稀硫酸酸化,依次记录溶液褪色时间,重复3次,取时间的平均值,数据记录见表6-10。

表6-10 溶液的酸碱性对草酸与高锰酸钾溶液反应速率的影响

20% H_2SO_4 用量/滴	2	5	7	10
平均反应时间/s	260	120	105	73

【实验小组2】探究较浓草酸溶液的浓度对反应速率的影响。

实验方法:分别量取 4 份 4 mL 0.01 mol/L 的酸性高锰酸钾溶液置于1—4号4支试管中,放在

[①] 王敏学.草酸与高锰酸钾溶液反应的实验探析[J].中学化学教学参考,2010(11):38-39.

试管架上,分别量取 2 mL 不同浓度的草酸溶液(0.05 mol/L、0.1 mol/L、0.2 mol/L、0.4 mol/L),依次加入 1—4 号试管,分别加入 20% 的稀硫酸 5 滴酸化,依次记录溶液褪色时间,重复 3 次,取反应时间的平均值,数据记录见表 6-11。

表 6-11 较浓的草酸溶液的浓度对草酸与高锰酸钾溶液反应速率的影响

$H_2C_2O_4$ 浓度/(mol/L)	0.05	0.1	0.2	0.4
反应时间/s	242	258	277	288

【实验小组 3】探究较稀草酸溶液的浓度对反应速率的影响。

实验方法:分别量取 5 份 1 mL 0.01 mol/L 的酸性高锰酸钾溶液置于 1—5 号 5 支试管中,放在试管架上,分别量取 4 mL 不同浓度的草酸溶液(0.01 mol/L、0.02 mol/L、0.03 mol/L、0.04 mol/L、0.05 mol/L),依次加入 1—5 号试管,分别加入 20% 的稀硫酸 5 滴酸化,依次记录溶液褪色时间,重复 3 次,取反应时间的平均值,数据记录见表 6-12。

表 6-12 较稀的草酸溶液的浓度对草酸与高锰酸钾溶液反应速率的影响

$H_2C_2O_4$ 浓度(mol/L)	0.01	0.02	0.03	0.04	0.05
反应时间/s	105	123	132	148	160

[实验结果分析]

由于 Mn^{2+} 对 $KMnO_4$ 的氧化作用有催化功能,反应机理可能如下:

$$Mn(\text{Ⅶ}) + Mn(\text{Ⅱ}) \longrightarrow Mn(\text{Ⅵ}) + Mn(\text{Ⅲ})$$

$$Mn(\text{Ⅵ}) + Mn(\text{Ⅱ}) \longrightarrow 2Mn(\text{Ⅳ})$$

$$Mn(\text{Ⅱ}) + Mn(\text{Ⅳ}) \longrightarrow 2Mn(\text{Ⅲ})$$

$Mn(\text{Ⅲ})$ 与 $C_2O_4^{2-}$ 生成一系列络合物,$MnC_2O_4^+$、$Mn(C_2O_4)_2^-$、$Mn(C_2O_4)_3^{3-}$ 等,它们慢慢分解为 $Mn(\text{Ⅱ})$ 和 CO_2。

$$MnC_2O_4^+ \longrightarrow Mn^{2+} + CO_2 + \cdot CO_2^-$$

$$Mn(\text{Ⅲ}) + \cdot CO_2^- \longrightarrow Mn^{2+} + CO_2$$

总反应为: $2MnO_4^- + 5C_2O_4^{2-} + 16H^+ \longrightarrow 2Mn^{2+} + 10CO_2 \uparrow + 8H_2O$

实验结果并不是如教材中所描述的草酸的浓度越大,反应速率越快。另外本节实验还有一个重要的作用,就是引导学生注意变量控制思想在实验中的应用,即在研究某一变量对实验结果的影响时,① 控制其他变量都相同,② 要设计对照实验,使学生在学习的过程中,不仅增长了学科知识,而且丰富了学生研究、解决问题的方法,发展了学生的能力。此实验不仅实验结果缺乏说服力,而且实验过程中也很难控制其他变量,可能的原因有如下几个方面。

(1) 从表 6-10 数据可以看出,高锰酸钾褪色消耗的时间随着溶液的酸性增强而变短,说明溶液的酸碱性对此反应速率有很大的影响,而草酸也有一定的酸性,所以以此反应探究溶液浓度对反应速率的影响时,很难控制溶液的酸性相同。

(2) 从上述反应机理看,Mn^{2+} 的存在对反应有催化作用,本节中催化剂对反应速率的影响也是以此反应为实验素材的,但这个反应中 Mn^{2+} 生成的时间和浓度都是不好控制的变量,所以在实验中很难控制 Mn^{2+} 的浓度在反应过程中相同。

(3) 以上反应由 Mn(Ⅶ)生成 Mn(Ⅱ)的过程还要经历很多中间的价态,其中 Mn(Ⅲ)与 $C_2O_4^{2-}$ 生成一系列的络合物,草酸根的浓度对络合物的生成和分解可能会有一定的影响。

(4) 从反应机理看,两微粒在溶液中进行反应要经历三个步骤,即反应物分子通过扩散作用相互靠近,发生化学反应生成产物以及产物分子通过扩散作用而分开。通常,第二步即化学反应的速率要比扩散慢得多。但也有一些化学反应,特别是反应活化能不大的反应,其速率通常部分或完全由扩散控制。温度越高,溶液黏度越小,利于分子扩散,扩散控制反应的速率也越快。

对于反应 $2KMnO_4+5H_2C_2O_4+3H_2SO_4 \rightleftharpoons K_2SO_4+2MnSO_4+10CO_2\uparrow+8H_2O$,草酸浓度增大,反应速率反而减慢,草酸浓度的增大,不利于生成产物——硫酸钾、硫酸锰和二氧化碳气体的扩散。

[探究结论]

由于草酸与高锰酸钾溶液反应的实验作为浓度对反应速率的影响的探究实验并不理想,所以我建议使用硫代硫酸钠溶液与稀硫酸反应。具体做法如下:

取两个试管,在第 1 个试管里加入 0.1 mol/L 的硫代硫酸钠($Na_2S_2O_3$)溶液 10 mL;在第 2 个试管里加入 0.1 mol/L $Na_2S_2O_3$ 溶液和蒸馏水各 5 mL。另取两个试管,每个试管中加入 0.1 mol/L H_2SO_4 溶液 10 mL。然后同时分别倒入上面两个盛有 $Na_2S_2O_3$ 溶液的试管中,注意观察两个试管中出现浑浊的先后。反应的速率可借反应生成硫所需时间的长短来量度。第 1 个试管里反应物的浓度比第 2 个试管里的大,反应进行得快,先出现浑浊现象。以此实验作为素材,实验效果会更好。

案例 20 Na_2O_2 与 SO_2 反应产物的实验探究[①]

[课题来源]高中必修模块《化学 1》元素化合物知识。

[问题提出]

在学习 Na_2O_2 与 CO_2 的反应时,有学生提出这样的问题:SO_2 与 CO_2 同属酸性氧化物,且 SO_2 具有还原性,SO_2 能否与 Na_2O_2 发生氧化还原反应呢?若能反应,反应产物又是什么呢?针对这些问题,笔者因势利导,先组织学生讨论,然后让学生自主设计实验方案,自主选择所需仪器、药品,最后指导学生开展了一次实验探究活动,收到了良好的效果,并成功地获得了 Na_2O_2 与 SO_2 反应产物的探究结果。

[学生讨论]

在进行实验探究之前,先组织学生对上述问题进行讨论、分析、预测实验结果,学生表现出浓厚的兴趣,他们运用已学过的相关知识讨论、分析,得出以下几种可能的结果。

① SO_2 的化学性质与 CO_2 有很多相似之处,SO_2 与 Na_2O_2 的反应和 CO_2 与 Na_2O_2 的反应相似,即:$2SO_2+2Na_2O_2 \rightleftharpoons 2Na_2SO_3+O_2$。

② SO_2 与 Na_2O_2 若按①发生反应,因为有 O_2 生成,Na_2SO_3 与 O_2 接着发生氧化还原反应:$2Na_2SO_3+O_2 \rightleftharpoons 2Na_2SO_4$,反应产物中既有 Na_2SO_3 和 O_2,还会有 Na_2SO_4。

③ SO_2 具有还原性,Na_2O_2 具有强氧化性,二者直接发生氧化还原反应:$SO_2+Na_2O_2 \rightleftharpoons Na_2SO_4$,反应产物只有 Na_2SO_4。

1. 实验方案的设计

学生依据自己的猜测,课下自由分组,自主设计实验方案,每种方案在实验前先派一名学生

[①] 张文华. Na_2O_2 与 SO_2 反应产物的实验探究[J]. 化学教学,2009(4):19-20.

代表到讲台上用实物投影展示其实验装置图及操作方法,师生共同分析、讨论、评价每种方案的科学性和可操作性,提出合理化建议,最后选择其中三种方案让学生进行实验探究。

2. 组织探究

综合学生的实验方案设计及讨论结果,把全班学生分成四组,其中三组分别按保留的三种方案进行探究实验,一组作对比实验。要求学生亲自动手操作,仔细观察实验现象并记录。

第一组:

(1) 实验装置(如图 6-51 所示)

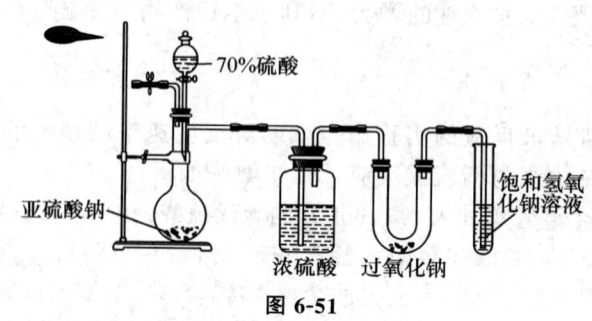

图 6-51

(2) 操作方法

① 按图 6-51 所示,安装好实验装置,检查、调整好装置的气密性。

② 向各仪器中添加相应药品后,再连接好装置并关闭止水夹。

③ 打开分液漏斗活塞,向蒸馏烧瓶内缓缓注入 70% H_2SO_4,通过观察盛有 98%浓 H_2SO_4 的广口瓶中产生气泡的快慢,控制 70%浓 H_2SO_4 的加入量和加入速度。

④ 待 U 形管内的淡黄色 Na_2O_2 粉末全部变白色后,关闭分液漏斗活塞,将带火星的木条插入试管内(饱和 NaOH 溶液的液面上),观察木条是否复燃或火星更明亮。

⑤ 打开止水夹,用洗耳球向装置内慢慢鼓入空气,将装置内多余的 SO_2 气体慢慢鼓入饱和 NaOH 溶液中。

⑥ 取下 U 形管,向其中加入适量蒸馏水,待反应后的固体全部溶解后,将溶液倒入小烧杯内。

⑦ 用试管取酸性 $KMnO_4$ 溶液 2 mL,用胶头滴管向其中逐滴滴加上述小烧杯中溶液,边滴边振荡,观察酸性 $KMnO_4$ 溶液是否褪色。

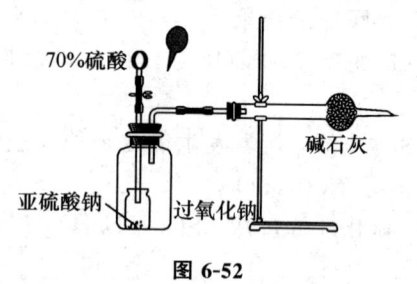

图 6-52

第二组:

(1) 实验装置(如图 6-52 所示)

(2) 操作方法

① 按图 6-52 所示,检查、调整好装置的气密性。

② 向各仪器中添加相应药品后再连接好装置。

③ 打开止水夹,用胶头滴管向小药瓶内加入适量 70% H_2SO_4 后,关闭止水夹。

④ 待广口瓶内的淡黄色 Na_2O_2 粉末全部变白色后,打开止水夹,用洗耳球向装置内慢慢鼓入空气,将装置内多余的 SO_2 气体慢慢鼓出,用碱石灰吸收。

⑤ 取反应后的固体与足量稀盐酸反应,将反应产生的气体通入品红溶液中,看品红溶液是否褪色。

⑥ 向试管中倒入⑤反应后的溶液适量,然后逐滴滴入 $BaCl_2$ 溶液,看能否产生白色沉淀。

第三组:

(1) 实验装置如图 6-53 所示
(2) 操作方法
① 按图 6-53 所示,检查、调整装置的气密性。
② 向各仪器中添加相应药品后再连接好装置。
③ 打开止水夹,用胶头滴管向硬质试管内加入适量 70% H_2SO_4 后,关闭止水夹。
④ 待硬质试管内的淡黄色 Na_2O_2 粉末全部变白色后,打开止水夹,用洗耳球向装置内慢慢鼓入空气,将装置内多余的 SO_2 气体慢慢鼓入饱和 NaOH 溶液中。
⑤ 取反应后的固体适量放入试管内,加蒸馏水溶解,然后向其中滴加稀盐酸至无气泡产生,再向试管中逐滴滴入 $BaCl_2$ 溶液,看能否产生白色沉淀。

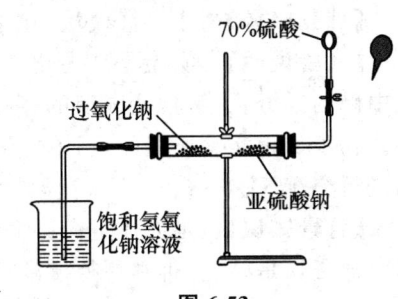

图 6-53

第四组:

作对比实验。
① 取无水 Na_2SO_3 固体溶于适量蒸馏水,向其中逐滴滴加酸性高锰酸钾溶液,边滴边振荡,观察溶液是否褪色。
② 向一支洁净的试管中倒入 2 mL 酸性高锰酸钾溶液,向其中逐滴滴加双氧水,边滴边振荡,观察溶液是否褪色。

3. 现象和结论记录

第一组:
① 带火星的卫生香插入试管内(液面上方),火星更明亮,但持续时间短,说明有氧气生成但量少。
② 反应后固体的水溶液中滴入酸性 $KMnO_4$ 溶液,溶液褪色,说明有 Na_2SO_3 生成。

第二组:
① 品红溶液褪色,说明有 Na_2SO_3 生成。
② 产生白色沉淀,说明产物中有 Na_2SO_4 生成。

第三组:
产生白色沉淀,说明产物中有 Na_2SO_4 生成。

第四组:
① Na_2SO_3 水溶液能使酸性 $KMnO_4$ 溶液褪色。
② 双氧水也能使酸性 $KMnO_4$ 溶液褪色。

4. 实验结论

综合分析各组实验现象,可以得出结论:SO_2 与 Na_2O_2 在常温时就能发生氧化还原反应,反应放热,生成 Na_2SO_4、Na_2SO_3 和 O_2。

随堂讨论

以上实施的几种方案均未考虑空气中 CO_2 对反应的干扰,请同学们思考:实验过程中如何排除空气中 CO_2 对反应的干扰?

案例21　食盐中碘的成分探究[①]

【课题来源】高中必修模块《化学1》元素化合物知识。

【实验说明】本实验是高中化学新课标化学1的主题2"化学实验基础"的内容。通过探究食盐中碘的成分，了解食盐中碘的存在形式。体验科学探究的过程，学习用化学方法鉴定物质的存在。初步认识实验方案的设计，能够与同学合作完成实验，记录实验现象，完成实验报告，并能主动进行交流。

【背景知识】碘是人体生命必需的微量元素之一，为了人民的健康，国家规定在缺碘地区市售的食盐必须是碘盐，否则易得碘缺乏病。碘缺乏病是自然环境缺碘，使人的机体因摄入碘不足而产生一系列损害。除常见的地方性甲状腺肿和地方性克汀病两种典型的病例外，缺碘也可导致流产、死亡、先天畸形和新生儿死亡率增高。可见，缺碘地区食用碘盐是预防碘缺乏病，提高人口素质的举措。但是，社会上一些不法商贩为了牟取不义之财，用一些不加碘的廉价盐冒充碘盐，在市场上销售，严重危害了人们的身体健康。

【提出问题】日常生活中通常食用的是碘盐，但市售碘盐是不是真的含有碘呢？如果含碘，那么碘的存在形式又是怎样的呢？

【假设与猜想】

假设1：食盐中含有碘的成分且以碘单质的形式存在。

猜想1：如果假设1成立，则食盐中含有碘单质。仔细观察食盐，取少量食盐，加入淀粉溶液，食盐会变蓝。

假设2：食盐中含有碘且以碘化物形式存在。

猜想2：如果假设2成立，则食盐中会含有碘化钾或碘化钠等，碘化物中碘元素为-1价，易与多种氧化剂作用而产生单质碘，碘单质遇到淀粉溶液显蓝色，此时淀粉起指示剂的作用。因此，取少量食盐，加入某种氧化剂，再滴加淀粉溶液，应显蓝色。

假设3：食盐中含有碘且以碘酸盐形式存在。

猜想3：如果假设3成立，则食盐中含有碘酸钾或碘酸钠等，碘酸盐中碘元素为+5价，起氧化剂作用，能与多种还原剂反应。因此，取少量食盐，加入某种还原剂，再滴加淀粉溶液，应显蓝色。

假设4：食盐中不含有碘的成分。

猜想4：与淀粉溶液反应不显色，与猜想2、猜想3中所用的氧化剂或还原剂不反应。

【实验方案】

碘淀粉指示反应的灵敏度很高，含碘量为1.5 mg/kg的食盐即可辨认出，因此可以用淀粉作为本次实验的指示剂。买一包市售碘盐，取少量样品，进行下面几项检验。

1. 碘单质的检验：用淀粉溶液可检验食盐中是否有碘单质存在。

2. 碘化物的实验：选择如高锰酸钾、重铬酸钾、碘酸钾等氧化剂，滴加在食盐上，用淀粉溶液检验是否有碘单质生成；并可用碘化钾溶液与氧化剂反应后，滴加淀粉溶液，进行对比实验。

3. 碘酸盐的检验：选择如亚硫酸钠、硫代硫酸钠等还原剂，滴加在食盐上，用淀粉溶液检验是否有碘单质生成；并可用碘酸钾溶液与还原剂反应后，滴加淀粉溶液，做对比实验。

[①] 黄郁,王乐.高中化学课程实施与案例分析[M].桂林：广西师范大学出版社,2007：214-219.

【实验仪器】试管、胶头滴管、表面皿。
【实验药品】硫代硫酸钠、高锰酸钾、亚硫酸钠、重铬酸钾、碘酸钾、淀粉溶液、稀硫酸。
【实验步骤】

1. 检验食盐的碘成分是否是碘单质

仔细观察食盐晶体，取少量食盐并滴加淀粉溶液，观察实验现象。

2. 检验食盐的碘成分是否是碘化物

(1) 配制 0.01 mol/L 的碘化钾和碘酸钾溶液。

(2) 配制 1%硫代硫酸钠、1%亚硫酸钠、1%重铬酸钾、1%碘酸钾和 0.1%高锰酸钾溶液。

(3) 加入 1 mL 的碘化钾溶液于试管 1 中，再滴入几滴稀硫酸使溶液酸化，再滴加 5 滴高锰酸钾溶液，摇匀试管，然后滴加 3 滴淀粉溶液，观察实验现象。

(4) 用重铬酸钾和碘酸钾代替上面的高锰酸钾溶液，分别取 1 mL 溶液于试管 2 和试管 3 中。重复步骤(3)的操作，观察实验现象。

(5) 称取 2 g 的食盐放入表面皿中，往表面皿滴几滴稀硫酸，再滴加 5 滴高锰酸钾溶液，然后滴 3 滴淀粉溶液，观察实验现象。

(6) 用重铬酸钾和碘酸钾代替上面的高锰酸钾溶液，重复步骤(5)的操作，观察实验现象。

3. 检验食盐的碘成分是否是碘酸盐

(1) 取试管 4 加入 1 mL 的碘酸钾溶液，往试管滴几滴稀硫酸，再滴加 5 滴亚硫酸钠溶液，摇匀试管，然后滴加 3 滴淀粉溶液，观察实验现象。

(2) 用硫代硫酸钠代替上面的亚硫酸钠溶液，重复步骤(1)的操作，观察实验现象。

(3) 将称量好的 2 g 食盐倒入表面皿，往食盐上滴入几滴稀硫酸，再滴加 5 滴亚硫酸钠溶液，然后滴加 3 滴淀粉溶液，观察实验现象。

(4) 用硫代硫酸钠代替上面的亚硫酸钠溶液，重复步骤(3)的操作，观察实验现象。

【实验现象】往食盐中加入淀粉溶液，淀粉溶液没有变色。

表 6-13　碘化钾和氧化剂反应后加淀粉溶液的显色情况

	氧化剂	显色情况
试管 1	高锰酸钾	显蓝色
试管 2	重铬酸钾	显蓝色
试管 3	碘酸钾	显蓝色

表 6-14　食盐和氧化剂反应后加淀粉溶液的显色情况

	氧化剂	显色情况
表面皿 1	高锰酸钾	没有显蓝色
表面皿 2	重铬酸钾	没有显蓝色
表面皿 3	碘酸钾	没有显蓝色

表 6-15　碘酸钾和还原剂反应后加淀粉溶液的显色情况

	还原剂	显色情况
试管 4	亚硫酸钠	显蓝色
试管 5	硫代硫酸钠	显蓝色

表 6-16　食盐和还原剂反应后加淀粉溶液的显色情况

	还原剂	显色情况
表面皿 4	亚硫酸钠	显蓝色
表面皿 5	硫代硫酸钠	显蓝色

【解释与结论】

（1）仔细观察食盐外观,无紫黑色固体,滴加淀粉溶液颜色不变,可推断假设 1 不成立,食盐不含有碘单质。

（2）表 6-13 的三种氧化剂与碘化钾溶液反应后滴加淀粉溶液,溶液颜色都变蓝,证明这三种氧化剂都能将碘化钾氧化成碘单质,可以用这三种氧化剂检验食盐中碘化钾的存在。由表 6-14 的结果可知,食盐中不含有还原剂,即食盐中不含有碘化物。因此食盐不能与氧化剂发生反应生成单质碘,加入淀粉也不呈现蓝色。故假设 2 不成立。

（3）表 6-15 的两种还原剂与碘酸钾溶液反应后加淀粉溶液,溶液颜色变蓝,证明这两种还原剂都能将碘酸钾还原成碘单质,同理,可以用这两种还原剂检验食盐中碘酸盐的存在。由表 6-16 的结果现象可以判断出食盐中含有碘酸盐,因为食盐与还原剂亚硫酸钠与硫代硫酸钠都能发生反应,滴加淀粉溶液后呈现蓝色。故假设 3 成立。

结论：假设 3 成立,即市售加碘食盐中含有碘成分并主要以碘酸盐的形式存在。

【实验总结】这个实验主要让学生探究食盐中碘的成分,通过实验可以培养学生的实验探究意识。要证明某种物质的存在,就要了解该物质的化学性质。如本实验中探究食盐中是否有碘化钾,就要了解碘化钾有还原性,可以用氧化剂将它氧化为碘单质,根据碘单质遇淀粉变蓝色的知识,可用淀粉溶液作为指示剂。本实验中氧化剂和还原剂的选用也很重要,并不是所有的氧化剂和还原剂都适用,要学会通过查阅资料和实验对选用的试剂进行筛选。选择的依据是：试剂容易得到,反应条件比较简单,反应现象明显。如本实验选取的试剂都是溶液,只需要在酸化的条件下,滴加在食盐上即可观察到现象。

实验关键：本实验中应直接将试剂滴加在食盐上检验,若将食盐配成溶液,即使是饱和溶液,也难以得到相关的实验现象,检测不出碘成分的存在。因此将实验改进为将试剂直接滴加在食盐上检验,能得到明显的实验现象。

【知识拓展】如果家中没有以上鉴别真假碘盐的试剂,如何识别真假碘盐呢？下面介绍几种方法。

看包装：精制碘盐采用聚乙烯塑料包装袋,印有"加碘"或"加碘盐"字样,并标明生产单位、出厂日期,字迹清晰,手搓不掉,袋质较厚或有覆膜,封口整齐、严密。假碘盐所印"加碘""加碘盐"字迹模糊不清,甚至用手即可擦掉,包装简单、不严密,封口不整齐。

看颜色：精制碘盐外观色泽洁白。假碘盐外观异色,或淡黄色,或暗黑色,并且不够干爽,易潮。

看防伪标志：精制碘盐包装袋上有激光防伪标志。

凭手感：精制碘盐用手抓捏较松散，颗粒均匀。假碘盐手捏成团，不易散开。

闻气味：精制碘盐无气味、更无臭味或其他异味。假碘盐因掺有工业含碘废渣，带有硝酸铵等含铵物质，因而有氨味等气味。

用口尝：咸味纯正的是精制碘盐，咸中带苦涩味的是假碘盐。

案例22　综合实验：用生活中的材料制作简易电池[①]

【课题来源】高中必修模块《化学2》。

【提出问题】学习了原电池原理，认识了电池的实质，如何运用生活中的材料制作简易电池？

【活动与探究实验】

方案一　伏打电池

（一）发明史

公元1800年，伏打以含食盐水的湿抹布夹在银和锌的圆形板中间制成干式电池，按银→布→锌→银→布→锌……的次序，积成圆柱，便形成所谓的"伏打堆"，利用导线连接最顶端的银圆板和最底层的锌圆板，制造出最早的电池，称为伏打电池。

伏打的研究证实了将两种不同的金属以导线连接，中间隔有导电的物质，就会产生电流。

（二）实验原理

任何两种不同金属之间都能产生电动势，用导线接通时都会出现电流；没有生命的物质（如蛙腿及土豆、西红柿），只要有电解质，就能产生电流。

（三）实验用品

仪器：耳机。

药品：光洁的硬铜币、锌片、盐水、吸墨纸、铜丝。

（四）实验步骤

1. 把四五个光洁的硬铜币和同样大小的锌片交替相叠，在两块金属片之间夹入一片吸满盐水的吸墨纸，用裸露出的铜丝分别接在硬币和锌片上。

2. 将灵敏电流计的引线接在伏打电池正负两端上，可发现电流计的指针发生偏转；还可用电压表检测电池的正负极。

（五）实验现象

用耳机可听到声音。

（六）实验关键

硬币和锌片要打磨干净，表面不能存有油污。

方案二　伽伐尼电池

（一）实验原理

铜锌电池中铜为正极，锌为负极，土豆汁为电解质溶液，起导电作用。

[①] 黄郁，王乐.高中化学课程实施与案例分析[M].桂林：广西师范大学出版社，2007：219-222.

（二）实验用品

仪器：耳机、小灯泡、电键。

药品：铜丝、锌片、土豆。

（三）实验步骤

1. 用一根 5 cm 长的铜丝和一条 2 cm 宽的锌片，分别插到土豆内。

2. 用耳机的正负极两端接触铜丝和锌片，便能清晰地听到声音。

3. 把 12 个土豆按上述方法分别插入铜片和锌片，然后串联，接上电键及 1.5V 的小灯泡，合上电键。

（四）实验现象

合键时灯泡发光发亮。

（五）实验关键

铜丝和锌片要打磨干净，表面不能存有油污。

方案三　水果电池

（一）实验目的

进一步验证原电池原理。

（二）实验原理

水果能作为电池，是由于水果中含有柠檬酸、酒石酸等电解质。

（三）实验用品

仪器：电线、灵敏电流计。

药品：水果样品（橘子、番茄、柠檬等）、金属电极（铜片、锌片）。

（四）实验过程

1. 柠檬电池

(1) 实验步骤：柠檬是一种酸味很重的水果。取三个柠檬，分别用小刀切成两半，把长 5 cm、宽 1 cm 的铜片和锌片各 6 片对折成 5 cm×0.5 cm 的双层片。如果找不到锌片可利用旧电池的锌壳代替。接着在每半个柠檬中都插入锌片和铜片，用细铜丝把锌片与铜片连接起来。为了检查一下是否有电，可以在黑暗中把留出的两根细铜丝相碰，如果发出较亮的火花，说明成功了。把小灯泡用电线连接起来，接在电池的两端，这时小灯泡会发光明亮起来。

(2) 实验关键：做这个小实验时，整个电路最好用焊锡连接，同时要擦亮金属片，做到无油腻。如果没有柠檬，也可以用酸度高的番茄、橘子代替。实验如图 6-54 所示。

2. 番茄电池

(1) 实验步骤：取两个半熟的番茄，相隔一定距离，分别平行插入铜片和锌片。用导线将铜片与锌片及灵敏电流计相连，观察现象。

(2) 实验现象：电流计出现偏转，说明有电流通过。

(3) 实验关键：铜片和锌片要打磨干净，表面不能存有油污；番茄要新鲜、个大多汁。

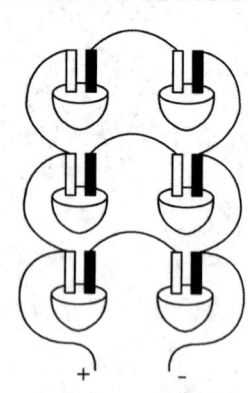

图 6-54　柠檬电池

3. 苹果电池与橘子电池

实验步骤与现象同上。

【拓展与迁移】

1. 常见电池——干电池：干电池的锌壳是负极，碳棒是正极，碳棒周围填充石墨粉，并用 NH_4Cl、$ZnCl_2$ 溶液和淀粉调成糊状物浸透，在石墨、MnO_2 粉层与锌壳间也填充这种糊状物。

2. $Ni-H_2$ 可逆电池——绿色电池：可连续充电500次，每次充放电成本低，不含汞、无污染（日本从1996年的3.6亿节增长到1998年的4.2亿节）。

3. 锂电池：锂电池以锂作负极，非水有机溶剂如环脂、直链脂及酰胺等和无机溶剂作溶剂，以锂盐 $LiClO_4$、$LiAlCl_4$、$LiAsF_4$ 等为电解质。锂密度低、电极电位负值高、延展性好，使得锂电池有比容量大、电压高、电阻低的优点，同时电池材料还被广泛地应用于心脏起搏器、电子表、计算器。

4. 燃料电池：把外界（H_2、CO、甲醇等）燃料和空气不断输入，直接氧化，使化学能转化为电能。由于燃料电池的电能转化率高于其他电池，反应生成水，不排出有害物质，噪声低，所以有广泛的应用前景。

§6.6 中学化学定量与测定实验研究

核心术语

◆定量与测定实验　◆相对误差　◆实验误差　◆实验原理

化学教学不仅要使学生能定性认识物质，还要通过测定定量把握物质的属性。化学定量与测定实验是根据一定的实验原理，通过测量得到的数据，对实验对象量的特征进行认识的一种科学的思考方法和操作方法。中学化学实验中定量实验所占的比例虽然不多，但这些实验对于加深对化学知识的理解，培养学生定量实验操作技能，提高他们对数据的处理能力，学会研究物质的科学方法，养成严谨的科学态度，具有重要的作用。

一、中学化学定量与测定实验内容

根据中学化学课程标准，义务教育段、高中必修段和高中选修段规定的定量与测定实验内容如表6-17所示。

表6-17　不同学段化学定量与测定实验内容

阶段	实验内容
义务教育	配制一定溶质质量分数的溶液
	空气中氧气的体积分数
	探究空气中二氧化碳相对含量的变化
	使用pH试纸测定溶液的酸碱性
	探究化学反应中的质量关系

续表

阶段	实验内容
高中必修	测定不同水样的pH(用图表或数据表示)
	配制一定物质的量浓度的溶液
	中和反应和中和热的测定
	通过实验认识化学反应的速率和化学反应限度
高中选修	浓度、温度对$Na_2S_2O_3$溶液与稀H_2SO_4反应速率的影响
	温度对加酶洗衣粉的洗涤效果的影响
	用pH计测定中和反应过程中溶液pH变化(绘制滴定曲线)
	用中和滴定法测定食醋中醋酸的含量
	用氧化还原法或化学分析法测定污水中的化学耗氧量
	硫酸亚铁铵的制备及纯度测定

在中学化学考试中,实际还可以将上述实验拓展为其他定量实验,如"相对分子质量测定""硫酸铜晶体结晶水含量的测定""阿伏加德罗常数测定""海带中碘的测定""植物中维生素C的测定""纯碱中碳酸钠的含量测定"等。实验内容不局限于课程标准的内容,实验原理和实验操作则不超过化学课程标准对于化学实验的要求。

二、中学化学定量与测定实验的步骤

中学化学定量与测定实验的一般步骤如下:

(1) 明确测定原理。测定原理是进行化学实验操作及其计算的依据。

(2) 正确进行实验操作。正确的实验操作是实验成功的关键之一,也是得到正确实验结果的前提。

(3) 准确进行计算。根据测定原理进行正确计算,注意有效数字的运算。

(4) 实验测量数据的评价。定量与测定实验都要讲究准确度,也就是测得数值与真实数值之间的符合程度。误差越小,表示测定结果越准确,也就是准确度越高。因此,在测定过程中,在要求范围内要称准、量准,尽可能减少误差。

准确度一般可用相对误差(误差在真实数值中所占的百分率)的大小来表示:

$$相对误差 = \frac{(测得数值 - 真实数值)}{真实数值} \times 100\%$$

实验误差主要来自系统误差、偶然误差或随机误差、过失误差。

系统误差是由于实验所用的仪器本身不够准确、测量方法的近似、试剂不纯或实验者读数时偏于某一个方面所引起的误差。它的特点是在同一条件下多次测量同一个量值时,误差的绝对值和符号不会改变,或者在条件改变时,误差按一定的规律变化。为减小系统误差,在条件许可和学生可接受的情况下,可以采取比较准确的仪器和方法、较纯的试剂进行测定,并纠正读数时偏向某一个方面的习惯。但是要找出和修正系统误差都是不容易,在中学的定量测定实验中,一般很少考虑。

偶然误差或随机误差是在测量过程中由于振动、温度、气压、湿度、光照等环境因素的影响,或测量者读数不稳定所产生的误差。随机误差的特点是来源不固定,误差大小和符号都可以改变,有正误差和负误差出现的机会相等和小误差出现的次数多、大误差出现的次数少等特点。减少随机误差的方法是同时做几次平行实验,取平均值。平行测定的次数越多,平均值的误差也就越小。

过失误差是实验者使用仪器的方法不正确、粗心大意、操作马虎、读错或记错数据而造成的误差。实验者只要认真对待,过失误差是可以避免的。

三、中学化学定量与测定实验案例

案例 23 硫酸铜晶体结晶水含量的测定

[实验原理]

（1）$CuSO_4 \cdot 5H_2O$ 在常温和通常湿度下既不易风化,也不易潮解,是一种比较稳定的结晶水合物。$CuSO_4 \cdot 5H_2O$ 受热时逐步失去结晶水的过程可表示如下：$CuSO_4 \cdot 5H_2O$（蓝色）$\xrightarrow[-2H_2O]{102℃} CuSO_4 \cdot 3H_2O \xrightarrow[-2H_2O]{113℃} CuSO_4 \cdot H_2O \xrightarrow[-H_2O]{250℃} CuSO_4$（白色）$\xrightarrow{>340℃} CuO$

加热一定质量的硫酸铜晶体[$m(CuSO_4 \cdot 5H_2O)$],使其全部结晶水失去,得到 $CuSO_4$ 和结晶水的质量数据 $m(CuSO_4)$ 和 $m(H_2O)$,计算 1 mol 硫酸铜晶体中含有结晶水的物质的量,以确定硫酸铜晶体的化学式,可按下式计算：

$$\frac{m(CuSO_4)}{M(CuSO_4)} : \frac{m(H_2O)}{M(H_2O)} = 1 : x \quad x = \frac{160}{18}\left(\frac{m(CuSO_4)}{m(H_2O)} - 1\right)$$

式中：m、M、x 分别为质量、摩尔质量、水的物质的量。

结晶水的质量分数（w）为

$$w = \frac{m(H_2O)}{m(CuSO_4 \cdot 5H_2O)} \times 100\% = \frac{m(CuSO_4 \cdot 5H_2O) - m(CuSO_4)}{m(CuSO_4 \cdot 5H_2O)} \times 100\%$$

（2）要使实验获得较准确的结果,操作的关键是加热要保证晶体全部失水,但又不能造成 $CuSO_4$ 的分解,判断的标志是粉末全白、无蓝色或黑色。另外,冷却后的称量应准确,且两次称量的质量差不超过 0.1 g。

[实验用品]

烧杯、玻璃棒、瓷坩埚、坩埚钳、酒精灯、三角铁架、泥三脚架、干燥器、托盘天平和砝码、研钵、药匙。

[实验步骤]

实验装置图如图 6-55 所示,实验步骤简述如下：

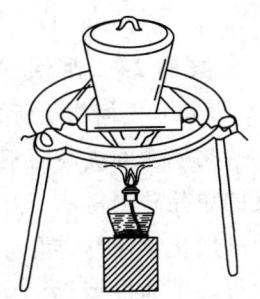

图 6-55 加热硫酸铜晶体

（1）准确称量清洁干燥（包括内外壁）瓷坩埚的质量（设为 m_1）,并用该坩埚称取约 2 g（准确到 0.1 g）已经研碎的硫酸铜晶体（设坩埚和硫酸铜晶体总质量为 m_2）。

（2）加热坩埚,直至其中的硫酸铜晶体由蓝色变白。然后,将坩埚放入干燥器内冷却。

（3）坩埚冷却后,把坩埚放在台秤上称量（记下总质量）。

（4）把坩埚再加热数分钟,放在干燥器里冷却后再称量（记下总质量）,至两次称量的质量相差不超过 0.1 g 为止（设最后恒定总质量为 m_3）。

(5) 计算

结晶水数目计算式 $x = \dfrac{m_2 - m_3}{m_3 - m_1} \cdot \dfrac{M(\mathrm{H_2SO_4})}{M(\mathrm{H_2O})}$

结晶水质量分数 $w = \dfrac{m_2 - m_3}{m_2 - m_1} \times 100\%$

[分析与讨论]

1. 本实验 x 值应等于 5，w 应为 36%，你认为造成实验结果偏高或偏低的主要原因有哪些？

资料卡片

硫酸铜晶体结晶水含量测定实验误差分析见表 6-18。

表 6-18 硫酸铜晶体结晶水含量测定实验误差分析

能引起误差的一些操作	因变量		w 或 x 值
	$m(\mathrm{CuSO_4})$	$m(\mathrm{H_2O})$	
称量的坩埚不干燥	—	增大	偏大
晶体表面有水	—	增大	偏大
晶体不纯，含有不挥发杂质	增大	—	偏小
晶体未研成细粉末	—	减小	偏小
粉末未完全变白就停止加热	—	减小	偏小
加热时间过长，部分变黑	减小	—	偏大
加热后在空气中冷却称量	—	减小	偏大
加热过程中有少量晶体溅出	减小	—	偏大
两次称量相差大于 0.1 g	—	减小	偏小

2. 试讨论说明本实验的操作关键有哪些。采用哪些措施可减少实验误差？

案例 24 阿伏加德罗常数的测定（电解法）

1 mol 任何物质所含的基本单元数被称为阿伏加德罗常数，用符号 N_A 表示。N_A 的值随着实验精确度的提高而不断被修改。1974 年前的 N_A 为 6.0220453×10^{23} mol^{-1}；1974 年利用高纯度的单晶硅测得 N_A 为 6.0220943×10^{23} mol^{-1}；1986 年国际推荐值为 6.0221367×10^{23} mol^{-1}。但一般化学计算中均常用其近似值 6.02×10^{23} mol^{-1}。测定阿伏加德罗常数的方法有好多种，所得结果都很接近。本实验的目的是通过实验探究活动了解测定阿伏加德罗常数的原理和方法。

[实验原理]

用两块已知质量的铜片作阴、阳极，用强度为 $I(\mathrm{A})$ 的稳恒直流电电解硫酸铜溶液，经时间 $t(\mathrm{s})$ 后

阴极反应：$\mathrm{Cu}^{2+} + 2e^- \longrightarrow \mathrm{Cu}$（铜片增量 $\Delta m\mathrm{g}$）

阳极反应：$\mathrm{Cu} - 2e \longrightarrow \mathrm{Cu}^{2+}$（铜片减量 $\Delta m'\mathrm{g}$）

理论上无副反应时 $\Delta m = \Delta m'$。铜片增量、减量的部分分别为 $\dfrac{\Delta m}{63.5}$ mol 和 $\dfrac{\Delta m'}{63.5}$ mol，而阴、阳极通过的电量（库仑）为 It。根据一个铜离子所带电量 $2 \times 1.60 \times 10^{-19}$ C，可以导出 1 mol 铜所含原子数

$$N_A = \dfrac{It \times 63.5}{\Delta m \times 2 \times 1.60 \times 10^{-19}} \qquad N_A' = \dfrac{It \times 63.5}{\Delta m' \times 2 \times 1.60 \times 10^{-19}}$$

[实验用品]

仪器和材料：100 mL 烧杯、250 mL 烧杯、500 mL 容量瓶、搅拌器、分析天平、直流稳压电源（24 V 可调）、毫安表、500 Ω 滑动变阻器、开关、秒表。

药品：浓硫酸（98%）、五水硫酸铜晶体、铜片（3 cm×5 cm）两块。

[实验操作]

（1）用烧杯称取五水硫酸铜 125 g，先用一定量蒸馏水溶解，再缓缓加入 16 mL 密度为 1.84 g·cm^{-3} 的浓硫酸。把溶液转移到 500 mL 容量瓶中，洗涤烧杯几次，将洗液一并注入容量瓶内，然后定容至 500 mL。

（2）取两块 3 cm×5 cm 的薄铜片分别用细砂纸擦去表面氧化物，用水冲洗后再用 95% 的酒精棉球擦净其表面可能附着的铜屑。晾干并用分析天平精确称量（精确到 1 mg），记录到表 6-19 中。

（3）取 100 mL 烧杯，加入约 80 mL 的上述硫酸铜溶液。将上述称量过的两块铜片分别作为阴、阳极，两极间距约 2 cm，并使每块铜片的 2/3 浸没在硫酸铜溶液中，见图 6-56。

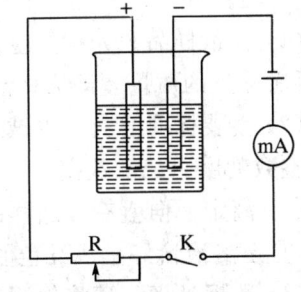

图 6-56　电解法测定阿伏加德罗常数

mA—毫安表；K—开关；R—滑动变阻器

（4）使用 10 V 直流电源。合上开关，迅速调节滑动变阻器，使电路电流稳定在 100 mA 左右，同时按动秒表计时。电解约 60 min（计时要准确），接下开关，停止电解，并将准确的电解时间填入下表（见表 6-19）。

（5）取出阴、阳极铜片，在水中漂洗后，再用 95% 酒精浸洗。晾干，精确称量并记录数据。注意操作中别让镀上去的铜脱落下来。

表 6-19　电解时间记录表

	阴极	阳极
电极质量/g	电解前： 电解后： $\Delta m =$	电解前： 电解后： $\Delta m' =$
电流强度 I/A		
电解时间 t/s		
N_A	$\dfrac{It \times 63.5}{\Delta m \times 2 \times 1.60 \times 10^{-19}}$	$\dfrac{It \times 63.5}{\Delta m' \times 2 \times 1.60 \times 10^{-19}}$

（6）整理上表数据，并计算出阿伏加德罗常数。

[注意事项]

（1）铜片电极洗净后，不能用手指触及，以免电极沾上油污，影响铜电解时析出。

(2) 电解时温度控制在 20℃～35℃。在整个电解过程中,可通过调节电阻,使电流强度尽可能保持不变。

案例 25　食醋中总酸量的测定

[实验原理]

利用酸碱中和反应,用 NaOH 溶液滴定醋酸,标定反应如下:

$$NaOH + HAc = NaAc + H_2O$$

亦可用酚酞作指示剂。

食醋中醋酸的质量分数的计算式为:

$$w\% = \frac{c(NaOH) \cdot V(NaOH) \cdot M(HAc)}{m(样品)} \times 100\%$$

[实验用品]

烧杯、锥形瓶、碱式滴定管、移液管、天平、铁架台(附滴定管夹)。

[实验步骤]

(1) 称量样品。先称量空锥形瓶的质量,然后用移液管取 10 mL 样品至锥形瓶中,再次称量,再次称量的质量差即为样品质量[m(样品)]。

(2) 盛装标准溶液。用碱式滴定管盛装 NaOH 标准溶液,赶走气泡并将液面调至零刻度(或其他整数刻度),记录数据。

(3) 滴定。向盛有食醋样品的锥形瓶中加入 1~2 滴酚酞溶液,将 NaOH 标准液逐滴滴入样品中,直至溶液恰好呈浅红色并在 30 s 内不褪色,记录数据。重复滴定三次。

(4) 数据处理。请将你测得的数据记录在表 6-20 中并进行数据处理。

表 6-20　食醋中总酸量的测定

实验数据	滴定次数		
	1	2	3
V(样品)/mL			
m(样品)/g			
V(NaOH)/mL(初读数)			
V(NaOH)/mL(末读数)			
V(NaOH)/mL(消耗)			
$\overline{V}$(NaOH)/mL(消耗)			
c(样品)/mol·L^{-1}			
$w\%$			

[实验讨论]

1. 请你根据本实验总结中和滴定的基本步骤及所使用的主要仪器。

2. 在实验过程中,移液管和滴定管在使用前都要润洗。为了使测定结果更加准确,盛装样品的锥形瓶是否也需要润洗?为什么?如果使用未润洗的移液管或滴定管,会对测定结果产生怎样的影响？

3. 根据全班同学测定结果的汇总情况，评价你的测定结果并分析原因。在实验过程中，你认为误差的来源有哪些？这些误差会对测定结果产生怎样的影响？你能想出减小误差的办法吗？

案例 26　Na_2O_2 与 CO_2 反应定量实验[①]

[实验原理]

揭示实验过程中 CO_2 与 O_2 之间的定量关系，通过实验定性、定量研究 Na_2O_2 与 CO_2 反应，增强学生多角度、多层面认知途径，挖掘该反应的定性、定量的实验功能。

[实验仪器和试剂]

(1) 100 mL（或 50 mL）注射器（玻璃材质）两支，数支 U 形管、单孔橡胶塞、胶塞、温度计（200℃量程）、带胶塞的滴管、小试管、小玻璃珠、T 形管、药匙各一，乳胶管（约 3 cm）4 段，止水夹 4 个，以及酒精灯、火柴、木条、带铁夹的铁架台。

(2) 制取 CO_2 简易装置一套（包含除 HCl 气体，不需干燥）。

(3) 试剂：Na_2O_2 粉末、大理石、稀 HCl、澄清石灰水、稀 H_2SO_4。

[实验装置]

如图 6-57 所示，夹持装置及制 CO_2 简易装置图；U 形管左右的连接装置可对调；带温度计的塞子与装有 CO_2 的注射器必须同侧。

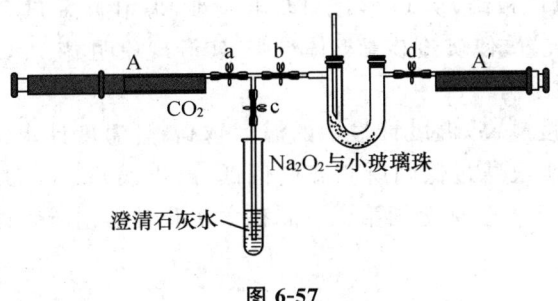

图 6-57

[实验步骤与现象]

(1) 用制 CO_2 的简易装置制取一瓶 500 mL CO_2（HCl 已除），并用注射器 A 抽取 100 mL CO_2 后连接在 a 处，后固定在铁架台上。

(2) 在 U 形管内首先装入适量小玻璃珠，然后再装入约 1.5 g Na_2O_2 粉末，迅速塞上带温度计的单孔橡胶塞；用止水夹夹住 a、b、c、d 处乳胶管；在 d 处连接好注射器 A′并固定在铁架台上待用。

(3) 打开止水夹 a、b、d，推动注射器 A 活栓，缓慢将 CO_2 气体压至 U 形管内，可以看到 Na_2O_2 由淡黄色变为白色，温度计水银柱上升，注射器 A′活栓外移；再推动活栓将 A′内气体推入 U 形管内，反复 2～3 次。可观察到 A′内气体体积约为 50 mL。

(4) 再用止水夹夹住 a、b、d 乳胶管，打开橡胶塞，立即插入带火星的木条，木条复燃，可证明

[①] 谢瑞琨，柳富强. Na_2O_2 与 CO_2 反应定量实验的设计[J]. 化学教学，2013(2)：39-40.

有 O_2 生成。

(5) 打开另一带温度计的橡胶塞,换带滴管(预先吸入少量稀 H_2SO_4)的胶塞塞紧。打开止水夹 a、c,轻轻抽动针筒 A 的活栓,将可能残留的 CO_2 气体抽入针筒 A 中(小试管中导管液面上升约 2 cm)。夹住止水夹 a,打开止水夹 b,然后将稀硫酸逐滴滴入 U 形管,可看到有大量气泡产生,小试管内澄清石灰水变浑浊,证明该气体为 CO_2,证明 U 形管中生成的白色固体为 Na_2CO_3。

[有关问题探讨]

(1) U 形管内 Na_2O_2 粉末载体的探讨

使用碎瓷片作为 Na_2O_2 粉末载体进行试验,反应后对 O_2 检验有一定难度,且气体总体积会小于 50 mL。可能是碎瓷片对 O_2 有一定的吸附作用,关于此猜测有待验证。故选用光滑的小玻璃珠作为载体。

(2) 关于实验用针筒的探讨

① 塑料针筒活栓与针筒间摩擦力大,不易推动,最好选用 100 mL 或 50 mL 玻璃针筒;

② 针筒的夹持尽可能水平,减少针筒受重力影响而造成的误差;

③ 本实验要求良好的气密性,应选择不漏气的针筒,选择时在针筒内壁涂少量柴油,反复推拉活栓使柴油涂抹均匀,抽气,然后用手指堵住出气口,适当用力推动活栓,若观察到柴油向外流动,证明漏气;定量测定精确度与针筒精度、容积大小有关。

(3) 关于二氧化碳检验的探讨

本实验结束后固体物质板结,从 U 形管中取出较难,采用滴稀 H_2SO_4 后将产生的气体通入澄清石灰水检验 CO_2 的装置,使实验装置整体性强,实验现象明显。

(4) 过氧化钠纯度的影响

实验发现,Na_2O_2 纯度越高,温度计显示的温度越高;且温度计水银球应尽量与上层 Na_2O_2 接触(刚好没过水银球),水银球过低则所测温度偏低,产生误差;Na_2O_2 纯度高,O_2 检验现象明显。(注:本实验 2012 年 7 月参加全国第十一届化学实验教学创新研讨会获一等奖)

单元思考题

1. 说明中学化学基础性实验包括哪些类型,每种类型各有哪些特点和教学要求。

2. 中学化学探究性实验有哪些特点?以"过氧化氢使溶液中指示剂褪色"的实验探究为例,说明探究性实验的教学过程。

3. 请从近三年的《化学教育》《化学教学》《中学化学教学参考》或《中学化学》等杂志上查阅 2~4 篇化学实验教学改革的文章,并进行简要综述,字数不少于 2000 字。

4. 请与同学组成调查小组,到一所中学对 2~4 名化学教师进行访谈,了解目前化学实验教学中存在的问题,并完成一篇调查报告,字数在 2600 字左右。

第七章　中学化学新型实验技术

随着信息时代的到来,现代信息技术已广泛应用于课堂教学,促进了教学手段的信息化、现代化。国内外教育专家曾对信息技术整合于科学课程实验这一问题做过不同维度与层次的探究,其中对"基于微机的实验室"(Microcomputer-Based Laboratories)、"基于计算器的实验室"(Calculator-Based Laboratories)、"数据采集系统"(Data logging 或 Data logger)和"手持系统"(Handheld system)等研究占多数。这些研究都讨论数字化技术在科学课堂与科学探究活动中的应用,均肯定数字化技术整合于科学课程对教学方式或教学质量的积极影响,且强调数字化技术对加强学生学习的作用或优势。将信息技术应用在化学实验教学中,发挥信息技术优势,探索新型教学模式,注重教、学双方信息素养的提高,实现信息技术与化学实验教学的有效整合,是化学教师应具备的一种基本能力,也是化学实验教学现代化、全面提高师生科学素养的一种体现形式。

§7.1　数字化探究实验室的建设

核心术语

◆数字化实验室　◆化学探究能力　◆手持技术仪器　◆软件环境

将现代技术融合到实验教学中,使传统实验教学从理念、方法、手段等方面得到更新和扩展;改善学生的学习方式,改善学习资源和学习环境;有利于学生创新精神和探究能力的培养,构筑面向未来社会的学习文化。

一、数字化化学探究实验室的建设

数字化化学探究实验室包括硬件环境与软件环境。前者主要指实验室、手持技术仪器(如数据采集器与各类传感器)和计算机等;后者特指教师、学生和教学内容(如教科书和专著)。[1]

(一) 硬件环境的建设

1. 化学实验室

学校应重视化学实验室的建设,尽可能配置中学阶段可能用到的基本实验药品、仪器与相关设备,为学生进行科学探究活动奠定物质基础;有条件的学校应定时向学生开放实验室,为学生能自主开展探究活动创设良好条件。另外,可根据心理学原理将实验台设计为正六边形,有利于体现良好的合作学习探究气氛。

---

[1] 钱扬义,邓峰. 数字化化学探究实验室的建设与学生探究能力的培养[J]. 中国电化教育,2006(11):49-52.

2. 手持技术仪器

手持技术仪器主要包括数据采集器与传感器(探头)。前者主要用于采集并储存实验数据;后者可根据探究需要测定的参数(如温度、湿度、光强、pH、溶解氧浓度、电导率、气压、电流、电压等)而自行选择;同时,这些仪器的轻巧与便携还为学生进行户外探究提供了可能。

3. 计算机

将计算机与手持技术仪器联用时,传感器可以精确地测量与传递实验中所测定的各种实验参数,所得实验数据将通过数据采集器传到计算机中,计算机经由配套软件将数据以表格和图像的形式呈现,并进行分析处理。例如将温度传感器与pH传感器置于盛有少量水的烧杯中,随着固体氢氧化钠的加入,计算机屏幕上将分别出现两条逐渐上升的实验曲线,并且在表格中实时显示温度与pH的变化数据。可见,利用基于计算机的化学实验,能使传统教学中的定性实验得以量化验证。此外,应促进手持技术仪器与现有的计算机资源的整合。例如运用电子表格(如Excel等)将所采集的数据进行整理与作图分析。

(二) 软件环境的建设

1. 教师

国外研究表明,教师的课堂组织与管理方式、所采用的教学方法、所提供的指导以及他们与学生之间建立的友好关系,都对数字化技术(如数据采集系统)在科学课堂的应用效果产生较大的影响,如当学生能得到教师适当的指导或帮助时,学生会更乐于负责各自的学习任务。因此,教师方面的建设具有举足轻重的作用。数字化化学探究实验室的建设对化学教师提出更新和更高的要求。从教学与教师专业水平关系看,教师必须具有一定的信息技术技能,教会学生熟练使用手持技术仪器进行化学探究;从教学与课程的关系看,教师应是课程的建设者与开发者,善于从生活、社会及教科书中挖掘能运用手持技术仪器探究与解决的化学问题;从教师与学生的关系看,教师应是学生学习的引导者与促进者,引导学生在利用手持技术仪器进行探究时解决各类问题,促进学生探究能力的培养;从教学与研究的关系看,教师应是教学的研究者,研究手持技术仪器使用过程中学生的学习心理与认知机制等;从教学与自我认识的关系看,教师应进行自觉反思,使其教学经验理论化与成熟化,不断加强与完善数字化探究实验室的建设。[①] 此外,化学教师应提高信息素养,使其与学科内容、教学过程有机融合为一体。

2. 学生

学生在数字化化学探究实验室的建设中起着主体性作用。在传统化学实验教学中,学生在很多时候处于被动状态,而数字化探究实验室要求学生改变以往过多依赖教师的学习方式,如学生应能在新的学习环境中,大胆借助手持技术与计算机技术从多渠道获得所需信息,敢于对书本质疑,乐于动手探究,等等。当然,学生利用信息技术进行自主学习,是具备一定条件的:学生必须具有独立自主学习的精神、具有善于获取知识的能力和能掌握适合自己特点和学习要求的学习策略。此外,手持技术仪器能快速测定并以数据和图表的形式呈现整个探究过程,有助于学生通过对图像变化趋势的观察与理解及时对实验条件做出适当的调整或建立新的实验假设,并在每一次修订实验方案或控制探究变量的过程中不断思考自己的预测与实验事实不吻合的具体原因,从而引导更深层次的学习。

---

① 教育部基础教育司. 走进新课程:与课程实施者对话[M]. 北京:北京师范大学出版社,2002:125-126.

3. 教学内容

数字化化学探究实验室的建设同样需要有合适的教学内容支撑。这要求教师应积极挖掘现行新教材中的配套探究题材,并鼓励学生通过查阅相关专著和文献,积极开展探究活动。如在"化学反应能量的变化"教学时,可引导学生采用温度传感器,定量测定不同物质(如生石灰、硝酸铵、氯化钠等)溶于水时的温度变化情况,通过分析实验曲线以加强其对放热反应与吸热反应的认识。

二、数字化探究实验室培养化学探究能力

数字化化学探究实验室作为一种新的教学手段,能突出化学学科特点与中学生的认知特点,数字化化学探究实验室的建设,有助于培养学生科学探究能力。

(一) 数字化探究实验室培养探究能力的途径

数字化化学探究实验室自身的特点有利于学生在科学探究各探究要素中培养探究能力。以研究"二氧化碳的不助燃性"为例,见表7-1。

表7-1 各探究要素中学生探究能力的培养表

探究要素	学生探究案例	学生能力的培养
提出问题	日常生活中用CO_2灭火时,还有氧气存在吗	发现与提出问题能力——能从日常现象或经教师启发,发现有实验探究价值的问题,并能用口头或书面的形式清楚表述问题
猜想与假设	还有很多,只是被CO_2将它与可燃物隔绝了;一点也没有了,因为没有氧气助燃了;有,但量很少,不足以支持燃烧……	猜想与假设能力——学生通过搜索原有知识经验,生成对问题情境的初步理解,能主动地对探究问题的可能结论大胆提出猜想与假设;能对假设所依据的事实进行初步的验证
制订计划	将CO_2缓慢通入装有正在燃烧的蜡烛的容器中,采用氧气传感器跟踪测定容器中氧气变化情况	实验设计能力——根据所要解决的化学探究问题,结合手持技术仪器的优点,独立或与他人合作设计实验方案;能对实验方案的可行性进行初步预计
进行实验	满怀兴趣热情积极参与化学探究,观察实验现象,控制好实验条件	观察能力与实验能力——能与同学合作,对实验条件的控制及实验现象的观察进行讨论
搜集证据	证据:容器中氧气的含量由约21%下降至15%左右,并将所得数据转到Excel,以表格与图形的形式处理	搜集证据能力与数据处理能力——能对所得证据运用电子数据表等形式进行处理;能根据误差分析原理对实验数据进行初步分析
解释与结论	注CO_2后,氧气浓度不断减少,不足以支持燃烧,同时CO_2也起到隔绝氧气与可燃物接触的作用,因而能灭火	解释、形成结论的能力——能运用比较、分类和归纳的方法得出结论;能对猜想与假设进行解释
反思与评价	书写探究实验报告,对探究过程与结果进行自我反思,做出评价	评价能力与元认知能力——能对结论的可靠性进行客观评价;能对自己在探究活动中的表现进行反思
表达与交流	用口头或书面的形式表述探究的过程、活动以及结果,并倾听别人意见	讨论、表达与交流能力——能主动交流化学实验探究结果,能学会取长补短

由此可见,探究能力在信息化和数字化背景下有了新内涵,主要体现在"化学实验信息素养能力"。从硬件看,主要是"使用信息仪器,获取数据的能力",如传感器、数据采集器和计算机的使用。从软件看,主要是"利用信息软件,分析数据的能力",如电子数据表是广泛用来分析数据的软件。

（二）数字化探究实验室培养探究能力的方法

1. 在化学实验教学课堂上培养

化学教师可根据教学的实际需要，将课堂引到数字化化学探究实验室，让学生在其良好的软件环境中学习教材内容，加强对化学知识和原理的理解。以"酸碱中和滴定"为例，传统教材采用通过指示剂的变色来确定测定终点。由于不同指示剂均存在一定的实验误差，致使学生不能准确判断中和反应何时终止。借助手持技术仪器（如 pH 传感器与温度传感器）与计算机，在高中化学课堂上演示"中和反应"实验，帮助学生清楚地观察到滴定前后溶液 pH 的突变及其突变时刻，并从温度变化曲线可分析得出"中和反应是放热反应"的结论。

2. 在化学探究性学习中培养

国外有研究表明，将数字化技术与（科学）探究性学习有机地结合运用，有利于提高学生探究的积极性，增强其探究能力。将数字化化学探究实验室应用于化学研究性学习，培养学生的探究能力与问题解决能力，可从以下五个维度着手。

（1）基于解决传统实验难点的维度。传统实验虽为教科书一直沿用，但部分实验是有待改进的。例如：有些存在实验危险或废弃物污染环境，或者不容易操作成功，或者只能从观察中粗略地得到实验结论；有些则由于传统实验仪器的限制，不能进行定量的比较与分析；等等。然而，将数字化化学探究实验室应用于其中，可在一定程度上解决上述实验难点。如可利用手持技术探究影响过氧化氢分解速率的因素——通过测定密封容器中气压的变化以表征过氧化氢的分解速率。

（2）基于降低认知难度的维度。由于教科书中的化学概念或原理较为抽象，教师倾向于通过一些具体的例子或实验等帮助学生理解；但某些概念或原理若借助定量实验的方法则可容易被学生理解。如可借助手持技术，让学生通过使用温度传感器探究相同体积不同类型的气体（如氧气、氮气、二氧化碳、甲烷和空气）分别在太阳光和红外灯照射下温度的变化规律，据此更好地理解"温室效应"这一科学概念，促进其原有的"前概念"逐渐向科学概念转变，从而起到降低认识难度的作用。

（3）基于探究社会热点的维度。化学新课程标准的基本理念之一是"从学生已有的经验和将要经历的社会生活实际出发，帮助学生认识化学与人类生活的密切关系，关注人类面临的与化学相关的化学问题，培养学生的社会责任感、参与意识和决策能力"。由于利用手持技术进行的实验能在室外方便地进行，故可让学生对他们感兴趣的许多社会热点现象设计实验并进行探究，如利用二氧化碳传感器探究公共交通工具车厢内二氧化碳的含量对乘客健康的影响；利用光传感器探究教室光照强度及灯管的使用对学生视力的影响；利用噪声传感器测定不同噪声源的频率；等等。

（4）基于研究变量关系的维度。对变量关系的研究即在单一数据测量的基础上，进一步探究不同变量数据之间的相关或因果关系。它需要学生确定所要研究的变量，设定不变的量，对变量的关系进行假设并设计实验验证，因而对学生逻辑思维能力和设计、控制实验的能力要求更高，也是一种能较好训练学生探究能力的方法。传统的实验由于过分强调基本操作而忽略了学生上述能力的培养，而借助数字化化学探究实验室，可较大程度上弥补这些不足，换言之，它向学生提供不同类型的传感器或探头，帮助学生迅速采集、准确测量数据，有助于学生能有更多的精力进行实验的设计与控制，探究变量之间的关系，如可利用电导率传感器与温度传感器探究物质溶解度与温度的关系等。

(5) 基于拓展实践时空的维度。教科书中的演示实验、学生实验和家庭实验等都只是探究问题的一个很小的部分,生活中还存在更多令学生感兴趣或值得思考与探究的问题。如金鱼存活的最佳条件有哪些?自来水中的余氯含量是否超标?数字化化学探究实验室可为学生提供各种精确的仪器,帮助学生拓展实践的时间与空间,方便地并深层次地探究生活中自己关心的一些问题。

3. 在各类化学科技竞赛中培养

教师可鼓励学生运用数字化化学探究实验室的优势,大胆对他们自己所质疑的化学问题进行探究,积极参加各级单位举办的化学科技竞赛,这样非常有利于学生在参赛过程中提高自身的探究能力与水平,增强对化学探究的兴趣。例如,在钱扬义、邓峰等专家的指导下,华南师范大学附属中学和广州市第47中学等中学的几名高中学生在全国和广东省青少年科技创新大赛中都取得了令人瞩目的成绩,其中一部分学生因具有较强的探究能力而被推荐免试就读清华大学。

(三) 培养学生探究能力时需要考虑的问题

综上所述,数字化化学探究实验室在培养学生的探究能力方面可起到较好的推动作用,然而,根据笔者多年研究发现,在运用这种方式培养学生探究能力时仍存在一些实际问题。

从教师的角度看,不少一线的化学教师多依赖"黑板+粉笔"的教学模式,对计算机信息技术表现出或多或少的畏难情绪;少部分教师虽具有一定的计算机技能,但限于自身专业水平,不善于运用数字化化学探究实验室开展探究性学习课题的研究。

从学生的角度看,部分学生已习惯于在教室中"听"化学,在题海里学化学,如今要在数字化化学探究实验室的新环境中进行自主探究学习,难免产生无所适从的心理。

从选题的角度看,由于现有化学教科书中并无现成的探究案例可循,若要充分发挥数字化化学探究实验室的功能,需要师生共同在教材、日常生活和生产中挖掘有意义的课题;而课题的选择与确定,则要求师生具备较强的发现问题和提出问题的能力,这在目前对于不少师生仍具有一定的挑战性。

从操作的角度看,现行新课程建议化学每周2~3学时;而借助数字化化学探究实验室进行中学化学教学与研究性学习较为耗时,如何妥善处理好教学时间还具有一定难度。

从推广的角度看,我国部分地区和学校由于当地经济水平较低,基本化学实验室的建设仍有待完善,平时也较少接触或使用计算机网络技术,因此使数字化化学探究实验室在大面积推广上举步维艰。

在我国,北京、上海和广东等地区的不少中学正在不断加强与完善数字化化学探究实验室的建设,有些中学还运用它开设相关的校本课程,并有意识地在课堂教学与研究性学习中培养学生化学探究能力,并取得了一定的成效。

三、数字化探究实验室实验探究的案例

案例1 浓硫酸吸水性的实验探究[①]

(一) 问题的提出

检测浓硫酸吸水性较常见的实验方法中,比较典型的主要有以下几种。

---

① 唐增富.用数字化实验演示浓硫酸的吸水性[J].化学教育,2011(6):62,71.

(1) 电子天平称重法：将浓硫酸倒入小烧杯中，敞口放在电子天平上，观察随时间的推移，电子天平示数的变化。预计的结果是，电子天平示数不断增加，但通过实验发现效果很不理想。主要存在的不足：一是电子天平示数变化不明显，示数的变化在电子天平的误差范围内；二是实验效果还与空气湿度有关，空气湿度较小时，实验效果更不明显，实验的重现性较差。

(2) 胆矾晶体变白法：往浓硫酸中加入胆矾晶体，一段时间后胆矾会由蓝色逐渐变白。但本实验消耗的时间过长，教学中很难用作演示实验。另外，本实验是对固体操作，用来说明对气体干燥还是不够直观。

本案例通过现代数字化实验，利用相对湿度传感器进行对比实验，分别测定有浓硫酸和没有浓硫酸的密闭容器中空气湿度的变化来演示浓硫酸对气体的干燥作用，说明浓硫酸具有吸水性，效果非常好。

(二) 实验步骤

第 1 步：取 2 只锥形瓶，将相对湿度传感器（本实验使用威尼尔空气相对湿度传感器及其应用程度）通过合适大小的橡皮塞，配备成一个相对密闭的容器，见图 7-1。

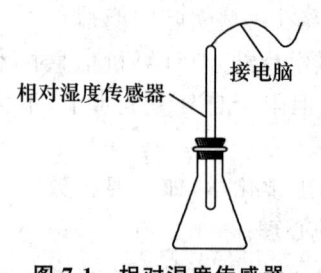

图 7-1 相对湿度传感器通过橡皮塞与锥形瓶连接

第 2 步：接通威尼尔数据采集器电源，将 2 只相对湿度传感器通过威尼尔数据采集器和电脑连接（为了进行对比，同时使用了 2 只相对湿度传感器。威尼尔的数据采集器和应用程序，可以同时使用 6 个传感器）。

启动电脑中威尼尔应用程序，将相对湿度传感器通过数据采集器与电脑连接后，电脑程序会自动识别传感器。单击应用程序主菜单上的设置按钮进行相关设置。根据实验情况，设置每秒采集 2 个数据，共设置采集数据的时间为 180 秒（实验时间 60 秒即可）。

第 3 步：将 2 只锥形瓶瓶塞打开，往其中一只锥形瓶中注入约 60 mL 98% 的浓硫酸，用带相对湿度传感器的橡皮塞塞好，见图 7-2。

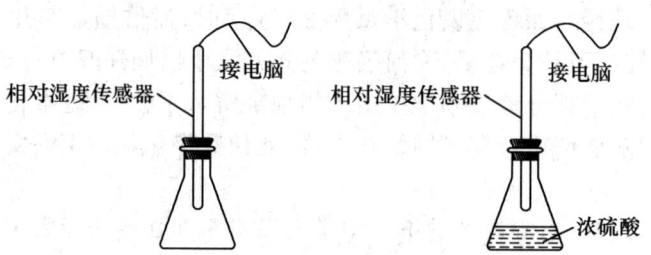

图 7-2 装有浓硫酸和没有浓硫酸的对比实验

通过这种方法，现场得到了有浓硫酸和没有浓硫酸的 2 个相对密闭体系。

第 4 步：单击应用程序主菜单上的采集按钮，开始采集数据。

第 5 步：一边采集数据，一边轻轻摇动装有浓硫酸的锥形瓶，直至出现明显效果或设置的时间用完后，单击应用程序主菜单上的停止按钮，结束实验。

(三) 实验结论

通过对比，可以清晰地看到，相同条件下获取的空气，分别在没有浓硫酸存在和有浓硫酸存在条件下，相对湿度的变化情况，见图 7-3。

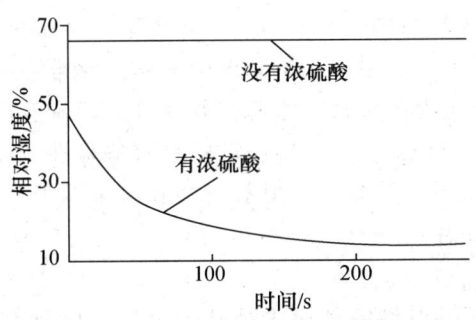

图 7-3　浓硫酸吸水性实验效果图

从图 7-3 中可以非常直观地看到,没有浓硫酸存在的条件下,空气的湿度基本不变;有浓硫酸存在的条件下,摇动锥形瓶后空气的湿度急剧减小。实验表明,浓硫酸将空气中大部分水吸收了,从而得出浓硫酸具有吸水性。

§7.2　掌上化学实验室设计研究

核心术语

◆掌上实验室　◆网络技术　◆手持技术　◆传感器

传统的科学实验缺乏自动地采集、处理大量数据的功能,很难与多媒体电脑联结,也缺乏便携式在室外测定功能;在教学理念上主要以演示验证定性式实验为主,难以培养学生自主、定量地搜集和处理信息的能力以及进行研究型学习的创造能力。当今社会已进入信息时代,掌上实验室就是在教育发展的最新进程中,将先进的手持技术和网络技术与现代教学理念相结合的产物。掌上实验室是由手持技术(Hand held technology)与网络技术构成的现代科学实验室。手持技术包括数据采集器(Multilog)和各种传感器(Sensor)或探头(Probe),它们能便携式地和定量、快速、准确地测量科学数据,探究变量之间的关系,因其体积小在手掌上可以做实验,故名"掌上实验室"。科学数据及其实验装置能利用多媒体计算机进行处理并能以视频和音频形式呈现和传播。

教育信息技术的发展经历了"传统教室"→"计算机教室"→"教室计算机(手持技术＋网络技术)"的阶段。"传统教室"只能满足教师为主传授知识,不利于学生交流和个性发展;"计算机教室"因时间、地点、资金限制,大多脱离课程内容,以操作演示为主;而以手持技术＋网络技术为主要构成元素的"教室计算机"结合计算机和手持产品,使教学能随时随地进行,兼顾课内和课外,以学生为主的探究和交流并发展个性,取代教师一味传授知识的教学模式。

一、掌上化学实验室的特点[①]

手持技术是一个先进的便携式数据采集系统,它将科学数据的世界放在了我们的手掌中。我们可以利用它对许多化学实验进行探究性学习。

---

① 钱扬义,等.掌上实验室(Lab in Hand)的特点及其功能[J].电化教育研究,2003(10):59-62.

与手持技术配套的快速实验数据处理程序,是一种基于 Windows 操作系统的简便、功能强大的应用程序,利用它我们可以处理数据、绘制图表和进行数学建模,还可把数据输出到 Excel 进行更复杂的处理。DB-Lab 实现了手持技术与多媒体计算机和互联网的连接,可以通过计算机来处理和反复多重地演示实验现象。对于难度较高、具有危险性或无条件做的化学实验,可以通过互联网操作远程实验室来实现。这是一个融教育性和娱乐性于一身的科学实验系统。

(一) 手持技术的组成与特点

1. 手持技术的组成

图 7-4 所示是一个简单而又典型的利用手持技术进行科学探究的装置。由图示可知,手持技术主要由两部分组成:Multilog(数据采集器)和 Sensor(传感器)。现以掌上实验室为例,介绍其工作环境及主要功能。

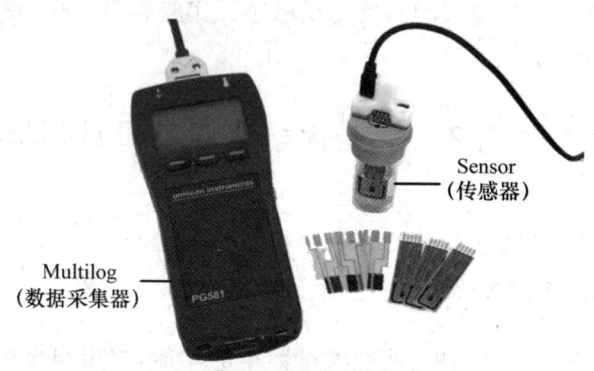

图 7-4 手持技术的组成

传感器是一系列的根据一定的物理化学原理制成的物理化学量的感应器具,它们能把外界环境中的某个物理化学量的变化以电信号的方式输出,再经数据模拟装置转化成数据或图表的形式在 Multilog 上显示并储存起来。表 7-2 所列就是在各学科领域中进行化学探究经常用到的传感器。

表 7-2 化学传感器的种类

学科领域及传感器种类	适用课题举例
温　度	温度测量
溶解氧	测定溶解在溶液中的氧气含量
电导率	测量溶液的导电能力
CO_2	测量二氧化碳的含量
光	流体透明度的测定
色度计	平衡常数的测定
压　力	气体压力
pH	酸碱滴定

2. 手持技术的特点

手持技术集数种优点于一身,最突出的优点有以下几个方面。

(1)便携:数据采集器和传感器都较小,在手掌上就可以操作。其便携性可让师生们能随时随地进行探究活动,并将实验的过程及结果储存,利用科学的手段进行分析,使得学生只能局限于传统实验室用传统方法进行传统实验的现状得到彻底改变。

(2)实时:数据变化过程与实验过程同时进行。如果与计算机连接,就能将显示变化过程的各种形式同时演示出来。另外,通过微型摄像头还可以将实验的整个操作过程也记录并且储存起来,以后可以实时演示并可在网上传播。

(3)准确:既可以由机器或电脑自动收集实验数据,采样频率最高是 100000 样本/s,可根据使用者需求在 0~100000 样本/s 中选择;又可以人工控制收集。

(4)综合:它与各种探头连接,可同时进行八种理、化、生、体育、环境、气象等学科的实验和探索研究。

(5)直观:可以图像、指针、刻度计、表格等多种形式动态实时地显示实验的变化过程。你可从自己喜欢的一种显示方式中任意查看某一刻、某一段时间或整个过程的实验数据。

(二)网络技术

DB-Lab 软件是与 Multilog 配合使用的、可在 Windows 系统中安装使用的应用软件。其主要功能总结如下。

(1)可与 Multilog 联机,设置 Multilog 有关参数,完成 Multilog 界面上所有按键具有的功能。

(2)可下载 Multilog 中存储的实验数据,可以将采集到的数据绘制成图表,以 100/s 或更高的速率重现数据变化过程,好像实时显示。其较高版本还可将实验过程摄下转化为视频文件,与实验数据的变化过程同步播放,重现实验过程,形象(视频)、直观而且真实,数据、图像、形象可在网络上传播,便于远程实验教学。

(3)可以对绘制成的图表的显示方式进行编辑,也可对图表的尺寸进行调节。

(4)可对所得数据进行求平均值、求导、线性回归、微分、积分等函数计算。

(三)掌上实验室对化学教育的作用

1. 教学方法的改变

过去的化学教学和实验大多不易与周围的环境联系,更多的是教师照着课本演示,学生照着教师模仿,有的甚至异化为只用笔和纸来操作,使学生感到枯燥无味,还丧失了创造和思维发展的空间。而掌上实验室却让学习由过去的被动学习变为现在的主动而有乐趣的探索和研究,即教学方法由注入式变为探究式。

2. 教学模式的改变

学生成为课堂教学和实践活动的主体,教学由教师讲、学生听变为教师牵线、学生探讨和师生共同探索、共同研究,由教师决定教学进度逐渐变为学生决定教学进度,真正做到"做中学"。基于掌上实验室的教学模式有以下几种。

一是现代化的学科实验。掌上实验室的引进使得实验教学与国际接轨,赋予了现代化的内涵。让实验不仅能在实验室进行,还能在普通教室、计算机室、户外……随时随地进行,实验将不再是模仿。

二是研究性学习等综合实践活动:根据化学实验活动内容及特点,开展实践活动、探究性活动、研究性学习。

三是学科综合教学。由于掌上实验室是一个能跨学科研究、多角度观察并与现代信息技术完全整合的开放型实验室,所以既可以从同一学科的不同方面或不同学科的多角度来研究问题,也可以将不同内容或不同学科整合,最后还可以建立数学模型来分析,或从自然科学实证和社会科学理论出发来阐述对问题的解释。

3. 教育理念的改变

掌上实验室教学提倡的教育理念:(1)大众的、生活的、实用的和实验的科学;(2)既重结果也重过程,参加实践,学会研究;(3)学生在教学过程中的主体地位,有利于培养其创新思维以及发现问题、提出问题和解决问题的能力、搜集处理数据的能力;(4)学科内及学科间的整合;(5)随时随地探索和发现科学。

二、掌上化学实验室的应用

随着新课程的推进,运用精密仪器对在传统化学实验中不易捕捉到的实验现象和数据进行分析探究成为一种趋势,运用掌上实验室探究化学实验应运而生。掌上实验室系统主要由传感器、数据采集器、计算机及数字化实验系统软件构成。由传感器检测到的实验过程中产生的数据,经数据采集器,经过转换后输入计算机,再由计算机进行数据和图形的分析、处理,给出物质运动的规律。其最大的特点是:(1)能够在很短的时间内采集和处理大量的实验数据,使实验结果更真实,并大大提高了实验效率。(2)能够检测信号量的微小变化和瞬间变化,使实验的研究范围大大扩展。(3)计算机接口采用 USB,多通道并行采集数据,数据采集和数据分析可同时进行。

(一)因素研究

利用掌上实验室进行因素研究的种类可分为:(1)单一学科的单因素研究;(2)单一学科的多因素研究;(3)跨学科的多因素研究(学科整合)。研究各因素之间的因果关系或相关关系。三类既可用于课内,也适用于课外。表 7-3 为各类研究类型的范例。①

表 7-3 因素研究类型举例

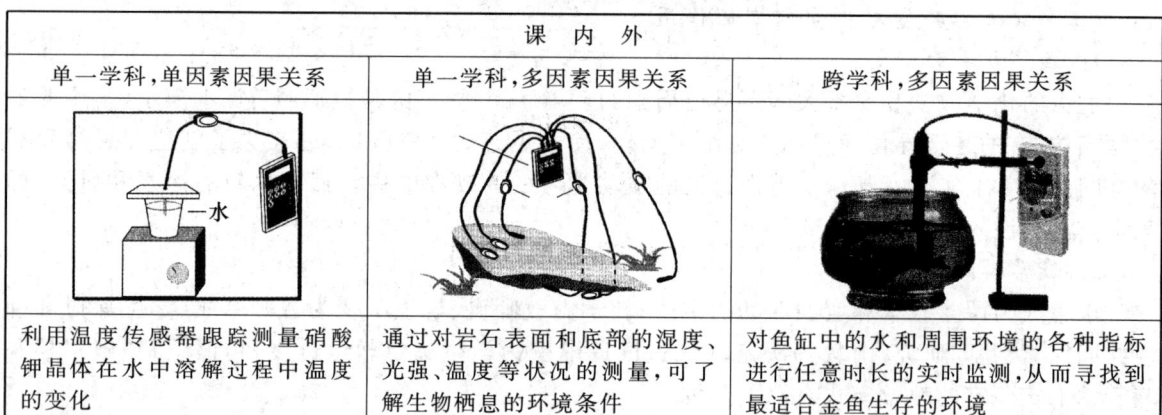

课 内 外		
单一学科,单因素因果关系	单一学科,多因素因果关系	跨学科,多因素因果关系
利用温度传感器跟踪测量硝酸钾晶体在水中溶解过程中温度的变化	通过对岩石表面和底部的湿度、光强、温度等状况的测量,可了解生物栖息的环境条件	对鱼缸中的水和周围环境的各种指标进行任意时长的实时监测,从而寻找到最适合金鱼生存的环境

(二)化学研究课题

表 7-4 所列是国内外进行的具有典型意义的化学课题。

---

① 刘知新. 化学教学论[M]. 北京:高等教育出版社,2004:268-270.

表 7-4　国内外化学研究课题

课　题	实验装置	实验简述
酸碱滴定：氢氧化钠和盐酸的反应		用温度传感器和 pH 传感器跟踪酸碱中和反应过程中溶液 pH 和温度的变化,得到在同一坐标系中的 pH 和温度变化曲线
放热反应：氢氧化钠溶于水		用温度传感器和 pH 传感器跟踪氢氧化钠溶解过程中温度和 pH 的变化,探索氢氧化钠溶解过程的热反应和 pH 变化的影响因素
氧化还原反应：氯化铜与铝的反应		用温度传感器跟踪氯化铜和铝反应过程中温度的变化,探讨此氧化还原反应发生过程的热效应
吸热反应：硝酸铵溶解于水		用温度传感器跟踪硝酸铵溶解于水的过程中溶液温度的变化,探讨吸热反应的热效应
化学催化作用：二氧化锰存在时的双氧水的分解		用压力传感器跟踪两瓶分别加与不加二氧化锰时的双氧水的分解过程中的压力变化,通过分析所得的压力变化曲线,探讨催化剂对反应速率的影响
盐水电导率		用电导率传感器跟踪盐溶解于水的过程中溶液电导率的变化,通过分析得到电导率变化曲线,并进行数学建模,得到不同盐的溶解方程,进一步讨论盐的溶解速率和影响因素
化学平衡常数的研究		使用分光光度计及色度传感器,通过测量有色溶液的透光率确定其浓度,从而测出平衡常数
二氧化碳使蜡烛火焰熄灭		利用光强度和二氧化碳传感器,分别跟踪测量将二氧化碳缓慢倒入装有一正在燃烧的蜡烛的容器中的过程,光强度和二氧化碳浓度的变化,通过分析,定量地体验二氧化碳使蜡烛熄灭的实质过程

三、掌上实验室的研究案例

案例 2　掌上实验室探究电离平衡[①]

（一）问题的提出

弱电解质的电离平衡是高中化学选修四《化学反应原理》中的一个重点内容。由于电离平衡的建立和移动无法直接观察，因而学生对电离平衡的微观世界的认识是模糊的。借助掌上实验室实时、准确、直观以及定量等特点进行实验演示，揭示电离平衡中微观粒子及其浓度的变化规律，探究温度、浓度和同离子效应对醋酸电离平衡的影响，从而帮助学生认识弱电解质的电离平衡的实质，学习从现象到本质的思维方法，建构弱电解质的电离平衡概念及电离平衡移动知识。

（二）实验设备示意图

如图 7-5 所示，掌上实验室是利用传感器、数据采集器、计算机（含软件）三者连接，对实验体系中某种（或某几种）物理参数进行实时测量，从而用于研究化学本质问题的实验装置。具体过程是传感器测量物理参数，由数据采集器采集、处理并传给电脑，由专门软件自动绘图，可直接投影至屏幕上。

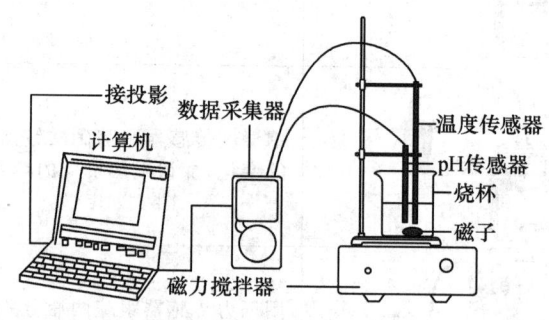

图 7-5　实验设备示意图

本节课开始前，将 pH 传感器、温度传感器、数据采集器、计算机以及投影五者相连（见图 7-5，其中温度传感器仅在做"温度对醋酸电离平衡影响"的实验时使用），将装有醋酸溶液的烧杯放置在带电加热的磁力搅拌器上。通过手持技术实时测量溶液 pH 的变化以表征溶液中 H^+ 浓度的变化，以及实时测量溶液温度变化，从而研究弱电解质电离的影响因素。

（三）实验结论

1. 探究温度对电离平衡的影响

［演示］测定加热 0.1 mol/L 醋酸溶液的 pH 变化曲线，并通过电脑投影。由图 7-6 可知，pH 随温度升高而降低。当温度由 10℃左右逐渐升高到约 43℃时，稀醋酸溶液 pH 由 1.69 降低到 1.07。即当温度变化约 33℃时，醋酸溶液的 pH 降低了 0.62。

2. 探究浓度对电离平衡的影响

［演示］用两个 pH 传感器同时测定约 0.1 mol/L 的盐酸和醋酸溶液的 pH，分别同时加水，各稀释 10 倍，测 pH。并通过电脑投影到大屏幕上。由图 7-7 可知，未加水前，醋酸溶液的 pH

[①] 任峰，李友银. 手持技术环境下基于 POE 策略的电离平衡教学研究[J]. 化学教学，2013(1)：31-33.

约为 2.65；加入水的一瞬间，pH 迅速变大，达到最大值 3.40，pH 升高了 0.75；之后 pH 又略微下降到 3.25，较最高点下降了 0.15，但仍比最初的 pH 高出 0.60。而盐酸加水前 pH 约为 1.78，加水稀释 10 倍时迅速升高到 2.80 且保持不变，即稀释 10 倍，盐酸 pH 变化约为 1。

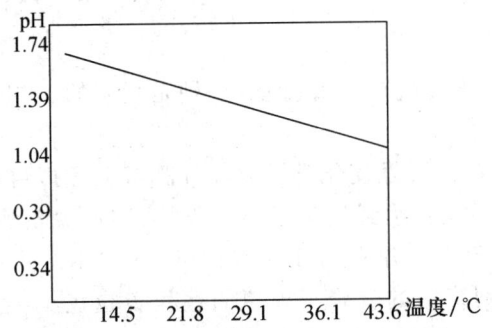 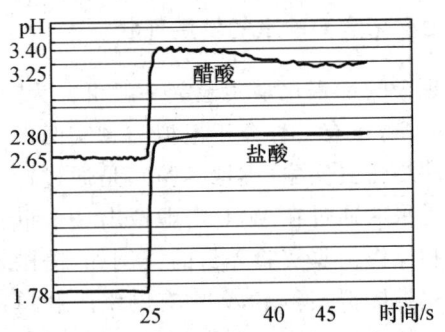

图 7-6　醋酸升温过程 pH 变化曲线　　　　图 7-7　加水稀释 10 倍溶液 pH 变化曲线

3. 探究同离子效应对电离平衡的影响

[演示]向 0.1 mol/L 的醋酸溶液中加入 0.5 g 醋酸铵固体，测得溶液的 pH 变化。由图 7-8 可以看出，有 0.1 mol/L 的醋酸溶液中加入醋酸铵固体后，随着固体的溶解，pH 迅速变大，然后趋于不变，整个过程溶液 pH 升高了 2.5 左右。

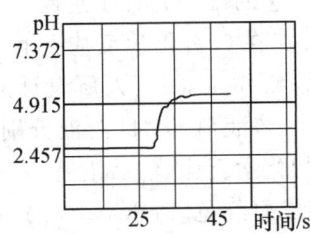

图 7-8　向稀醋酸中加入醋酸铵固体的 pH 变化曲线

§7.3　远程化学实验室设计研究

核心术语

◆网络虚拟实验　◆远程化学实验室　◆实时信息处理系统

计算机和网络技术的高速发展给传统化学实验室带来了新变化，主要体现在实验仪器及辅助设备、实验方式、实验内容、实验结果、教学方式等方面。实验仪器和辅助设备在传统玻璃仪器的基础上增加配置数字化手持仪器、计算机等硬件，为实验探究活动创设良好条件；实验方式从实验者必须亲身到实验室进行转变为可以通过网络对实验远程控制；实验内容从定性实验过渡到定量实验，从真实的、一次性的实验转变为虚拟（仿真）的、可重复的实验；过去因为危险性太大而不能完成的实验现在都能通过远距离操作安全进行；实验结果从人工记录转变为由数据采集器自动采集,快捷准确;教学方式从单一的面对面传授转变为可远距离教学,并轻松实现远程协作学习。基于上述各种转变,在信息技术引领下,逐步构建起新型的理科实验室——远程化学实验室。[①]

一、远程化学实验室的发展现状

现今的远程化学实验室一般可分为三种:一种是虚拟(仿真)实验室,一种是真实的、实时远程实验室,还有一种介于虚拟与真实两者之间。

网络仿真实验(虚拟实验),是通过计算机多媒体技术开发使化学实验在计算机上虚拟再现,通常是采取通过在Web中虚拟出一个可视化的实验环境,达到让学生熟记仪器设备,观察实验现象和操作仿真实验等目的。例如,美国卡耐基·梅隆大学建立的The Chemistry Collective就属于此类虚拟实验室,分别有网络版和单机版,其中网络版的就属于虚拟的远程实验室,学生通过鼠标的点击和拖动操作,就可以进行虚拟实验。其实验基础是多媒体计算机技术、网络技术与仿真技术的结合。

比这更进一步的,则是考虑将虚拟跟真实联系起来,一些需要实际器件参与的实时实验,可以充分利用物理原型实验室的器件,数字化设备可以直接与计算机接口。而实验中相当数量的仪器、设备可以通过计算机软件、数字逻辑器件来替代,利用了"软件即元器件、软件即设备、软件即测量仪器"的设计思想。这类虚拟仪器设备与真实仪器设备兼有的实验室虽然不能完全称为是真实的、实时的远程实验室,但是为它的出现开辟了道路。

第三种远程实验室是非虚拟的、存在真实化学反应并且可供实时远程控制的化学实验室。美国弗雷德里克·塞内斯(Frederick A. Senese)等人所设计的研究快反应的反应速率实验就属此类。实验装置如图7-9,反应物Fe^{3+}溶液与SCN^-溶液分别从各自的容器进入一个T形室,反应物在1毫秒内完全充分混合并进行化学反应,然后沿着一条长毛细管流动,产物浓度沿着流动的方向在增加,Fe^{3+}与SCN^-反应生成血红色$[FeSCN]^{2+}$的溶液强烈吸收特征波长的光。

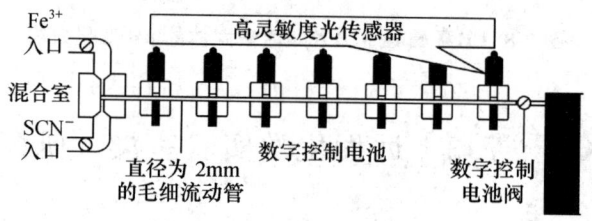

图7-9 连续流反应实验装置

根据朗伯定律,在一定范围内,吸光度与物质的浓度成正比。通过沿管方向放置七个传感器来监控吸光度,从而可以得知产物浓度变化,来自传感器的实验数据被计算机"Sanzone"所采集(见图7-10),并将所有数据写到一个输出队列。设备运行的过程中,同时连接了一台网络摄像仪对整个实验进行拍摄录像,全程监控。装有Unix操作系统的服务器Marie控制着实验的进行和数据的分析等。通过该实验装置,学生能远程实时收集实验数据来测定不同实验条件下(如不同的反应物浓度)的反应速率,以此提出其反应机制。

[①] 钱扬义,叶静怡.远程化学实验室的特点、结构及实现技术探讨[J].远程教育杂志,2009(1):75-78.

以色列 Fourier 公司也在 Internet 上开辟了专门的、商业化的远程实验室 Science Online，实验者只需要交纳一定的费用注册成为会员就能下载相关的客户端软件，通过 Internet 远程控制化学实验并收集数据得出实验结果。

目前，远程化学实验室多以虚拟实验室的形式出现，但逐步向真实的、实时远程实验室发展，鉴于远程化学实验室的发展趋势，下文主要关注上文所提到的第三种远程化学实验室的相关内容。

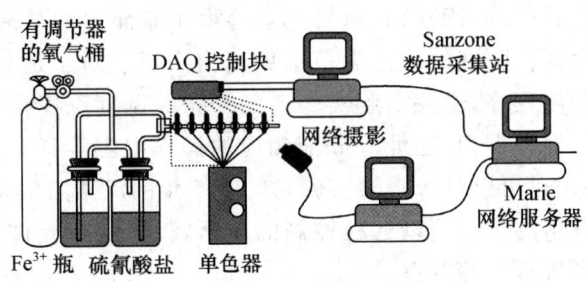

图 7-10　连续流反应的实验室结构

二、远程化学实验室的应用特点

基于网络的远程化学实验室与传统化学实验室有着很大的区别，见表 7-5。前者在远程教育上具有更大的优势和更广阔的适用性，其特点主要体现在以下五个方面。

表 7-5　远程实验室与传统实验室的比较

	远程实验室	传统实验室
实验场地	需求较少	需求较大
实验人员	只需要一两个专门管理人员	需要多名实验员
实验室时间	没有限制，随时进行	有限制，仅限于实验室开放时间
实验成本	较低	较高
临场感	较弱	较强
实验记录	计算机自动记录、方便、快捷	较不方便，易出人为错误
危防性实验	方便进行，确保安全	不方便进行
远距离合作实验	简单易行	不可能进行
教学方式	远距离教学及远程协作	面对面传授及近距离协作

（1）图形化界面。数字化实验仪器及计算机技术的引入使远程实验室的界面图形化成为可能。远程实验的一大弊端就是摸不着实验仪器，在某种程度上就失去了一些现场感，因此，通过计算机可视化技术使界面图形化来弥补这方面的不足。远程化学实验一般从两个方面体现图形化特点：(1) 在远程控制的界面上体现图形化。弗雷德里克·塞内斯等人的研究中采取 Macromedia Flash 来为用户提供图形化操作界面，再现真实实验控制体验。(2) 在客户端软件为用户设计图形化的数据显示，数据以曲线图、仪表图等形式呈现，用户便可直观地观察到各种数据的变化趋势（见图 7-11）。

（2）通过网络对整个实验进行远程控制。远程实验室最大的优势就是它能跨越时空界限，变革传统的实验方式与实验内容。该新型化学实验室使学生无须在规定的时间到特定的实验室学习而可以利用远程实验室资源进行实时操作并学习，为庞大的远程教育对象群体提供了省时、省力、省钱的实验教学。再者，对于一些使用有害的化学物质及放射性材料进行的实验，采取远程控制，就更加利于实验者的人身安全，不限时的实验操作，也为学生提供良好的自学条件，激发了学生的自学兴趣。

（3）具有良好的调度程序。基于局域网的化学远程实验面向的是局域网内部有限的群体。而基于 Internet 的化学远程实验室的使用者范围就更为广泛。对于远程控制的实验方式，远程实验室必须具备良好的调度程序，避免引起实验者的拥挤。调度程序负责分类处理实验者的请求，将实验请求进行排队，并根据 IP 地址等分配相应的操作权限等任务。有的远程实验不但允许单个实验者进入，其他人也可以进入观察实验，如 2005 年的汉诺威信息及通信技术博览会中，德国莱比锡大学向观众展示的一个可以远程控制的化学实验室，在允许一个实验者进行实验的同时允许另外九个旁观者进行实验观察。

（4）能直接从实验现场采集实时的数据、视频和音频。远程化学实验室能直接从实验现场采集实时的各种形式的实验结果。现场的监控电脑及相关的传感器会对实验各参数进行实时采集，采集所得数据通过服务器经过网络传送到实验者的电脑中。同时，远程实验室安装有网络摄像仪随时在线监测实验的进行情况，并以视频、音频的直观方式传递给实验者。这样，远程实验者便能在千里之外，对实验的各种情况都了如指掌，获得定性、定量的资料及数据。一些在客户端的程序还允许实验者将实时的视频、音频进行录制，最后生成一个包括视频、音频与数据的实验报告。

（5）提供协作学习环境。远程化学实验室有助于教学方式的更新，它除了可实现远距离教学外，还尽量提供良好的协作学习环境，其中的措施包括提供交流平台和数据分析与共享。交流平台让分布在不同地方的实验者之间可进行对话交流和进行数据传输、数据分析等操作，实现资源共享。一般远程实验室的客户端程序都设有实验者之间的交流平台；或通过按钮触发一个网络会议，或在客户端软件界面腾出类似聊天室的交流空间（见图 7-11）。有了交流平台与共享的实验数据，学生便能相互协作，共同解决实际的化学实验问题，从而获得新知识，达到协作学习的效果。

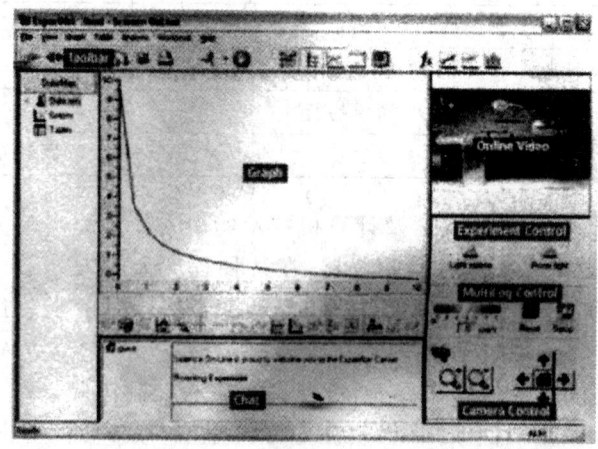

图 7-11　Fourier 公司的 ExperiNet 软件提供的包含交流平台的图形化界面

三、远程化学实验室的网络结构

具备优良特点的远程化学实验室必须要有合理的结构才能保证一切功能顺利运行。从结构上来看,远程实验室的网络结构通常有两种:一种是 Client/Server 结构,一种是 Browser/Server 结构。

1. 基于局域网的远程化学实验室的结构

Client/Server 结构将应用一分为二,服务器负责数据管理,客户机完成与用户的交互任务。Client/Server 开发和维护成本较高,对不同客户端要开发不同的程序,编程工作量较大。如果应用程序要进行安装、修改和升级,均需要在所有的客户机上进行,复杂而又麻烦。所以该种结构模式主要应用在基于局域网的开放型远程实验室。

2. 基于 Internet 的远程化学实验室的结构

由于 Client/Server 结构存在网络适应性的不足,因此基于 Internet、面向远程教育的实验室广泛应用 Browser/Server 结构模式。该结构是一种由传统的二层 Client/Server 结构发展而来的三层 Client/Server 结构在 Web 上应用的特例。Browser/Server 结构中客户机只负责显示逻辑,事务处理逻辑模块从客户机中分离开来,由单独组成的一层来负担其任务,把负荷均衡地分配给了 Web 服务器,极大地简化了客户机的工作。客户机上只需安装、配置少量的客户端软件。服务器将负担更多的工作,对数据库的访问和应用程序的执行将在服务器上完成。Browser/Server 体系结构见图 7-12。

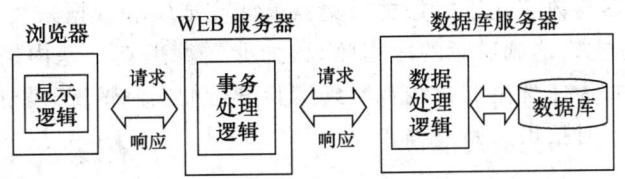

图 7-12　Browser/Server 体系结构图

结合 Browser/Server 结构及通过对多个远程化学实验室结构的综合,可知远程化学实验室基本结构一般分三层:最低层为实验数据采集系统,从现场实验的各类传感器设备中采集数据;第二层为实时信息处理系统,由现场采集数据及其相关信息写入挂接在这一层的 Web 服务器、数据库服务器,并对数据进行统计、分析等处理,将实时数据、历史数据以 Web 的形式实时发布;实时发布的信息通过 Internet 同第三层客户端相连,客户计算机可以通过浏览器对实验直接控制和观察。

这种结构的优点是能够为每一种服务提供一个独立的层,应用逻辑按功能划分为组件,各个应用组件根据它们所在的层分布在不同的机器上。远程化学实验室的三层结构与 Browser/Server 结构的三层结构不同,但是两者有相对应的地方,远程化学实验室的实时信息处理系统对应 Browser/Server 体系结构的事务处理逻辑及数据处理逻辑,因此包含了 Web 服务器与数据库服务器两部分;远程化学实验室的客户端对应着 Browser/Server 体系结构的显示逻辑,即浏览器部分。实验数据采集系统,则是远程化学实验室特有的,也是化学实验的核心部分。远程化学实验室的结构如图 7-13 所示。实验数据采集系统包括具体实验的设备装置、监控如温度、光强等等指标的传感器以及实时数据采集的计算机；实时信息处理系统包括充当 Web 服务器及数据库服务器的两台计算机；客户端就是实验者计算机的浏览器。

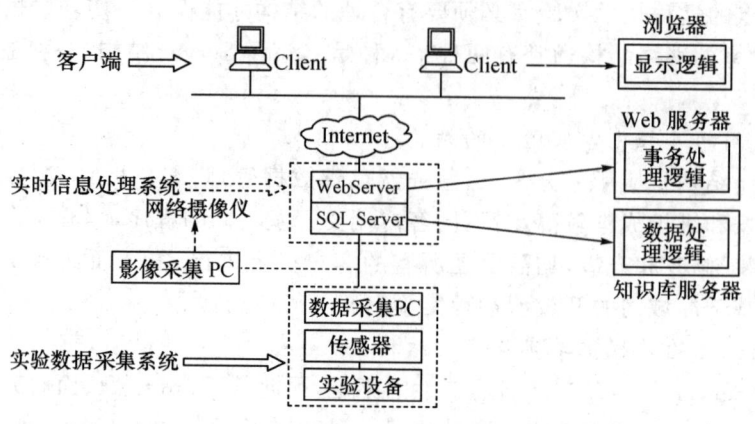

图 7-13　远程化学实验室的结构

另外，根据具体情况以及不同的需要，以远程化学实验室的基本结构为基础，在不同的层可相应地安排不同的设备来完善实验室的功能，如最低层实验数据的采集系统中可以采用 PLC（可编程逻辑控制器）控制站或者 PLD（可编程逻辑器件）/FPGA（可编程逻辑阵列）等对实验系统进行逻辑控制。同时，由于手持技术的迅猛发展，实验数据采集系统也不再需要以计算机的形式出现，只需要简单的传感器与数字化手持数据采集器就能完成实验数据采集系统的任务。此外，该结构还可以进行扩展分支以达到满意的应用效果，如弗雷德里克·塞内斯等人在研究快反应的反应速率的远程实验中，为使学生能在线观察到实验进行的实际情况，就加入了一台由专门的电脑连接的网络摄像仪，实时拍摄实验过程。

四、基于网络的远程控制技术

远程化学实验室的一大特点是远程控制，因此需要一些基于 Internet 的远程控制技术作支持。上文已经提到远程化学实验室的结构是多层的分布式应用结构，针对不同的层就应该需要相应的组件。主要分以下几方面。

（1）运行在数据库服务器上的数据库信息层组件，提供整个实验系统需要的基础物性数据，并储存用户信息。其中包括一些实验数据、实验结构以及用户的个人、IP 等等的信息。数据库服务器可使用相应的数据库系统，如 SQL Server 2000 等进行数据管理。

（2）运行在 Web 服务器的 Web 层组件，负责整个协作系统的调度，如监听用户的加入，与数据库服务器建立连接，实现不同的用户之间数据的交换共享等。这一部分目前可采用 Java 技术，利用套接口通道 SocketChannel 与浏览器进行连接。当有新成员申请加入实验时，Web 层组件响应用户的请求并分配相应的权限；客户浏览器调用数据库信息与多用户实验数据交换均通过该层完成。

（3）运行在客户端浏览器中的用户层组件，主要功能是给用户提供实验室系统的图形界面，并完成各种实验数据的计算工作。用户通过浏览器来操作实验系统的各装置，同时观察相关设备及其行为参数的变化情况，这一层采用比较多的有 Java Applet 技术、ActiveX 技术。这两种技术都能够检测到操作引起的行为参数的变化,实时刷新浏览器中的数据,使用户通过浏览器看到动态的现场数据,从而实现现场监控的功能。国外一些技术成熟的公司为客户端提供了一套完整的程序软件来完成在用户层的各种工作。如 Fourier 公司的 ExperiNet 客户端软件为用户提供包括数据显示、数据分析、交流平台等等功能。

五、远程化学实验室面临的挑战

构建远程化学实验室能有效地解决远程实验资源短缺问题,并能满足设备共享、协作学习的要求,但毕竟建立远程实验室是信息技术、计算机管理技术在实验教学中的具体应用与实现,那就必定涉及这几个方面的问题。例如,在信息技术方面,到底如何建设一个合理的调度程序?在危机四伏的 Internet 中,如何保护客户端安全?基于 Internet 的远程化学实验室的一大特点是实时,这也是它的优势,但是基于 TCP/IP 协议的 Internet 是一种尽力传输机制,基本上不具备实时性能,于是延时和延时的不确定性是影响远程实时控制的关键因素,那么如何设计延时算法?这些都是信息技术需要解决的问题。整个实验室的维护、管理、升级等,这则是计算机管理技术范畴要关注的。另外,最为关键的是,上面提到的一切均为教育服务,因此,化学教育工作者最终关心的是如何合理设计、开发并应用针对不同对象的远程实验案例,提高化学实验教学效果。随着信息技术与化学课程整合的相关研究不断推陈出新,构建远程化学实验室则是具有深远意义的新生项目之一,但它的发展与完善需要各方面的努力配合。

单元思考题

1. 何为手持技术仪器?说明它在化学探究实验中是如何发挥作用的。
2. 从教学的不同角度,谈谈教师在数字化化学探究实验中的作用。
3. 谈谈如何在数字化化学探究实验室培养探究能力。同时,从多角度分析培养学生探究能力时要考虑的问题。
4. 什么是掌上实验室?它的构成要素是什么?举例说明它对科学教育的影响。
5. 学习教材中数字化掌上实验室的研究案例,请针对课内外化学研究课题选择其一,进行实验设计。
6. 远程化学实验室的结构包含哪三层?如何利用远程化学实验室创设协作学习环境?

第八章　中学化学实验室建设与管理

化学是一门以实验为基础的自然科学。因此,实验教学在化学教学中占有非常重要的地位。要加强实验教学、保证实验教学顺利地进行,就必须重视化学实验室的建设和管理,为实验教学提供良好的物质条件和实验环境。

§8.1　中学化学实验室建设

核心术语

◆实验室建设　　◆实验教室　　◆实验设备　　◆实验室的构成

化学实验室是教师和学生通过化学实验进行化学科学知识的学习和进行科学研究的场所,是保证化学实验教学活动顺利开展的必备条件。加强化学实验室的建设和管理,充分发挥实验室在化学教学中的作用,是提高化学教学质量和人才素质的重要环节。九年义务教育《化学课程标准(实验稿)》指出:"要重视化学实验室的建设和投入,力求做到每个学生都能动手实验,实验室建设的标准化和管理人员的配备与培训应当跟上,条件较好的学校,仪器配备应做到人手一套,应在课余时间向学生开放实验室,鼓励学生自主地开展实验。"因此,化学教师要十分关心和重视实验室的建设和管理。

一、化学实验室设计的总体要求

设计和建设化学实验室的总体要求是:既要规范化、现代化,做到布局合理、设计科学,具有较好的实用性和通用性,还要注意因地制宜,着眼于实用和可能。具体地讲:[1]

(1) 化学实验室宜选择空气流畅、常年供水充足的地方,注意环境绿化并尽可能远离生活区、教学区、行政区和运动场,以免相互干扰。若因条件所限,化学实验室需与教学区安排在一起,也应将化学实验室安排在教学楼的一侧,不应夹杂在教室和办公室之间。

(2) 化学实验室应尽量安排在实验楼的底层,这样有利于安装供水、供气、排污等管道,有利于气体的扩散,万一出现意外事故,也有利于学生的疏散。

(3) 化学实验室不宜西向或西南向坐落,应避免强烈光线的照射。若条件所限,实验室只能采取西向或西南向,则应配置遮阳设施,如房外植树,安装茶色玻璃或遮阳伞等。

(4) 完整的化学实验室应包括实验教室、实验准备室、仪器储藏室、药品储藏室、天平室和化学教研室等。若化学教学班超过 10 个,则至少应有两个以上的实验教室。

---

① 文庆城.化学实验教学研究[M].北京:科学出版社,2003:209-215.

(5) 化学实验室的设计和建设应有超前意识,应考虑发展需要。那些因经济条件所限实验室建设不能一步到位的,设计时一定要使化学实验室具有易扩充性,以便条件成熟时进行扩充、改建。

二、中学化学实验室的基本构成

中学化学实验室包括:实验教室、实验准备室、仪器室、药品室、管理人员办公室等。规模较大的学校应单独设置精密仪器(如天平)室。它们在完成中学化学教学任务中,分担着不同的具体任务,对于它们的建设和管理的要求也不相同。

(一) 实验教室

实验教室是供学生进行分组实验和边讲边实验的课堂使用的。它应该既是进行实验教学的主要场所,又能供学生进行化学课外科技活动。在条件允许的情况下,应力求实验教室的建设符合现代化、科技化的要求,如图 8-1、图 8-2 所示。图 8-1 实验台上有放药品的试剂架,并安上旋臂式吸风罩。图 8-2 实验教室两边各安装两个通风橱,既可做有毒气体的实验,又起到室内通风作用。实验教室的具体要求如下。

图 8-1 带有旋臂式吸风罩的实验台

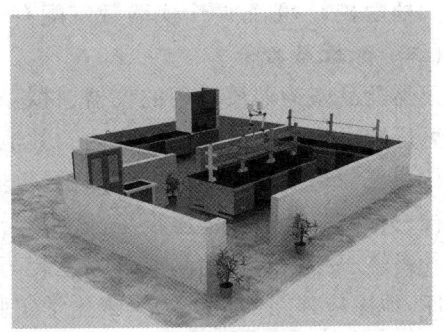

图 8-2 装有通风橱的实验室

(1) 实验教室要比较宽敞。实验教室的面积以 80~90 m² 为宜,不可太长或太宽(长与宽之比可为 3∶2),以保证全部学生能够看清楚黑板上的字迹和教师演示的实验现象。实验教室一般容纳学生人数不超过 50 人。

(2) 实验教室应设有黑板、屏幕(卷型的)、讲台、教师演示桌、学生实验台等设施。讲台一般应高出地面 20~30 cm,教师演示桌、水池,设在讲台附近,演示桌与黑板间应有 0.7~1 m 的距离,以便教师活动。屏幕可安放在黑板上方或右侧的空墙上,以供投影使用。学生实验台要能放下比较复杂的实验仪器和装置,并便于两名学生进行实验活动。学生实验台之间要有足够的距离,以保证学生实验能安全、顺利地进行。

(3) 实验教室要有完备的供水和排水系统。学生实验可两组共用一个水池,每个水池至少有两个水龙头;每个学生实验台都应配有上水管与下水道,使学生在不离开自己实验台的情况下,就能及时清洗仪器,这既方便、节省时间,又能保证实验秩序。

(4) 实验教室要有交、直流配电系统,教师演示台和学生实验台都要配有交、直流电源插座。交流 220 V 电源,供照明、排风和实验使用;直流电源一般在 0~24 V 范围内即可,主要供学生分组实验使用。

(5) 实验教室要保证空气流通。除门窗位置和大小合适外,还要有必要的通风设备(如通风橱、排气扇等),能在较短的时间内把实验中产生的有刺激性气味或有毒的气体排出室外。

(6) 实验教室必须配有充足的防火设备,例如灭火器、沙箱等。它们应放在便于取用的地方,且师生都会使用。

(二) 实验准备室

实验准备室是实验工作人员和教师准备实验的场所。因此室内必须设有实验员办公桌、准备实验台、试剂柜和玻璃器皿架等,配有相应的电源、水源、通风设备以及必要的仪器和试剂。实验准备室一般和仪器药品室或实验教室有便门相通,便于仪器药品的更换和取用。

实验准备室内应设有实验工作中常使用的一些仪器设备和器具,如烘箱、离心机、钻孔器、玻璃工灯具、电工器具、纯水制备装置以及各种常用工具、仪表等。

实验准备室是教师做预试实验和化学实验研究的场所。因此,实验准备室中应有教师的实验桌。条件好的学校可以为每个化学教师准备一个实验桌和一套实验用品。这不仅给教师的化学实验教学工作带来方便,而且也为教师的科研工作创造了条件。

实验准备室的数量根据平行班级和实验教室的数量来确定,一般学校有一个准备室即可,规模较大的学校,一般每两个实验教室配有一个准备室。准备室的面积以 $50\sim 60~m^2$ 为宜。

(三) 仪器药品室

仪器药品室为贮放待用的仪器、材料和一般试剂的专门用房。化学实验仪器中属于玻璃器皿的可以和一般药品放在同一室内。其他仪器如天平、电学仪器以及铁制品等应和化学药品分开存放。仪器药品室内应放有药品橱、仪器橱和器皿架。室内应保持通风、干燥、避光,并应备有消防栓、灭火器、沙箱等消防设备。

凡易燃、易爆、剧毒药品以及大包装药品,均应存放于药品库中。规模较大的学校可建立药品地库,地库应建在安全、干燥、距化学实验室较近的地方。一般学校危险药品和库存药品数量不多,不必单独建药品库,可以在药品室内建一个简易危险品专柜。

仪器药品室的数量应根据学校规模和实验教室的数量来确定,一般每一个实验教室应配有一个仪器药品室。每一个仪器药品室的面积不少于 $50~m^2$。

(四) 天平室

由于中学化学教学的更新,定量实验的增多和课外化学科技活动的开展,对称量的要求提高了,有必要建立天平室,放置精密天平(千分之一和万分之一),供师生及实验员进行准确称量。

为使室内放置较多的天平和容纳较多的学生同时进行称量,应在室内四周沿墙修建宽 55 cm、高 85 cm 的水磨石平台,中央也应修建同样高度但更为宽大的水磨石平台。每架天平配一个坐凳置于台下,室内应保持干燥、无灰和避免阳光直接照射。

三、中学化学实验室的平面布局

新建或改建的化学实验室,首先要合理安排实验室各组成部分的平面布局。布局合理,既有利于进行实验教学,又有利于实验仪器、药品的管理和使用。

图 8-3 表示由一个实验教室、一个仪器药品室及一个实验准备室组成的实验室平面布局。适用于目前条件较差、规模较小的学校。实验桌使用活动式,便于今后增加实验桌的数量。水源采用集中供水,在室内两侧或靠后墙,建一排水泥结构的水池,多安几个水龙头,供给实验用水。

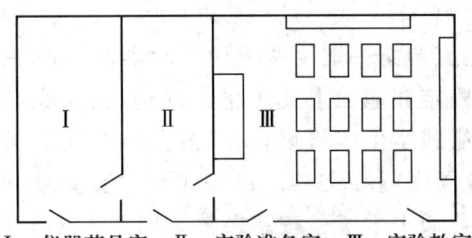

Ⅰ—仪器药品室； Ⅱ—实验准备室； Ⅲ—实验教室

图 8-3　化学实验室的平面布局（一）

图 8-4 表示某初级中学初三年级不超过四个班级的实验室平面布局。实验教室内设双组式实验台，两组共用一个水池（双龙头或三龙头）。通风采用活动式有机玻璃通风橱（供演示用），并在室内两侧的墙上安 2～4 个排气扇或其他通风设施。天平室内建水泥结构或大理石结构的天平台，贵重仪器可存放在天平室内。

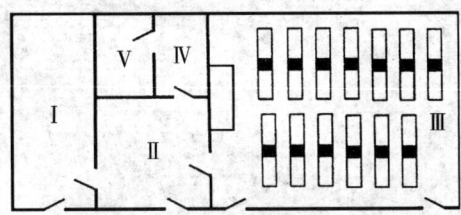

Ⅰ—仪器药品室； Ⅱ—实验准备室； Ⅲ—实验教室； Ⅳ—实验员办公室； Ⅴ—天平室

图 8-4　化学实验室的平面布局（二）

图 8-5 表示初级中学平行班在十个以上的实验室平面布局。它比前两种布局多一个实验教室和一个实验药品室，仪器室和药品室分开，防止药品腐蚀仪器，尤其是贵重仪器。

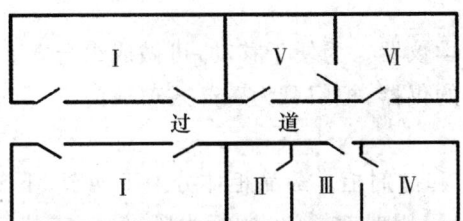

Ⅰ—实验教室； Ⅱ—实验员办公室； Ⅲ—实验准备室； Ⅳ—药品室； Ⅴ—天平室； Ⅵ—药品贮藏室

图 8-5　化学实验室的平面布局（三）

规模大的学校，可以参考上述的布局并根据实际情况，适当安排实验教室的数量。

四、中学化学实验室的主要设备

（一）教师演示实验桌

为了便于教师进行实验操作，便于使用大型仪器或进行较复杂的装置的实验，演示实验桌的面积应该稍大一些。实验桌的一侧装有交、直流电源插座，另一侧备有上水管、水池和下水管，并在水池下放一废液缸。实验桌要设有能存放常用仪器、工具材料等物品的小柜和抽屉。条件好的学校，教师演示实验桌可以设计高级一些，如部分桌面可以活动拆卸，可以安装投影仪、收录扩音设备、电视机、电脑等；条件差的学校，也可以用结构比较简单的桌子代替。

（二）学生实验桌

学校条件较差的话，学生实验桌一般为两人用实验桌，桌的长和宽以满足两人同时做实验而又互不影响为宜。桌子最好固定在地面上或水槽的两边，避免桌子摇晃和移动而影响实验。学生实验桌的样式有多种。单组式学生实验桌，桌面的前端装有挡板，以防放在桌上的物品滑下；桌面下设有抽屉板，供学生放置书籍和文具。双组式学生实验桌，两桌中间装有水槽，水槽的下面有一个存放仪器的小橱。普通中学实验教室多数采用双组式学生实验桌。

学校条件比较好的、现代化程度较高的学校，可采用图 8-6 所示的带有通风装置和水槽的实验台。

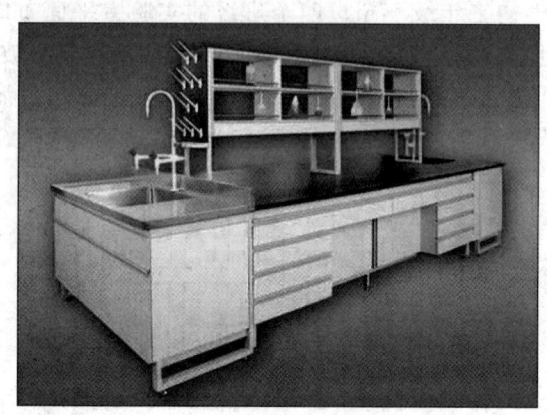

图 8-6　学生实验台

学生实验台和教师演示实验台的台面最好使用塑料板铺面。市售的塑料板具有耐磨和耐酸碱腐蚀等优点；也可以用市售塑料胶涂在木质台面上，起到保护台面不被腐蚀的作用。

（三）化学仪器柜

通用仪器柜，用于存放化学仪器。为便于移动，可做成组合式。顶板、裙板、底板和搁板间的距离不等，便于放置高度不同的仪器；柜门可为双开式玻璃门。

（四）化学药品柜

图 8-7 为通用化学药品柜和试剂柜。药品柜体分上下两节，下节有 0.18～0.2 m 的台面，便于临时放置取出的药品。上节采用玻璃拉门，搁板为阶梯式，查找和存放药品都很方便，同时可以充分利用橱内空间。下节用木板门，用于存放避光药品和大包装药品。试剂柜可以采用玻璃门，也可采用木质门，搁板是阶梯式或平板式。

药品柜　　　　　　　　　　　试剂柜

图 8-7　化学药品柜和试剂柜

(五) 通风试剂橱

实验室内除了使用换气扇和通风橱外,最重要的是使试剂橱内的挥发气体、腐蚀性气体及时排出室外,始终保持室内空气的新鲜,这需要建通风试剂橱。

通风试剂橱一般是沿墙建造。橱内用水泥贴瓷砖砌成,外罩木质或塑料橱罩。每只橱的靠墙一边都留有一条孔道,这些孔道最后集中到装有鼓风机的通道。只要开启鼓风机,就能把所有试剂橱内的挥发气体全部排出室外,保持室内空气新鲜。

(六) 标本模型橱

一般实物标本较小,而模型较高大。放标本模型的橱可按模型的大小和规格制作。一般上部放标本,下部放模型。橱内都用活动隔板,可以任意调节层间高度。也可以利用学生实验室后墙,沿墙设计制作标本模型橱,让学生经常看到标本、模型,以提高学生学习兴趣。

五、中学化学仪器及试剂的配置

化学实验室是重要的化学课程资源,要重视对化学实验室的建设和投入。《全日制义务教育化学课程标准(实验稿)》指出:"化学实验室应配备必需的仪器、设备和实验防护用具,对药品的质和量要定期检查,及时补充易耗品,以保证实验探究活动的顺利进行,……条件较好的学校,仪器配备应做到人手一套。"因此,中学化学实验室仪器、试剂的配置,从内容上应能满足新的中学化学课程标准的教学内容及其"活动与探究建议"的要求,考虑开展化学课外活动、研究性学习以及教师进行科研的需要;从数量上应能满足"每个学生都能动手实验"或"人手一套"的需要。在仪器类别上,既要有足量的常规仪器,又要考虑研究性学习的需要,配备适量的非常规仪器,如注射器、叉形管、横口管、H管、W管、微型仪器等;既要有足量的普通仪器,又要有少量的精密仪器供定量分析研究之用,如分析天平,pH计等;既要有足量的化学学科的仪器,又要有少量的与物理、生物有关的仪器,以适应综合学科问题解决的需要。同时应注意配足与教学内容有关的模型、标本、挂图等。在试剂的配置上,既要考虑满足化学教学的需要,依化学教学内容配齐、配足所需试剂,又要考虑开放实验室和研究性学习的需要,配备适量解决日常社会生活、生产问题的药品和试剂;在试剂的规格上既要有满足定性分析的实验试剂和化学纯试剂,又要有适量满足定量分析的分析纯试剂。

此外,化学实验室应根据其易燃、易爆物品多,存在一定的火灾、爆炸隐患的特点,按规定配齐、配足消防设备;同时还应根据化学实验室玻璃仪器多,腐蚀性药品多的特点,配备适量相应的简单外伤救护药品。

§8.2 中学化学实验室管理

核心术语

◆实验室管理　◆设备的管理　◆化学试剂的管理

有了一个设备完善的化学实验室后,还必须有一套科学的管理方法和必要的规章制度,才能高效率、高质量、确保安全地开展实验教学活动,否则会因管理不善、制度不严而出现混乱局面,既无法保证实验教学的正常进行,也易造成安全事故和财产的浪费、损失。所以,对实验室进行科学管理是教师尤其是实验员的一项重要工作,学校领导也应经常关心和检查。实验室的管理主要包括以下内容。[①]

一、中学化学实验室设备的管理

中学化学实验常用的仪器除成套设备和精密仪器外,一般可分玻璃仪器、瓷器、金属器具等,总的贮存和保管原则是保持仪器的完好、洁净、干燥,摆放整齐,各有固定的位置,取用便利。具体分述如下。

1. 精密仪器

主要指天平和电学仪器(稳压直流电源、pH 计等)。应存放在通风、干燥、无其他腐蚀性气体或药品的室内。还要注意保持它们的灵敏性、防尘、防震,要加套或加罩保护,以保证准确度和延长使用寿命。有条件的学校可建立天平室或精密仪器室。

2. 玻璃仪器

玻璃仪器是中学实验使用最多的仪器,应清楚它们的性能和使用方法。玻璃仪器不易被一般化学试剂所侵蚀,耐酸性很强,又是透明的,在玻璃仪器内进行化学反应,很容易看清楚所发生的现象,所以化学实验常在玻璃仪器内进行。玻璃仪器的主要缺点是容易破损,故使用、洗涤和保管时都必须很谨慎。

玻璃仪器的数量和品种比较多,在保管使用过程中应注意以下几点。

(1) 磨口仪器以及配有玻璃活栓的仪器,不能盛碱性物质。用完之后一定要洗涤净,在磨口处加纸条,然后塞上瓶盖或玻璃塞,以防止磨口处黏结(若磨口玻塞打不开时,可在酒精灯火焰上转动着均匀地烤一烤,利用热胀冷缩将其打开,切不可使劲地拧)。

(2) 学生实验用配套玻璃仪器,使用完后洗涤干净,存放于学生实验仪器橱中,切勿任意取走或调换,这样可以减轻准备工作的负担。

(3) 教师演示用的仪器应和学生用的仪器分别存放。根据课本中演示实验的内容和顺序,把仪器配套后存放于固定的地点。也可以按年级把演示用的仪器集中存放。

3. 瓷器

瓷器是由高岭土烧制而成,软化温度很高,可以耐高温。由于表面上涂有一层釉,可以耐酸,但不耐碱,如果长时间被浓碱溶液浸渍,釉层会被腐蚀。实验室内常用的瓷器有蒸发皿、坩埚和研钵及研杵等。蒸发皿用以蒸发液体,加热时应垫以铁丝网,瓷坩埚可以直接灼烧。瓷器的热膨胀系数虽小,但也不耐骤冷骤热,容易破碎,贮存时不可撞击;用后也应将它们内外都洗干净,以防底部黏有污垢,灼烧时发生破碎。瓷研钵使用时只能用杵研磨,不可敲打。

4. 金属仪器

金属仪器(如铁架台、铁夹、铁圈、弹簧夹、滴定管夹、打孔器、镊子等)的保管,往往不被重视。由于酸碱性溶液和酸性气体的侵蚀以及没有固定存放地点,所以损坏较多。例如铁架台上的铁杆固定不牢,螺丝生锈无法转动,铁圈及铁架不配套等现象普遍存在。因此所有金属器具都应该有固定的存放地点。铁架台及附件用完之后,应擦拭干净。管理人员进行检查后将附件卸下,把铁架台和附件,分别放入专用的橱中。

另外,还应定期检查金属制品表面的油漆是否脱落,要及时上漆,以延长使用时间。各种金属

[①] 文庆城.化学实验教学研究[M].北京:科学出版社,2003:217-222.

附件的螺旋部分应加胶垫和涂润滑油,经常检查是否生锈或脱落。不能使用的附件应及时报废。

5. 橡胶制品

如橡皮塞、乳胶管、橡皮手套、球胆、塑料杯等。这些物品容易老化黏结,使用完后一定要洗涤干净,晾干后按不同的规格存放于塑料袋或较密闭的容器内,久存时可撒上少量滑石粉以延长使用时间,有时还在放有橡胶制品的容器内放一杯清水,防止其日久干裂。所有橡胶、塑料制品都应和化学药品分开存放。

6. 模型

教学用的各种模型,一般使用次数不多,应放入指定的仪器柜中。有条件的学校可设模型展览橱,既有利于模型的保管,又可以组织学生参观。

二、中学化学实验室试剂的管理

化学试剂是指实验室里用来发生化学反应的物质,中学里的化学试剂主要有固体和液体两类,气体都是临时制备。

1. 化学试剂的规格

化学试剂的规格是根据不同的纯度来决定的。我国生产的通用化学试剂,按国家颁布标准主要分为四个等级,见表 8-1。

表 8-1 化学试剂的规格

纯度规格	标签颜色及代号	特 点	使用范围
一级 (优级纯试剂)	绿色 G、R	有效成分高 (杂质含量低)	用作基准物质,主要用于精确的科学研究和分析鉴定
二级 (分析纯试剂)	红色	有效成分较高 (杂质含量较低)	主要用于一般科学研究和分析鉴定
三级 (化学纯试剂)	蓝色	质量略低于二级	用于一般无机和有机实验,也能用于要求较低的分析化学实验
四级 (实验试剂)	黄色	质量略低于三级 但高于工业品	用于一般中学化学实验

除上述一般试剂外,还有专供特殊用途的试剂,如生化试剂、光谱纯试剂、工业纯试剂和指示剂等,都在标签上注明。

由于各种不同等级的化学试剂包装上常用不同颜色的标签,所以一般只要看到标签的颜色,就可以知道是哪一等级的试剂。近年来由于装潢设计的改进,不少采用颜色画成各种图样来表示。例如二级试剂应用红色标签,现在有的在标签四周印上红色的粗线框,有的将试剂的名称用红色字印,有的在试剂名称下衬以红底,也有的用红色画成各种图案。四级试剂一般用黄色,也有用棕色或其他颜色的,生化试剂有时也用黄色,所以取用化学试剂时,不能单凭颜色分级,而应以标明的文字为准。

试剂的等级不同,价格相差较大,采购和使用时都必须厉行节约。只要能达到应有的实验效果,原则上就应尽量采用级别较低的试剂。中学化学实验一般用四级,少数情况用三级,有时甚至还可以用工业品。

2. 化学试剂的分类

化学试剂各有特性,有易燃的、易爆的、易潮解的、易风化的、受光照后容易变质的等,保管时特别要注意分类存放、注意安全。

化学试剂的分类原则一般是把有机物与无机物、强氧化剂与强还原剂、危险品与非危险品分开。其分类方法多种多样,每一大类中的排列顺序也各有其规律。中学里较为有效的方法是先按试剂的状态分为固体和液体两大类,再以试剂本身所属的物质类别为准,按一定的顺序规律排列。无机物一般分为单质、氧化物、酸、碱、盐。单质又分为金属与非金属,金属按活动顺序或统一按周期表中的族;盐类可按照酸根分为卤化物、硫酸盐、硝酸盐、碳酸盐等。有机物一般按官能团分为烃、醇、醚、醛、酮、酸、酯、糖、含氮化合物、含卤化合物、含硫化合物等顺序排列。指示剂集中放置。

3. 一般药品的管理

除易燃、易爆、剧毒药品外,一般药品均可存放于化学药品室。药品购入后,应立即登记建账,并按照一定的分类方法,存放在固定的橱中,在橱门上贴上醒目的卡片,卡片上写明存放药品的类别、名称、数量和购入日期。平时实验中配制和使用的化学试剂都应存放在试剂瓶里,并盖紧瓶盖。粉末或粒状固体药品,应放在大口试剂瓶中;液体药品,应放入细口试剂瓶中。盛碱性的试剂瓶应使用胶塞而不能用玻璃塞。各试剂瓶都应有标签。标签上除写清名称、化学式外,还应标明纯度,溶液要注明浓度和配制日期,如图8-8所示。为防止标签受试剂污染和腐蚀,标签外应涂一薄层石蜡。

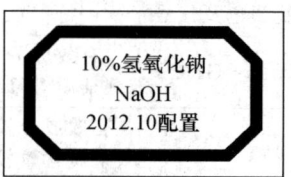

图8-8 涂有石蜡的标签

4. 易变质药品的管理

有些药品在存放过程中易吸水而潮解或发生强烈水解,如氯化锌、氯化钴、氯化钙、氯化亚锡、氯化亚铁、氯化铁、硝酸铵、硝酸钙、硫化钠以及五氧化二磷、氯化磷、五氯化磷、无水氯化铝等,必须存放于干燥的室内,瓶口盖紧后用蜡或火漆封闭。在存放的柜中,应放入干燥剂。

有些药品见光易分解,如硝酸银、过氧化氢、碘化钾、溴化钾、甘汞、升汞、亚铁盐、漂白粉、碘、亚硝酸盐、染料等,都应盛于棕色瓶中并放在阴凉、避光处保存。

5. 易燃药品的管理

中学化学实验中常接触到的易燃药品大体有以下几种。

易燃气体:氢气、一氧化碳、硫化氢、甲烷、乙烯、乙炔、氯乙烷、氯甲烷、乙胺等。

易燃液体:汽油、乙醚、乙醛、二硫化碳、甲醇、乙醇、丙酮、苯、甲苯、二甲苯、氯苯、苯胺、乙酸乙酯、松节油、石油醚等。

易燃固体:无机物如红磷、白(黄)磷、硫黄、镁粉、镁条、铝粉等,有机物如二硝基甲苯、二硝基苯酚、硝化棉、樟脑等。

遇水或在空气中能自燃的药品：金属钠、金属钾、磷化钙、碳化钙、黄磷等。

易燃药品在保管和使用中应注意以下几点。

（1）药品室或准备室内，不能存放大量的易燃药品。不能在存放易燃药品的室内生火或用电炉取暖。

（2）金属钠、钾必须保存在煤油或液体石蜡中。瓶中的煤油如果挥发，应及时补充。如发生燃烧现象，应用沙子或石棉布扑灭，不能用水、四氯化碳或二氧化碳作灭火剂。

（3）黄磷应存放于盛水瓶中，并将瓶放在金属筒或密封的塑料袋中。切割黄磷应在水中进行操作。

（4）可燃性液体试剂，主要是有机试剂，极易挥发成气体，着火点都很低，容易着火，如遇明火就会燃烧，应单独存放在阴凉通风处，特别要注意远离火源。使用时不能直接加热，而要用水浴、油浴进行加热。

（5）转移、分装或使用易燃性液体溶解其他物质时，附近不能有明火。

6. **易爆药品的管理**

中学化学实验中常用的易爆药品有：硝酸铵、硝化甘油、硝化纤维、苦味酸、三硝基甲苯、高氯酸铵、雷酸汞、乙炔的金属化合物等，另外一些强氧化剂与还原剂的混合物也易发生爆炸。这些易爆药品在保管和使用中，应注意以下几点。

（1）所有易爆药品均应单独保存于地库或简易地库中。检查和取用时，切勿碰撞。各种强氧化剂禁止与有机物及其他可燃物放在一起。苦味酸应放入盛水的瓶中保存。

（2）乙醚应放在阴凉、远离火种的地方密封保存。使用前一定要检查有无过氧化物（可用碘化钾或亚铁盐、硫氰化钾进行检验）生成。

（3）易爆的残渣或废液，不能随意乱丢，不得倒入下水道，应进行回收或化学处理。

7. **强腐蚀性药品的管理**

浓酸、浓碱、液溴、甲酸、甲醛、苯酚等强腐蚀性药品，应存放在有塞的细口瓶中，有挥发性的应用带有磨砂玻璃塞或有耐酸衬盖的细口瓶。浓酸、浓碱不要放在高位架上，以防碰翻造成烧伤事故。大量的应放在靠墙的地面上。

8. **强氧化剂的管理**

具有强氧化能力的含氧酸盐或过氧化物如氯酸钾、硝酸钾、硝酸钠、亚硝酸钠、硝酸银、硫酸铜、硝酸铅、过氧化钠、过氧化氢（30%）等都是。这些药品本身不会燃烧，但在受热、撞击、受强光照射，或与还原剂接触，或与酸、碱、水发生作用，就能分解出氧气并产生热量，使可燃物着火燃烧或与可燃物构成爆炸混合物就会发生危险。因此保管时必须放在阴凉通风处并和还原性物质或可燃物质分开存放。

9. **有毒药品的管理**

对人体造成毒害作用的化学药品主要有以下几种。

有毒气体：氯气、溴蒸气、氟气、氟化氢、氯化氢、溴化氢、氢氟酸、二氧化硫、硫化氢、二氧化氮、一氧化碳、光气等。

有毒药品：汞、液溴、碘、黄磷、亚硝酸盐、有机溶剂、苯胺及其衍生物、苯酚、芳香硝基化合物、硫酸二钾酯等。

剧毒药品：氰化物、氟化物、三氧化二砷和其他砷化物、升汞和其他汞盐等。

保管和使用有毒化学药品,应注意以下几点。

(1) 对有毒药品要分级贮存和专人负责管理,剧毒药品要放在铁制的保险柜里。

(2) 汞在常温下就能挥发,如果液汞散落地上,可用硫粉、锌粉或氯化铁溶液清除。

(3) 液溴可致皮肤烧伤,溴蒸气刺激黏膜,严重者可使人失明。因此必须密封后放在金属罐中,外用塑料袋密封。取用时要有防护措施并在通风橱中进行。

(4) 有机溶剂均对皮肤黏膜和神经系统有刺激作用,如苯能刺激皮肤,引起顽固性湿疹,对中枢神经及造血系统均有损害。甲醇对视神经有害。某些烷化剂、芳香胺类、硫酸二甲酯等有致癌作用。因此使用时一定要在通风橱中进行,并要有一定的防护措施。禁止用有机溶剂洗手或擦洗衣服上的油污等。

资料卡片

误服毒物急救措施[①]

误服毒物时,应根据毒物性质服用解毒剂,并及时送医院急救。腐蚀性毒物中毒应灌注牛奶缓解,切不可服催吐剂。若为酸性物中毒,先饮水,再服 $Al(OH)_3$ 膏剂加鸡蛋白。若为碱性物中毒,先饮水后服用醋酸果汁加鸡蛋白。非腐蚀性毒物中毒可服 2% $CuSO_4$ 溶液,用手指伸入咽喉部催吐,然后立即送医院急救。

10. 实验室的"三废"处理与综合利用[②]

实验中经常会产生一些有毒的气体、液体和固体,称为实验室的"三废"。如果不经过处理直接排出就会污染环境,损害人体健康,因此实验中的"三废"要经过一定的处理之后,才能排出。

首先,人们应当把实验中的有毒气体当作中间产物来看待,尽量将其消除在反应过程中。在设计实验方案时要增加有毒气体的吸收或处理装置。如 NO_2、SO_2、H_2S、Cl_2、Br_2 等可用导管通入废碱液中,CO 可以点燃转化成 CO_2 等。对于来不及把有毒气体消除在反应过程中的实验,应当放在通风橱内进行,但还要在通风橱顶部的排气口处安装过滤装置,尽量减少有毒气体的排出量,以免污染室内外的空气。

实验中的废液必须倒入废液缸内,绝不能直接冲入下水管道。一般的酸碱废液可在中和后排放。对于含有重金属离子或汞盐的废液可加碱调 pH 为 8~10 后再加硫化碱处理,使其毒害成分转变成难溶于水的氢氧化物或硫化物沉淀而分离,生成的残渣跟其他废渣一起埋入指定地点的地下。清液达到环保排放标准后才能排放。

铬酸洗液尽量不用或少用。用过的废铬酸洗液可加入 $FeSO_4$,使 CrO_4^{2-} 还原为无毒的 Cr^{3+} 之后,按普通重金属离子废液处理。含氰废液量较少时可先加 NaOH 调 pH>10,再加适量 $KMnO_4$ 使 CN^- 氧化分解去毒;量较多时则在碱液中加 NaClO 使 CN^- 氧化分解成 CO_2 和 N_2。

在实验室的"三废"中还包括实验产物。在每次化学实验中都会得到不同的产物。但是中学

[①] 郑长龙. 化学实验课程与教学论[M]. 北京:高等教育出版社,2009:317.
[②] 郑长龙. 化学实验教学论[M]. 北京:高等教育出版社,2001:266-267.

化学实验的目的不同于工业生产,它的产物不是为了销售,而只是用于验证某些定律和法则,或者是一个用于判断实验者技能的高低、实验成功与否的标志,所以在传统观念的支配下,只要实验者观测到了有关的现象和数据,这些实验产物就被作为"三废"而弃之,不但造成了很大的浪费,而且加重了对环境的污染。

其实很多化学实验中的产物是可以综合利用的。它虽然不像工业生产中某些工厂之间存在着转化链式的关系,但是很多化学实验的产物确实可以成为另一些实验的原料。例如,"粗食盐提纯实验"中得到的氯化钠可以用于"配制溶液实验"中,"配制溶液实验"中得到的溶液还可以用于其他实验中。

特别需要提及的是,每一种元素及其化合物之间可以形成转化链。比如,铜及其化合物在初中很多化学实验中就可以互相转化而不必将其作为"三废"来处理。

总之,实验室的"三废"处理与综合利用是中学化学教师、实验员不容回避的问题,是实验室管理中的重要内容之一。

三、中学化学实验室基本规章

实验室内必须建立各项规章制度以确保安全和顺利地进行工作,如实验室规则、学生实验规则、安全守则、试剂取用规则等。这些规则可由实验室工作人员和教师一起拟定后向学生公布,要求严格遵守。下面介绍实验室的几项规则以供参考。[①]

1. 实验室规则

(1) 实验室是进行实验教学和存放仪器、药品的重要场所。未经实验管理人员允许,任何人不得擅自进入。

(2) 实验室应保持肃静、文明、清洁的工作环境和良好秩序。不得高声谈话,不准在实验室内吸烟、用食,也不准在实验室内会客或召开会议。

(3) 使用仪器、药品,应先确认仪器、药品与标签是否相符,失去标签或潮解变质的药品不得使用。贵重仪器使用前应阅读说明书,按规定程序进行操作。

(4) 进行易燃、易爆、剧毒物品等实验时,应有一定的安全措施。严禁乱放,防止意外事故发生。使用剧毒药品时,应有两人在场的情况下进行操作,废物、废液应立即进行妥善处理。

(5) 实验室人员和学生在实验前应做好充分准备,熟悉仪器设备操作规程,实验时应注意安全,按操作规程进行。若发生事故立即停止操作,及时报告处理。

(6) 学生实验时,要认真按照课本或实验指导进行操作。未经教师或实验室工作人员同意,不得任意改变或进行与本实验内容无关的实验操作。

(7) 实验结束后,应及时洗涤器皿。仪器、药品要放回原处。仪器和各种备品如有损坏或丢失,应及时通知管理人员按规定处理。

(8) 爱护公共财物,节约水电和药品。实验室内一切备品未经管理人员同意,不得私自携出。

2. 学生实验守则

(1) 学生必须按教学计划规定的时间来实验室上实验课,不得迟到、早退或中途退出。迟到

---

① 文庆城. 化学实验教学研究[M]. 北京:科学出版社,2003:222—224.

十分钟以上者,不得参加本次实验。无故不参加实验者,以旷课论处。

(2) 学生实验前应认真预习,明确实验的基本原理、目的、要求、实验的内容、方法和操作步骤。如有疑问,必须弄清后才可进行实验。

(3) 进入实验室或实验场地,必须衣着整齐,保持安静,严禁谈笑、喧哗、抽烟、随地吐痰和乱丢杂物。不得随便串走,更不得动用与本实验无关的其他仪器设备,保持室内整洁。

(4) 实验开始前,应检查实验所用的仪器、药品是否齐全、完好。如果对某些仪器的使用方法或试剂的性质不明了时,不得开始实验,以免发生事故。

(5) 实验时应认真操作,仔细观察,认真记录,周密思考。

(6) 注意安全,严格遵守操作规程,爱护仪器设备及其他公共财产,节约使用材料。若发生异常现象或意外事故时,应立即向指导教师报告,及时妥善处理。损坏的仪器或药品要报告实验管理员,并进行登记处理。

(7) 实验完毕后,应主动整理好仪器设备、工具,借用的仪器及时归还,要回收的药品倒入回收容器里,固体废物应倒入废物箱内,废液应倒入废液缸内。全部收齐后应立即处理,清除废物箱和废液缸,并打扫好卫生,关闭电、水源,经指导教师检查后,方可离开。

(8) 根据原始记录,认真做好实验报告,准时交给教师审阅。凡是不符合要求者,均须进行补做或重做。

3. 试剂取用规则

(1) 取用试剂,先要看清瓶上的标签。取用时先将瓶盖倒放在桌面上。取用完毕,应立即把瓶盖紧,切勿盖错瓶盖。

(2) 取用固体试剂必须用干净的药匙,用过的药匙必须洗净擦干才能再次使用。取液体试剂应把贴有标签的一面握向手心,逐渐倾斜瓶子,沿着容器或量器的内壁倒入。

(3) 用滴管或移液管取用试剂时,不可用未经洗净的同一滴管或移液管取用其他试剂。

(4) 必须按规定的用量取用试剂,不得随意增减。多取的试剂不可放回原瓶内,可倒入指定的容器内供他人使用。

(5) 有毒药品要在教师指导下取用。

四、中学化学实验室的安全规章

进行化学实验时,要严格遵守关于水、电、煤气和各种仪器、药品的使用规定。化学药品中,很多是易燃、易爆、有腐蚀性和有毒的。因此,重视安全操作,熟悉一般的安全知识是非常必要的。

注意安全不仅是个人的事情。发生事故不仅损害个人的健康,还要危及周围的人们,并使国家的财产受到损失,影响工作的正常进行。因此首先需要从思想上重视安全工作,决不能麻痹大意。其次,在实验前应了解仪器的性能和药品的性质以及本实验中的安全事项。在实验过程中,应集中注意力,并严格遵守实验安全守则,以防意外事故的发生。第三,要学会一般救护措施。一旦发生意外事故,可进行及时处理。最后,对于实验室的废液,也要知道一些处理的方法(详见实验室的"三废"处理与综合利用),以保持实验环境不受污染。[①]

[①] 郑长龙.化学实验教学论[M].北京:高等教育出版社,2001:268-272.

1. 实验室安全守则

(1) 不要用湿的手、物接触电源。水、电、煤气(液化气)一经使用完毕,就立即关闭水龙头、煤气(液化气)开关和电闸。点燃的火柴用后立即熄灭,不得乱扔。

(2) 严禁在实验室内饮食、吸烟,或把食具带进实验室。实验完毕,必须洗净双手。实验时,应该穿上实验工作服,不得穿拖鞋。

(3) 绝对不允许随意混合各种化学药品,以免发生意外事故。

(4) 钾、钠和白磷等暴露在空气中易燃烧,所以钾、钠应保存在煤油中,白磷则可保存在水中。使用时必须遵守它们的使用规则,如取用它们时要用镊子。一些有机溶剂(如乙醚、乙醇、丙酮、苯等)极易引燃,使用时必须远离明火,用毕立即盖紧瓶塞。

(5) 混有空气的不纯的 H_2、CO 等遇火易爆炸,操作时严禁接近明火。在点燃 H_2、CO 等易燃气体之前,必须先检查并确保纯度。银氨溶液不能留存,因久置后会变成易爆炸的氮化银。某些强氧化剂(如氯酸钾、硝酸钾、高锰酸钾等)或其混合物不能研磨,否则将引起爆炸。

(6) 应配备必要的防护眼镜。倾注药剂或加热液体时,不要俯视容器,以防溅出。尤其是浓酸、浓碱具有强腐蚀性,切勿使其溅在皮肤或衣服上,眼睛更应注意防护。稀释它们时(特别是浓硫酸)应将它们慢慢倒入水中,而不能相反进行,以避免造成液体飞溅。试管加热时,切记不要使试管口向着自己或别人。

(7) 不要俯向容器去嗅放出的气体。闻气体时,应该是面部远离容器,用手把离开容器的气流慢慢地扇向自己的鼻孔。能产生有刺激性或有毒气体(如 H_2S,HF,Cl_2,CO,NO_2,Br_2 等)的实验必须在通风橱内进行。

(8) 有毒药品(如重铬酸钾、钡盐、铅盐、砷的化合物、汞的化合物,特别是氰化物)不得进入口内或接触伤口。剩余的废液也不能随便倒入下水道。

(9) 金属汞易挥发(瓶中要加一层水保护着),并能通过呼吸道进入人体内,逐渐积累会引起慢性中毒。取用汞时,应该在盛水的搪瓷盘上方操作,做金属汞的实验应特别小心,不得把汞洒落在桌上或地上。一旦洒落,必须尽可能收集起来,并用硫黄粉盖在洒落的地方,使汞转变成不挥发的硫化汞。

(10) 实验室所有药品不得携出室外。用剩的有毒药品应还给教师。

(11) 洗涤后的试管等容器应放在规定的地方(如试管架上)干燥,严禁用手甩干,以防未洗净容器中的酸碱液等伤害别人身体或衣物。

2. 实验室事故的处理

(1) 创伤:伤处不能用手抚摸,也不能用水洗涤。应先把碎玻璃从伤处挑出。轻伤可涂以碘伏,必要时撒些消炎粉或敷些消炎膏,用绷带包扎。

(2) 烫伤:不要用冷水洗涤伤处。伤处皮肤未破时可涂擦饱和 $NaHCO_3$ 溶液或用 $NaHCO_3$ 粉调成糊状敷于伤处,也可抹獾油或烫伤膏;如果伤处皮肤已破,可涂些 10% $KMnO_4$ 溶液。

(3) 受酸腐蚀致伤:先用大量水冲洗,再用饱和 $NaHCO_3$ 溶液(或稀氨水、肥皂水)洗,最后用水冲洗。如果酸溅入眼内,用大量水冲洗后,送校医院诊治。

(4) 受碱腐蚀致伤:先用大量水冲洗,再用 2% 醋酸溶液或饱和硼酸溶液洗,最后用水冲洗。如果碱溅入眼中,应立刻用硼酸溶液洗。

(5) 受溴腐蚀致伤:用苯或甘油洗涤伤口,再用水洗。

（6）受磷灼伤：用1%硝酸银、5%硫酸铜或浓高锰酸钾溶液洗涤伤口，然后包扎。

（7）吸入刺激性或有毒气体：吸入氯、氯化氢气体时，可吸入少量酒精和乙醚的混合蒸气使之解毒。吸入硫化氢或一氧化碳气体而感到不适时，应立即到室外呼吸新鲜空气。但应注意，氯、溴中毒不可进行人工呼吸，一氧化碳中毒不可使用兴奋剂。

（8）毒物进入口内：把5～10 mL稀硫酸铜溶液加入一杯温水中，内服后，用手指伸入咽喉部，促使呕吐，吐出毒物，然后立即送医院。

（9）触电：首先切断电源，然后在必要时进行人工呼吸。

（10）起火：起火后，要立即一面灭火，一面防止火势蔓延（如采取切断电源，移走易燃药品等措施）。灭火的方法要针对起因选用合适的灭火方法。一般的小火可用湿布、石棉布或砂子覆盖燃烧物，即可灭火。火势大时可使用泡沫灭火器。但电器设备所引起的火灾，只能使用二氧化碳或四氯化碳灭火器灭火，不能使用泡沫灭火器，以免触电。活泼金属如钠、镁以及白磷等着火，宜用干沙灭火，不宜用水、泡沫灭火器以及CCl_4等。实验人员衣服着火时，切勿惊慌乱跑。赶快脱下衣服，或用石棉布覆盖着火处。

（11）爆炸：爆炸发生时，应冷静、镇定，根据爆炸的原因迅速分析是否有可能再次发生爆炸，并及时排除爆炸的隐患。爆炸中如果生成有毒物质，应根据需要将有关人员疏散撤离。如爆炸引起火、创伤、烧伤、中毒等要立即分别处理。

（12）伤势较重者，应立即送医院。

3. 实验室急救药箱

为了对实验室意外事故进行紧急处理，实验室配备急救药箱，常备药品清单如下：

红药水，碘酒（3%），烫伤膏，碳酸氢钠溶液（饱和），饱和硼酸溶液，醋酸溶液（2%），氨水（5%），硫酸铜溶液（5%），高锰酸钾晶体（需要时再制成溶液），氯化铁溶液（止血剂），甘油，消炎粉。

另外，消毒纱布、消毒棉（均放在玻璃瓶内，磨口塞紧）、剪刀、氧化锌橡皮膏、棉签等，也是不可缺少的。

4. 安全用电常识

化学实验与用电的关系十分密切，掌握一定的电器安全知识是非常必要的。

一般情况下，45 V以上具有较大电流的电源就是危险电流。人体通过50 Hz的交流电时，10 mA以上能使肌肉强烈收缩；25 mA以上可导致呼吸困难，甚至停止呼吸；100 mA以上可使心脏的心室产生纤维性颤动，以致无法救活。直流电在通过同样电流的情况下，对人体有相似的危害。为防止触电，在实验室中应注意以下几点。[1]

（1）操作电器时，手必须干燥。因为手潮湿时电阻显著减小，容易引起触电。不得直接接触绝缘不好的通电设备。

（2）一切电器设备应有良好的绝缘装置，金属外壳应接地。实验结束时，应首先切断电源，然后再拆除电路。

（3）不得带电安装或修理电器设备，在安装仪器或连接线路时，电源线应最后接上。不能用电笔试高压电。

（4）如遇有人触电，应首先切断电源，然后进行抢救。如触电人的呼吸不规则或已停止，必

---

[1] 马建峰.化学实验教学论[M].北京：科学出版社，2006：243-244.

须进行人工呼吸并送往医院进行抢救。实验人员应了解实验室中电源总闸所在的位置,以利于迅速切断电源。

(5) 防止设备超负荷工作或局部短路,应使用符合规定安培数的保险丝。

(6) 注意仪器设备所要求的电源是交流电还是直流电、三相电还是单相电,电压的高低与功率的大小是否相符。

5. 消防常识

当实验室不慎起火时,应根据具体情况采取必要而有效的灭火措施。因为物质燃烧需要空气和一定的温度,所以灭火的原则是降温或将燃烧的物质与空气隔绝。化学实验室常采用的灭火措施和方法如下。①

(1) 火较小时,用湿布、石棉布或砂子等覆盖燃烧物,即可灭火。火势大时可用灭火器灭火。活泼金属如钠、钾、镁、铝以及白磷等着火,宜用干沙覆盖灭火,不宜用水、泡沫灭火器以及四氯化碳等灭火。有机溶剂着火,切勿用水灭火,应使用二氧化碳灭火器、沙子或干粉灭火器等灭火。

(2) 在加热时着火,应立即停止加热,关闭煤气总阀,切断电源,将一切易燃易爆物移至远处。

(3) 电器设备起火,先切断电源,再用二氧化碳或四氯化碳灭火器灭火,也可使用干粉灭火器或 1211 灭火器灭火,不要使用泡沫灭火器以免触电。

(4) 实验人员衣服着火,不要惊慌乱跑,应赶快将衣服脱下或用石棉布覆盖着火处,或在地上卧倒打滚,起到灭火的作用。

(5) 火灾发生时,应及时拨打"119"报火警。

常用灭火器种类及其使用范围见表 8-2。

表 8-2 常用灭火器种类及其使用范围

名称	使用范围
泡沫灭火器	用于一般失火及油类着火。此种灭火器是由 $Al_2(SO_4)_3$ 和 $NaHCO_3$ 溶液作用产生大量的 $Al(OH)_3$ 和 CO_2 泡沫,泡沫把燃烧物质覆盖与空气隔绝而灭火。因为泡沫能导电,所以不能扑灭电器设备着火
四氯化碳灭火器	用于电器设备及汽油、丙酮等着火。此种灭火器内装液态 CCl_4。CCl_4 沸点低,相对密度大,不会被引燃,所以,把 CCl_4 喷射到燃烧物的表面后,CCl_4 迅速气化,覆盖在燃烧物上面灭火
1211 灭火器	用于油类、有机溶剂、精密仪器、高压电器设备着火。此种灭火器内装 CF_2ClBr 液化气,灭火效果好
二氧化碳灭火器	用于电器设备失火及忌水的物质着火。内装液态 CO_2
干粉灭火器	用于油类、电器设备、可燃气体及遇水燃烧等物质的着火。内装 $NaHCO_3$ 等物质和适量的润滑剂和防潮剂。此种灭火器喷出的粉末能覆盖在燃烧物上,形成阻止燃烧的隔离层,同时它受热分解出 CO_2,能起到中断燃烧的作用,因此灭火速度快

---

① 马建峰. 化学实验教学论[M]. 北京:科学出版社,2006:243-244.

单元思考题

1. 请查阅研究掌上实验室的相关资料，了解其在现行教学中是否切实可行，适用于哪些教学内容，以及如何开展掌上实验。

2. 结合本章学习内容，你认为如何合理、科学地进行实验室管理？

3. 新课程背景下，对中学化学实验室提出了哪些新要求？又将如何更好地建设中学化学实验室？

4. 新课程倡导学生进行实验探究，对教师和学生提出了更高要求，为预防、避免实验事故的发生，如何培养安全知识？

附　录

1　常用酸、碱的浓度

试剂名称	密度/(g·cm^{-3})	质量分数/%	物质的量浓度/(mol·L^{-1})	试剂名称	密度/(g·cm^{-3})	质量分数/%	物质的量浓度/(mol·L^{-1})
浓硫酸	1.84	98	18	氢溴酸	1.38	40	7
稀硫酸	1.06	9	2	氢碘酸	1.70	57	7.5
浓盐酸	1.19	38	12	冰醋酸	1.05	99	17.5
稀盐酸	1.03	7	2	稀乙酸	1.04	30	5
浓硝酸	1.41	68	16	稀乙酸	1.02	12	2
稀硝酸	1.2	32	6	浓氢氧化钠	1.44	~41	~14.4
稀硝酸	1.06	12	2	稀氢氧化钠	1.08	8	2
浓磷酸	1.7	85	14.7	浓氨水	0.91	~28	14.8
稀磷酸	1.05	9	1	稀氨水	0.98	3.5	2
浓高氯酸	1.67	70	11.6	氢氧化钙水溶液	1.00	0.15	
稀高氯酸	1.12	19	2	氢氧化钡水溶液	1.02	2	~0.1
浓氢氟酸	1.13	40	23				

2　常用酸碱溶液的配制

溶液	物质的量浓度（近似值）	配制
稀盐酸	12	$\rho=1.19\ g\cdot cm^{-3}$　38%（质量）
稀盐酸	6	浓盐酸：水＝1：1（体积）
稀盐酸	2	$6\ mol\cdot L^{-1}$ HCl：水＝1：2（体积）
浓硫酸	18	$\rho=1.84\ g\cdot cm^{-3}$　98%（质量）
稀硫酸	3	浓硫酸：水＝1：5（体积）
稀硫酸	1	$3\ mol\cdot L^{-1}\ H_2SO_4$：水＝1：2（体积）
浓硝酸	14.5	$\rho=1.40\ g\cdot cm^{-3}$　65%（质量）
稀硝酸	6	浓硝酸：水＝5：7（体积）
稀硝酸	2	$6\ mol\cdot L^{-1}\ HNO_3$：水＝1：2（体积）
冰醋酸	17.5	$\rho=1.05\ g\cdot cm^{-3}$　99.8%（质量）
稀乙酸	6	冰醋酸 350 mL：水 650 mL（体积）
稀乙酸	2	$6\ mol\cdot L^{-1}$ HAc：水＝1：2（体积）
浓氨水	15	$\rho=0.90\ g\cdot cm^{-3}$　28%（质量）
稀氨水	6	浓氨水：水＝2：3（体积）
稀氨水	2	$6\ mol\cdot L^{-1}\ NH_3(aq)$：水＝1：2（体积）
氢氧化钠	6	NaOH　$240\ g\cdot L^{-1}$
氢氧化钾	3	KOH　$168\ g\cdot L^{-1}$
氢氧化钡	0.2	$Ba(OH)_2\cdot 8H_2O$　$60\ g\cdot L^{-1}$，过滤
石灰水	0.02	饱和石灰水澄清液

摘自：《中学教师化学手册》编委会.中学教师化学手册[M].北京：科学普及出版社，1981.
《中学教师化学手册》编委会.基础化学实验大全Ⅰ实验基础[M].北京：科学普及出版社，1985.

3　气体在水中的溶解度

气体	温度/℃	溶解度/(mL/100 mL 水)	气体	温度/℃	溶解度/(mL/100 mL 水)	气体	温度/℃	溶解度/(mL/100 mL 水)
H_2	0	2.14	N_2	0	2.33	O_2	0	4.89
	30	0.85		40	1.42		25	3.16
CO	0	3.5	NO	0	7.34	H_2S	0	437
	20	2.32		60	2.37		40	186
CO_2	0	171.3	NH_3	0	89.9	Cl_2	10	310
	20	90.1		100	7.4		30	177
						SO_2	0	22.8

摘自：R. C. Weast. Handbook of Chemistry and Physics. 66th ed. CRC Press，145-146.

4 常用干燥剂的性能和适应范围

干燥剂	1 L空气中残留水分的质量/mg	性质和适应范围	备注
P_2O_5	2×10^{-5}	白色粉末,酸性,有强烈与水结合的能力,不仅能结合游离水,还能夺取化合物中的水。可以干燥 H_2、O_2、N_2、CO_2、CO、SO_2、CH_4、C_2H_4 等气体,不可以干燥氨、胺、卤化氢和硝酸等,也不可用来干燥醇、羧酸和酮等有机物	和水形成水化物,不能再生
$Mg(ClO_4)_2$	5×10^{-4}	白色固体,具有极强氧化性,易潮解,有强烈吸水作用。适用于干燥中性或酸性气体,不可以用于能被氧化的物质。严禁与有机物、碳、硫、磷等可燃物接触,以免引起爆炸	吸水后形成含2、3、4、6个结晶水化合物,在190℃以上可烘干再生,温度不可过高,$Mg(ClO_4)_2$ 在251℃时分解
BaO	6.5×10^{-4}	白色固体,碱性氧化物,有毒!吸水性强,也能吸收酸性气体。用于干燥 O_2、N_2、NH_3、胺等。不可以用于干燥 HCl、H_2S、CO_2、SO_2 等酸性气体	跟水化合成 $Ba(OH)_2$,不能再生
硅胶	$0.5\sim3\times10^{-3}$	是半透明、内表面积很大的多孔性固体,属良好的吸附剂,对水有强烈的吸附作用。可干燥 O_2、N_2、NH_3、胺等气体。常用于干燥器中。含有钴盐的硅胶,叫变色硅胶,干燥时呈蓝色,吸水后呈粉红色	吸附水后的硅胶可于120℃下烘干再生
Al_2O_3	3×10^{-3}	白色粉末,中性,是吸附性较强的多孔性吸附剂,适用于多数气体	吸附水的氧化铝,可以在175℃下烘干再生
(100%) H_2SO_4 (95%)	3×10^{-2} 3×10^{-1}	氧化性酸。可以干燥 H_2、O_2、N_2、CO、SO_2、Cl_2、HCl、CH_4 等多种气体,不可用来干燥 NH_3、胺、H_2S、HBr、HI 等碱性或易被氧化的气体,常在干燥器中使用	与水结合成水合物,不能再生
$CaSO_4$	4×10^{-3}	白色粉末。可干燥 H_2、O_2、N_2、CO_2、CO、SO_2、Cl_2、HCl、H_2S 等气体,也可干燥烷烃、醚、醛、酮、羧酸等液态有机物。不适用于干燥 HF、胺、乙醇等	与水结合形成 $CaSO_4\cdot2H_2O$,加热到230℃～240℃下脱水再生
CaO	2×10^{-1}	白色固体,碱性氧化物。可干燥 O_2、N_2、NH_3、胺等气体,也可干燥低级醇和胺等液态有机物。常在干燥器中使用。不用来干燥酸性气体,如 CO_2、HCl、H_2S 等	与水结合形成 $Ca(OH)_2$,加热到450℃以上分解再生
$CaCl_2$	$1.4\times10^{-1}\sim2.5\times10^{-1}$	白色多孔固体,有较强的吸湿性。可以干燥 H_2、O_2、N_2、CO_2、CO、SO_2、HCl、CH_4、C_2H_4 等多种气体。也可以干燥烃、卤代物、醚、酮、硝基化合物等液态有机物。不能用来干燥 NH_3 以及含有—OH 和—NH_2 的有机物	吸水后形成结晶水合物,加热到260℃以上脱水再生
碱石灰		白色固体。呈碱性。可以干燥 NH_3、胺等气体,不能干燥酸性气体及醇、醛、酮、酸、酯、酚等液态有机物。常用于避免水或 CO_2 进入反应系统装置中	碱石灰由 CaO 粉碎后加入 NaOH 溶液,经充分混合后,置铁皿中于200℃～250℃下干燥而成。它的大致成分是:83% $Ca(OH)_2$,5% NaOH,12% H_2O
$MgSO_4$		白色粉末。常用于干燥卤代物、醇、醛、酮、羧酸、酯、酚、硝基化合物等液态有机物	与水结合成结晶水合物 $MgSO_4\cdot7H_2O$
Na_2SO_4		白色粉末。使用范围同 $MgSO_4$	与水结合成结晶水合物 $Na_2SO_4\cdot10H_2O$
K_2CO_3		白色粉末,碱性。常用于干燥酮、酯、胺等液态有机物	与水结合成水合物

5　可燃性气体的燃点和混合气体的爆炸范围

在工业生产和化学实验里,有时遇到一些可燃性气体与空气或氧气的混合气体,在点火或其他条件下会发生爆炸。下表列出这些气体在 1.01×10^5 Pa 下的燃点和混合气体的爆炸范围,以供参考。

气体(蒸气)		燃点/℃	混合物中爆炸限度(气体的体积分数)/%	
名称	化学式		与空气混合	与氧气混合
一氧化碳	CO	650	12.5～75	13～96
氢气	H_2	585	4.1～75	4.5～9.5
硫化氢	H_2S	260	4.3～45.4	
氨	NH_3	650	15.7～27.4	14.8～79
甲烷	CH_4	537	5.0～15	5.4～59.2
甲醇	CH_3OH	427	6.0～36.5	
乙烯	C_2H_4	450	3.0～33.5	3～80
乙烷	C_2H_6	510	3.0～14	4～50
乙醇	C_2H_5OH	558	4.0～18	
乙炔	C_2H_2	335	2.3～82	2.8～93
乙醚	$C_4H_{10}O$	343	1.8～40	

摘自:H.A.J.斐德斯.化学实验室安全手册[M].北京:科学出版社,1957.

6　某些混合气体的爆炸极限

气体名称	气体成分						爆炸极限/%(在空气中)	
	CO_2	O_2	CO	H_2	CH_4	N_2	下限	上限
水煤气	6.2	0.3	39.2	49.2	2～3	3.0	6.9	69.5
高炉煤气	9～12	0.2～0.4	26～30	1.5～3.0	0.2～0.5	55～60	40～50	60～70
半水煤气	7.0	0.2	32.0	40.0	0.8	20.0	8.1	70.5
焦炉煤气	1.5～3	0.3～0.8	5～8	55～60	23～27	3～7	6.0	30.0
发生炉煤气	6.2	0	27.3	12.4	0.7	53.4	20.3	73.7

摘自:黄建彬.工业气体手册[M].北京:化学工业出版社,2002.

7　危险药品的分类、性质和管理

危险药品是指受光、热、空气、水或撞击等外界因素的影响,可能引起燃烧、爆炸的药品,或具有强腐蚀性、剧毒性的药品。常用危险药品按危险性可分为以下几类来管理。

类别		举例	性质	注意事项
爆炸品		硝酸铵、苦味酸、三硝基甲苯	遇高热摩擦、撞击等,引起剧烈反应,放出大量气体和热量,产生猛烈爆炸	存放于阴凉、低下处。轻拿、轻放
易燃品	易燃液体	丙酮、乙醚、甲醇、乙醇、苯等有机溶剂	沸点低、易挥发,遇火则燃烧,甚至引起爆炸	存放阴凉处,远离热源。使用时注意通风,不得有明火
	易燃固体	赤磷、硫、萘、硝化纤维	燃点低,受热、摩擦、撞击或遇氧化剂,可引起剧烈连续燃烧、爆炸	同上
	易燃气体	氢气、乙炔、甲烷	因撞击、受热引起燃烧。与空气按一定比例混合,则会爆炸	使用时注意通风。如为钢瓶气,不得在实验室存放
	遇水易燃品	钠、钾	遇水剧烈反应,产生可燃气体并放出热量,此反应热会引起燃烧	保存于煤油中,切勿与水接触
	自燃物品	黄磷	在适当温度下被空气氧化、放热,达到燃点而引起自燃	保存于水中
氧化剂		硝酸钾、氯酸钾、过氧化氢、过氧化钠、高锰酸钾	具有强氧化性,遇酸、受热,与有机物、易燃品、还原剂等混合时,因反应引起燃烧或爆炸	不得与易燃品、爆炸品、还原剂等一起存放
剧毒品		氰化钾、三氧化二砷、升汞、氯化钡、六六六	剧毒,少量侵入人体(误食或接触伤口)引起中毒,甚至死亡	专人、专柜保管,现用现领,用后的剩余物,不论是固体或液体都应交回保管人,并应设有使用登记制度
腐蚀性药品		强酸、氟化氢、强碱、溴、酚	具有强腐蚀性,触及物品造成腐蚀、破坏,触及人体皮肤引起化学烧伤	不要与氧化剂、易燃品、爆炸品放在一起

摘自:北京师范大学化学系,等.无机化学实验[M].第三版.北京:高等教育出版社,2002.

8 常用试纸的制备

试纸名称及颜色	制备方法	用途
石蕊试纸（红色或蓝色）	用热的酒精处理市售石蕊以除去夹杂的红色素。倾去浸液，残渣1份与6份水浸煮并不断摇荡，滤去不溶物。将滤液分成两份，一份加稀 H_2SO_4 或稀 H_3PO_4 至变红，另一份加稀 NaOH 至变蓝，然后将滤纸条分别在其中浸湿取出后在避光、无酸碱蒸汽的室内晾干，便得红色和蓝色石蕊试纸	红——在碱性溶液中变蓝色；蓝——在酸性溶液中变红色
淀粉碘化钾试纸（白色）	将0.5 g 淀粉加水1 mL，在试管中加以振摆调成浆状，然后倒入100 mL 沸水，维持煮沸1～2 min，冷却后，将0.5 g 碘化钾及0.5 g 结晶碳酸钠溶于少量水。加入此试管中，振荡得无色淀粉碘化钾溶液。将滤纸条浸入淀粉碘化钾溶液中，取出晾干，即得淀粉碘化钾试纸。可贮于密闭容器中备用	用以检出氧化剂（特别是游离卤素），作用时变蓝色
酚酞试纸（白色）	溶解1 g 酚酞于100 mL 95%的酒精溶液中，摇荡溶液，同时加入100 mL 水，将滤纸条浸入溶液，取出后置于无氨蒸气处晾干即可	在碱性溶液中变成深红色
醋酸铅试纸（白色）	将滤纸条浸入3%醋酸铅溶液中，取出后在无硫化氢气体的房间中晾干	用以检出痕量的 H_2S，作用时由白色变成黑色
刚果红试纸（红色）	溶解0.5 g 刚果红于1 L 水中，加5滴醋酸，滤纸条在温热溶液浸湿后，取出晾干	与无机酸作用变蓝（甲酸、一氯醋酸及草酸等有机酸也使它变蓝）。pH 3.0～5.2，由蓝变红
淀粉试纸（白色）	将0.5 g 可溶性淀粉放入小烧杯中，加水5 mL 调成糊状，边搅拌边加入100 mL 沸水，继续加热煮沸2～3 min，直到溶液转清时加入0.1 g 氯化汞。放入滤纸，浸透后取出晾干，即得淀粉试纸	遇碘由白色转变成蓝色
碘酸钾-淀粉试纸（白色）	将 KIO_3 1.07 g 溶于100 mL 0.05 mol·L^{-1}硫酸中，加入新配制的0.5%淀粉溶液100 mL，将滤纸放入该溶液中浸透后取出晾干	检验 NO、SO_2 等还原性气体，它们和试纸作用时变蓝色
铁氰化钾（及亚铁氰化钾）试纸（淡黄色）	将滤纸浸入饱和铁氰化钾（或亚铁氰化钾）溶液中，浸透后取出晾干	试纸跟铁离子（或亚铁离子）作用呈蓝色

9 常用酸碱指示剂的配制

指示剂名称（通称）	指示剂本身性质	室温时变色范围（pH）	配制方法	每10 mL 试液用的滴数
甲基黄	碱	红 2.9～4.0 黄	1.0 g+1 L 90%醇	1
甲基橙	碱	红 3.1～4.4 黄	0.10 g+100 mL 水	1
甲基红	碱	红 4.4～6.2 黄	0.02 g+60 mL 乙醇+40 mL 水	1
石蕊	酸	红 4.5～8.3 蓝	1.0 g+50 mL 水，静置一昼夜后过滤；在滤液中+30 mL 95%乙醇，+水→(100 mL)	1
中性红	碱	红 6.8～8.0 黄橙	0.01 g+50 mL 乙醇+5 mL 水	1
酚酞	酸	无色 8.0～9.6 红	0.05 g+50 mL 乙醇+50 mL 水	1～3

10 特种试剂的配制

试剂名称	配制方法	备注
银氨溶液	1.5 mL 2% $AgNO_3$ + (滴入)2% NH_3(aq),振荡,至生成的沉淀完全溶解为止	现用现配,贮于棕色瓶中
费林试剂	A 液:3.5 g $CuSO_4 \cdot 5H_2O$ + 100 mL 水 B 液:17 g $KNaC_4H_4O_6 \cdot 4H_2O$ + 15~20 mL 热水 + 20 mL 25% NaOH + 水(→100 mL)	A、B 液分别贮存;临用前取 A、B 液等量混合
席夫试剂 (品红亚硫酸溶液)	(1) 0.50 g 品红的盐酸盐晶体 + 100 mL 热水,冷却后,通入 SO_2,使溶液呈无色 + 水(+500 mL);或(2) 0.20 g 品红的盐酸盐晶体 + 100 mL 热水,冷却后, + 2g $NaHSO_3$ + 2 mL 浓 HCl,搅匀后,至红色褪去	(1)、(2)法中当配制完毕时,如呈粉红色,可加入 0.5 g 活性炭,搅拌后过滤;试剂贮于严密的棕色瓶中
淀粉溶液	1 g 可溶性淀粉 + 10 mL 水,搅匀,边搅拌边加入 20 mL 热水中,煮沸 1 min 冷却,过滤	现用现配,如保存可加入 0.5 g KI 及 2~3 滴氯仿
碘化钾淀粉溶液	100 mL 淀粉溶液 + 1g KI	不得显蓝色,现用现配
漂白粉溶液	1 g 漂白粉 + 水(→100 mL)→搅匀,取上层清液	现用现配
次氯酸钠溶液	含 10%~14%(w/V)有效氯	用时与等量水混合
钼酸铵试剂	45 g $(NH_4)_6Mo_7O_{24} \cdot 4H_2O$ 或 40 g 纯 MoO_3 + [70 mL NH_3(aq) + 140 mL 水];完全溶解后,再缓缓加入 250 mL 浓 HNO_3 和 500 mL 水的混合液中,随加随搅拌,最后, + 水(→1 L)。放置 1~2 日,倾取上层清液备用	
奈斯勒试剂 $K_2(HgI_4)$	2.5 g $HgCl_2$ + 10 mL 热水,慢慢加入 5 g KI + 5 mL 水的溶液中,振荡,至生成的红色沉淀不溶解为止→冷却→氢氧化钾溶液(15 g KOH + 30 mL 水) + 水(→100 mL)→加入上面的 $HgCl_2$ 溶液 0.5 mL,振荡;将上述溶液静置一昼夜,倾取上层清液备用	贮于棕色瓶中,用橡皮塞塞紧
溴水 $Br_2 + H_2O$	在带有良好磨口塞的玻璃瓶内,将市售溴约 50 g(16 mL)注入 1 L 水中。在 2 h 内经常剧烈振荡;每次振荡之后微开塞子,使积聚的溴蒸气放出。在储存瓶底总有过量的溴。将溴水倒入试剂瓶时剩余的溴应留于储存瓶中而不倒入试剂瓶(倾倒嗅和溴水时应在通风橱中进行)	为了操作时不被溴蒸气灼伤,应戴上乳胶或橡胶手套,也可以将凡士林涂于手上
碘液 $I_2 + H_2O$	将 1.3 g 碘和 5 g 碘化钾溶解在尽可能少量的水中,待碘完全溶解后(充分搅动),再加水冲稀至 1 L。如此所配成的碘液其浓度约为 0.01 mol·L^{-1}	

11　洗涤液的种类和配制方法

洗液名称	配制方法	洗液特点	使用注意事项
铬酸洗液	一般浓度为5%~12%。工业品重铬酸钾(或重铬酸钠)20 g溶于40 mL水中,慢慢加入360 mL工业浓硫酸,即得5%洗液。洗液为红褐色	强酸性,具有很强的氧化力。用于去除油污	(1) 使用时要特别小心以防腐蚀皮肤和衣服 (2) 废液不可随便排放,要进行处理* (3) 洗液若呈绿色,则表示已失效
碱性高锰酸钾洗液	4 g $KMnO_4$ 溶于少量水中,加入100 mL 10% NaOH 溶液	作用缓慢。适应于洗涤油腻及有机物	洗后玻璃器皿上留有 MnO_2 沉淀物,可用浓 HCl 或 Na_2SO_3 溶液处理
碱性乙醇洗液	1 L 95% 乙醇溶液,加入157 mL NaOH(或KOH)饱和溶液(约50%)	遇水分解力很强,适应于洗涤油脂、焦油和树脂等	(1) 具有易燃性和挥发性,使用时注意防挥发和防火 (2) 久放失效 (3) 对磨口瓶塞有腐蚀作用
磷酸钠洗液	于470 mL水中加入57 g Na_3PO_4 和28.5 g 油酸钠($C_{17}H_{33}COONa$)	洗涤碳的残留物	在洗液中浸泡几分钟,再刷洗
纯酸或纯碱洗液	纯酸溶液:浓盐酸、浓硫酸和浓硝酸。纯碱溶液:10%以上的 NaOH、KOH 或 Na_2CO_3 溶液	洗液的使用要根据器皿上污垢的性质	用洗液浸泡或浸煮器皿,但用酸洗时温度不宜太高,防止酸挥发
硝酸-过氧化氢洗液	15%~20%硝酸加入5%过氧化氢	洗涤特别顽固的化学污物	(1) 久存易分解,现用现配 (2) 贮存于棕色瓶中

* 简便的处理方法是在酸液中加入硫酸亚铁,使六价铬还原成三价铬(无毒),再排放

12　部分常用仪器的简单绘图方法

仪器名称	画法			仪器名称	画法		
	第一步	第二步	第三步		第一步	第二步	第三步
试管				集气瓶			
烧杯				酒精灯			
烧瓶				漏斗			
长颈漏斗				铁架台 铁圈 铁夹			

续表

仪器名称	画法			仪器名称	画法		
	第一步	第二步	第三步		第一步	第二步	第三步
导管				带有橡皮塞的导管			
水槽				蒸发皿			
导管接头				石棉网			

参 考 文 献

[1] 中华人民共和国教育部.全日制义务教育化学课程标准[M].北京：北京师范大学出版社,2011.
[2] 中华人民共和国教育部.普通高中化学课程标准（实验）[M].北京：人民教育出版社,2003.
[3] 刘知新.化学教学论[M].北京：高等教育出版社,2004.
[4] 范杰,等.化学实验论[M].太原：山西科学技术出版社,2001.
[5] 文庆城.化学实验教学研究[M].北京：科学出版社,2003.
[6] 郑长龙.化学实验教学论[M].北京：高等教育出版社,2001.
[7] 郑长龙.化学实验课程与教学论[M].北京：高等教育出版社,2009.
[8] 马建峰.化学实验教学论[M].北京：科学出版社,2006.
[9] 王程杰.中学化学实验研究[M].上海：华东师范大学出版社,2005.
[10] 潘鸿章.中学化学实验研究与创新[M].海口：南方出版社,2001.
[11] 吴俊明.中学化学实验研究导论[M].南京：江苏教育出版社,1997.
[12] 梁慧姝,郑长龙.化学实验论[M].南宁：广西教育出版社,1996.
[13] 王希通.化学实验教学研究[M].北京：高等教育出版社,1990.
[14] 李广州,陆真.化学教学论实验[M].北京：科学出版社,1999.
[15] 蔡其勇,宋广治,刘怀乐.中学化学实验教学研究[M].重庆：西南师范大学出版社,2002.
[16] 王文林.中学化学知识探析与实验研究[M].西安：陕西师范大学出版社,2010.
[17] 钱扬义.手持技术在理科实验中的应用研究[M].北京：高等教育出版社,2003.
[18] 钱扬义.手持技术在研究性学习中的应用及其心理学基础[M].北京：科学出版社,2006.
[19] 刘正贤.中学化学实验大全[M].上海：上海教育出版社,1994.
[20] 孙志宽.中学化学实验教学研究[M].杭州：杭州大学出版社,1996.
[21] 孙元清.IT技术在研究型实验中的应用[M].上海：上海科技教育出版社,2000.
[22] 华东师范大学化学系.微型实验设计[M].北京：民主与建设出版社,1999.
[23] 曹世源,等.中学化学教师手册[M].沈阳：辽宁人民出版社,1984.
[24] 全国第十届化学实验教学创新研讨会实验汇编[Z].2010.

参考的主要刊物：

《化学教育》《化学教学》《中学化学教学参考》《中学化学》